自勵
人自為王

塞謬爾·斯邁爾斯 —— 著

胡戛 —— 譯

揭開偉人的翻身祕密，洞悉人生的不朽真諦，

十九世紀，長盛不衰的自助聖經！

Self-Help

栩栩如生的描寫 × 入情入理的論述 × 傑出人物的事例

一本展現「維多利亞時代價值觀」的經典書籍，
揭示人們最渴望獲悉的成功祕訣與生命真諦——

本書於 1859 年在英國首次出版後，立即獲得始料未及的讚譽，
當年連續再版四次，並被翻譯成各種文字在歐洲各國出版發行！

目 錄

目錄

第六章　梅花香自苦寒來

目錄

前言　一本書長盛不衰的原因

　　一本由作者多年的零散隨筆所組合而成、根本沒有打算出版的書，為什麼會在出版以後在全世界引起極大迴響，深受各國讀者喜愛，以中、英、法、德、西、日、俄等多種語言在世界各國出版，而且 140 年來一版再版、長盛不衰？

　　因為它以栩栩如生的描寫、入情入理的論述和傑出人物的事例，揭示了人們特別是年輕人渴望獲悉的成功祕訣、人生真諦。

　　在「自助才是正確的道理」、「吃苦耐勞的發明家和工廠經營者」、「百折不撓的偉大陶工」、「勤奮與堅持鑄就成功」、「成功不是偶然」、「梅花香自苦寒來」、「貴族出自勤奮」、「力量來自勇氣」、「偉人出自商界」、「金錢的價值」、「自我修養決定人生」、「言傳不如身教」、「真正的紳士由品格造就」等 13 個章節中，讀者將發現作者對勤勞、勇敢、正直、誠實、吃苦耐勞、百折不撓等人類優秀特質娓娓動聽的闡述，從作者所舉發明家、科學家、文學家、藝術家、教育家、慈善家的動人事例中，感受上述特質在他們成就偉業、鑄就輝煌人生中發揮的重要作用，從而洞悉他們成功的祕訣、感悟人生的真諦。

　　特別是「言傳不如身教」一章全方位闡述了榜樣的強大作用和力量；「自我修養決定人生」一章揭示了自學成才和自我修養對於人生成功的決定性作用；「真正的紳士由品格造就」一章論述了品格對於一個人成為真正的紳士的重要性；而「金錢的價值」一章對金錢的作用和如何利用自己的財富的論述，對於當今社會具有極其重要的現實意義。

　　對於那些出身寒門、身陷困境的人，那些走出校門、沒找到工作的

人，那些事業無成、苦悶彷徨的人，以及那些總把別人的成功歸功於其出身好、有貴人相助和條件優越的人，「貴族出自勤奮」一章具有尤為重要的意義，因為它用令人信服的例子證明了，出身寒門的人透過自己的吃苦耐勞和不懈努力，也能成為貴族，而那些貴族出身的人，如果不能吃苦耐勞、不懈努力，也會淪落、衰敗，難保長盛不衰。

　　這樣一本書，你說它能不深受各國讀者喜愛、長盛不衰嗎？

　　願本書也讓你獲益匪淺！

第一章

自助才是正確的道理

> 國家存在的價值，從長遠來看，就是為了實現組成國家的社會個體的價值。
>
> —— 約翰・史都華・密爾
>
> 我們對制度寄予了太多的厚望，而對人類自身指望太少。
>
> —— 班傑明・迪斯雷利（Benjamin Disraeli）

「自助者，天助之。」這是一個屢試不爽的格言，它早已在漫長的人類歷史進程中被無數人的經驗所證實。

自助的精神展現在生活的各個領域，它既是一個人獲得任何發展與進步的真正動力和根源，也是一個國家強大興盛的真正泉源。從效果上看，外來的幫助只會使受助者變得衰弱，而自救者內在的幫助則必定使其強大發達。

無論你為某些人或某些階級奉獻了什麼，從某種意義上講，到頭來都反而會扼殺他們為自己盡心盡力做事的進取心和動力；在人們需要極度呵護、過分指導和嚴格監管的地方，其不可避免的趨勢是：這裡的人會逐漸變得不可救藥。

即使是最好的制度也不可能給予某個人積極的幫助，它們能夠做的，最多就是放手讓人們自由自在的去追求自己的事業，從而改善自身的生存狀態。但是，對於幸福生活是透過制度而不是透過自己的行動去獲得的，幾乎在所有的時代，人們竟然都對此深信不疑。因而，作為一種促進人類進步之動因的立法的價值常常被高估了。為此，人們設立的立法機關的職能部門成千上萬，每隔 3 年或 5 年就選舉一次立法者。然而，無論立法機關的職能被誠心誠意的履行得多麼好，它對每個人的生活和性格所產生的積極影響都是微不足道的。更有甚者，每天在人們生活中發生的一切越來越明顯的使人了解到，政府的作用是消極和有限的，而不是積極和無限的，即政府的作用主要在於保護 —— 保護人們的生命、自由和財產。如果法律得到嚴格的執行，它就能平等的保護人們享受他們自己的工作果

實，而不受任何智力上或身體上的限制，只須人們付出相對來說很小的一點代價（納稅）就行了。然而，無論多麼嚴厲的法律都不能使遊手好閒之徒勤奮起來，也不能使奢靡浪費者節儉起來，或使嗜酒如命之徒能有所節制。要改變這種現象，只能透過個人勤奮、節儉和自我克制的行動才能奏效，即透過養成更好的習慣而不是被更大的權力逼迫著去改變。

一個國家的政府本身通常只不過是組成它的社會個體性格的複製品而已。一個高於人民素養水準的政府必將被拉回到與其人民的素養水準相同的層次，而一個低於人民素養水準的政府遲早要被提升到與人民素養水準相同的層次。就秩序的性格特徵而言，正如水能具體的顯示出自己的水平高度一樣，一個國家的法律和政府的結構、內容及其結果也能確切的反映出一個民族的整體性格。高貴的人將受到高貴的統治，無知而愚昧的人則受無知的統治。確實，所有的經驗都證實：一個國家的價值和力量絕非決定於其制度形式，而是決定於其人民的素養水準，因為國家只不過是社會個體的集合體而已，而文明自身也只不過是一個組成社會的男人、女人和孩子的個人進步問題罷了。

國家的進步是每個人勤奮努力、吃苦耐勞和正直誠實的結果，就像國家的衰落是每個人懶惰、自私和邪惡的結果一樣。大多數被我們痛斥為社會大惡行的東西往往是人們自己的墮落生活的產物。雖然我們可以透過法律努力減少和根除它們，但是，一旦遇上以其他形式出現的新鮮土壤，它們就會死灰復燃，除非個人生活和性格賴以存在的條件得到徹底改造。如果這種看法正確，那麼接著而來的就是：最高的愛國主義和博愛主義就不應該把精力過多的投放在改善法律和制度的努力上，而應該幫助人們透過自由而獨立的個人行為來提高和改善處境。

當每件事情都依賴於一個人如何用內在因素控制自己的時候，外界因素如何控制一個人所產生的影響相對說來也許就比較小了。最大的奴隸並

不是那種被暴君所統治的奴隸（雖然這種統治是極大的罪惡），而是那種被他不講道德、自私和邪惡所奴役的人。一個心靈被奴化的民族是不可能僅靠主人或制度的改變而獲得自由的；只要這種致命的幻想仍然盛行，自由就仍然掌控在政府手中。即使這種情況發生了變化，不管為此付出了多大的代價，在很長一段時間裡，這種變化對曾經身處這種幻覺中的人們並不會產生多少實際的、持久的效果。自由的扎實基礎必須扎根於個人的性格之中，它也是社會安定和國家進步唯一可靠的保障。約翰‧史都華‧密爾準確的評論道：「只要在其統治下允許個性存在，即使是專制主義也不會產生最惡劣的後果；任何毀滅個性的東西都是專制主義，不論它以什麼名義出現。」

在關於人類進步的問題上，時常湧現一些古老的謬誤。有些人呼喚凱撒式的救世主，有些人呼喚民族主義，還有一些人把希望寄託於議會的法令。一開始我們都準備迎接凱撒式的救世主，後來我們發現，「誰承認他並聽從於他誰就幸福」這一學說，簡單說來就是任何事情都由救世主來為人民做決定，而不是由人民自己來做決定。它一旦被採納為指導原則，必將毀滅一個族群的自由和良知，迅速為任何形式的專制主義鋪平道路。凱撒主義是人類最壞的一種偶像崇拜──它崇拜絕對的權力，其所產生的墮落效果就像崇拜單純的財富一樣。一個值得在人世間大力弘揚的有益得多的學說是自助的學說，一旦人們完全領悟了它並把它付諸行動，凱撒主義就會銷聲匿跡。自助的學說和凱撒主義是兩個直接對抗的原則，維克多‧雨果對筆和劍的相互關係的論述適用於上述兩個原則之間的關係，即「其中一個會殺死另外一個」。

至於民族主義和議會法令的力量，也不過是一種流行的迷信罷了。一位偉大的愛爾蘭愛國者威廉，他在首屆都柏林工業博覽會閉幕式上的演講也許非常適合引用如下：「老實說，在我的記憶中，我從未在我們自己的

國家和同胞中，聽到人們提及『獨立』一詞。我聽得最多的是如何從這裡、那裡或其他什麼地方去獲取獨立，如何把希望寄託在那些從其他國家來到我們身邊的人身上等論調。當我最大限度的衡量著任何一個與我們打交道的人為我們帶來的龐大益處時，我的內心深處一直被這麼一種感覺深深的打動：我們的工業獨立完全得依靠我們自己。我確信，如果在利用我們的精力方面缺乏勤奮、刻苦和精益求精的精神，我們就不會擁有比現在更美好的機遇和更燦爛的前景。我們已經邁出了腳步，但要切記：堅韌不拔是成功的最大動力；只要我們繼續滿腔熱情的前進，我從內心深處相信，用不了多久，我們就將達到一個與其他民族一樣舒適、一樣幸福、一樣獨立的狀態。」

所有的民族都是經過無數代人的思考和工作才成為它目前的模樣。在這個過程中，不屈不撓、堅韌不拔的勞動者，如土地的耕耘者、礦山勘探者、發明家、發現者、工廠經營者、機械師、手工業者、詩人、哲學家和政治家，雖然他們所處的階層和生活環境不同，但都為塑造自己的民族和國家做出了貢獻。他們一代一代努力，每一代的努力都是建立在前一代人的工作成果基礎上的，並把這種努力的成果不斷推向更高的階段。這些高尚的勞動者 —— 文明的締造者 —— 一代又一代努力，終於在混沌的科學、工業和藝術中創造出了秩序，因此在自然的進程中，我們這個生物族群已經成為我們那些技藝精湛、辛勤勞動的祖先所提供的豐富財產的繼承者。那些傳到我們手中的財富經過我們的「耕耘」，再傳給我們的後繼者，在此過程中，它們非但毫髮無損，而且還會得到改進。

自助的精神，正如它在充滿活力的個人行為中所表現出來的那樣，一直都是英國人性格中一個令人注目的特徵，是衡量我們作為一個民族的力量的真正尺度。儘管總能發現一些鶴立雞群、遠遠優秀於其他人的人享受大眾對他們的臣服和敬意，但我們的進步也要歸功於眾若繁星的小人物和

默默無聞的普通人。雖然在任何一場偉大的戰爭中，都只有將軍們的名字名垂青史，但從一個大的意義上講，正是由於士兵們的勇猛和英雄主義，才贏得了戰爭的勝利。同樣的，生活也是一場「士兵的戰鬥」──無論哪個時代，最偉大的勞動者都是各個階層的普通人，其中絕大多數終生都默默無聞，他們對人類文明與進步的影響力當然無法與那些更加幸運、名垂青史的偉人們相比。但是，即使是出身最低賤的人，只要他在自己的生活中為同胞做出了勤奮、節儉、正直、誠實的表率，他就對其祖國的幸福生活擁有了現時和長遠的影響了，因為他的生活和品行會潛移默化的影響他人的生活，成為未來的好榜樣。

日常生活的經驗顯示，正是充滿生機與活力的個人主義對別人的生活和行為產生了最強的影響，並真正構成最好的實用教育。與這種實用教育相比，學校、學院和大學所給予人們的教育僅能算作最簡單的文化啟蒙而已。更加具有影響力的是來自日常生活的教育，這種生活的教育每天都在我們身邊發生：在我們的家庭裡，在街道上，在商店的櫃檯背後，在生產單位，在織布機上，在田間地頭，在財務室和手工小店裡，在擁擠嘈雜的人群中。它是人們作為社會成員所接受的最後指導，被席勒（Schiele）稱為「人生歷程教育」，它表現在人的動作、行為、自我教養和自我控制之中，都是為了引導人們正確的履行人生的職責，做好自己的事業。這是一種既無法從書本、也無法從任何大量的學術訓練中獲得的教育。

大思想家培根以他那常常頗具分量、擲地有聲的語言評論道：「學習並沒有讓人懂得知識的用途，那是一個屬於學習之外並超越於學習的智慧，只能透過觀察、體驗才能獲得。」這句話既適用於實際生活，也適用於才智本身的培養。因為所有的經驗都顯示並增強了這個道理的說服力，即人們更多的是依靠工作而不是依靠讀書來完善自己的處境的。也就是說，是生活而不是文獻、是行動而不是研究、是性格而不是傳記，在永久

不斷改造、完善我們人類的生存狀態。

　　偉人的傳記，特別是那些品行優秀的偉人的傳記，在為其他人帶來幫助、指導和動力方面，仍然是最有啟發意義和啟發作用的，其中那些品行最佳者的傳記無異於人類的福音 —— 它教給人類和世界一種高尚的生活、一種高貴的思想和一種充滿生機與活力的行為模式。這些富有價值的榜樣充滿說服力的展示了自助、堅定的信心、不屈不撓的奮鬥和堅守良知正直所表現出來的偉大力量，這種力量表現在真正高貴的性格的形成之中。這些富有價值的傳記以明白無誤的語言，展示了上述各種優秀品行在一個人實現自己抱負的過程中所顯示出來的力量，它們以鐵的事實雄辯的證明了自尊自重和自力更生的效力：它們能使那些位處社會最底層的人們為自己贏得令人尊敬的實力和穩固的聲望。

　　科學、文學和藝術界的偉人們 —— 這些偉大思想的傳道者和偉大心靈的使徒 —— 並不是不食人間煙火的神聖，他們屬於各個不同的階級或階層，同樣來自學校、工廠和農舍，來自窮苦人家的茅草房或者富貴人家的高樓大廈。甚至某些最偉大的上帝的使徒也是來自社會「各個階層」。最窮苦的人也有身處頂峰的時候，在他們走向成功的道路上，沒有什麼困難被證明是根本不可克服的。相反，這些困難在很多情況下已被證明是他們最好的幫手，因為這些困難能激發他們工作的潛能和堅韌不拔的毅力，並且將其轉化成生活的本領和技能，要不然，這些本領和技能就只能潛藏在人們內心深處而不會得到開發利用。透過這種方式克服千難萬險並獲得勝利的例子可以說不勝枚舉，在現實生活中比比皆是，這些事例還真是證明了下述格言的正確：「頑強的意志可以使人成就任何事業。」例如，最著名的事例有下列理髮匠出身的偉人：最有想像力和詩意的神學家傑里米・泰勒（Jeremy Taylor），水力紡紗機的發明者、棉紡織業的奠基人理查・阿克萊特（Richard Arkwright）爵士，英國上議院最功勛卓著的首席大

法官之一坦特登（Tenterden）勳爵，最偉大的風景畫畫家特納（Turner）。

沒有人了解莎士比亞的確切出身，但不容置疑的事實是：莎士比亞出生於一個社會底層的家庭，他的父親是個賣肉的屠夫兼牧場經營者。在孩提時代，家裡人希望他將來成為梳毛工，其他人則斷言他是塊學校看門人的料，最多不過成為替人代寫文書的捉刀人的助手而已。他似乎真的不像只適合做一種事情的人，而是整個人類的縮影。由於他對海洋事務的遣詞造句是那麼準確精當，以至於一位職業海軍作家竟然宣稱莎翁過去肯定是個水手；而一位神職人員則從莎翁著作中所顯示出的種種內在跡象裡，推斷出他很可能當過牧師的祕書；一位善於鑑別馬的行家則堅持認為莎翁肯定做過馬販子。莎士比亞真可謂一個演員了，在他的人生歷程中，他扮演了無數的角色，他從自己的經歷和觀察中收集、累積了豐富多彩的知識。在任何一個事件中，他都是一個細心好學的學生和刻苦的工作者。直到今天，他的著作仍然對英國品格的形成繼續發揮著強有力的影響。

在普通勞動者裡產生了工程師布林德利（Brindley）、航海家庫克（Cook）和詩人伯恩斯（Burns）。泥瓦工和砌磚工則以班・詹森（Ben Jonson）為豪，他在倫敦的林肯法學院大樓裡工作的時候，手中拿著鏟灰刀，衣袋裡裝著一本書。此外，成為工程師的愛德華茲（Edwards）和特爾福德（Telford），成為地理學家的休・米勒（Hugh Miller），成為作家和雕刻家的艾倫・卡寧厄姆（Allan Cunningham）等人，都是泥瓦工們引以為豪的榜樣。在眾多傑出的木匠中，我們發現了建築師伊尼戈・瓊斯（Inigo Jones），天文鐘製造者哈里遜（Harrison），生理學家約翰・亨特（John Hunter），畫家羅姆尼（Romney）和奧佩（Opie），東方學專家李教授和雕刻家約翰・吉布森（John Gibson）。

從紡織工中產生了數學家辛普森（Simpson），雕刻家培根（Bacon），鳥類學家米爾納（Milner）、亞當・沃克（Adam Walker）、約翰・福斯特

（John Foster）和威爾遜（Wilson），雲遊四方的傳教士李文斯頓博士（Dr. Livingstone），詩人坦納希爾（Tannahill）。在鞋匠中產生了偉大的海軍上將克勞德斯利·雪弗爾爵士（Sir Cloudesley Shovel），電力學家思特金（Sturgeon），隨筆作家薩繆爾·德魯（Samuel Drew），《季刊評論》（*Quarterly Review*）雜誌的編輯吉福德（Gifford），詩人布盧姆菲爾德（Bloomfield），傳教士威廉·克理（William Carey）。另一位吃苦耐勞的傳教士莫里遜（Morrison），則曾經是一位鞋楦頭工廠經營者。在過去的幾年裡，在班夫的鞋匠中出現了一位頗有造詣的博物學家托馬斯·愛德華茲（Thomas Edwards），他在維持自己的生意的同時，把業餘時間和精力都投入到生態學各個領域的研究之中，他對十分細小的甲殼蟲的研究所得到的回報是發現了一個新的物種，這種新物種被博物學家以「普拉尼薩·愛德華茲」（Praniza Edwardsii）冠名。

在裁縫中並非沒有傑出人物出現。約翰·史鐸（John Stow）成了歷史學家，他抽出部分時間和精力做裁縫。傑克遜（Jackson）成了畫家，在他成年以前一直製作衣服。約翰·霍克伍德（Sir John Hawkwood）在波瓦第爾工作時因傑出的成就而被國王愛德華三世（Edward III）授予騎士稱號，早年他是倫敦一位裁縫的徒弟。西元 1702 年在維戈摧毀了敵人的柵欄網的海軍上將霍布森（Hobson），也出身於相同的行業，他曾在威特島上靠近邦丘奇的一個裁縫師父那裡當徒弟。當海軍船隊要途經該島的消息傳到邦丘奇這個村莊時，他馬上從裁縫店蹦出，召集一群同伴來到海邊，欣賞海軍通過時的壯觀景象。這孩子突然萌生了要當水手的雄心，他隨後跳進一艘小船，划到海軍艦船附近，上到海軍司令的船上，向他表達了自己的願望，最後他作為一個志願兵而被留下了。多年以後，他衣錦還鄉，在他曾做過徒弟的小屋裡用餐，吃烤肉和雞蛋。然而，裁縫出身的人中最偉大的人物毫無疑問是安德魯·詹森（Andrew Johnson）了，他曾任美國總

統——這是一個具有非凡性格力量和才華的人。他在華盛頓的就職儀式上發表演講，說他的政治生涯其實從他當市議會議員的時候就已經開始了。當他在立法機關各部門之間往來穿梭時，人群中有個聲音突然喊出：「這是個裁縫匠出身的人。」在美好事物中摻雜點人為的嘲諷，甚至把它當真事來玩玩，這是詹森的性格特徵。「某些先生們說我過去曾是個裁縫，這根本沒有使我感到難堪，因為當我是個裁縫的時候，我享有一個優秀裁縫的良好聲譽，而且我特別勝任自己的工作。我總是對我的顧客熱情周到，並獲得了出色的成就。」

托馬斯・沃爾西（Cardinal Wolsey）、笛福（Defoe）、阿肯塞德（Akenside）、柯克・懷特（Kirke White）等人都曾是肉店屠夫的兒子；班揚（Bunyan）曾是補鍋工，約瑟夫・蘭開斯特（Joseph Lancaster）是個竹籃工廠經營者。共同參與到蒸汽機的發明活動中的偉大人物有紐科門（Newcomen）、瓦特和史蒂文生（Stephenson），他們依次是鐵匠、數學儀器工廠經營者和滅火器工廠經營者。傳教士亨廷頓（Huntingdon）當初是個運煤工，木刻之父比威克（Bewick）當初是個煤礦工人，多茲利（Dodsley）曾是個僕人，霍爾克羅夫特（Holcroft）曾是個馬夫。航海家巴芬（Baffin）在開始他的遠航生涯時是作為一個普通水手出發的，克勞德斯利・雪弗爾爵士是船艙服務員出身，赫雪爾（Herschel）曾在軍樂隊中吹奏雙簧管。尚特里（Chantrey）曾是個計時雕刻工，埃蒂（Etty）是個計時油漆工，湯馬士・勞倫斯爵士（Sir Thomas Lawrence）是小餐館老闆的兒子。麥可・法拉第（Michael Faraday）是個鐵匠的兒子，早年曾是一位書籍裝訂工的徒弟，而且在這個行業他工作到 22 歲。現在他已作為一流哲學家而聲名卓著，甚至比他的導師還成就斐然。漢弗里・戴維爵士的貢獻在於他找到了清晰的闡述自然科學中最困難、最深奧的觀點的方法。

在那些為令人肅然起敬的天文學做出偉大貢獻的人物中，我們發現

了哥白尼，一位波蘭麵包師的兒子；克卜勒，一位德國小旅館老闆的兒子，而克卜勒自己也曾當過「有歌舞表演的餐館的服務生」；達朗貝爾（d'Alembert），一位棄兒，在一個寒冷的冬夜，在巴黎聖讓 - 勒 - 朗教堂的臺階上被人撿到，由一個玻璃安裝工的妻子撫養長大；牛頓，格蘭瑟姆附近一個地產商的兒子；拉普拉斯（Laplace），翁弗勒爾附近的歐日地區博蒙一位貧窮農民的兒子。儘管在他們的早年生活中有如此不利的困境，這些傑出人物透過發揮他們的天賦，最終獲得了堅實和永久的聲譽，這是人世間任何財富也無法買到的名聲。事實證明，擁有財富比出身低賤對人的成長的阻礙作用更大。天文學家和數學家拉格朗日（Lagrange）的父親在杜林擔任戰時財務主管，其多次投機活動把家產全部賠光了，他的家庭重回貧窮的深淵。功成名就以後，拉格朗日還習慣於把他的功名和幸福歸功於當初艱難的生活環境對他的磨練。「如果當初一開始我就富裕的話，」他說，「我就很可能成不了數學家了。」

　　在英國歷史上，牧師和地區教長的兒子一般都表現傑出。在這些人當中，有名載海軍英雄史冊的德拉克（Drake）和納爾遜（Nelson），科學菁英沃拉斯頓（Wollaston）、楊（Young）、波雷費（Playfair）和貝爾（Bell），藝術才俊雷恩（Wren）、雷諾茲（Reynolds）、威爾遜（Wilson）和威爾基（Wilkie），法律專家瑟洛（Thurlow）和坎貝爾（Campbell）。在印度戰爭中蜚聲海外的艾迪生（Addison）、湯姆遜（Thomson）、高史密斯（Goldsmith）、柯勒律治（Coleridge）、科勒內爾·愛德華茲（Colonel Edwardes）和威廉·霍德森（Major Hodson），也是牧師的兒子。事實上，英國在印度的殖民地主要是由中產階級出身的人，如克萊夫（Clive）、瓦倫（Warren）、哈斯廷斯（Hastings）和他們的繼承人建立起來並維持的，他們絕大多數人在工廠長大，被訓練成具有事業心的人。

　　在律師的兒子中，我們發現的傑出人物有埃德蒙·伯克（Edmund

Burke）和工程師史密頓（Smeaton），史考特（Scott）和華茲渥斯（Wordsworth），勛爵史默斯（Lords Somers）、哈德威克（Hardwick）和鄧寧（Dunning）。威廉·布萊克斯通爵士（Sir William Blackstone）是個絲綢商人的遺腹子。吉福德勛爵（Lord Gifford）的父親是多佛的一個雜貨商；丹曼勛爵（Lord Denman）是一位內科醫生；法官塔爾福特（Talfourd）曾是一位鄉村釀酒商；首席男爵波洛克勛爵（Lord Chief Baron Pollock）曾是查令十字交易市場上的賣馬鞍販子；尼尼微古城紀念碑的發現者萊亞德（Layard），曾經是倫敦一個訴訟代理人辦公室的契約職員；水壓機和阿姆斯壯大炮的發明者威廉·阿姆斯壯爵士（Sir William Armstrong），曾經受過法律培訓並一度作為律師出庭進行辯護。米爾頓（Milton）是倫敦一個公證人的兒子，波普（Pope）和騷塞（Southey）是亞麻布工廠經營者的兒子。威爾遜（Wilson）教授是佩斯利郡一個工廠經營者的兒子；麥考利勛爵（Lord Macaulay）出身於一個非洲商人世家。濟慈（Keats）曾是一個藥店老闆；漢弗里·戴維曾經是一個鄉村藥劑師的徒弟。戴維本人曾說過：「我對待自己過去的辦法是：我絲毫不懷虛榮心的談及自己的過去，純粹以一顆平常心對待它。」被人稱為「自然史學界的牛頓」的理察·歐文（Richard Owen），早年是海軍學校的候補生，他當時並未邁進科學研究者行列，後來才開始從事科學研究，並在這個領域獲得了傑出成就。他的知識基礎是在他為約翰·亨特（John Hunter）辛勤搜集來的數量龐大的博物標本做分類工作時奠定的，這是一項整整耗費了他在軍醫學院 10 年時光的工作。

在用自己的勤勞和創造力戰勝貧窮的厄運而獲得輝煌成就的人物表上，外國人的數量絲毫不比英國人少。在藝術界，我們看到了克勞德（Claude），一個糕餅師傅的兒子；吉夫斯（Geefs），一個麵包師傅的兒子；利奧波德·羅伯特（Leopold Robert），一位鐘錶工廠經營者的兒子；

海頓（Haydn），一個輪子修理工的兒子；而達蓋爾（Daguerre）則是一位歌劇舞臺上的畫家。額我略七世（Gregory VII）的父親是個鋸木匠；西斯篤五世（Sextus V）的父親是一個牧羊人；哈德良六世（Adrian VI）的父親是個窮困潦倒的駁船船員，孩提時代，他甚至無力負擔學習用的照明費用，只好借助街道上的燈光和教堂的火炬完成他的功課，這展現了他未來要成為傑出人物所具有的那種吃苦耐勞的勤奮精神。具有上述相似低賤出身的還有礦物學家阿維（Haüy），他是聖賈斯特一位紡織工的兒子；機械師霍特菲勒（Hautefeuille），他是奧爾良一個麵包師傅的兒子；數學家約瑟夫・傅立葉（Joseph Fourier），他是奧克賽納一個裁縫的兒子；建築師迪朗（Durand），他是巴黎一位造鞋商的兒子。博物學家格斯納（Gesner）是蘇黎世一位皮革商的兒子，他剛踏上人生之路就遭遇了貧困、疾病、家庭變故等不利事件。然而，所有這些天災人禍都沒讓他喪失勇氣或阻礙他獲得進步。他的人生經歷還真是驗證了人們常說的一個著名真理，即那些有許多事情需要去做並且願意去做的人將會擁有最多的時間。皮埃爾・拉穆斯（Pierre Ramus）是另一個具有與格斯納相同個性的人。他是皮卡迪一對窮苦父母的孩子，當他還很小的時候就被僱傭替別人照看羊群。但是，由於不喜歡這種工作，他逃到了巴黎。在飽嘗了人生的辛酸苦辣之後，他終於成功的進入納瓦拉大學當雇員，這為他的學習鋪設了一條道路，不久他就成為他那個時代最傑出的人物之一。

　　化學家沃克蘭（Vauquelin）是卡瓦多斯一帶一個農民的兒子。當他小時候在學校讀書時，雖然家境十分貧寒，但他才華橫溢，教他讀書寫字的老師每次讚美他的才華時，總是習慣於說：「繼續下去，我的孩子；努力學習吧，科林（Colin）。總有一天，你會像教區委員一樣尊貴的。」一位參觀該校的鄉村藥劑師欣賞這個孩子強壯的手臂，答應提供一個在其實驗室裡搗藥片的工作給他。沃克蘭懷著能在那裡繼續他的學業的希望答應了

這件事。但這位藥劑師不允許他在學習上花費任何時間。了解到這個事實之後，這個年輕人迅速決定辭去他的這份差事。他因此離開了家鄉，背著帆布包踏上了前往巴黎的路途。到達巴黎後，他試圖找份藥劑師侍童的工作，但沒有找到。疲勞和貧困把他折磨得心力交瘁，最終病倒了，被人送進醫院。在醫院，他斷定自己這次是必死無疑了。然而好運氣正等著這個苦命的孩子呢。他康復了，並重新去尋找工作，他找到了一個願意僱用他的藥劑師。不久，他的事就被著名化學家富克魯瓦（Fourcroy）知道了。他是那麼喜歡這個年輕人，以至於他把這年輕人當成他的私人祕書。多年以後，當那位偉大的化學家過世之時，沃克蘭作為化學教授繼承了他的事業。最後，在西元 1829 年，家鄉的選民選舉他當他們在議會的代表，他載譽回到他闊別多年、曾使他受苦受難的家鄉。

在軍界，從低階軍官上升到最高階軍職的事例，自從西元 1789 年法國大革命以來，在法國軍隊中相當普遍；而在英國軍隊中，相同的事例則太少。「成功的大門時刻為那些能幹的人敞開著。」這早已被無數讓世人留下深刻印象的事例所證明，這一真理在我們生活中的表現就是：功成名就之路是公開擺在人們面前的，就看你如何去奮鬥了。霍奇（Hoche）、亨伯特（Humbert）、皮舍格呂（Pichegru）等人，都是從列兵開始他們的軍職生涯的。在皇家軍隊服役期間，霍奇從事一種替馬夾繡花的工作，以便賺點錢購買軍事科學書籍供自己學習。亨伯特在年少時是個不可救藥的惡棍，16 歲時他逃離家鄉，先在南斯地區替一位商人當僕人，然後在里昂替人當助手，最後又成了販賣野兔毛皮的販子。西元 1792 年他報名成了志願兵，一年之內他就成了旅長。克勒伯（Kleber）、拉菲葉爾（Lefèvre）、舒謝特（Suchet）、維克多（Victor）、蘭納斯（Lannes）、蘇爾特（Soult）、馬斯納（Massena）、聖·西爾（St. Cyr）、代爾隆（D'Erlon）、穆拉（Murat）、奧熱羅（Augereau）、貝西埃（Bessières）和奈伊（Ney）等人，都是

普通列兵出身。在某些情況下，升遷很快；在某些情況下，升遷慢一些。聖·西爾是多爾地區一個製革工人的兒子，他的人生始於當演員。之後，他在沙塞爾斯報名參軍，一年之內就被提升為上尉。伯魯羅公爵維克多在西元 1781 年報名參軍，在法國大革命中他被解除軍職，解甲歸田，但旋即在與外國的戰爭中他又受徵召入伍。在隨後的幾個月裡，他的勇猛和才能迅速得到賞識，被提升為副少校和營長。穆拉是佩里哥一個鄉村小餐館老闆的兒子，他在那裡為人照看馬匹。他首次報名參軍是在沙塞爾斯，由於不服從上級命令被趕出軍營，但他後來再次參軍，不久就被提升為上校。奈依 18 歲報名參軍，他的升遷可真是一步一個腳印、循序漸進的；克勒伯早早就發現了自己的才能，他的綽號是「不知疲倦的人」，他在年僅 25 歲時就被提拔為軍中的副參謀長。另一方面，蘇爾特（他年輕時沒受過什麼教育，在成為法國外交部長以前沒有學習過地理知識。聽說學習這門課程為他帶來了人生最大的樂趣。——作者注）則是在參軍 6 年後才從列兵升遷到上士的，他的這種情形與馬斯納類似，後者是參軍 14 年後才成為上士的。雖然後來他連續獲得提拔，一步一步升為了上校、大校（師長）和元帥的職位，但蘇爾特宣稱，上士這個職位是他花費最多時間去贏得其他職位的起點。

在法國軍隊中，類似上述成功升遷的故事在我們今天這個時代似乎仍在繼續。尚加尼爾（Changarnier）西元 1815 年加入皇家童子軍時是個普通列兵。比若（Bugeaud）元帥作為普通士兵在軍中服役了 4 年，在那以後他才成為一個軍官。朗東（Randon）元帥，目前法國的戰爭部長，他的軍旅生涯是從做軍樂隊中的小鼓手開始的；在凡爾賽美術館陳列的他的畫像上，他的手垂放在鼓面上，這是應他自己的要求才這樣繪製的。這樣的事例激勵著法國士兵熱情滿懷的獻身於軍職工作，因為每一個士兵都覺得，也許某一天自己的軍用背包上也會插上元帥指揮棒。

　　在法國、英國或其他國家所湧現出來的上述一系列事例，即透過自己堅韌不拔的努力和充滿活力的奮鬥，把自己從最低微的、辛苦勞累的社會底層提升到對社會發揮作用和影響力的社會上層，獲得較高的地位，這類事例是如此眾多而廣泛，以至於這種情形再也不能被當作生活中的例外情況來看待了。只要我們看一看這些成功者中那些更為出色的人物的遭遇，我們就可以說，早年遭遇人生的艱難和不利於自己的困境，還真是走向成功的必要和不可代替的條件。英國國會的下議院就一直有這麼一批議員，他們出身貧寒，透過自我奮鬥成就了一番事業 —— 他們是勤奮的人民的代表，為該院大增光彩，他們在其中也深受歡迎和尊敬。晚近出現的沙爾福特選區的下議院議員約瑟夫・布羅瑟頓（Joseph Brotherton），在下議院辯論關於《十小時工作法案》的過程中，他以自己曾在一個棉紡廠當童工時所遭遇的艱辛和疲憊的事實作依據，非常認真的以真誠的同情和關懷來對待這部法案的制定過程的各種細枝末節，並草擬出了解決這個問題的方案。說實在的，要不是身處國會，他還真是無法下這麼大力氣來改善工人階級的生存環境。詹姆斯・格拉漢姆爵士（Sir James Graham）在布羅瑟頓發言後立即站了起來。在議員的歡呼聲中他說，在此之前，他一直不知道布羅瑟頓先生的出身是那麼低微。但這個事實使布羅瑟頓先生在下議院比以前更受人尊敬了。試想，一個出身那麼低微的人，能一步一步奮鬥上來，以平等的身分與貴族的後代們平起平坐，怎能不感到自豪，怎能不令人肅然起敬呢？

　　奧爾德姆選區晚近的議員福克斯（Fox）先生則習慣於以「當我在諾里奇當紡織童工的時候」這樣的詞句向別人介紹自己昔日貧寒時的經歷。在英國國會議員中仍然還有一批同樣出身低微的人健在。林賽（Lindsay）先生是眾所周知的船舶業主，直到最近還是桑德蘭地區的國會議員。一次，在回應政敵對他的攻擊時，他把自己生平中的一個樸素的故事告訴了

韋茅斯選區的選民們。

　　14 歲時他就成了孤兒。當他離開格拉斯哥去利物浦的時候，身無分文，連盤纏也沒有。船長同意帶他走，但必須讓他提供勞動作為交換，也就是說這個孩子必須透過在輪船上為蒸汽鍋爐不斷的鏟送煤來換取他此行的路費。到達利物浦後的整整 7 個星期裡，他找不到工作，只得住在茅草屋裡忍飢挨餓，他幾乎要絕望了；後來他終於在一艘船上找到了容身之所，上船當了童工。由於他良好的品行和吃苦耐勞的精神，在 19 歲之前他就被提拔為船長，23 歲時他退出了海上業務，從事岸上業務，之後他進展很快。「我興旺發達了，」他說，「透過堅持不懈的努力，持之以恆的工作，以及時刻堅持設身處地為別人著想的偉大原則而走向了成功。」

　　北德比郡現任國會議員、白金漢宮的威廉・傑克遜（William Jackson）先生擁有與林賽先生相似的人生境遇。他的父親是蘭開斯特市的一位內科醫生，死後留下一個由 11 個孩子組成的家庭，其中威廉・傑克遜排行老七。年長的孩子們在父親在世時都受到了良好的教育，但父親死後，年紀小的孩子們的命運發生了巨變。12 歲時，威廉失學了，到一個輪船碼頭作苦力，從早晨 6 點一直做到晚上 9 點。老闆得病後，他被帶到辦公室，在那裡他擁有了更多閒暇，有時間讀書了。他獲得了閱讀一套《大英百科全書》的機會，從頭到尾讀完了該書，有時在白天，有時在夜裡。後來他投身貿易活動，由於勤奮而大獲成功。現在，他擁有航行於各大海洋的船隻，與世界各國保持著商業往來。

　　在與上述人物相類似的人物中，最近出現的有理查德・科布登（Richard Cobden），他也同樣出身低微。他是薩塞克斯的米德哈斯特一位農民的兒子，年紀很小時就被送往倫敦，在該市一個倉庫受僱為童工。這是個勤奮好學、行為規矩的孩子，渴望了解更多的知識。他的主人是舊式學校出來的人，警告他別讀太多的書，但這孩子不聽，繼續他的讀書事業，把

從書本中獲得的知識財富貯藏在心。他很快獲得提拔，從一個倉庫管理員升遷為旅行推銷員——由此他建立起了龐大的關係網，這為他以後下海經商奠定了基礎。後來，他從在曼徹斯特當一個印花布漆工開始了他的商業生涯。由於他對公共事務頗感興趣，尤其是對大眾教育情有獨鍾，他的注意力逐漸被關於《穀物法》的問題吸引過去了。為了廢止該項法律，他可以說是把自己的財富和畢生精力都奉獻進去了。值得一提的是一個令人納悶不已的事實：他首次在大眾面前發表的演講是個徹頭徹尾的失敗。但是，由於具有非凡的毅力、恆心、實做精神和充沛精力，隨著堅持不懈的努力和實踐，他終於成了最具說服力、最具震撼力的公共演說家之一，就連一向不苟言笑、吝於讚揚別人的羅伯特·皮爾爵士（Sir Robert Peel）也不得不對科布登的演講予以讚美。法國駐英國大使德律安·德·呂（Drouyn de Lhuys）先生曾精彩的評論科布登先生，認為他是「一個具有出色的個人才能、堅韌不拔的毅力和辛勤勞動的特質的人能夠完成什麼樣的一種偉業的活範本；他是那些出身於社會最底層、透過自己的財富和個人貢獻的影響而躋身於最受大眾尊敬的最上層人士之列的貧寒之士中最完美的一個例子；最終，這麼一個舉世罕見的堅定品格的例子在英國人的性格中傳承了下來」。

在上述所有這些例子中，個人奮發向上、辛勤實做是獲得傑出成就所必須的；任何一種傑出成就都必然與好逸惡勞的懶惰品行無緣。正是辛勤的雙手和大腦才讓人自學成才，智慧得以增長，事業得以興旺。即使一個出身於富貴和社會上層之家的人，要想獲得穩固的社會聲望也得靠不知疲倦的實做才能成功。因為，雖然幾英畝的土地可以傳承給後代，但知識和智慧卻無法傳承給後代。富裕之人也許可以僱用別人為他們做事，但卻不可能透過別人來獲得做事的思想，或者說從中買到任何形式的自學成果。事實上，任何事業與追求中的優秀成就都只能透過辛勤的實做才能獲得，

這種說法的正確性在一些富人的經歷中得到證實，德魯（Drew）和吉佛德（Gifford）的經歷就是很好的例子，他們受教育的學校就是補鞋店的攤位。休·米勒（Hugh Miller）的情形也是一樣，他的人生大學就在克羅馬蒂的採石場上。

人們都清楚，富裕和閒適對一個要達到最高教養的人來說是毫無必要的東西，而且那些出身於社會底層的人在任何時代都從未替這個世界增添任何沉重的負擔。安逸閒適、奢侈浮華的生存狀態既無法訓練出艱苦奮鬥或勇於面對艱難險阻的人，也不會讓人們意識到自己的才能，而沒有這種意識，在生活中就不會有活躍、高效的行為。實際上，貧窮非但不會變成不幸和痛苦，透過吃苦耐勞、堅韌不拔的自助實做，它也許會轉化成一種幸福；它能喚起人們奮發向上、勇敢戰鬥的熱情。在這個奮鬥的過程中，某些意志薄弱者也許會用自甘平庸或墮落來換取閒適安逸，但那些正直、忠實的人則會從中發現力量、信心和勝利。培根說得好：「人類既沒有好好的理解他們的財富，也沒有好好的理解他們的力量：對於前者，人們竟把它奉為無所不能的東西；對於後者，人們又太不把它當回事，對自己的力量太缺乏信心。自力更生和戰勝自我將教會一個人從自身的力量中吸取動力，品嘗自己甜蜜的麵包，真正用學習和勞動來養活自己，並認真的把美好的東西擴展到自己的職責履行中。」

富裕對貪圖安逸和自我放縱的人來說是一個強大無比的誘惑，尤其對那些被欲望所驅使而缺乏自制的人來說更是如此。因此，絕大多數出身富貴的人仍然能夠克勤克儉、積極努力的工作 —— 他們「蔑視享樂而生活在辛勤勞動的時光裡」，這是一件榮耀的事情。對我們這個國家的富貴階層來說，值得慶幸和榮耀的是他們都不是遊手好閒的懶人，因為他們為這個國家恪盡職守、盡心盡力，甚至在大多數情形之下還能冒險為國家多做貢獻。在我們這個時代，又誕生了一批自制力強、樂於奉獻的紳士和勇敢

的豪俠，他們擁有地位和財產，但仍然不顧生命危險，有的甚至犧牲了生命，在各個領域為自己的國家奮鬥。

就是在哲學和科學的和平探索活動中，富貴階層也表現得極其突出和優秀，如大名鼎鼎的現代哲學之父培根，科學之父伍斯特（Worcester）、波以耳（Boyle）、卡文迪許（Cavendish）、塔波（Talbot）和羅斯（Rosse）。羅斯也許可以被看作貴族階層中的一位偉大的機械師，如果他不是出身於貴族世家，他就會摘得發明家的桂冠。他的鐵匠知識是那麼完備和豐富，以至於一個不了解他身分的工廠經營者說服他到一個大型製造廠當班長，以使他把全部精力集中在一個專業上。偉大的羅斯望遠鏡就是由他自己組裝而成的，它無疑是迄今為止最傑出的儀器。

即使在政治領域和文學領域，也有許多吃苦耐勞、辛勤工作的高貴人士。在這些領域與別的領域一樣，成功也只能靠勤奮、實做和學習才能獲得。偉大的部長或議會領袖，肯定是最辛苦的工作者，如巴麥尊（Palmerston）、德比（Derby）、羅素（Russell）、迪斯雷利（Disraeli）和格萊斯頓（Gladstone）。根據《十小時工作法》，這些人本來享有一天的工作時間不超過 10 小時的權利，然而習以為常的是，在議會最繁忙緊張之時，他們的工作可說是「連續上班」，夜以繼日的做事。在這類人物中最傑出的莫過於羅伯特·皮爾爵士了。在連續不停的進行腦力勞動方面，他具有非凡的能量，他從未吝嗇自己這方面能量的發揮。事實上，在一個相對來說能力中等的人透過刻苦實做和不知疲倦的勤奮工作能完成多少事情方面，皮爾爵士的人生經歷為我們樹立了一個傑出的榜樣。在當國會議員的 40 年裡，他的工作量異常龐大。他是一個誠心誠意、腳踏實地的人，無論做什麼，他都自始至終把它徹底做好。他所發表的所有言論，無論是口頭說出的，還是形成文字的東西，都凝結著他對思考所及的事物進行認真研究的心血。他的勤奮幾乎接近極限，他不辭辛勞的讓自己滿足各種聽眾的口

味。此外，他還具有非常實用的洞察力、強大的意志力以及用堅定的手勢和眼神指揮行動的能力。從某種角度來講，他超越了與他同時代的絕大多數人：他天生的才能隨著時間的推移而被拓展和擴大；隨著年齡的增長，他的才能非但不會衰退，反而會使他的天性更加成熟和豐富。在使自己走向成熟方面，他一直敞開心扉不斷的接收各種新觀點。儘管許多人認為他在超越過去方面顯得謹小慎微，但他絕不允許自己陷入對過去的不分青紅皂白的崇拜之中 —— 這麻痺了許多受過類似教育的人，除了憐惜以外，過去的許多東西一點也沒反映出來。

關於布羅漢姆勛爵（Lord Brougham）不知疲倦的辛勤工作的故事現在已經家喻戶曉了。他為社會服務的公職生涯超過整整 60 年的時光，在這 60 年裡，他「耕耘」過很多領域 —— 法律、文學、政治和科學，而且在所有這些領域都獲得了傑出成就。他是如何奮鬥的，對許多人來說仍然是個祕密。曾經有這麼個說法，說是當有人要求塞繆爾·羅米利爵士（Sir Samuel Romilly）從事某種新工作的時候，他抱歉說自己沒有時間，「但是，」他補充道，「你可以去找布羅漢姆，他似乎能騰出時間做任何事。」這其中的祕密就是，他從不讓自己有一分鐘的空閒，他有著鋼鐵般強健的體魄。當他到了像大多數人一樣該退休的年齡，可以享受終身辛勞所換來的閒暇，或在太師椅上打發晚年時光的時候，布羅漢姆勛爵宣導並展開了一系列關於光的規律的詳盡調查，並把他的調查結果向巴黎和倫敦的科學家做了闡述。與此同時，他又透過新聞界發布了他的論文草稿《喬治三世統治下科學家和文學家》（*Men of Science and Literature of the Reign of George III*），並且在上議院不折不扣的處理他的法律業務，履行他的政治辯論職責。西德尼·史密斯（Sydney Smith）曾勸他別老是把自己淹沒在 3 個強壯的人才能完成的工作和事務中，但布羅漢姆對工作就是如此熱愛 —— 不間斷的工作成了他的習慣 —— 無論多麼繁重的工作，對他來講

都不在話下。他是如此強烈的渴望自己在工作上出類拔萃，以至於有人說他，如果他的人生職業就是擦皮鞋的話，那麼在成為全英格蘭最好的擦鞋匠之前，他是絕不會心滿意足的。

另一個具有相同社會地位，也勤奮工作的人物是鮑沃爾・利頓爵士（Sir E. Bulwer Lytton）。很少有作家能同時在許多領域闖出名堂或在不同領域都獲得傑出成就，而他作為詩人、小說家、戲劇家、歷史學家、散文作家、演說家和政治家，不貪圖安逸享樂，工作扎扎實實，一步一個腳印，時刻充滿熱情和鬥志，不斷的超越自己。純粹從勤奮這個角度來說，在仍然健在的英國作家中，很少有人寫過他那麼多著作，更沒有人能寫出那麼多高品味的優秀作品來。鮑沃爾的勤奮完全值得把所有偉大的稱讚都堆積到他身上。在社交旺季，他完全可以去狩獵、去射擊、去休閒娛樂 —— 頻繁出入各種俱樂部，或者去欣賞戲劇，參觀倫敦的名勝古蹟，帶上自己儲備好的東西驅車到鄉間別墅度假，享受鄉間戶外的無窮樂趣。他還可以到海外旅遊，去巴黎、維也納或羅馬。所有這些對一個熱愛快樂的富人來說，都是相當有吸引力的，而且會讓他再也不願去連續不斷的艱苦工作。儘管有著這麼多快樂的誘惑，而且也是他的財力所能負擔得起的事情，但鮑沃爾拒絕了這種享樂的生活方式，追求一種文人的生活。像拜倫一樣，鮑沃爾艱辛創作的第一首詩〈雜草和野花〉（*Weeds and Wild Flowers*）是個敗筆。他第二次努力的成果是小說《福克蘭》（*Falkland*），同樣也是部失敗之作。如果一個意志薄弱者遇到這種情況，肯定會放棄創作活動了，但鮑沃爾卻不。他繼續努力，堅持不懈的耕耘，不達目的誓不罷休。他從失敗的陰影裡走出來，不斷努力，廣泛閱讀，勇往直前的嘗試，最終獲得了成功。繼《福克蘭》之後不到一年，鮑沃爾又寫出了《伯爾哈姆》（*Pelham*）。從此一發不可收拾，開始了他長達 30 多年的文學生涯，這其中充滿了一系列勝利和成功的作品。

迪斯雷利先生則在以勤奮和實做創造出傑出的公職生涯方面為我們樹立了一個類似的榜樣。像鮑沃爾一樣，他的第一個成就是在文學領域獲得的，也是在遭受了一系列失敗的打擊之後才獲得成功的。他的《阿爾羅伊的神奇傳說》（*Wondrous Tale of Alroy*）和《革命的史詩》（*Revolutionary Epic*）遭到人們冷嘲熱諷，甚至被視為神經錯亂的象徵，但他繼續朝別的方向努力。《康寧斯比》（*Coningsby*）、《西比爾》（*Sybil*）和《坦康雷德》（*Tancred*）被證明是他創作出來的精品。作為一個演說家，他在議會下院的首次演講也是個失敗，被人們戲說為「比阿德爾菲的滑稽劇還要厲害的尖銳叫聲」。雖然他在樂隊擔任詞曲作者，而且他本人也雄心勃勃，試圖創出一流的詞曲作品來，但他所創作的歌曲中的每個句子都被人們報以哄堂大笑，悲劇《哈姆雷特》（*Hamlet*）被他演奏成了與原劇精神風馬牛不相及的喜劇。但是，他最終還是以一個具有預言性的句子來結束了這個插曲。面對自己那充滿學識的演說所遭受的冷嘲熱諷，在苦惱之際，他向人們大聲叫喊：「我已經多次嘗試過很多事情了，而且最終我都成功了。我將會坐在這裡，總有一天，你們聽到我演說的時機會再次到來。」這一天還果真到來了，迪斯雷利在世界第一次紳士大會上那扣人心弦的演講，向我們展示了勇往直前的力量和決心會獲得多麼傑出的成就，因為迪斯雷利就是這樣靠辛勞和汗水獲得成功的。他不像許多年輕人那樣，一遇失敗就一蹶不振，躲避到一個陰暗的角落裡，而是繼續勤奮工作。他認真彌補自己過去的缺陷，仔細研究受眾的性格，孜孜不倦的練習演說的藝術，刻苦努力的鑽研議會知識。為了成功，他耐心工作。成功的時刻到來了，雖然來得慢了點：最後議員們與他一起歡笑，而不是嘲笑他。早年失敗的記憶從頭腦中消失了，大眾一致認為他是英國議會最成功、最有感染力的議長之一。

　　雖說透過個人的勤奮自立和吃苦耐勞能創造許多偉業，正如前面講述的事例和後面引用的案例所說明的那樣，但同時我們應該承認，在我們

的人生歷程中，接受來自別人的幫助也是非常重要的。詩人華茲渥斯說得好：「自助和受助這兩個事物，雖然看起來是相互矛盾的，但它們只有結合到一起——大方的依賴和自立，大方的受助和自助——才是最好的。」從搖籃到墳墓，所有的人都因受撫養和受教育而或多或少的受人的恩惠；那些最優秀的人和真正的強者往往是最樂意承認和接受這種幫助的人。法國作家亞歷西斯·德·托克維爾（Alexis de Tocqueville）就是其中的榜樣。

托克維爾出生在一個雙親皆為貴族的家庭，父親出身於一個頗有名望的法國貴族家庭，母親是馬勒澤布（Malesherbes）公爵的孫女。由於強大的家族影響力，他年方 21 歲就被任命為凡爾賽審計法官。但是，很可能由於他覺得自己的才能不足以勝任，他決定放棄那個職位，獨立開創自己未來的生活道路。「這真是個愚不可及的決定。」也許有人會這麼說。但托克維爾勇敢的按照自己的決定去行動，毫不退縮。他辭去了自己的職位，決定離開法國到美國遊歷訪問。此行的成果就是他後來出版的那本偉大著作——《民主在美國》（Democracy in America）。他的朋友、與他一起到美國遊歷的夥伴古斯塔夫·德·博蒙（Gustave de Beaumont）是這樣描述托克維爾在此次旅遊中那孜孜不倦的勤奮精神的：「他的本性與懶惰格格不入，無論是在旅行途中還是休息的時候，他的頭腦都一直在活動……與亞歷西斯在一起，他最願意和你聊的內容就是什麼東西是最有用的。對他來說，最糟糕的日子就是無所事事的日子，也就是時間白白浪費了的日子；哪怕是浪費一丁點時間都使他坐臥不安。」在托克維爾親自寫給朋友的信中有這樣的話：「生活中，人們不能有一時一刻的停頓，因為個人的外在努力與個人的內在努力一樣，都是必不可少的東西。如果不這樣，即使我們的年齡增長了，我們的心態還是年幼無知的。我把活在世上的人比作一個在寒冷地帶漫無止境的艱難跋涉的旅行者，他走得越高遠，他就走

得越快。靈魂的病變是可怕的。為了抵抗這種可怕的病變，一個人不僅需要來自內心深處的精神力量的支持，而且也需要與生活上、事業上的朋友保持密切連結，互助互愛，共度難關。」（《托克維爾從未出版的著作和通信集》，古斯塔夫·德·博蒙編）

　　儘管德·托克維爾對充分發揮個人吃苦耐勞、獨立自主精神的必要性的論述是鏗鏘有力的，但對於在人的一生中，人們都會或多或少的受惠於別人的幫助或支持這一事實的價值，恐怕沒有誰能比他認識得更充分。因此，他時常充滿感激的表達他對他的兩個好友德·克爾格雷（De Kergorlay）和斯托菲爾（Stofells）的衷心感謝——前者給予他精神和智力上的幫助，後者從道義上支持和同情他。對德·克爾格雷，托克維爾寫道：「你是我唯一信賴的可靠心靈，你的影響對我的一生都產生了真正的作用。許多人在各個方面影響過我的行為，但在我的基本理念和行事原則方面，誰的影響都沒有你大。」托克維爾也從不掩飾對妻子瑪麗深切的感激之情——由於她良好的脾氣和性格，托克維爾能夠成功的進行他的研究。托克維爾確信，一個具有高貴心靈的婦女會在不知不覺之中提高她丈夫的心靈品性，而一個低等庸俗的婦女只會敗壞她丈夫的心靈。托克維爾說：「在我的人生歷程中，我曾成百上千次的看到，即使是一個意志薄弱的人也表現出真正美好的公共品行來，因為他的妻子大力支持他的事業，他的妻子不是勸他做這做那，而是在以何種方式去履行義務或施展抱負會受到尊重方面，對丈夫的行為方式施加強大的影響。然而，我發現更為常見且應當承認的是，私生活和家庭生活慢慢把很多本來慷慨大方、公正無私甚至具有偉大才能的人，變成了野心勃勃、卑鄙自私的動物，這種人在事關國家的問題上，僅僅顧及自己的一己之利，只要個人的生活環境比以前更舒服、更安逸就行了，根本不顧其他的一切。」（《托克維爾從未出版的著作和通信集》，古斯塔夫·德·波蒙編。）

　　總而言之，人類品格的塑造過程會遇到各式各樣的無形影響：榜樣和格言的影響，生活和文學作品的影響，朋友和鄰居的影響，我們所生活的世界和我們的先輩的影響——他們良好的言論、品行等遺產被我們繼承。然而，儘管往大處講，上述影響都是我們必須承認、毫無疑問的，但同樣明白無誤的是，人們應當是其生活和行為的積極行動者。因此，無論對別人的感激顯得多麼明智和美好，從事物本身的性質來講，人們都應當是自己最好的救星。

第二章

吃苦耐勞的發明家和工廠經營者

勞動和科學從此成為世界的主人。

—— 德・薩爾萬迪（De Salvandy）

忽略那些出身低微的人透過發明創造為英國所做的一切，我們再看看，沒有他們的英議會是什麼樣子。

—— 亞瑟・海普斯（Arthur Helps）

英國人民最顯著的特質之一就是勤勞，它在其歷史上顯得十分突出和特別，在今天尤其引人注目。這種曾經奠定了大英帝國的根基、締造了偉大的工業文明的勤勞特質，如今展現在每個普通的英國人身上。這個國家之所以興旺發達，主要就是因為每個人都能自由的充分發揮自己的才能，是他們用勤勞的雙手和聰慧的頭腦世代代辛勤工作的結果。無論是土地的耕耘者、實用商品的製造者、各種工具和機器的發明者、書籍的創作者，還是藝術作品的創造者，都為民族的強盛做出了自己的貢獻。勤勞不僅是這個民族至關重要的特質，它也幫助這個民族挽救和糾正了許多過錯，不斷抵消憲法和法律中的錯誤的影響。

英國人民追求勤勞特質的歷程已經證明：勤勞是最好的教育。因為將其持續穩定的運用於工作中，對每個人來說都是最有益的訓練，所以它是一個國家最好的行為準則。令人尊敬的勤勞總是與職責志同道合，上帝已將兩者與幸福緊密相連。一位詩人說過，上帝在通往幸福天堂的道路上設置了很多需要辛勤工作才能克服的障礙。可以確信無疑的是，無論是在物質上還是在精神上，都沒有什麼麵包能比透過自己辛勤工作賺取的麵包香。透過勞動，人類征服了大自然，擺脫了野蠻狀態；沒有勞動，文明的腳步一步也無法邁出。勞動不僅是一種需求和義務，也是一種幸福：只有懶蟲才會覺得勞動是該詛咒的。當我們降生到這個世界以後，勞動的義務就被寫到我們手、腳的肌肉上了，寫到我們手、神經和大腦腦葉的活動機理中 —— 其有益行為合到一起，為我們帶來滿足和愉快。勞動這所學校教的是最好的實用智慧；正如我們在下面的內容中會發現的，手工勞動的

生活並不像一般人所認為的那樣必定與高等精神文化無緣。

　　對各種勞動所擁有的力量和弱點的認知比任何人都透澈的休‧米勒，是這樣描述他的經歷及結果的：工作，甚至是最艱苦的工作，都充滿了樂趣和自我改善的條件。他把誠實的工作視為最好的老師，而辛勤勞動這所學校則是最高貴的學校。正是在這所學校裡，有用的才能被傳授，獨立的精神被學習，堅韌不拔的習慣得以養成。他甚至認為技工訓練使他能在人生旅途上更好的選擇自己的道路，這比任何其他條件下提供的訓練對其作為人的成長都更加有利，因為這種訓練在他日常處理具體實際的事務中鍛鍊了他的觀察能力，豐富了他的人生經驗。

　　我們已經在第一章簡單列舉了一系列出身於勤勞階層的偉大人物。他們在人生的各個領域 —— 科學、商業、文學和藝術 —— 獲得了與眾不同的傑出成就。他們的事蹟顯示，在所有事情中，由貧窮和勞累所造成的困難並不是不可克服的。考慮到那些偉大的發明創造為我們的民族增添的活力和帶來的財富，毫無疑問，我們都深深的受惠於那些出身微賤的偉大人物。如果對他們在這一特殊行為領域的所作所為忽略不計的話，人們將會發現，事實上其他的人所完成的發明創造真是少得可憐。

　　發明家們創立了一些世界最偉大的行業。人類社會獲得的許多必需品以及舒適和奢侈都要歸功於他們；由於他們的天才和辛勤工作，日常生活的各個方面都變得更加輕鬆和愉快。我們吃的食品，穿的衣服，家裡的家具，讓陽光照進屋裡同時又把寒冷拒之屋外的玻璃，替我們的街道照明、為交通工具提供動力的可燃氣體，以及製造各種生活必需品和奢侈品的工具等，都是眾多勤勞的人和頭腦所創造的。因為這些發明，大多數人都變得更加幸福，每天都以個人幸福和公共樂趣得到增加的形式從中獲益。

　　雖然工業蒸汽機 —— 機器之王 —— 的發明，相對來說是屬於 19 世紀的事情，但關於蒸汽機的設想，早在幾百年前就已經產生了。像其他的創新和發現一樣，蒸汽機的發明也是一步一步走向成功的 —— 一個人把

自己當時看來毫無用處的工作成果傳遞給他的後繼者，後繼者繼承了這個
事業並把它推向另一個階段 —— 這樣延續了好幾代人。從此，這個由亞
歷山卓的英雄所傳播出來的觀念就再也沒有消失；但是，就像隱藏在埃及
木乃伊手中的麥粒一樣，關於蒸汽機的想法也只有到了現代科學的光芒普
照大地之時，才重新煥發出生機和活力。在理論變成現實之前，蒸汽機一
直什麼也不是。直到成為能用雙手操作的機器，它的價值才得以展現。蒸
汽機的發明過程，是一個充滿了吃苦耐勞、辛勤探索、不斷克服困難的壯
麗故事，這種神奇的機器自身根本不能述說其傳奇、滄桑的歷史！事實
上，它本身就是一座人類自助精神所煥發出來的強大力量的紀念碑！圍繞
蒸汽機的發明，我們發現了一連串不朽的英名：軍事工程師薩瓦里（Sa-
vary），達特茅斯鐵匠紐科門，玻璃安裝工科雷（Cawley），機械師波特
（Potter），土木工程師史密頓（Smeaton）。在他們之上，屹立著勤勞、耐
心、不知疲倦的詹姆斯‧瓦特（James Watt）—— 一個數學儀器製造者。

數學儀器製造者瓦特

可以說，瓦特是世界上最勤勞的人之一，他一生的事蹟和他的所有經
驗都證明和肯定了這麼一個道理：獲得最高成就的不是那些天生具有旺盛
精力和強大才能的人，而是那些最勤奮、最認真、將自己的才能與訓練有
素的技能結合到一起充分發揮的人，他們的技能來自勞動、應用和經驗。
許多與瓦特同時代的人遠比瓦特博學，但其中沒有一個人像瓦特那樣刻苦
工作，把自己所知道的知識應用於對社會有用的實際操作中。在各種因素
中，最重要的是瓦特那種對事實堅韌不拔的探求精神。他認真培養那種積
極留心觀察、做生活的有心人的習慣，這種習慣是所有高效工作的頭腦所
依賴的。實際上，埃奇沃思（Edgeworth）先生就對這種觀點情有獨鍾：人
們頭腦中的知識差異，在很大程度上更多的是由早年培養起來的留心觀察

的習慣所決定的，而不是由個人能力上的任何重大差別決定的。

　　甚至在孩提時代，瓦特就在自己的玩具中發現了科學。散落在他父親木匠房裡的扇形物體激發他去研究光學和天文學；多病的身體導致他去探究生理學的奧祕；漫步在偏僻的鄉村，他興致勃勃的研究植物學和歷史。在他從事數學儀器製造期間，他收到一個製作一架管風琴的訂單，儘管他不懂音樂，但他立即著手去研究和聲學，終於成功的製造出了客戶訂購的管風琴。同樣，在這種精神的驅使下，當執教於格拉斯哥大學的紐科門把細小的蒸汽機模型交給瓦特修理時，他馬上投入學習當時所能知道的一切關於熱量、蒸發和凝聚的知識中去 —— 同時他開始進行機械學和建築學的研究 —— 這些努力的結果最後都反映在凝結了他無數心血的凝結式蒸汽機上。

　　在長達 10 年的時間裡，他繼續從事創造和發明 —— 根本就沒有指望過有人來稱讚他，也很少有朋友來鼓勵他。他在研究的同時，透過製作和銷售量角器和樂器，製造和修理長笛、小提琴等樂器，丈量石料建築、勘探道路、監理河道的修築及其他任何能有實在收益的事情來維持家人的生計。最終，瓦特發現了另一個與他一樣勤奮的傑出人物 —— 伯明罕的馬修·波爾頓（Matthew Boulton）—— 一個技藝高超、精力充沛並有遠見卓識的人，他當時正在竭盡全力的從事一項把凝結式引擎轉化為能廣泛應用的工作動力的事業。瓦特和波爾頓兩人發明的成功是人類歷史上的一個重大事件。

　　一代又一代技藝精湛的發明家不停的為蒸汽機增加新本領；透過不斷改進，蒸汽機能應用於幾乎所有的生產製造領域 —— 驅動機器運轉，推動輪船前進，碾碎穀物，印刷書籍，印製鈔票，打鐵、鍛鐵和軋鐵；總之，可以為任何一種機械製作提供動力。對蒸汽機最有用的改進 —— 把蒸汽機作為火車頭，是特里維西克（Trevithick）想出來、最終由喬治·史蒂文生（George Stephenson）和他的兒子一起完善的。這一應用為人類社

會帶來了重大且重要的變化。從對人類進步和文明的貢獻來講，其重要性甚至大於瓦特發明的凝結式蒸汽機。

　　瓦特的發明 —— 它為驅動各類生產提供了幾乎無限的力量 —— 所獲得的第一批重大成果之一就是棉紡製造業的建立。與這一大的製造產業的建立最密切相關的人，毫無疑問要數理查·阿克萊特爵士（Sir Richard Arkwright）了，他那充沛的實做精力和敏銳的洞察力，甚至可能比他在機械上的發明創造更加引人注目。與瓦特和史蒂文生一樣，他作為發明家的創造性，事實上也表現在耐心洞察問題的能力上。阿克萊特、瓦特和史蒂文生三人在發明精細紡紗機上是相互關聯的：瓦特發明出蒸汽機，史蒂文生發明了火車頭，阿克萊特在兩人發明的基礎上發明了精細紡紗機。他把已經存在的各種零散而沒有頭緒的創造性思路集中起來，整理、組合到一起，經過他的設計後，就變成了一個新穎的、具有原創性的精細紡紗機了。阿克萊特終於獲得了成功。比阿克萊特發明精細紡紗機早 30 年，伯明罕的路易斯·保羅（Lewis Paul）就曾把他發明的滾筒紡紗機申請並註冊了專利。保羅發明的機器很不完善，缺陷很多，用它工作無法賺錢，在實際運用上是個失敗的發明。據說另一個名叫托馬斯·海斯（Thomas Highs）的平庸機械師、蘆笛工廠經營者，也發明過由水力帶動的珍妮紡紗機，但他的發明也被證明不成功。

　　當因工業的需求被發現而對發明家的智慧資源產生壓力的時候，人們發現同樣的念頭經常飄蕩在許多人的頭腦中，就像蒸汽機、安全燈、電報和其他發明那樣。人們還發現，許多頭腦聰明的人在發明的艱苦探索中辛勤工作，直到最後，具有大師級頭腦、較強的實做才能的人物出面了，他繼續他們的工作，直接拋棄他們的想法，成功運用其中的原理，事情就做成了。然後，在氣量狹小的設計者之間會發生大聲的吵鬧，因為他們發現自己在這場競賽中被遠遠的甩在了後面；而像瓦特、史蒂文生和阿克萊特這樣的人，也常常不得不起來捍衛他們作為實用和成功的發明家的聲譽和權利。

偉大的機械師阿克萊特

　　像絕大多數偉大的機械師一樣，理查·阿克萊特也出身低微。西元 1732 年他出生於普雷斯頓。他的父母一貧如洗，他是家中 13 個孩子中最小的一個。他從未進過學堂大門，唯一受的教育是自學；最終，他只能十分吃力的寫作。還是孩童時，他就跟著一位理髮師當學徒。學會這門手藝後，他在博爾頓一個地下室的酒窖裡開了一個髮廊。在地下室上面的入口處，他貼了一個標牌，上面寫著：「歡迎來地下髮廊 —— 1 便士理一次髮。」其他理髮師發現他們的顧客都遠離自己而去，便把他們的理髮價格也降到阿克萊特的價格水準。這時，為了擴大自己的生意，阿克萊特又貼了一個告示：「半便士剪個乾淨漂亮的頭。」幾年後他搬出了地窖，成了一個流動的毛髮交易商。那時流行戴假髮，製造假髮成了理髮業一個重要的行當。阿克萊特四處活動買毛髮，用於製造假髮。為此，他常常參加在蘭開夏郡各地舉辦的各種租賃交易會，以期能夠得到婦女秀長的頭髮，因為這些交易會是年輕婦女時常光顧的場所，聽說他在與婦女進行討價還價的過程中還頗為成功。他也做一種用化學試劑染髮的生意。由於他非常機靈聰明，他的生意做得十分興隆。儘管他有一往無前的性格，但他看來不像那種把一切精力都只用於謀求一種勉強糊口的生活的人。

　　戴假髮的時尚一發生變化，厄運就降臨到了假髮工廠經營者頭上。面對這種形勢，做過機械師的阿克萊特很快就決定走機器發明家或「魔術師」 —— 這是當時的人們對有這種追求的人的稱呼 —— 的道路。當時已有許多人在嘗試發明精細紡紗機，阿克萊特決定只把他的精力投放在眾多發明中最後還沒獲得突破性進展的方面。像其他具有相同癖好的自學成才者一樣，阿克萊特也曾花費大量的業餘時間去從事所謂「永動機」的發明活動；「永動機」雖然沒造出來，但把這個努力轉換成精細紡紗機的製造就容易了。他全力以赴的投入實驗中，以至於忘記了他的生意，花光了他

辛苦積存起來的一點點錢，陷入了極端的貧困之中。而他又在這個節骨眼上結了婚，他的妻子認為丈夫的所作所為簡直就是小孩子式的胡鬧，浪費時間，浪費金錢。在一次突發的憤怒之下，她抓起丈夫發明用的模型並砸壞了它，希望這樣就能使他從事正經事業，消除家裡的貧困之災。阿克萊特是個意志十分堅定且具有強烈事業心的人，妻子的行為使他怒不可遏，他迅速和妻子分手了。

在全國各地四處遊歷的過程中，阿克萊特曾認識一個名叫凱伊（Kay）的威靈頓鐘錶匠，他曾幫阿克萊特組裝過他的「永動機」的部分元件。據說凱伊曾把滾筒紡紗機的工作原理介紹給了阿克萊特，但也有人說關於精細紡紗機的想法是他在一次偶然的觀察中得到的啟發，當時他看到通紅的鐵塊在鐵製的滾筒之間通過後變長變細了。不管究竟是怎麼回事，總之這一想法曾一度占據了他的頭腦，他開始按照這一設想的程序去製造那種機器，凱伊的學識在這個問題上顯得無能為力。從此，阿克萊特放棄了他原先的頭髮收集生意，全力以赴的投入改進他的機器的活動中，這是一臺在他指導下由凱伊組裝的機器模型。他把這臺模型機器放置在普雷斯頓免費文法學校的大廳裡。作為普雷斯頓市的市民，阿克萊特在一次競選中參加了投票，伯格因將軍（General Burgoyne）再次獲勝。由於阿克萊特窮得叮噹響，他那衣衫襤褸的形象慘不忍睹，為此很多人替他湊了一筆足夠的錢，讓他買些衣物，以便他能體面的出現在投票現場。在一個人們依靠出售手工產品為生的小鎮展示他的機器，這樣做充滿危險。在他展示機器的學校大廳外面，不時傳來各種凶惡的咆哮聲。當初凱伊就是因為發明了飛梭而受到暴徒攻擊，被迫從蘭開夏郡搬走，遠離家鄉；可憐的哈格里夫斯（Hargreaves）的珍妮紡紗機不久也被一個手持鐵棍的暴徒砸毀。想到他們的命運，阿克萊特決定打點行裝，把模型轉移到不太危險的地區去。為此，他去了諾丁罕，在那裡，他向當地的一些銀行家提供有償服務；其

中萊特（Wright）先生同意預先支付給他一筆錢，條件是分享從其發明中所獲取的利潤。然而，機器並沒有像他們預料的那樣很快就得以完善。銀行家們建議阿克萊特與斯特拉特（Strutt）和里德（Need）先生合作，共同開發應用其機器。斯特拉特先生是織襪機的原始發明人和專利人，他高度讚賞阿克萊特的發明，立即與其建立了合夥關係。這一合作的光明前景現在早已眾所周知。他們的成果以「諾丁罕鐘錶匠理查·阿克萊特」的名義獲得專利。值得注意的情況是：阿克萊特獲得發明專利的那一年（西元1769 年）瓦特恰好也獲得蒸汽機的發明專利。當年，在諾丁罕第一次建立了由馬來拉動的棉紡廠；不久，在德比郡的克羅姆福德建立了一個規模更大的由水輪機提供動力的棉紡廠，這也就是被人們稱為「水力紡紗機」的精細機的出現經過。

然而，比較而言，阿克萊特的勞動可說是才剛剛開始，他仍堅持不懈的改善機器運轉中的各種技術細節。經過他不斷努力改進和完善機器工作的各個環節，機器終於被改造得非常實用、非常賺錢了。但是，這個成功是經過長期堅韌不拔的努力才獲得的：事實上，在很多年裡，冒險嘗試會令人沮喪洩氣、無利可圖，花費頗多卻毫無成效。當成功的曙光開始出現以後，蘭開夏郡的工廠經營者把阿克萊特發明的機器砸成了碎片，就像康沃爾的礦工們攻擊波爾頓和瓦特，搶奪他們從蒸汽機中獲取的利潤一樣。阿克萊特曾被宣布為勞動人民的敵人；他建在喬利附近的一座工廠被一群以警察和軍人面目出現的暴徒以暴力搗毀。蘭開夏郡的人們拒絕購買他的產品，儘管他們承認他的貨品是市場上的佼佼者。然後，他們拒絕授予他專利權，並聯合起來到法庭起訴他。令善良正直的人感到痛恨和作嘔的是，阿克萊特的專利被否決了。判決過後，當阿克萊特經過反對者們聚集的賓館時，有人故意大聲叫喊以便讓他能聽到：「很好，我們終於收拾了這個昔日為別人刮鬍子修面的傢伙。」阿克萊特冷冷的回答道：「別著急，

我還剩下一把剃鬚刀，它會幫你們所有的人刮鬍子修面。」他在蘭開夏郡、德比郡和蘇格蘭的新拉納克重新建立了工廠，在克羅姆福德的工廠也因為他與斯特拉特的合夥關係到期而歸屬於他。他的產品在數量上和品質上是那麼優秀，以至於他很快就幾乎控制了這個領域的貿易，該領域的產品價格也決定於他了，接著他控制了其他棉紡織業的運作。

　　阿克萊特是這樣一個人：有著強大的性格力量，有大無畏的勇氣，機敏精明，有著近乎天才般的商業才能。在一段日子裡，他歷盡磨難和煎熬，只是偶爾去組織和指揮工廠的生產，有時從凌晨 4 點一直忙到晚上 9 點。到 50 歲他才開始學習英語語法，以改善自己的書寫和拼寫。在戰勝了一切艱難險阻之後，他的事業成熟了，他獲得了滿意的回報。在組裝其第一臺機器 18 年之後，他終於在德比郡上升到了一個高貴的位置：他被任命為該郡的高階行政司法長官，不久，國王喬治三世授予他騎士榮譽稱號。阿克萊特於西元 1792 年謝世。無論如何，阿克萊特都是英國現代工廠制度的奠基人，他所創建的產業為個人和國家帶來了極大的財富。

▌造福社會的皮爾家族

　　像商業領域幹勁沖天的人們所樹立的造福社會的榜樣一樣，英國的工業領域也有這樣的例子，他們的創造性成果或者成為替他們曾經工作過的社群帶來龐大利益的泉源，或者最終成了社群不斷增加的力量和財富的泉源。在這些人當中，值得列舉的有：貝柏地區的斯特拉特家族（the Strutts），格拉斯哥的坦南特家族（the Tennants），里茲地區的馬歇爾家族（the Marshalls）和戈茲家族（the Gotts），南蘭開夏郡地區的皮爾家族（the Peels）、阿茲沃斯家族（the Ashworths）、伯雷家族（the Birleys）、菲爾頓家族（the Fieldens）、阿斯頓家族（the Ashtons）、赫伍德家族（the Heywoods）和愛斯沃思家族（the Ainsworths）。在上述家族中，有的家族的後

裔早已成了英國政治史上的傑出人物，著名的例子就是南蘭開夏郡的皮爾家族。

大約在 18 世紀中葉皮爾家族開始出現，其鼻祖是一個人微言輕的自耕農，他在布萊克本附近擁有一個名為「豪爾家庭農場」的農場。後來他從那裡搬出來，到一個名為費希南恩的小鎮安家落戶。當羅伯特・皮爾的生活改善以後，他擁有了一個有許多子女的大家庭，孩子們在他周圍茁壯的成長。但是，由於他們家農場的土地較為貧瘠，他似乎覺得從事農業生產並不會讓他用勤勞換來令人歡欣鼓舞的光明前景，而布萊克本早已成為家庭製造業的中心 —— 其紡織品被稱為「布萊克本灰布」，主要是用亞麻線和棉線製造的。在引進工廠制度之前，當時有家室的自耕農的習慣往往是：在家裡織布的話，就不能去田裡工作。羅伯特・皮爾乾脆丟下田裡的事，全心的在家從事白棉布生產。他是個誠實正直之人，生產出的產品遠近聞名；他既節儉又勤勞，他的生意很快就興隆起來了。他有著強烈的進取心和事業心，他是首批採用滾筒紡紗的人之一，當時滾筒紡紗機剛發明問世不久。

但羅伯特・皮爾關注的重點主要在替白棉布印花上 —— 當時這還是一門不為人所知的藝術。他曾花了很長時間在家裡祕密試驗用機器替白棉布印花。在印花之前，由家裡的一名婦女先把布料熨平。當時，在皮爾這樣的家庭裡，常常使用白錫盤子做餐具。在一個盤子上粗略畫了一個圖樣或模型之後，一個想法在他頭腦中突然產生：可以從圖形的反面獲得圖像的印圖，然後再用色彩印製在白棉布上。

皮爾馬上走進在農舍盡頭一間有一臺軋光機的小屋，替盤子上有圖案的部分塗上色彩，然後把白棉布蓋到上面，經過軋光機的加工，白棉布上留下了令人滿意的印花。據說在白棉布上用滾筒印花就是這樣起源的。羅伯特・皮爾不久又完善了印花技術，首次印製出來的圖像是一片芹菜葉子；因此，直到今天，他仍被布萊克本人稱作「芹菜皮爾」。這種在白棉

布上印花的機器又被稱為走錠精紡機，也就是一種上面鑲有銅製浮雕的木製滾筒。這一印花工藝後來被羅伯特‧皮爾的一個兒子改進得十分完美。在印花成功的鼓舞下，羅伯特‧皮爾不久就放棄了農耕活動，舉家遷往離布萊克本約 2 英里的布魯克賽德，全力以赴的投入印花生意中去。在像他一樣精力充沛的兒子們的幫助下，皮爾在這個領域成功的經營了很多年，當他的兒子們長大成人時，原有的企業業已變成各式各樣的皮爾家族公司，每個公司都業績斐然，僱用了很多人，為他們提供就業機會。

從今天我們所了解的沒有任何頭銜的羅伯特‧皮爾的性格和創造力來看，這人必定是一個十分優秀的人物 —— 機靈敏銳、精明睿智和富有遠見。但除了這些傳統的東西，人們對皮爾就所知不多了，他的兒子中對父親認識深刻的人也過世太早。他的一個兒子羅伯特爵士是這樣充滿敬意的評價父親的：「我父親確實可以說是我們這個家族的創始人；他非常準確的了解到了商業財富對一個國家的重要性，人們時常聽到他說，與整個國家從貿易中獲取的重大好處相比，個人從貿易中獲得的好處是很微小的。」

羅伯特‧皮爾爵士，在皮爾家族中是第一位從男爵和第二個工廠經營者，繼承了他父親的所有企業。在能力和勤勞方面，父子倆真是一脈相承。皮爾爵士的人生起點，僅僅是略高於普通工人而已；雖然他的父親為家族未來的興旺發達奠定了基業，但他仍然要與資金不足等困難做爭鬥。在年僅 20 歲的時候，羅伯特決定開始從事棉布印花業，這是他從父親那裡學到的手藝。他的叔叔詹姆斯‧哈沃斯（James Haworth）和威廉‧雅茲（William Yates）也加入到他的事業中來。他們三人湊在一起的資金總共只有 500 英鎊，其中大部分還是威廉‧雅茲提供的。後者的父親是布萊克本的一個房地產經營者，在當地很有名並頗受人們敬重；他從生意上積存了點錢，願意拿一筆錢給兒子，作為他從事有利可圖的棉布印花業的啟動

資金，當時該行業正處於初建階段。儘管比較而言羅伯特・皮爾還年紀輕輕，但他已掌握了實用的商業知識；有人說他「少年老成 —— 在年輕人的肩膀上長著個老年人的腦袋」，事實也證明這種說法是正確的。隨後，他們花了一筆相對較小的錢買下了位於當時頗負盛名的小鎮貝里附近的一個廢舊物品加工廠及其附屬的土地，後來那裡成為各種工藝品生產的「偉大基地」。一些木製棚屋陸續建成後，西元 1770 年，皮爾叔姪創辦的公司在一種極為艱苦的條件下開始以簡陋的方式經營棉布印花生意，以後又增加了棉紡業務。

叔姪三人早年生活的艱辛和節儉從以下事例中可見一斑：威廉・雅茲是個拖家帶口的已婚男人，剛開始他的家庭負擔並不大，為了照顧姪子皮爾這個單身漢，他同意把姪子帶到自己家裡同吃同住。皮爾第一次付給叔叔的食宿費用每週僅有 8 先令；雅茲覺得這確實過低，要求姪子每週再多支付 1 個先令，皮爾對此有些不快，叔姪倆之間意見不同，最後以皮爾每週多支付 6 便士而達成了妥協。威廉・雅茲最大的孩子是個名叫艾倫的女孩，她很快就對家中這個年輕的寄宿者皮爾產生了一份特殊的好感。每當皮爾筋疲力盡的從工廠裡回來，他總是把小女孩抱起來放在他的膝蓋上，對她說：「艾倫，妳這個美麗可愛的小寶貝，願意做我的妻子嗎？」就像任何在那個年紀的孩子都會做出的反應一樣，這女孩不假思索就回答道：「願意。」「那麼我將等著妳，我將非妳莫娶。」羅伯特・皮爾還真是等了下去。當女孩逐漸長大時，她變得越來越美麗，皮爾繼續等她的決心也更加堅定了。10 年之後 —— 這 10 年是皮爾投身商海並快速發家致富的 10 年 —— 羅伯特・皮爾在艾倫剛滿 17 歲時與她結婚了。當初常被她家的寄宿者、父親的合夥人放在他的膝上愛撫的可愛漂亮的小女孩，變成了皮爾小姐，最後成了皮爾女士，即未來英國首相的母親。皮爾女士是個容貌美麗、氣質高雅的女人，出現於生活的任何場合都恰如其分。她具有罕見

的意志力，無論在什麼危急關頭，她都是丈夫堅強的後盾和機智的顧問。在婚後的許多年裡，因為皮爾先生的寫作水準一般，他寫的東西有時晦澀難懂，她就一直充當丈夫的抄寫員，幫助丈夫完成商業上的各類主要信件往來。艾倫於西元 1803 年離世，她丈夫被授予從男爵的封號剛好 3 年。據說倫敦的時尚生活 —— 這種生活與她在家鄉所習以為常的一切是那麼的不同 —— 對她的身心健康造成了損害；後來，老雅茲先生常常詼諧的說：「要是羅伯特不娶我們的艾倫做他的『夫人』的話，也許她現在還活著。」

　　雅茲和皮爾的公司經歷了一個漫長而連續不斷的興旺發達時期。這期間，羅伯特‧皮爾一直是公司的靈魂；他具有旺盛的精力、充滿遠見和洞察力的實做精神以及一流的商業才能 —— 這些素養是很多早期的棉紡廠主極度缺乏的。他也是個具有鋼鐵般意志和體魄的人，總是不知疲倦的努力工作。總之，他對棉布印花業的貢獻就像阿克萊特對棉花紡織業的貢獻一樣，他的成功同樣具有偉大的意義。皮爾的公司生產出來的優質產品使得他控制了市場，公司的良好形象一下子在蘭開夏郡樹立起來。除了造福於貝里以外，公司合夥人還在愛爾維爾和洛奇這些鄰近的地方密集建立了類似的工廠。值得替他們的榮譽再加上一筆的是，在他們不斷追求提高和完善產品品質的同時，他們也曾努力的想方設法改善和提高工人的生活和舒適度；為了工人們的生活，即使在經濟最不景氣的時期，他們也盡最大力量向工人們提供就業機會。

　　羅伯特‧皮爾爵士能十分敏銳的意識到所有新穎的工藝、技術和發明創造的價值。為了說明這個事實，我們也許要提到他在白棉布印花過程中對所謂的「防染印工藝」的採用。這種工藝是透過把防印漿或防印材料覆蓋在不打算印花的空白地帶上來完成的。發明防印漿的是倫敦某商社的一名旅行推銷員，他以微不足道的價格把這一技術賣給了皮爾先生，當時該技術需要花一至兩年才能完善並產生效益。由於這一工藝的技術效果太棒

了，用它印染的圖形輪廓非常清晰準確，很快就使得貝里地區的白棉布印花廠在全國同行業中獨占鰲頭。皮爾家族開辦的其他一些公司也學著這樣做。這些公司設在蘭開夏郡的班來、福克斯希爾和奧夫罕，約克郡的薩雷阿比，以及斯塔福郡的特倫河畔伯頓，這些企業在為它們的業主帶來財富的同時，也為整個棉布印花業樹立了典範，為蘭開夏郡培訓了大批印刷業者和製造業者。

▌織襪機的發明者威廉‧李

在其他傑出的行業開創者之中，織襪機的發明者、尊敬的威廉‧李（William Lee）閣下和珠羅紗機的發明者約翰‧希思科特（John Heath-coat），都是值得銘記的人物。透過發揮其出色的機械才能、發揚其堅韌不拔的精神，勤勞苦幹，他們的發明創造成果最終為諾丁罕及其鄰近地區的勞動人民提供了龐大的、有錢可賺的就業機會。儘管在坊間流傳的關於織襪機發明情況的說法相當混亂，在某些方面甚至相互矛盾，但有一點是確定無疑的，那就是它的發明者是威廉‧李。威廉於西元 1563 年左右出生於距諾丁罕 7 英里的一個名叫伍德伯勒的村莊。一個說法說他是一個小地主的繼承人，另一個說法說他是個窮困潦倒的學者，並從很早的時候就開始了與貧困做爭鬥的人生歷程。西元 1579 年，他作為一個減費生進入劍橋基督學院學習，旋即又轉往聖約翰學院，在西元 1582 ～ 1583 年間他拿到了文學學士學位。據信，他於西元 1586 年開始攻讀文學碩士學位。關於這個問題，在大學的檔案紀錄上出現了混亂。常見的一種說法是他因在學習期間結婚，違反了校規而被學校除名。這種說法顯然不對，因為他從來沒有成為大學的學生，因此不可能遭到如此錯誤的處分。

當威廉‧李發明織襪機的時候，他還在諾丁罕附近的卡爾弗頓市擔任牧師。據某些作家宣稱，織襪機的發明緣於一次小小的感情挫折：當時威

廉牧師深深的愛上了當地村莊一位年輕的女士，但這位女士對他的愛並不感冒；每當他去看她的時候，她總是專心致志的織襪子和從技藝上指導她的學徒，而無暇顧及喜歡她的男人向她表達的柔情蜜意。據說她的這種怠慢在他心中產生了一種對手工織襪的反感，於是他下定決心，要發明一種機器取代手工織襪，讓手工織襪成為無利可圖的行當。在長達 3 年的時間裡，他放棄了所有事情，全心投入這項發明的探索中，做出了極大犧牲。在即將成功的時候，他辭去了牧師的職務，全力以赴的進行織襪機的技術攻關。這個故事是由老織襪工韓森講述的，當安妮女王在位時，他曾在該鎮當過學徒，後在 92 歲高齡時在諾丁罕的科林斯醫院去世。另一個關於發明織襪機的傳統說法是由迪爾林（Deering）和布萊克納（Blackner）提供的，他們說織襪機是由倫敦一家紡織廠的職工發明的，是一種無須木製品的織襪機，聽說當時只有婦女和一位牧師是這一發明的支持、擁護者。

不管關於發明織襪機的事實真相究竟如何，有一點是無可置疑的：織襪機的發明展示了發明者超常的機械天才。試想：一個生活在邊遠村莊的牧師，他生活的大部分時間都在與書本打交道，竟然能設計出這麼精妙複雜運轉的機器，不能不說是個奇蹟。這一創造性的發明一下子把織襪工藝從過去那種低階落後的繁重體力勞動帶到了完美迅速的機器織襪的先進階段，這在機械發明史上可以說是獨一無二的，是個令世人驚嘆不已的成就。在一個手工技術還相當落後且沒有什麼人把精力投放在改善製造工藝的機器發明上的時期，威廉‧李的這一成就真可謂很偉大的榜樣。當時，他在那麼艱苦落後的條件下面臨臨時製作他發明機器所要的各種零部件等各種困難，需要採取各種權宜措施來克服。他所使用的工具很簡陋，材料也很差，又沒有技藝熟練的工人來幫助他。他製作的首臺機器是一臺有 12 標準規格但沒有鉛墜、全部用木材製作的織襪機。在製作針腳上存在的一個主要困難是沒有針眼，但這一困難最終被他用一把三角銼刀在針上製作

出孔眼而被克服。一個個困難被接連克服，在經過 3 年的辛勤探索後，他的機器終於能完全用於實際操作了。這位過去對藝術豪情滿懷的牧師，現在在卡爾弗頓這個村莊裡開始做起織襪子的生意來，並在那裡做了好長一段時光，指導他的兄弟詹姆斯和親朋好友熟習和運用這門工藝。

在把自己發明的機器改進得相當完善後，威廉‧李為獲得伊莉莎白女王對自己的發明的庇護（女王對手工絲襪情有獨鍾是眾所周知的），啟程前往倫敦，想在女王陛下面前展示他的機器。他先在宮廷的一些大臣面前展示了自己的機器，並教會了威廉‧漢頓爵士（Sir William Hunsdon，後為勛爵）如何成功操作。在這些大臣的指點和引薦下，威廉‧李最後獲准拜會女王，並當著女王的面現場示範他的機器的性能。令威廉‧李大失所望的是，女王並沒有給予他所期待的讚賞和鼓勵，而且據說女王還反對這項發明，理由是這項發明會剝奪大批靠手工織襪為生的窮苦人的就業機會。

在尋找其他的人為他的發明庇護方面，威廉‧李也沒有獲得多大的成功，他認為自己和自己的發明都受到了蔑視。多年後，他接受了亨利四世時代一位有遠見卓識的大臣蘇利（Sully）提出的建議：到法國的港口城市盧昂去，在那裡生產和使用織襪機，指導當地的織襪業 —— 當時盧昂是法國重要的製造業中心之一。於是，威廉‧李在西元 1605 年連人帶機器一起輾轉到了法國，並帶上了自己的一個兄弟詹姆斯‧李（James Lee）和 7 個勞工。他在盧昂受到了熱忱的歡迎，開始大規模從事襪子生產 —— 整整 9 臺機器在滿負荷的運轉。這時，不幸向他襲來：他的保護人，給予他的發明獎勵、榮耀和特殊權利，引導他到法國開創事業的亨利四世，被狂熱的拉瓦萊克（Ravaillac）謀殺了。亨利國王在過去對威廉的鼓勵和保護從此一去不復返。為了向法國政府闡明他的主張，威廉‧李隻身來到巴黎。但由於他是一個清教徒，又是個英國人，人們對他的解釋不屑一顧。苦惱和悲傷把他給擊倒了，這位卓越的發明家不久便在極度窮困和痛苦

中，在巴黎撒手人寰。

　　詹姆斯・李和 7 個勞工成功逃離了法國並帶走了 7 臺機器，剩下兩臺留在法國。他們回到諾丁罕郡以後，特羅頓的一個磨坊主人艾希頓加入詹姆斯的事業。在威廉・李離開英國之前，這個磨坊主人曾在機器紡織工藝方面受過威廉・李本人的指導。他們兩人加上那 7 個勞工和從法國帶回來的機器，又開始在特羅頓進行襪子製造。他們很快就獲得了相當大的成功。特羅頓真是個特別適合從事襪子生產的地方，因為鄰近的雪伍德地區的綿羊牧場盛產一種優質的長纖維羊毛，是生產襪子的理想原材料。據說艾希頓先生後來引進了技術上得到重大改進、使用鉛墜的織襪機。散布在英國各地的織襪機數量穩步增加，機器織襪業最後成了英國工業的一個重要行業。

　　織襪機的功能最重要的一個變革是使它能夠應用於大規模的花邊飾帶的生產。在西元 1777 年，名叫佛洛斯特（Frost）和霍姆斯（Holmes）的兩個工人透過把這一變革技術引入到織襪機中，而開創了生產針繡花邊的事業，在長達 30 年的歷程中，這一行業飛速發展，在巔峰時期共有 1,500 臺繡花機在運轉，僱用勞動力多達 15,000 人。然而，由於戰禍連綿、時尚的變遷及其他原因，諾丁罕的花邊生產業又迅速衰落了，直到約翰・希思科特發明了滾筒繡花機後，這一行業才又得以復甦。約翰・希思科特先生是蒂弗頓地區的議會下院議員，他的這一發明立刻產生了在扎實的基礎上重建該行業的效果。

▌發明滾筒繡花機的希思科特

　　約翰・希思科特先生出生於西元 1783 年，是德比郡達菲爾德市一個德高望重的小農場家中年紀最小的孩子。還在學校念書的時候，他就努力學習，不斷進步，然而過早的失學了，被迫為拉夫堡附近的機器工廠經營者當學徒。這孩子心靈手巧，很快就掌握了操作那些生產工具的本領，並且

獲得了關於錯綜複雜的織襪機和整經機的工作原理的知識。在閒暇時光，他埋頭研究如何改善這些機器的工作性能。他的朋友、下院議員貝茲利（Bazley）先生談到了這樣一件事：年僅 16 歲時，希思科特就產生了要發明一種能生產與白金漢宮和法國所用的花邊飾帶相似的花邊飾帶的機器。他把對織襪技術的第一個實用改進舉措成功的引入了整經機，成功的生產出了帶花邊的「露指手套」。正是這一成功促使他開始研究用機器來進行花邊、飾帶的生產。經過不斷改造後的織襪機現在已能應用於在襪子上繡花和鎖邊等業務上了，也就是說把一些網狀物環繞在襪子外表，但這樣繡出的花邊或飾帶還極其脆弱，容易斷裂、脫落，因此效果並不令人滿意。諾丁罕許多心靈手巧的機械師為拿出一個解決這一問題的良好方案，辛勤探索了很多年，他們試圖發明一種能把襪子的線網和花邊的線網相互纏繞起來的機器。在致力於發明這種機器的過程中，有的機械師在貧困交加中死去，有的機械師則由於長期看不到希望的曙光而變得精神失常，所有探索者在這個問題上最後都失敗了。古老的整經機繼續堂而皇之的存在著。

這時，一個名叫希思科特（Heathcoat）、年方 21 歲的年輕人來到了諾丁罕，在這裡他毫不困難的找到了工作，很快就成為薪水最高的織襪機、整經機調控工，並以出色的發明天賦、廣博的學識和穩妥、理智的行為贏得了人們的敬重。他也繼續追求過去一直占據內心的目標，集中精力設計一種能把襪子線網和花邊線網纏繞在一起的機器。首先他研究了手工製作白金漢宮所用的花邊飾帶和枕頭花邊的製作工藝，以求發現機器製作的原理。這是一個艱鉅而耗時漫長的任務，它需要一種百折不撓、堅韌不拔的精神和非同一般的創造力。希思科特的雇主艾略特當時是這樣描述他手下的這個年輕雇員的：他是個吃苦耐勞、穩健克制、沉默寡言、充滿創造力的實做家。失敗和錯誤嚇不倒他，他是一個足智多謀和靈活應變的人，對自己將要創造出來的機器的實用價值必將帶來一系列重大的成功充滿自信。

很難用語言來描述像滾筒繡花機這樣複雜的發明。實際上，它是一種製作花邊的機械枕，它靈巧的模仿人工繡花時手指把花邊的網線和枕頭交叉或纏繞在一起的動作。在仔細分析一塊手工製作的花邊的組成結構以後，希思科特把其中的線分成了經線和斜紋線兩種。他是這樣開始他的實驗的：他先把一些粗而結實的縫線豎著固定在整經機上做經線，然後在這些經線之間用普通鑷子把緯線纏繞上去，在經線的背面則用另外的鑷子把緯線繞上去。這樣，緯線在完成一圈後以後，重又回到下一條線上，這樣織成線網以與手工操作相同的方法被繫在枕頭上。但是，他必須設計一套工作原理來完成上述美好而奇妙的運動。為了完成這項使命，他真是沒少花精力，費盡了心思，被累得半死不活。多年後他在回憶此事時曾說過：「把緯線環繞在預留的空間中是那麼難以克服的困難，以至於我在想，要是我今天做這件事的話，我真的很可能對成功不抱什麼希望了。」他的下一個步驟是尋找金屬圓盤，用來做整經過程中使線來回移動的滾筒。這些安裝在整經機兩邊傳送器上的圓盤在合適的機器的帶動下運動，使縫線在製作花邊的過程中從一邊到另一邊來回穿行。最後，他終於以超常的技藝成功的設計出了上述運動所需的工作原理，獲得了成功。在 24 歲那年，他獲得了此項發明的專利權。

　　在探索這項發明的日子裡，他的妻子像他一樣終日為之憂心忡忡，因為她非常明白丈夫從事的這項發明所面臨的困難和痛苦。在這項發明成功多年以後，夫妻倆依然還清晰的記得在那艱難困苦的日子裡，有天晚上他倆之間的一次談話。「我說，」心急如焚的妻子叫道，「這東西真的能工作嗎？」「不能，」一個動聽的聲音回答道，「我得再把它們全部拆掉重裝一遍。」雖然他在嘴巴上說得充滿希望和興高采烈，但他那可憐的妻子卻再也無法抑制自己的感情了，竟一下子癱倒在地並失聲痛哭起來。然而，她還是靜下心來好好的等待了幾個星期，畢竟成功是他們夫妻倆長期

辛勤工作所追求的東西啊！成功終於來臨了！當約翰‧希思科特把由他發明的機器所織出來的第一塊六角網眼紗布帶回家裡並把它呈放到妻子手中時，他成了一個自豪而幸福的人。

正如所有被證明有效的發明所要承受的考驗一樣，希思科特的專利權也存在一個爭議期，而且他作為發明者所提出的權利也遭到了質疑。在希思科特的專利被假定為無效期間，一些肆無忌憚的花邊廠廠主肆無忌憚的採用希思科特發明的六角網眼花邊機，公然蔑視他的專利權。但他們的這種做法並不能產生專利權，因為很多工藝都是別人早已改進和完善的東西；於是這些花邊廠廠主彼此鬧翻了，並相互起訴對方，這樣一來希思科特的權利才得到確認。當時，一個花邊廠廠主起訴另一個花邊廠廠主，說他公然侵犯自己的專利。陪審團做出了法官也一致同意的裁決：爭議中的兩種機器都侵犯了希思科特的專利權。正是在這次「伯威勒訴莫爾」案的審判過程中，受僱為希思科特的利益進行辯護的約翰‧科伯雷男爵（Sir John Copley，後來成了林德赫斯特的勛爵）學會了操作六角網眼紗機以便他能掌握該項發明的具體細節。在他向希思科特宣讀的簡短聲明中，他承認還不完全了解這宗案件的是非曲直，但他覺得這可能是一個具有非常重要意義的案子。他提出應立刻到鄉下去研究這種機器，直到他徹底了解它。「到那時，」他說，「我將會盡最大的能力為你辯護。」然後他登上當晚開往諾丁罕的郵船，去了解案子的事實，這是他做辯護人以來從未做過的研究。第二天，這位知識淵博的皇家高級律師親自來到花邊機廠房進行實際操作，直到能親手製作出一塊六角網眼紗布並徹底弄清了該機器的工作原理後才離開。當關於希思科特專利權的糾紛案開庭後，這位高級皇家律師從容不迫的在法庭桌面上駕輕就熟的操作起機器的模型來，他對該發明的性能講述得那麼清晰明白，以至於震驚了當時在場的法官、陪審團和旁聽者。他對自己接手處理的這個案子的透澈認知和掌握，無疑對法庭

的判決起了決定性的影響。

審判結束後，經過調查，希思科特先生發現大約有 600 臺仿造他的專利技術的機器在從事生產。他原打算向這些製造業主收取專利費，那將是一筆很可觀的鉅額財富，但他後來並沒有這樣做。他覺得，這種精細的花邊製品為社會帶來了龐大利益，況且這種機器的應用正在飛速擴展，而且產品的價格在 25 年的時間裡從每平方碼 5 英鎊下降到了每平方碼 5 便士。在此期間，這種精細花邊製品的貿易總額每年至少達 400 萬英鎊，這一行業為大約 15 萬勞動人民提供了就業機會。

下面我們回頭談談希思科特先生的個人經歷。在西元 1809 年，他在萊斯特郡的拉夫堡建立了一個花邊製作廠。在那裡，他的生意興盛了多年，為許多勞工提供了就業門路，他們的薪水也從每週 5 英鎊上升到了 10 英鎊。儘管透過不斷引入新機器而使得花邊製作業僱用的勞動力越來越多，但是一個謠言開始在工人中間四處傳播。該謠言說，工人們將成為廢棄無用的勞動力，而且一個目的在於摧毀各地花邊製作業的更大陰謀也出籠了。最早在西元 1811 年，英國西南部的諾丁罕郡和鄰近的德比郡和萊斯特郡，織襪業和花邊製作業的老闆和工人之間就爆發了爭吵，爭吵的結果是在阿斯菲爾德的薩頓聚集了一群暴民，他們在光天化日之下砸毀工廠經營者的織襪機和花邊機。雖然其中的一些領頭鬧事者被抓起來繩之以法了，但搗毀機器的行為並未收斂，只是更隱祕了。這種機器的造型是那麼精密，以至於只要一錘子敲下去就會使它們報廢。當工廠都搬進那些獨立的建築物內躲藏起來進行生產後，要毀滅這些機器就不再像過去那麼容易了。在諾丁罕附近一帶的騷亂中心，機器破壞者把自己組成有組織的團體，在夜間召開聚會，商討、安排各種行動方案，有計畫的行動。為了激發信心，鼓舞鬥志，他們對外宣稱他們是由內德．盧德（Ned Ludd）或者說盧德將軍（General Ludd）所統率和指揮的，因此他們就成了歷史上所稱

的「盧德派」。在這種組織的指揮下，搗毀機器的暴行在西元 1811 年冬季達到了史無前例的高潮，造成了極大的災難，大批大批的工人相繼失去工作、丟掉飯碗。與此同時，花邊廠廠主又開始把他們的機器從村莊和鄉下的獨立住所轉移到為他們提供更好保護的城市的倉庫裡。

盧德派暴亂分子看來是受到他們的同謀在拘捕和審判中被寬容處理的鼓舞，他們那瘋狂的破壞情緒又死灰復燃了，並很快蔓延到這一製造業所在的英國北部和中部地區。暴徒們的組織變得更加隱蔽而不易被人察覺，加入該組織的人必須宣誓忠實執行組織中頭目下達的命令，違抗命令者將被處死。在這些恐怖分子眼裡，無論是生產什麼布的機器，都應該被搗毀才行。這種恐怖氣氛延續了多年。在約克郡和蘭開夏郡，工廠受到武裝暴徒的攻擊，在很多情況下，他們把工廠炸毀或將其付之一炬，這就有必要讓士兵和義勇騎兵隊來保衛工廠了。很多老闆被暴民宣判死刑，無數老闆遭到襲擊，有些老闆被謀殺。最後，一項保護工廠的強有力的法律被議會通過，很多無法無天的盧德派暴民被拘捕，有的還被判處死刑。破壞機器的騷亂終於被平息下去了。

在眾多其工廠遭到盧德派分子攻擊的花邊廠廠主中，就有六角網眼花邊機的發明者本人在內。在西元 1816 年夏季一個陽光明媚的日子，一群手持火把的暴徒闖入他在拉夫堡的工廠，將其付之一炬，毀掉了 37 臺花邊機，財產損失超過 1 萬英鎊。其中的 10 人被逮捕起訴，8 人被判處死刑。希思科特要求當地郡政府賠償損失的請求遭到拒絕，但英國王座法庭支持他的請求，並判決該郡政府賠償他 1 萬英鎊。然而，該郡行政長官企圖將這起損害賠償與另一個條件掛鉤：要求希思科特把這筆損害賠償的錢在萊斯特郡境內花費。這是希思科特所不能答應的，因為他此時已下定決心把工廠遷往別處了。在德文郡的蒂弗頓，他找到一棟大型建築，非常適合作為毛紡廠廠房。當時蒂弗頓的布料貿易已經陷入衰敗境地，因此那棟

建築才閒置在那裡，該鎮人民也是普遍處於窮困潦倒的狀態。希思科特先生買下了舊廠房，進行改造和擴大，在那裡又開始了比過去規模更大的花布紡織業，當時有多達 300 臺的機器在滿負荷運轉，僱用了一大批報酬優厚的手工業者。他不但從事花布製造業，也涉及其他與此相關的行業——紗線併線、絲線精紡、珠羅紗紡織和加工。他還在蒂弗頓建立了一個生鐵廠和生產農用機械的加工廠，這被證明是造福於該地區的重大舉措。他有一個非常好的想法，認為蒸汽機的動力可以被用來代替所有繁重累人的勞動。為此，他還真花了一段很長時間去探索蒸汽犁的發明。西元1832 年，他終於完成了他的發明，並獲得該項發明的專利權。儘管希思科特的蒸汽犁後來被福勒（Fowler）發明的犁所取代，但他的蒸汽犁仍然被認為是當時能發明出來的此類機器中最好的。

　　希思科特先生是個具有強大天賦的人。他有著令人信服的理解力、敏銳的感受力和最傑出的商業天賦。這些稟賦在他身上融合成正直、誠實、言行一致的特質——這些特質是人類性格的榮耀。他本人是個孜孜不倦的自學者，他也充分信任手下的年輕雇員，激發他們的才能，鼓勵他們利用自己旺盛的精力放手大做。他在緊張忙碌的生活中，還千方百計騰出時間去學習法語和義大利語，掌握準確的發音和語法知識。他的心中裝滿了認真研究各種優秀文學作品所獲得的豐碩成果。在他所涉獵的任何一個學科，他都形成了自己獨到的見解和精闢的觀點。他手下僱用的 2,000 多名員工親切的把他視為父親一樣尊敬，而他則盡力改善工人們的待遇和處境。事業如日中天的時候他也沒有沾沾自喜、志得意滿，就像他曾經在獲得眾多成功時一樣，更不用說反對和漠視在苦難中掙扎的人提出的要求了，對不幸者的同情和關心是他一貫的稟性。為了向工人的孩子們提供受教育的機會，他花 6,000 英鎊建了一所學校。他也是一個性情活潑、樂觀開朗的人，喜歡與各種身分、各種職業的人打交道，那些最了解他的人都十分敬慕他和熱愛他。

西元 1831 年，蒂弗頓的選民覺得希思科特先生是為當地帶來福祉的真正的恩人，於是他們共同選他作為本地區在議會的代表。這一職務希思科特先生擔任了近 30 年時間。在這期間的大部分時間裡，巴麥尊勳爵（Lord Palmerston）都是和他一起共事的同事，在公共場合這位高貴的勳爵不只一次的表達了他對這位可敬朋友的高度敬意。在他西元 1859 年從議會退休之際，考慮到他已年老體弱，工廠裡的 1,300 名工人獻給他一個表達他們敬意的銀製墨水臺和一支金筆。希思科特先生享受他餘生的閒暇時光不到兩年，就於西元 1861 年 1 月辭世而去，享年 77 歲。儘管離開了人間，他仍留下了足以令子孫後代自豪不已的寶貴的精神財富。

▌發明提花機的雅卡爾

下面，我們要轉向對傑出而不幸的、發明提花機的法國發明家雅卡爾（Jacquard）那非常與眾不同的人生歷程的回顧，他的人生歷程以感人至深的方式顯示：一個有創造力的人，哪怕出身於地位最低微的家庭，也能以出色的方式對一個民族的工業發展產生重大的影響。雅卡爾是里昂一對勤勞本分的夫妻的孩子，其父是一名紡織工，其母是花樣校對工。他的父親窮困潦倒得根本無法讓他獲得最起碼的教育。當他到了該學習經商的年紀時，他父親讓他為一個裝訂工當助手。一位老會計向可憐的雅卡爾傳授了一點簡單的數學知識。很快他就能熟練的操作機器了，並且他的某些機械設計的獨創性令老會計吃驚不小，他建議雅卡爾的父親讓兒子改行，更好的發揮其聰明才智，別在書籍裝訂上浪費孩子的才能了。於是，父親把雅卡爾送給一個刀具匠當學徒。但是，由於刀具匠粗暴的對待雅卡爾，雅卡爾不久就辭去了這份工作，轉而替一個刻字工當幫手。

父母雙亡後，雅卡爾不得不繼承家裡的產業：父親的兩臺織機和紡織品貿易。他立刻著手改造原來的織機。他是那麼廢寢忘食的忙於設計和創

造，以至於他忘了自己原有的本分工作。不久，他就發現自己陷入了債臺高築的深淵，不得不賣掉家裡的織機以還清債務。與此同時，他又不得不往自己的肩上再增添一副重擔 —— 養活自己的妻子。這樣一來，他變得更加窮困潦倒。為了取信於他的那些債權人，最後他連自己棲身的小屋也變賣了。他千方百計的想找份工作以養家糊口，但他的努力全都徒勞無功。人們認為他是個遊手好閒、不務正業的懶鬼，滿腦子盡是些關於發明的夢想。最後他在布雷斯找了份替卷尺工廠經營者打工的工作。無論他到哪裡工作，他的妻子都待在里昂，靠幫人編織草帽來維持朝不保夕的生活。

　　有好幾年人們都沒有雅卡爾的更多消息，只知道在這期間他看來已完成了對提花機的改造，使這種機器能生產出花色、圖案更好的紡織品來。西元 1790 年，他拿出了一種能挑揀經線紗的創造性設計，把這種設計應用到紡織機上，替代了相應的人工勞動，無論在數量還是品質上，它的效果都要優於人工勞動。這種機器的採用是緩慢但卻是穩步增長的，在它引入生產領域 10 年後，光在里昂就大約有 4,000 臺這樣的機器在生產。遺憾的是，雅卡爾追求的事業被西元 1789 年爆發的法國大革命給無情的毀掉了。西元 1792 年，雅卡爾所參加的里昂志願軍與迪布瓦・克朗塞（Dubois Crancé）領導的國民公會軍展開了激戰，里昂城被國民公會軍所占領，雅卡爾只好逃命，並參加了萊茵的軍隊，在軍中他升到了中士的軍銜。他本來還可以繼續當兵，但由於兒子就戰死在身邊，他憤而辭職並回到里昂去尋找他的妻子。他在一間閣樓上找到了她，她依然在從事過去那種編草帽的生意。在和妻子過隱居生活的同時，他的思緒又回到了多年以前他曾殫精竭慮的花費了那麼多心血的發明活動。但現在他再也沒有工具來完成這個事業了。不久，雅卡爾就覺得應該離開自己的藏身之地並想方設法去找份工作。他終於成功的找到一份腦力勞動的工作。他白天上班，晚上從事發明活動。他覺得還應該對紡織機做極大的改進。有一天，他把這一想法

不經意的和老闆談了一下，同時對他那有限的工具無法使他完成這一任務而深感遺憾。他的老闆聽後對他這一想法的價值特別感興趣，立即撥出一大筆錢資助他完成自己的設想，這樣他就可以在業餘時間進行充分有效的技術革新工作了。

在 3 個月的時間裡，雅卡爾就發明出了一種新紡織機，以取代工人們那繁重而令人筋疲力盡的機械勞動。該紡織機於西元 1801 在巴黎舉行的全國工業博覽會上展出，獲得了銅質獎章。雅卡爾還獲得了訪問里昂的卡諾（Carnot）部長的高度讚賞，部長大人以個人的名義對雅卡爾的成功表示祝賀。在第二年，設在倫敦的藝術學會也因雅卡爾發明了用機器來製造漁網和輪船甲板上的防護網的方法而獎勵他。雅卡爾聽到了這個消息，當時他正像往常一樣在田間散步，心中仍在反覆思考著發明的事情。突然，他又設想出了一個發明機器的計畫。那位曾資助他的工廠經營者朋友，再次為他提供了發明活動所必需的一切，3 個星期後，雅卡爾完成了他的發明。

雅卡爾的成就不知怎麼傳到了當地行政長官的耳朵裡，他被召到那位長官面前。在他解釋了他的機器的工作原理後，關於此事的報告隨後被呈獻給了皇帝。隨後，發明家和他的機器被徵召到巴黎，受到了皇帝的接見。皇帝非常欣賞發明家的天才，接見持續了兩個小時。在此過程中，由於皇帝不擺架子，和藹可親，平易近人，雅卡爾表現得輕鬆自然，他向皇帝解釋了他計劃對印花機所要做的改進措施。這次會見的結果是：巴黎的工藝學院為雅卡爾提供了一間公寓，那裡可作為他在巴黎期間的工作場所，同時為他的生活提供了豐厚的津貼。

在工藝學院安頓下來後，雅卡爾繼續完善已改進的紡織機的各個細節。幸運的是，他能在這個凝聚了人類智慧的藝術寶庫裡，系統化的審視各種設計原理不同的機器。在那些機器當中，非常吸引他的注意力並最終為他揭示探索蹤跡的，是一部能織出繡花絲綢的紡織機，它是由著名的自動機械發明者沃康松（Vaucanson）製造的。

▌自動機械發明者沃康松

　　沃康松是個具有極高推理天賦的人。他的創造熱情是如此強烈，可以說他簡直到了難以抑制的瘋狂程度。人們常說：「詩人是天生的，而不是後天塑造的。」把這句話應用到發明家沃康松身上，還真是恰如其分。像其他人一樣，雖然他也受惠於良好的教育和機遇，但設計和製造出複雜的新機器對沃康松來說主要還是為了滿足他的本能。這是沃康松極其與眾不同的愛好，也是他的那些精密機器在實際應用中的表現不如其不可思議的創造性傑出的原因。當一個天真無邪的男孩在與母親交談的時候，表面上他在聆聽母親說話，可實際上他正自得其樂的把目光盯在牆壁裂縫後面隔壁房間裡的那座鐘的鐘擺上呢！過後，他竭力思考這種現象，試圖弄明白其中的道理，幾個月後，他發現了鐘錶裡擒縱輪的工作原理。

　　從那以後，機械發明的問題就完全占據了他的身心。在設計和製造了一些簡陋粗糙的工具後，他製作了一座木製吊鐘，該鐘竟然走得出奇的準；同時他還為一個小教堂製作了很多天使在天空飛舞、牧師在布道的「活」塑像。為了製造他已設計出來的其他一些自動機械，他開始研究解剖學、機械學和音樂，這些研究占用了他好多年的時光。當他看到杜樂麗公園的長笛演奏器演奏的情景後，馬上就萌生了發明一種與它類似、也能「吹奏」的模型的想法。雖然病魔纏身，但經過多年的研究和辛勤工作，他終於成功的實現了他的目標。其後他又發明出了六孔豎笛演奏器，這是他最富有創意的發明，其形狀像隻鴨子，能像真實的鴨子那樣游泳、戲水、喝水和「嘎嘎」的叫。他還發明了一種能像真實的毒蛇一樣爬行的毒蛇模型，這條「毒蛇」在著名的悲劇《埃及豔后》（Cléopâtre，西元前 51 年～西元前 30 年在位的埃及女王，美豔絕倫）中扮演了一個角色，牠在女主角的胸部發出「嘶嘶」的響聲並飛快的爬過去。

　　然而，沃康松並沒有把自己僅僅局限於一些自動機械的發明之中。出

於對其天才的賞識，法國國王路易十五的首席大臣弗勒里樞機主教（Cardinal de Fleury）任命沃康松為法國絲綢製造業的督察員。他一上任就以不可遏制的衝動投入了發明活動，對絲綢紡織機進行了一些技術改進，其中之一就是他的撚絲機。這使里昂的紡織工人們大動肝火，因為他們擔心採用撚絲機會使其丟掉飯碗。於是，他們對沃康松大打出手，用石塊襲擊他，差點把他殺死。但他仍舊繼續進行創造發明。不久，他又製造出一臺能織出繡花絲綢的機器，其中包含一項能替絲線加漿以使絲線的正反兩面的厚度都均勻的工藝技術。

在遭受長期的疾病折磨後，沃康松於西元 1782 年病逝。他把他所設計、發明的所有機器都遺贈給英國女王，但女王對這些機器的價值不置可否，不久這些機器就都流失了，唯獨他的繡花絲綢機還能保存在工藝學院裡，在那裡，雅卡爾終於在眾多神奇、有趣的收藏品中發現了它。這臺機器被證明對雅卡爾有著難以形容的價值，因為它使他立刻找到了他想為他的紡織機進行改進所需要的工作原理。

沃康松繡花絲綢機的一個主要特徵是它有一個扎孔的圓筒，它根據旋轉時呈現的孔調整相應織針的運動，使經線發生偏離以生產出預先設計的產品。儘管這是個簡單的特徵，但雅卡爾馬上緊緊的抓住了這個設想，在自己天才般的創造性思維的輔助下，迅速著手對它進行改進。用了差不多一個月，他的紡織機終於製作完工了。雅卡爾在沃康松原本的滾筒上加了一個鑽了很多孔的環狀紙板部件，透過它把經線呈現給紡織工人，而另一個部件則把紡織工人應該穿的梭子的顏色顯示給他。按照這個程序，掌管織機吊線的男孩和圖案校對員馬上就顯得多餘無用了。雅卡爾的新機器的首次應用是在該機器上織了幾尺色彩豔麗的布料，他把這布料呈獻給了當時的約瑟芬皇后，拿破崙皇帝對這位發明家辛勤工作的成果大加讚賞，下令由法國國內最好的工人來大批生產、組裝這種織機並把它們送給雅卡爾。之後，雅卡爾回到了里昂。

▌雅卡爾的結局

　　在家鄉里昂，雅卡爾經歷了眾多發明家曾經經歷過的變幻無常的命運。他被鄉親們視為敵人，他的遭遇與凱伊、哈格里夫斯和阿克萊特曾經在英國蘭開夏郡的遭遇一樣。工人們把雅卡爾的新機器視為對其職業構成致命威脅的東西，特別害怕這種機器會馬上搶走他們的飯碗。一個群情激奮的集會在沃土廣場舉行，結果人們一致決定搗毀雅卡爾發明的新機器。然而與英國的情形不同的是，在法國，暴徒們的行為被武裝軍隊給預先阻止了。但雅卡爾遭到騷亂者們的切齒痛恨，他們把雅卡爾的模擬人像處以絞刑。勞資調解委員會試圖緩和工人們的憤怒情緒，結果徒勞無功，反而遭到工人們的痛斥。最後，迫於工人們無法遏止的強大壓力，某些勞資調解員（其中大都是工人出身且同情工人）只好把雅卡爾的一臺機器從工廠弄出來並在大眾面前當場砸毀。人群頓時沸騰起來，騷亂分子把雅卡爾從家裡拖出來，五花大綁的押往河邊碼頭一帶遊街示眾，一個狂怒的暴民打算把雅卡爾扔到河裡，但沒有得逞，雅卡爾終於倖免一死。

　　不管怎麼說，雅卡爾所發明的機器的偉大價值是不容否認和抹殺的，它遲早會獲得世人的承認，這只是個時間問題。一些英國絲綢廠廠主邀請雅卡爾渡海到英國，在那裡投資建廠。然而，儘管他遭到了鄉親們親手施加的粗暴和殘忍的對待，但他那強烈的愛國主義情懷，使他無法接受英國絲綢廠廠主的盛情邀請。沒有辦法，英國絲綢廠廠主只好購買他的發明專利，在英國應用於生產。這時，也只有到了這時，面臨將被淘汰出局的嚴重威脅，里昂的絲綢紡織業主才積極的採用雅卡爾發明的機器；不久，雅卡爾發明的這種機器幾乎在所有紡織廠都得到了應用。當它的成果出來後，工人們原先的擔心和驚慌早就煙消雲散了。它非但沒有造成失業，雅卡爾的紡織機至少增加了 10 倍的就業機會。據利昂‧佛雪（Leon Faucher）先生的統計，西元 1833 年，僅在里昂一帶的繡花紡織品行業中，就有

多達 6 萬名工人就業；這個數字比過去上漲了好幾倍。

對雅卡爾自己來說，他的餘生是在平穩祥和中度過的。只有一次，那些曾經把他五花大綁遊街示眾、企圖把他扔到河裡去的人想把雅卡爾請出來，依然沿著原來的老路重新走一遍，不過這次他們想用鮮花和掌聲來慶賀雅卡爾的生日，祝他高壽。但是，他的謙虛品格使他不能參與這樣的遊行活動。里昂市政委員會建議雅卡爾繼續努力改進他的機器，以便為本地工業帶來更多利益，雅卡爾採納了市政委員會的建議，並且只領取由他自己定的中等水準的養老金。

在完善了自己的發明之後，他在 60 歲時退休回到了家，在他父親的祖籍所在地烏蘭安度晚年。西元 1820 年，他在那裡獲得了騎士勳章。西元 1834 年，雅卡爾在烏蘭逝世並安息在自己的故鄉。紀念雅卡爾的塑像豎立起來了，但雅卡爾的親屬依舊窮困潦倒、家徒四壁。雅卡爾逝世 20 年後，他的兩個姪女仍然貧困交加，為了弄到幾百法郎，她們不惜把國王路易十八授予她們叔父的一枚金質獎章拍賣掉。「這種情形，」一位法國作家譏諷道，「就是里昂的製造界對那個為其帶來輝煌、榮耀的命運的人的報答。」

精梳機的發明者海爾曼

繼續擴大受苦受難的發明家的名單是輕而易舉的，我們也很容易列舉出一大批同樣傑出而卓越的發明家的名字，他們沒有從自己的發明創造成果中獲得任何相應的回報，但卻為自己所處時代的實業進步做出了重大貢獻。「受苦受難的天才辛勤的種下了樹，默默無聞的芸芸眾生則享受果實。」這種現象在人類歷史中實在是發生得太多太多了，我們無暇去一一回憶。下面我們將把注意力轉移到對法國發明家、精梳機的發明者約書亞‧海爾曼（Joshua Heilmann）生平事蹟的簡要回憶上，看看他是如何戰

勝那些曾經頻繁的降臨到許多機械天才身上的磨難和貧困的。

　　海爾曼，西元 1796 年出生於米盧斯，這裡是亞爾薩斯棉紡業的中心，他的父親就從事棉紡業。海爾曼 15 歲時就到父親的辦公室打雜，在那裡工作了兩年。業餘時間他從事機械製圖。後來，他到巴黎他叔父的銀行裡當了兩年差。他白天上班，晚上一個人默默的學習數學知識。當他的一個親屬在米盧斯開辦了一家小型棉紡廠以後，血氣方剛的他被安排在巴黎師從迪索（Tissot）和萊伊（Rey）兩位先生學習工廠運作知識。與此同時，他成為巴黎工藝學院的一名學生。在那裡，他傾聽各種講座，研究學院博物館中陳列的各種機器。他也從玩具工廠經營者那裡學習實際經驗。這樣勤奮的學習了一段時間之後，他回到了亞爾薩斯，指揮舊坦恩新廠的機器安裝，使其很快完工並投入了運轉。然而，由於遭受當時發生的一場商業危機的嚴重衝擊，工廠被迫停產，他不得不把它轉讓給別人，自己回到在米盧斯的家中。

　　在這段空閒時光裡，他把全部精力都投入探索與發明中，特別是探索與棉花紡織和紡紗纖維相關的發明。他最早的設計之一就是繡花機，它裡面有 20 根針頭同時工作。他辛勤勞動了半年左右就成功的完成了這項發明，並因此在西元 1834 年的巴黎博覽會上獲得了一枚金質獎章，被授予榮譽騎士勳章。此後，他很快獲得了多項發明和成果——經過改進的紡織機、用於測量和折疊紡織品的機器、改進英國紡紗機的「筒管和粗紗機」以及織物捲繞機，對紡絲和紡棉的各個環節所用的各種機器進行改進。他最具創造性的設計之一是一種能同時織出兩塊天鵝絨布料或其他帶絨布料的紡織機，這兩塊布由共同的絨線聯結，織好後用刀和切割器把它們分開。他最漂亮、最具創新意識的發明成果該屬精梳機。下面我們簡要描述一下它的歷史。

　　海爾曼為發明一種能梳理長棉紗線的機器研究了好幾年。原有的粗梳

棉機在為紡紗（特別是精紡紗）準備原料時效率低下，而且浪費驚人。為了克服這些弊端，亞爾薩斯的棉紡廠廠主們曾懸賞 5,000 法郎徵求精梳機的發明，海爾曼為贏得這筆鉅額賞金，立即參與競爭。其實他倒不是真的為了要獲取該賞金才去做這事，因為他相當富足，他的妻子擁有大筆財富。他的一句格言是：「一個老是問自己做這能為我帶來多大收益的人是做不成大事的。」真正激發其創造性的主要因素是他那作為發明家所天生具有的不可遏制的發明衝動。一旦有什麼機械問題擺在他面前，他就覺得應該馬上找出解決辦法才行。然而，在探索精梳機的發明過程中，他所遭遇到的重重困難是始料未及的。光是對這個問題的深入研究就花去了他好幾年的時光，與發明活動有關的開銷是那麼龐大，以至於他妻子的財富很快就被耗費一空。他陷入了貧困的深淵，再也無力改善他的機器了，主要仰仗朋友的幫助來度過危機，從事發明活動。

當他還陷在窮困的泥潭之中苦苦掙扎時，他的妻子離開了人世，她認為自己的丈夫遲早會完蛋。不久，海爾曼流落到英國，在曼徹斯特待了一段時間，在那裡，他仍舊辛勤的從事發明活動。他擁有了一臺由著名的機器工廠夏普 - 羅伯茲公司替他製作的模型機器，但他仍然無法使它令人滿意的運行，最後他幾乎被逼到了絕望的邊緣。他返回法國看望自己的家人，其間仍然不停的從事把設想轉化為現實成果的活動，他把全部的精力都花在這上面了。一天晚上，當他坐在火爐邊沉思眾多發明家多苦多難的命運以及他們的追求為家人所帶來的不幸時，無意之中發現女兒們在用梳子梳理她們那長長的頭髮，一個念頭突然在他的腦海裡產生了：如果一臺機器也能模仿這種梳髮過程，把最長的線梳理出來，而那些短線則透過梳子的迴旋把它們擋回去，就可以使他從困境中解脫出來了。這一發生在海爾曼生活中的偶然事件由畫家埃爾默（Elmore）先生製作成了一幅美麗的油畫，並在西元 1862 年舉行的皇家藝術展上展出。

在這一想法的指導下他開始努力進行設計，後來他弄出了一種表現上述表面簡單實際卻最為複雜的機器梳理工藝。在對該工藝進行了重大的改進之後，他成功的完成了精梳機的發明。這種機器的工作性能的妙處只有那些親眼目睹過它工作的人才能領略和欣賞到。它梳理紗線的過程與梳理頭髮的過程的相似性是一目了然的，而正是這一相似性導致了精梳機的發明。該機器「幾乎能像人的手指那樣敏感的活動」。它能同時梳理一束棉紗線的兩端，把長度相同的紗線排列整齊，並把長紗線與短紗線分開，繞在不同的梳條上。從傑出性能來講，該機器不僅能像人的手指那樣奇妙、準確的進行工作，而且它竟然還能以人的心智控制自己的運作。

這一發明的主要商業價值在於它能把更一般的棉花用於精紡過程，而棉紡廠廠主也能為高價紡織品選擇最合適的紗線，生產出更多、更好的紗線。利用這種精梳機，完全可能用 1 磅棉花織出 334 英里的紗線，並能加工成更好的花邊、飾帶。在到達消費者手中之前，棉毛的價值就已從每磅數先令上升到 300 ～ 400 英鎊。

海爾曼的發明的妙處和實用性立即受到了英國棉紡業主的熱忱歡迎。英國蘭開夏郡的 6 個公司聯合起來，花了 3 萬英鎊，為英國購買了海爾曼的棉紡技術專利；羊毛紡織業主也花同樣的錢購買了此項專利技術，把它應用於羊毛紡織業領域。里茲的馬歇爾（Marshall）先生花 2 萬英鎊購買此項專利技術，把它應用於亞麻紡織業中。這些鉅額財富突然湧現在窮困的海爾曼面前，但可憐的海爾曼根本來不及享受它們。當他長期辛勤努力的成果的收益剛剛紛至沓來的時候，他就離開了人間，他那曾和他患難與共的兒子不久也隨之而去。

正是上述發明家付出了這樣一些普通人難以想像的生活代價，才出現了人類文明的一個又一個奇蹟。

第三章

百折不撓的偉大陶工

鍥而不捨和百折不撓貴在罕有的堅忍和耐心。這種彌足珍貴的耐心乃是一切快樂與力量的泉源，沒有耐心就沒有幸福。

—— 約翰·拉斯金（John Ruskin）

在陶器製作歷史上，有許多關於百折不撓、持之以恆的故事，許多偉大陶工的歷史就是一部部關於堅忍、耐心的歷史。這裡我們選擇了 3 個最感人肺腑的例子：法國人貝爾納·帕利西（Bernard Palissy）、德國人約翰·弗里德里希·勃傑（Johann Friedrich Böttgher）和英國人約書亞·威治伍德（Josiah Wedgwood）。

製作一般的陶器對許多古老民族來說是輕而易舉的事，但懂得如何在陶器上著釉色的並不多。古伊特拉斯坎人掌握了這一精深的技術，在今天收集到的古董中，還能見到他們的彩陶製品，但他們的技術不幸失傳了，直到最近才得以重新發現。在伊特拉斯坎時代，伊特拉斯坎人製作的一個陶質花瓶的價值等於同等重量的黃金的價值，可見多麼珍貴。

看來摩爾人保存了製作彩陶的技術。當比薩人於西元 1115 年占領馬約卡島時，摩爾人正一如既往的運用著這一技術。比薩人掠走了大批摩爾人製作的精美陶器。為了紀念這一重大勝利，比薩人把這些「勝利品」鑲嵌在比薩許多古老的教堂的牆壁上。即使在今天，這些精美的陶器仍然歷歷在目。在摩爾人製作彩陶之後約兩個世紀，義大利人才開始模仿彩陶製作工藝，稱之為「馬約利卡」。

在義大利重新復活彩釉技術的是佛羅倫斯雕塑家盧卡·德拉·羅比亞（Luca della Robbia）。瓦薩里（Vasari）認為羅比亞是一個不知疲倦、不屈不撓的人，他整天拿著鑿子不停的工作，晚上大部分時間都在精描細刻，兢兢業業的追求著現代藝術。在寒氣入骨的深夜，為了防止腳被凍僵，他常常準備一簍子刨木花，把腳伸到裡面，這樣就很暖和，他就可以連續從事他的精描細刻。對此，瓦薩里說道：「關於這一點，我一點也不驚訝。任何人，不管他從事何種技藝，如果他沒有忍受酷暑、嚴寒、飢渴和其他

種種逆境的能力，他就不能超凡出眾、卓越非凡。那些終日錦衣玉食、悠閒自在的人卻企求獲得令人尊敬的盛譽，不過是掩耳盜鈴、自欺欺人罷了，因為只有透過細心的觀察、勤奮的工作，才能技藝精湛，才能得到應得的榮譽。」

儘管盧卡十分勤勉並注重應用，但依賴雕刻藝術他卻不能養活自己。他想，也許能找到一些比大理石更容易得到且更便宜的東西來從事造型藝術的研究。他開始用黏土來研製模型。他反覆試驗，力求在模型上塗上色彩並烤乾，以使其經久耐用。經過無數次試驗，他終於發現，如果在黏土上塗上一種特殊材料，然後高溫烤製，這種材料就會變成永不褪色的釉彩。後來他進一步探索出把不同色彩運用到彩釉上的方法，大大提高了彩釉的精美程度。

盧卡的各種產品迅速席捲歐洲，許多產品被運到法國和西班牙，一下子身價百倍。他的工藝也迅速流傳開來。那時，粗糙的棕褐色罈子和小瓦鍋幾乎是法國能製造的唯一陶製品，這種狀況一直持續到帕利西時代才有所變化。

▌法國人貝爾納‧帕利西

帕利西辛勞的工作，與常人難以想像的困難做爭鬥。這種不屈不撓的奮鬥精神在他傳奇的一生中熠熠生輝。

據說貝爾納‧帕利西約於西元 1510 年出生在法國南部，他父親是一個從事玻璃製造的工人，家裡一貧如洗，根本不可能讓他享受正規的學校教育。「除了天空與大地外我沒有其他任何書籍，而天空與大地又是盡人皆有的書籍。」他後來說道。小帕利西就是在這種環境中長大的。他努力學會了裝飾、點綴玻璃這門手藝，並能在玻璃上製圖、繪畫。後來他還學會了閱讀和寫作。

在他 18 歲那年，玻璃行業正日趨衰微，他帶上簡單的行囊，告別了雙親，開始獨自闖蕩世界。他先來到加斯科涅，只要能找到他就從事玻璃行業的工作，偶爾進行土地測量。後來他不得不向北四處遊蕩，尋找機會。

10 多年時間轉眼就過去了。後來帕利西結婚成家了，不得不結束他漂泊不定的生活，在下夏朗德省的一個小鎮——桑特鎮定居下來，從事玻璃繪畫和土地測量工作。在這裡他成了幾個孩子的父親，做父親是快樂的，但身上的擔子卻更重了，生活開銷也日益上漲。雖然他盡其所能，仍然入不敷出，不得不另謀生路。他想，也許他該放棄玻璃繪畫這一單調乏味、收入又不穩定的工作，另外找一個更好些的工作。他想到了與玻璃繪畫有關聯的彩陶繪畫技藝，但從未接觸過把黏土燒製成陶製品的工作，對其一無所知。沒有任何人能幫助他，他不得不從零開始，一點一滴的學。但他對前景充滿信心和希望，以其超群絕倫的堅忍和無窮無盡的耐力開始學習。

一天，帕利西瞥見一只義大利製作的精緻茶杯——這很可能出自盧卡‧德拉‧羅比亞之手，突發靈感，想起了一門新手藝。這一細節要是在平常，根本不會引起帕利西和常人的注意。當時他正為換一個職業而冥思苦想，仿製茶杯這個想法立即激起了他的熱情。這「一瞥」整個改變了他的生存方式，如何仿製陶瓷並上釉成了他的精神支柱。如果仍是單身一人，無牽無掛，他也許已去義大利拜師學藝。但現在他有家有室，得養家糊口，因此只好待在妻子兒女的身邊，獨自在黑暗中摸索，希望弄清楚陶瓷製作和上釉的全過程。

起初，他只能猜測製作陶瓷所用的各種材料；他透過各種方式的試驗來確證這些材料到底是什麼。凡是他認為有可能製作陶器的材料，他都把它搗爛加以試驗。他買了些普通的陶製罐子，然後把它們弄成粉末，撒上自己製作的化合物，或再把它們放在自己建造的烤爐裡燒烤。一次又一次

的試驗都失敗了，花費大量的時間、金錢和勞力，換來的是不堪入目的破爛罐子和沒用的藥劑。大多數妻子從內心講都不贊成這些試驗，她們的想法很明確，那就是要把有限的錢財用來養家糊口。帕利西的妻子看到他花費這麼多錢財，購買許多陶罐白白的搗爛，心裡也很不高興。但她看到帕利西已完全迷戀於尋找製陶的祕密，而又不能離開家，也就忍耐下來。

一連幾年，帕利西都在孜孜追求，不停的試驗。由於第一個爐窯已經不能用了，他就在門外又建起一個。他又燒掉了大量的木材，糟蹋了更多的藥劑、陶罐，所浪費的時間就更不用說了。最後，一家人幾乎無米下鍋了。面對這一切，帕利西無限感嘆：「唉！我白白的浪費了這幾年，根本不可能達到目的。」在試驗間歇期，他偶爾也做做以前的職業，畫像、畫玻璃、測量土地，什麼都做，但所獲甚微，無法維持生計。由於燃料昂貴，他已經再也不能在自己的爐窯裡進行試驗了。但他仍沒有灰心，又買了些陶器碎塊，像以前一樣把它們搗成碎片，撒上化學藥劑，然後帶到桑特鎮附近一個普通磚窯裡燒製。經過一個燒製過程後，他就過去看取出來的碎片，使他驚愕不已的是全部試驗又都失敗了。儘管他很懊喪，但還沒有被擊倒。他當即決定重新開始。

為確定桑特鎮鄰近地區的土地稅額，他得對鹽鹼沼澤地進行測量，因而他暫時放棄手頭的試驗。為了進行測量，他得準備必需的地圖。測量工作無疑要占用一段時間，但報酬優厚。一完成測量工作，他就以加倍的熱情繼續「對陶製品的追求」。他把3打新買的陶罐舂爛，在碎片上撒上新配製的藥劑，然後把這些東西拿到附近一個玻璃熔爐中去燒製。結果給了他一線希望——玻璃爐的高溫已熔化了一些藥劑；儘管帕利西一直在刻意追求白色的陶瓷，但都一無所獲。

隨後兩年，他一直繼續試驗，但並沒有得到滿意的效果。測量鹽鹼沼澤地賺來的錢幾乎花完了，他又陷入貧困之中，柴米油鹽都成了問題。但

他決心做最後一次更大的努力：他搗碎了更多的瓦罐，在 300 多塊陶器碎片上撒上了他自己配製的藥劑，送進燒製玻璃的熔爐中燒製。他親自去那裡查看燒製結果，4 個小時過後，終於開爐了。在 300 多塊碎陶片中，只有一塊陶片上的原料熔化了，把它取出來冷卻之後，它變得潔白閃亮，晶瑩如玉 —— 這塊陶片上已覆蓋了一層潔白的釉彩。帕利西情不自禁的讚嘆道：「太美！太美了！」經過漫長而艱苦的試驗之後，見到這塊潔白的陶瓷，帕利西的眼睛都亮了。他興高采烈的跑回家把這塊「寶貝」拿給妻子看。但這還不能領取賞金 —— 離那還遠著呢。這「最後一次努力」所帶來的小小勝利促使他繼續試驗，失敗卻接踵而至。

為了完成他認為唾手可得的這項發明，他決心在寓所附近建一個燒製玻璃的熔爐，這樣他就可以祕密的繼續進行他的試驗了。他開始親手建造這個爐窯：自己砌磚、燒製，然後把磚背回來。又是七、八個月過去了，爐窯終於建成，可以投入使用了。同時，帕利西已經製成了許多陶製模子，以備塗釉彩藥劑之用。經過初步的烘烤之後，把陶製模子一個一個的塗上釉彩藥劑，然後裝進爐窯裡進行最關鍵的試驗。儘管已經財力枯竭，但為了這最後的一搏，帕利西仍然精心積存了大量的燃料。在認為燃料應該夠了時，他終於點火，開始了又一次試驗。帕利西整天坐在爐旁，通宵不睡，坐在爐旁靜靜的看著，不停的添加燃料，心中燃著希望的火花。但釉彩藥劑並未熔化。清晨的太陽照在他有幾絲倦容的臉上，妻子為他送來了不足充飢的早餐 —— 這樣的日子都很難維持下去了。他不能離開爐窯，仍不時的往爐裡添燃料。又一天過去了，釉彩藥劑仍未熔化。紅日西沉，又一夜過去了。連日的勞累使他臉色蒼白，憔悴萬分，他幾乎要倒下去了，但他還是坐在爐窯旁，急切的等待釉彩藥劑熔化。第三天過去了，第四、第五、第六天過去了，連續 6 個日日夜夜，不辭辛苦的帕利西一直滿懷希望的辛勤工作著、觀察著，但釉彩藥劑仍然一點也沒有熔化。

　　他突然想起研配的釉彩藥劑可能有問題，於是他連續勞作，又配製了新的釉彩藥劑進行進一步的試驗。又是兩、三個星期過去了，但如何再去買些陶罐呢？他親手製作的陶製模子經過第一次試驗，已無法再用。他已不名一文，但也許能借一些錢。儘管他妻子和鄰居們都認為他愚不可及，為這些無益的試驗枉費錢財，但他的名聲還好，還能借到錢。他從一個朋友那裡借了足夠的一筆錢，又買回了許多燃料和瓦罐。他在瓦罐上撒上新配製的釉彩藥劑，然後裝進烤爐，親手點燃了爐火，再一次進行試驗。這是最後一次試驗，他已孤注一擲了。

　　爐火熊熊，爐溫劇烈上升，但釉彩藥劑一點也沒有熔化。燃料馬上就要用完了，怎樣才能不讓火熄滅呢？他看到了花園的木柵。把這些木柵燒了！也只好這樣了，不然整個試驗又將前功盡棄。花園的木柵被全部拔掉，扔進了爐窯裡，但釉彩藥劑仍未熔化。爐火已僅能維持 10 分鐘了，要不惜一切代價弄到燃料，帕利西心裡只有這一個念頭。現在只剩下家具和一組擱板可燒。於是房子裡傳出陣陣刺耳的「劈啪」聲，其中夾雜著他妻子兒女們令人心顫的尖叫聲、號哭聲。以前他們是多麼為帕利西擔心，而今面對這一切，他妻子的心都要碎了。桌椅被打碎扔到火爐裡去了，釉彩藥劑仍然沒有熔化！只剩下一組擱板了。房子裡傳出猛撬木板的聲音，擱板很快被撬掉，連同家具一起被扔到爐火中。他的妻子和兒女從房裡衝了出來，在小鎮上一邊狂奔，一邊哭叫──可憐的帕利西已經瘋了，他正把家具砸碎作柴火用。

　　整整一個月，他連衣服都未換，已經完全衰竭──長時間的體力消耗，加上種種憂慮和漫長的等待，這叫他怎麼受得了。最難堪的是，他連飯都吃不飽。現在他已負債累累，瀕臨破產。所幸的是，最後一道火力終於熔化了釉彩藥劑，他掌握了渴盼已久的祕密。當棕褐色的普通家用罐子、罈子從爐窯裡運出來冷卻後，變得十分可愛，上面都覆蓋著一層均勻

的、潔白如玉的釉面。這太令他高興了！

　　勝利來得太不容易了！為了這一天，他受盡了種種磨難，忍受了種種責怪、侮辱和嘲弄。他開始耐心等待時機的到來，以把他的發現付諸實踐。

　　隨後，帕利西僱了一個陶工按他設計的圖形製作陶製器皿，他自己則著手做花邊裝飾模型用來上釉。但是，在把這些陶器製成賣成錢以前，妻子兒女的生計如何維持呢？他又一次犯難了，他實在無計可施。正在這個節骨眼上，桑特鎮的一個小旅館老闆獨具慧眼，相信帕利西一定會成功。這位老闆答應帕利西，在他繼續從事製作時，為他一家提供 6 個月的吃、住。但帕利西不知道如何支付僱用來的陶工的工錢，家裡已被弄得一貧如洗，現在他只好「剝削」自己了。因而他把自己的一部分衣服分給這位陶工，以抵付他欠的工錢。

　　帕利西進一步改建了爐窯，但安裝在裡面的打火石卻出乎意料的搗亂了。加溫之後，這些打火石突然炸裂，碎末四濺，飛濺到陶製品上黏住不掉。儘管陶製品還算完好，但上面的黏點太多了。損失又無可挽回，6 個月的辛勤汗水付之東流。儘管這些陶製品有些破相，還是有人願意低價購買。但帕利西一個也不賣，認為把這些次級品賣了有損聲譽。他把一窯貨全搗成碎片，把眼淚流在肚子裡。他曾感嘆道：「我希望這樣做能鼓勵我堅持住。不時有人來訪，雖然內心很苦，但我仍很愉快的接待每一位來訪者……最難排遣的痛苦是家人對我的百般嘲弄與困擾。他們只希望我完成這一工作，卻不花一文錢，這真是不可思議。幾年來，我的爐窯未能得以修理和保護，為了護理它們我日晒雨淋，無人知曉，也沒有半點幫助和慰藉，不時有貓的悲嘆與狗的嚎叫。狂風暴雨不時肆虐的侵蝕著我的爐窯，我常常被淋得像落湯雞似的，不得不離開它到房裡避雨。我像在泥潭裡奮力掙扎一般，真沒有比這更難受的困境了。我常常得到半夜或黎明時才回家躺一會。漆黑的夜晚伸手不見五指，我跌跌撞撞，像醉漢一樣步履蹣跚

的向家走去。想起多年的辛勤努力付諸流水，無數次充滿希望的等待都一無所獲，內心的痛苦真是無可言說。我確實要倒下了，我自己都無法支持自己。唉！家又何嘗是一塊尋找慰藉之地。我全身都溼透了，髒兮兮的，家人的目光更令人心寒。連我自己都感到驚訝的是，我居然沒被這些痛苦所吞噬。」

事情走到這一步，帕利西真是上天沒路，入地無門。他完全消沉了，絕望了，都快崩潰了。他的心情抑鬱難遣，獨自一人在桑特鎮附近的田地裡漫無目的的遊蕩，身上的衣服早已磨成了縷縷碎片，露出已被折磨得骨瘦如柴的身軀。他曾細心的描述了這一切：裹在腳上的小牛皮已不知在什麼地方掉了，吊襪帶再也無法使用了，破爛不堪的長襪子掉到了腳踝上，走起路來特別難受。家裡人因他這種不顧後果的魯莽行為而怨恨他、責怪他；鄰居們更是火上加油，責罵他這種耗資龐大而又一無所獲的愚蠢行為。他左思右想，決定重操舊業。經過一年的辛勤工作，他又為家人賺來了足夠的麵包，一家人的生計好了起來。在鄰人的眼裡，他的聲譽又好了起來。接著，他又重新開始了他心愛的事業。雖然他花了 10 多年研製釉彩藥劑，單調乏味的試驗工作進行了 8 年多時間，但這個「創造物」還未完善。透過總結無數次失敗的經驗教訓，他已聰明多了，對試驗的結果也有了更大的把握。每一次不幸都給他新的教訓，教會他懂得釉彩藥劑的性質，陶土的成色、品質，烤製的火候，以及爐窯的建造、管理和保養技術。

皇天不負苦心人，經過 16 年的探索，帕利西的產品終於暢銷市場，家人也能舒舒服服的過日子了。但他已心靜如水。他自稱為「陶工」，這16 年就是他掌握這門手藝的學徒期。回想當初，一切都是從零開始，全靠自己去試驗、摸索。而今雖然成功，但他從未因自己所獲得的成就而滿足。他在每一個環節上都精益求精，力求盡善盡美。為了研製模型，他潛心研究自然界的各種物體。他獲得的成就著實讓人欽佩，偉大的布豐稱他

第三章　百折不撓的偉大陶工

是「大自然之手，真是巧奪天工」！他製作的裝飾品被古董收藏家精心收藏在他們的小陳列室中，每一件都是稀世珍品，價值連城。其陶器上的飾物都法諸自然，在桑特鎮能見到的各種動物和植物都被模仿得唯妙唯肖，這些花鳥蟲魚一經他的點化，都變得活靈活現，相映成趣。帕利西的技藝真是達到了爐火純青、出神入化的境地。他自稱「大地的耕耘者和質樸的瓷器發明者」。

　　然而，帕利西所遭受的苦難並未就此結束。在法國南部，有一個時期宗教迫害日甚一日。作為一個新教徒，帕利西毫不畏懼的表達自己的觀點，許多人都認為他是一個危險的異教徒。他被敵人告發，他在桑特鎮的家被法官們查封，他的店鋪被暴徒們砸毀，所有的陶器被砸得粉碎。他本人在黑夜之中被匆匆帶走並關入波爾多地牢，等待他的是炮烙之刑或者絞刑。他被判處炮烙之刑。一切都完了，帕利西等待著死期的到來。「別了，我那可愛的陶器。」但一個有權有勢的貴族康斯特勃·德·蒙莫朗西（Constable de Montmorency）對他的案子進行了干預。這並非出於對帕利西的特別關照或者贊同他的宗教信仰，而是這個貴族當時正在巴黎附近建造一座大別墅，無法找到其他人來製作相關的陶製建材，因此他出面救了帕利西一命。由於這位貴族的影響，國王頒布了一道敕令，委任帕利西為鄉村陶器管理者，並直接服務於國王和康斯特勃。敕令一下，波爾多地區法院立即釋放了帕利西。他被解救了。回到桑特老家，但見他的店鋪已被弄了個破爛，他的心血之作早已成了一堆廢墟，碎片重重，一片荒蕪，觸目傷心，催人淚下。他抖掉腳上的灰塵，離開了桑特鎮，遷居巴黎。永別了，我的桑特鎮！為了工作方便，他住在杜樂麗，從事王后與康斯特勃命令他做的工作。

　　在晚年，帕利西除了繼續從事陶器製作之外，還在兩個兒子的幫助下寫作並出版了好幾本關於製陶手藝的書，供同胞們借鑑，以避免犯他犯過的錯誤。在農業、建築、自然和歷史方面，他都有著述，還辦過演講。他

078

推展了一場反對占星術、煉丹術、巫術以及種種欺詐行為的戰爭。這無疑會激起許多敵人來反對他，他們指控他是異教徒，他再一次因信仰而被捕，被監禁在巴士底獄。此時，他已是一位 78 歲高齡的老人，時刻在墳墓旁邊徘徊，但他鬥志不減，精神如常。如果不放棄自己的信仰，他就有可能被處死。正如他一直執著的搜尋彩陶的祕密一樣，在宗教信仰方面他也是九牛拉不轉、風雨不動。國王亨利三世親自到監獄裡來看他，並盡力勸他放棄自己的信仰。國王說：「我的老好人，你已經為我母親和我鞠躬盡瘁的服務了 45 年，在一次又一次的炮烙之刑和大屠殺中，我們都容忍你堅持你的宗教信仰。今天，由於我自己的人民和凱斯黨的壓力，我迫不得已要把你交到你的敵人之手。如果你不放棄你的信仰，明天你將被燒死啊！」「陛下，」這位威武不能屈的垂垂老人回答道，「我已準備為我崇拜的上帝獻身。你已經多次說過你對我深表同情，現在我為你講出『我迫不得已』這樣話的人而深表感激！陛下，這並不像一個堂堂國王在講話！凱斯黨徒、你的人民，他們能強迫你，卻奈何不了我，我明白我將怎樣死。」不久，這位偉大的殉道者永遠離開了人世 —— 他並非死於炮烙之刑，而是在被監禁約 1 年之後死於巴士底獄。帕利西很平靜的辭世了，但他那英雄般的行為，非同凡響的忍耐力，堅定不移的正義感，以及其他許多罕有而尊貴的品格匯成一道耀眼的光芒，閃耀天空，令人不敢仰視。

▌硬質陶器的發明人勃傑

約翰‧弗里德里希‧勃傑是硬質陶器的發明人，他的經歷與帕利西的經歷大不相同，儘管二者具有獨一無二的傳奇色彩。

勃傑於西元 1685 年出生在普魯士沃伊特蘭（Voightland）的施萊茨（Schleiz），12 歲那年，他被安置在柏林的一個藥劑師那裡當學徒。他似乎對化學入迷了，幾乎把所有休息時間都用於做試驗。他想把普通金屬變

成黃金。幾年之後，勃傑聲稱他已掌握了一種能把鐵塊變成金條的萬能溶劑，謊稱他已運用這種溶劑造出了金子。在他的師傅——藥劑師佐恩（Zörn）及許多證人面前，他透過種種詭計公開展示了他的這種能力，弄得大家都覺得他真能把黃銅變成金燦燦的黃金。

「藥劑師的徒弟發現了一個偉大的祕密！」這一消息像長了翅膀似的傳遍開來，聞訊而來的人絡繹不絕，大家都想來一睹這位年輕人的奇妙「絕活」。國王也表示願意召見他並與他交朋友。當有人把一根假裝是黃銅變成的金條遞給腓特烈一世時，他想這樣一來他就可以得到取之不盡的黃金了，這真是一件太令人著迷的事情。普魯士當時銀根正緊，他決定把勃傑弄到手，然後讓他在最堅固的城堡中製造金子。想到這一切，國王彷彿見到了一座金山，兩眼都直了。勃傑察覺到了國王的意圖，為了不致露餡，他決定連夜逃離這個是非之地。他巧妙的偷渡過境來到了薩克森。

國王懸賞 1,000 塔勒捉拿勃傑，卻一無所獲。勃傑已來到威登堡，他向薩克森選帝侯腓特烈·奧古斯特一世（綽號叫天霸）請求保護。腓特烈正需要錢，也想利用他造一座金山。想到這，選帝侯心中真是樂開了花。在王宮警衛隊的護衛下，勃傑被極其祕密的送到了德勒斯登。他剛剛離開威登堡，荷槍實彈的普魯士士兵就出現在他住房的門口，要將他引渡回去。但他們來遲了，勃傑已到了德勒斯登，正住在金碧輝煌的宮廷中，在衛兵們的嚴密保護下享用著各種禮遇。

但由於當時波蘭局勢混亂，選帝侯不得不立刻趕往那裡，因此他暫時顧不上勃傑。選帝侯雖然人在波蘭，心中卻迫不及待的牽掛著金子的事。選帝侯從華沙寫信給勃傑，力勸他把祕密告訴自己，以便自己能運用這一點金術。勃傑被逼無奈，只得向選帝侯寄去一大瓶紅色的液體。他聲稱這種液體能把任何處在熔化狀態的金屬變成金子。這瓶極為重要的「點金液」立刻由王子親率衛隊押送到華沙。他們一到，選帝侯就立即進行試

驗。選帝侯與王子把自己鎖在宮廷內的一間密室裡，繫上皮革圍裙，像真正的煉金術士那樣虔誠的在熔爐旁工作起來。銅已經熔化，勃傑的「點金液」被倒入銅水之中，但結果並不讓人滿意。儘管他們父子倆想盡了一切辦法，黃銅還是黃銅。選帝侯這才想起勃傑的話——使用這種魔液時必須心淨無邪。正由於主知道他前天晚上的惡行，「點金液」才不靈驗。在進行了乞求獲得主的赦免的懺悔之後，選帝侯又進行了一次試驗，但結果依舊。這下，選帝侯勃然大怒了。

選帝侯決意強迫勃傑透露製金術的祕密，作為緩解金融危機的絕招。精明的勃傑探出了選帝侯的意圖，「三十六計，走為上策」，他決定逃之夭夭。他機警的逃過了層層崗哨，經過 3 天狂奔，來到了奧地利，他想這下他是虎出牢籠、龍歸大海了。勃傑做夢也沒料到，選帝侯手下的人一直在跟蹤他，他在睡夢中被抓獲。勃傑奮力抵抗，並向奧地利當局求救，但無濟於事，他被武力挾持到德勒斯登，被極嚴密的看管起來。不久，他就被轉移到一個堅固的城堡裡面。已有人傳訊給他，王室金庫已完全虧空，欠了波蘭人的債未還，大家都在等待他的金子。選帝侯親自對他說，如果不立即著手造金子，他將被處以絞刑。國王講這話的語氣令勃傑不寒而慄。

幾年過去了，勃傑一點金子也未造出來，還好，他也未被絞死。之所以留他一條小命，是為了讓他從事一項比把黃銅變成金子更重要的發明——把黏土變成瓷器。葡萄牙人已從中國帶回幾件罕見的瓷器珍品，每一件都能換取超過其本身重量的黃金。首先勸勃傑把注意力轉移到這方面來的是一個光學儀器製造商瓦爾特·馮·切恩豪斯（Walter von Tschirnhaus），他也是一個煉金術士。切恩豪斯博學多才，享有盛譽，王子和選帝侯都對他敬畏三分。他很實際的對勃傑說：「如果你不能造金子，你可試試做其他事情；做瓷器製造這一行很好。」勃傑整天都擔心被絞死，聽

了這話，眼睛一亮。他開始按切恩豪斯的提示行動起來。

勃傑沒日沒夜的做試驗，一絲不苟的進行調查研究，但過了好長一段時間，仍一無所獲。有一天，一些紅色的黏土被送給他製作坩堝，他發現這種黏土經過高溫煅燒以後玻璃化了，形狀也保持不變，而且其結構與瓷器相似，只是顏色與透光性不能與瓷器相比。這一偶然發現使他頓受啟發。事實上，他已很偶然的發現了製作紅瓷器的祕密。於是他立即著手生產、銷售紅瓷器。

但勃傑十分清楚，只有質地潔白如玉的瓷器才是上乘之作。為了掌握製作白瓷器的技術，他又開始試驗。又是幾年過去，仍然毫無進展。在西元 1707 年的一天，他發現有一種香粉很沉重，就問他的男僕這是為什麼。男僕告訴他，這種用來梳頭的香粉是用一種特殊的泥土加工而成的。勃傑腦子一轉，立刻靈光一閃：這種白色的泥質香粉也正是他夢寐以求的東西。無論如何也不能錯過這一發現，他馬上全心進行試驗、觀察。他發現，香粉的主要成分高嶺土，正是他在漫漫求索過程中一直未能找到的東西。又是由於一次偶然的發現，勃傑成功了。

勃傑的這一發現意義十分重大，比掌握點金術還重要。勃傑不愧是一個聰明人，西元 1702 年 10 月，他把第一批瓷器呈送給了選帝侯。選帝侯看後，龍顏大悅，極為讚賞，當即決定向勃傑提供必需的一切費用，保證他順利的完善這一傑出的發明。

勃傑從荷蘭生產白釉藍彩陶器的地方請來了一批熟練工匠，開始生產瓷器，結果極為成功。勃傑再也不是一個煉金術士了，在店鋪的門上他刻下了：

Es machte Gott, der grosse Schöpfer,
Aus einem Goldmacher einen Töpfer.
（萬能的上帝，您把一個煉金術士變成了一個陶工。）

　　為了防止勃傑洩密或逃跑，他被嚴密監視起來。勃傑所有的店鋪和熔爐都有軍隊日夜守護，6位高階官員專門負責陶工的個人安全。

　　在新爐窯裡，勃傑的試驗又獲得了令人驚訝的成功，他製作的瓷器價格飛漲。選帝侯馬上決定建立一個王室瓷器製作廠。白釉藍彩陶器的製作為荷蘭帶來了鉅額的財富，怎麼能夠不大規模製作瓷器以使選帝侯富甲天下呢？西元1710年1月23日，選帝侯發布了在梅森的阿爾布萊希特城堡建立大型瓷器生產廠的法令。這道法令立即被譯成拉丁文、法文、荷蘭文，選帝侯在歐洲各個王宮的使節到處散發這道法令。選帝侯宣布改善薩克森這個飽受瑞典入侵之苦的地區的福利，他已盯住了那裡潛在的驚人財富，並早已派了許多人明察暗訪，知道那裡有人能成功的製作比印度瓷器更高級的紅瓷器。他們製作的彩色器具和碟子質地均勻、光澤照人，足以和印度瓷器媲美，尤其是白瓷器晶瑩如玉、價值連城。看到這一切，多少人都垂涎三尺。一旦獲得這一技術，就準備大規模生產。王室法令還包括「盛情邀請外國藝術家和手工業者來薩克森當助手，享受高薪待遇，並可得選帝侯資助」。王室的法令最生動的記載了勃傑此項發明在當時引起的轟動。

　　由於勃傑為選帝侯和薩克森人民做出了重大貢獻，他被任命為王室瓷器廠總管，並被授予「男爵」這個尊貴的封號。毫無疑問，他無愧於這一光榮封號。從表面上看他富貴榮華、名動京城，其實境況十分淒苦，在他周圍到處充滿卑鄙的壓制，冷酷無情、近乎殘忍的折磨。王室的兩個官員馬蒂厄（Matthieu）和內米茲（Nehmitz）被安排在瓷器廠當董事長，勃傑只是一個名副其實的工頭。同時他仍然是國王的罪犯。當時正在梅森建一個瓷器廠，他的助手還無法獨立勝任這一工作，士兵們陪伴他往返於德勒斯登與梅森之間。該廠竣工之後，夜晚他還是被鎖在房子裡。所有這些都在時刻折磨他、摧殘他，他的心在流血。他無數次向國王乞求寬恕，減輕

他內心的苦痛。「我願意獻身於製陶事業，我以我的心和靈魂來保證。」有一次他這樣寫道，「只要你給我自由，還我自由，我將做出更多的發明。」這些話是多麼無奈和蒼涼啊！

無論勃傑如何乞求，選帝侯都充耳不聞。他的意圖很明確：你可以享受富貴和恩寵，但不會給你自由。在選帝侯眼裡，「偉大的發明家勃傑」只不過區區一奴隸而已！在這種情況下，這位沒有自由的男爵在連續工作了幾年之後，無法再靜下心來，他開始怠忽職守。他憎恨這個世界，他也恨自己，開始沉湎於美酒瓊漿之中。榜樣的力量是無窮的。當陶工們得知男爵已如此墮落後，他們也紛紛開始酗酒，打架鬥毆時有發生，爭爭吵吵更是家常便飯，有時甚至得派軍隊前往鎮壓才能平息糾紛。不久，所有陶工共計 300 餘人，全被關押在阿爾布萊希特城堡，以犯人論處。

西元 1713 年 5 月，勃傑已身染沉痾，死亡隨時都會來臨。失去這樣一個有價值的奴隸，選帝侯十分害怕，他允許勃傑在一個衛兵的監護下坐四輪馬車。不久，他身體恢復了一些。他獲准去德勒斯登走走。西元 1714 年，選帝侯在一封信裡恩准勃傑獲得徹底的自由。但這一切來得太晚了，他已身心俱疲。偶爾有一些比較傑出的思想閃現外，他除了酗酒就是工作。漫無止境的強制性禁閉，精神上的憂鬱，使他長期病魔纏身，唯有死亡才能為他帶來自由和快樂。他又拖延了幾年，西元 1719 年 3 月 13 日，35 歲的勃傑終於升入了快樂的天堂。他像一隻狗一樣在夜晚埋入了梅森約翰尼茲公墓。這就是為薩克森人帶來鉅額財富的發明家 —— 勃傑 —— 的結局。

瓷器生產立即開闢了一個重要的財源，財富真是滾滾而來。薩克森選帝侯真可謂富甲天下，令人豔羨，歐洲其他君王紛紛效法。儘管在聖克勞德比勃傑早 14 年發明了軟質瓷器，但勃傑發明的硬質瓷器的優越性立即獲得了人們的一致首肯。西元 1770 年，開始在塞夫爾生產硬質瓷器。從此，軟質瓷器幾乎全被硬質瓷器取代了。

今天瓷器製作仍然是法國最繁榮的工業之一，當然，德國製作的瓷器的品質是絕對一流的。

▍英國陶工威治伍德

英國陶工約書亞・威治伍德的經歷不像帕利西和勃傑那樣一波三折、起伏異常。無論跟他們當中的任何一個相比，威治伍德都要順利得多，可以說是好運連連。

一直到 18 世紀中葉，與歐洲一流的國家相比，英國在技術行業一直居於下游。儘管在斯塔福郡也有許多陶工 —— 威治伍德就是其中的一個，但他們生產出來的產品的確讓人不敢恭維，屬於最粗糙的那一類，絕大多數只是毫無裝飾的棕褐色器皿，上面的裝飾花紋就是當其潮溼未乾時在其上面胡描亂畫了幾筆。當時比較高級的陶器主要來自荷蘭的臺夫特，其他一些飲水陶具則主要來自科隆。來自紐倫堡的埃勒斯（Elers）兄弟有一段時間待在斯塔福郡，介紹改進的陶器製作技術，但不久他倆就遷到了切爾西，專門從事裝飾品的製作。英國製作的陶器，沒有一件上面沒有擦痕，沒有一件上面沒有許多針狀斑點。長期以來，斯塔福郡製作的「白陶器」跟髒兮兮的乳脂顏色沒有兩樣。當西元 1730 年威治伍德在伯斯勒姆出生時，英國的陶器業就是這個水準。64 年後，當他辭世的時候，英國的製陶技術已發生了天翻地覆的變化。威治伍德以其過人的毅力、高超的技術和驚人的才華，把製陶業在新的、堅實的基礎上建立起來。正如他的墓誌銘所講的：「把一個粗糙的、無足輕重的製造業變成了一門精緻的藝術和國民經濟的一個重要部門。」

正如許多意志堅定、毅力過人的人一樣，威治伍德是從布衣出身中靠自己頑強的奮鬥脫穎而出的。他們以其特有的勤奮、毅力和向上的精神影響著周圍的人，他們以其豐富的技藝教育普通的工人。在各個方面，他們

都以其特有的精神感召著人們，他們是民族的脊梁，他們的精神鑄成一個民族之魂。

　　和阿克萊特一樣，威治伍德是 13 個兄弟姊妹中最小的一個。他的祖父與曾祖父均為陶工，他父親也一樣。當威治伍德還是一個孩子時他父親死了，只留下 20 英鎊的遺產。他在村裡的小學讀過書，由於父親的逝世，他失學了，到他兄弟經營的一個小陶器廠工作。這樣，他開始了他的生活，開始了他的工作生涯，開始用自己的雙腳踏上漫漫的人生旅途，此時他正好 11 歲。不久他患了天花，差點丟了小命。從此以後他一直遭受其後遺症的折磨 —— 由於感染，他的膝關節出了毛病，這種毛病定時出現，一直到後來做了截肢手術之後才得以擺脫這一苦惱。英國著名政治家格萊斯頓（西元 1809 ～ 1898 年，於西元 1868 ～ 1894 年間四度任英國首相）先生在伯斯勒姆發表的關於威治伍德的一篇文章中，以無可辯駁的事實雄辯的表示，威治伍德先生所遭受的這個不幸或許是他日後成就一番大業的偶然誘因。格萊斯頓講道：「病魔使他無法像常人一樣活蹦亂跳的長大成人。健壯的英國手工業者都有靈巧的四肢可供驅使，他們能很靈巧的使用它們。但威治伍德不能這樣，他的四肢不聽使喚，他也無法靈巧的運動它們，或許他該思考一些更偉大、更有意義的事情。這使他能夠沉思其技術的祕密和規則。結果他具有非凡的洞察力，對自己的手藝相當精熟，他的這種令人豔羨的本領也許只有雅典的陶工才有。」

　　當他在哥哥那裡學徒期滿後，他與另一個陶工合夥經營一些小生意，製作刀柄、盒子和各色家用什物。後來他又著手製作圓鼓鼓的餐用碟子、燭臺、燈花盒子和諸如此類的東西，這時又有一個夥計加入進來。一直到西元 1759 年，他的工作都沒多大起色。此後他十分執著的追求自己的事業，不時把新的產品推向市場，慢慢的擴大了生意。他的首要目標是要製作出比斯塔福郡生產的陶瓷更好的潔白如乳的陶瓷，從顏色、光澤和耐用

性方面都要超越它。為了攻破這一難題，他把所有的閒暇時間都用來鑽研化學；針對如何選擇陶土、打釉上光等問題，他做了無數試驗。經過周密的調查研究，他注意到一種含有二氧化矽的陶土，這種土在沒有煅燒之前是黝黑色的，但一旦經過高溫之後就變成了白色。他對這一現象仔細觀察，反覆思考，突然靈機一動，計上心來。他把二氧化矽與搗碎的紅色陶粉混合起來，經過煅燒，果然變成了白色。剩下來要做的就是在這些材料上著上一層透明的釉色，這是陶製藝術的最重要的創作之一。在英國人看來，這也是獲得最大的商業價值與最廣泛的應用的重要一環。

有一段時間，威治伍德與帕利西一樣，為爐窯傷透了腦筋。他也和帕利西一樣，以極其頑強的毅力反覆試驗，終於克服了困難。他首先試著生產一些餐用陶瓷品，結果是一連串災難性的失敗——一連幾個月的辛勤工作毀於一旦。他又花費了大量的時間、金錢和努力，經過長期反覆的試驗，終於有幸找到了一種合適的釉色。不斷的改進陶製品成了他須臾不可少的情感寄託。即使已經克服了各式各樣的困難，能大量生產白玉般的陶製品，自己也很富有了，他仍無滿足之心。他深知藝海無涯，繼續孜孜不倦的探求完善的辦法。由於他製作的陶器質地考究、刻畫精細、色澤晶瑩透明，因而暢銷英國國內外。他的行為產生了強大的力量，整個地區的人都為他所感動。經過他的非凡努力，英國又一個偉大的行業終於建立在牢不可破的基礎之上。他的目標是追求卓越，力爭第一。他聲稱「與其粗製濫造，不如乾脆放棄」。

威治伍德得到了各個階層、影響不同的人的真誠幫助。他那執著的工作精神令人感動，因此他很快博得一些正直善良的陶工的鼎力相助。他特意為夏綠蒂皇后（Queen Charlotte）製作了一套十分考究的餐用陶具，夏綠蒂皇后見後芳心大悅，她立即任命他為皇家陶匠，這個稱號比「男爵」這個頭銜更尊貴。這套陶具，今天的英國人稱為「皇后瓷」。許多珍貴的瓷

器被交給他仿製，使他得以欣賞許多稀世之寶。威廉‧漢密爾頓爵士（Sir William Hamilton）曾把多種來自赫庫蘭尼姆的古藝術品借給他，他模仿得唯妙唯肖。當巴貝里尼花瓶拍賣時，波蘭女公爵 1,800 畿尼的出價高於威治伍德 1,700 畿尼的出價，女公爵競買成功。但當她得知威治伍德的目的後，很慷慨的把這個寶瓶借給他欣賞、複製。威治伍德先後耗資 2,500 畿尼複製了 50 件，雖然沒能收回投資，但他並不在乎，他的目的就是要向世人證明，不管前人製作了什麼樣的精品，英國人都有能力、有技術來複製它，將來也是如此。他的目的達到了。

　　威治伍德提醒他的助手，要有化學家的嚴肅認真、古董家的廣博知識以及藝術家的高超技藝。威治伍德仔細研究過英國著名雕刻家弗拉克斯曼（Flaxman，西元 1755 ～ 1826 年）。弗拉克斯曼年輕時，注重從多方面培養創作能力，留下了許多精美絕倫的圖案。威治伍德從中深受啟發，他透過自己的雙手把這些圖案變成了趣味橫生的陶瓷製品圖案，使古典藝術美重新得以傳播。透過精心的研究和試驗，他重新發現了在陶瓷花瓶及其類似物品上繪畫的技術。古代的伊特拉斯坎人曾運用過這門技術，但從普林尼（Pliny）時代以來，它就神祕的失傳了。威治伍德又重新發掘了它。威治伍德以其對科學的重大貢獻而名垂青史，他的英名與他發明的高溫計同存天地間。

　　威治伍德熱心於公共設施的建設。連接他生活的島嶼東、西部的特倫特 - 默西運河的建成，就是他的公益心與布林德利的工程技術相結合的結果。當時那個地方的路況壞透了，他規劃並修建了一條長 10 英里、經過眾陶瓷廠的收費公路。他的名聲如此之大，他先後在伯斯勒姆和伊特拉斯坎留下的建築已成為來自歐洲各地的傑出人物參觀、景仰之地。

　　透過威治伍德的創造性勞動，極為落後的英國陶器製造業一躍成為英國的主要產業。他們再也不依賴進口的陶器，相反，他們還向其他國家大

量出口，即使費用高昂也能暢銷全球。一直到他從事這一行業 30 年後，西元 1785 年他才向國會提供相關的資料。從他提供的資料來看，他這一行並不是給予少數不稱職的人低廉的報酬，英國大約有 2 萬人直接靠從事陶瓷製作謀生，這還沒有考慮與此息息相關、不斷成長的煤礦、海陸運輸等行業和以其他種種方式在各地區對其他行業的刺激。但即使已經獲得這麼重大的進步，他還堅持認為陶瓷製造業才剛剛起步。在優越的政治制度與便利的自然條件之下，隨著工業的不斷進步和製造業知識的成長，製陶技術必定會突飛猛進，已經獲得的成就與將來能達到的水準相比，那真是太渺小了。如今，這一重要的工業部門已經獲得的重大進步，完全證實了威治伍德的評論。西元 1852 年，除了英國國內消費的以外，至少還有 8,400 萬件陶器從英國遠銷其他國家。當然，並不僅僅只有這些產品的數量和價值值得考慮，作為一個重要的工業部門，它在改善全體國民的生活狀況上意義是十分重大的。威治伍德開始經營之時，斯塔福郡還處在半文明狀態，人口數量很少，人民生活很窮苦。威治伍德的製造業已鞏固的建立起來時，製陶業已能以優厚的薪俸為 3 倍於該地區人口總數的人提供生活保障。隨著物質生活的改善，人們的道德水準也同步發展，真是「倉廩實而知禮節」。

像威治伍德這樣的人完全稱得上是文明世界的產業英雄。他們在戰勝種種艱難險阻時所表現出來的堅定不移、百折不撓的自信心，在追求有價值的崇高目標時所展現出來的非凡勇氣和超人的毅力，與以血肉之軀衝殺於戰場的戰士和橫渡滄海的航海家的英雄氣概相比，一點也不遜色。當然，為了保衛這些勇敢的工業領袖們所開創的英雄般的成就，戰士們與航海家們的英雄壯舉也都是可欽可佩的。

第四章

勤奮與堅持鑄就成功

勤奮就是財富。誰能珍惜點滴時間，不斷勞動，點滴累積，誰就能成就大業，鑄造輝煌。

── 達文南特（Sir William Davenant）

　　人生最偉大的成就，常常是透過一些簡單的方法和平凡的特質獲得的。周而復始的日常生活，儘管有種種牽累、困難和應盡的職責、義務，仍能使人們獲得種種最美好的人生體驗。對那些執著的開闢新路的人而言，生活總會向他提供足夠的努力機會和不斷進步的空間。人類的幸福就在於沿著已有的道路不斷的開拓進取，永不停息。那些最能持之以恆、忘我工作的人往往是最成功的。

　　人們總是責怪命運的盲目性，其實人比命運更盲目。了解實際生活的人都知道：天道酬勤，命運掌握在那些勤奮工作的人手中，就像優秀的航海家駕馭大風大浪一樣。對人類歷史的研究顯示，在成就一番偉業的過程中，一些最普通的特質，如公共意識、注意力、專心致志、持之以恆等，往往起了很大的作用。即使是蓋世天才也不能小視這些特質的強大作用，一般人就更不用說了。事實上，正是那些真正偉大的人物相信常人的智慧與毅力的作用，而不相信什麼天才。甚至有人把天才定義為公共意識昇華的結果。一位大學校長認為，天才就是不斷努力的能力。約翰‧弗斯特（John Foster）認為天才就是點燃自己的智慧之火的能力。布豐認為「天才就是耐心」。

　　牛頓毫無疑問是世界一流的科學家。當有人問他到底是透過什麼方法得到那些非同一般的發現時，他誠實的回答道：「總是思考著它們。」還有一次，牛頓這樣表述他的研究方法：「我總是把研究的課題置於心頭，反覆思考，慢慢的，起初的點點星光終於一點一點的變成了陽光一片。」正如其他有成就的人一樣，牛頓也是靠勤奮、專心致志和持之以恆來獲得成功的，他的盛名也是這樣換來的。放下手頭的這一課題而從事另一課

題的研究，這就是他的娛樂和休息。牛頓曾對賓利（Bentley）先生說過：
「如果說我對大眾有什麼貢獻的話，這要歸功於勤奮和善於思考。」另一
位偉大的哲學家克卜勒也這樣說過：「正如古人所言『學而不思則罔』，
對此我深有同感。只有對所學的東西善於思考才能逐步深入。對於所研究
的課題，我總是窮根究底，想出個所以然來。」

　　純粹靠勤奮和毅力就能產生令人驚訝的成果，這令許多傑出的人物都
懷疑真正的天才的存在。天才比人們通常認為的要稀少得多。法國著名
作家伏爾泰認為天才與普通人只有很細微的區別。貝卡里亞（Beccaria）
認為每個人都可能成為詩人和雄辯家。雷諾茲（Reynolds）則認為每個人
都能成為畫家和雕刻家。假如真是這樣的話，那麼這位不動感情的英國
人 —— 雷諾茲 —— 所犯的錯也就不算太大了，他在卡諾瓦（Canova）臨
死之際，詢問其兄弟是否「有意繼續從事雕塑工作」。洛克（Locke）、
愛爾維修（Helvetius）和狄德羅（Diderot）相信，所有人的天賦都一個水
準，一些人在調節才智運行的規律的指導下努力奮鬥，就能超乎常人，成
為所謂的天才。但即使我們完全相信勤奮和努力能夠創造奇蹟，也要完全
承認那些獲得傑出成就的人也是意志堅強、不屈不撓的人。很顯然，如果
沒有驚人的天賦的話，不論如何遵循才智和思考運行的規律，也不可能成
為莎士比亞、牛頓或貝多芬式的人物。

　　英國物理學家及化學家道耳頓（Dalton，西元 1766 ～ 1844 年）不承
認自己是什麼天才，他認為自己所獲得的一切成就都是靠勤奮點滴累積而
成的。約翰・亨特曾自我評論道：「我的心靈就像一個蜂巢，看來是一片
混亂，雜亂無章，到處充滿『嗡嗡』之聲，實際上一切都整齊有序。每一
點食物都是透過勞動在大自然中精心選擇的。」只要翻一翻一些偉人們的
傳記我們就知道，大多數敏銳、傑出的發明家、藝術家、思想家和各種著
名的工匠，他們的成功在很大程度上都應歸功於非同一般的勤奮和持之

以恆的毅力。他們都是惜時如命的人。英國作家兼政治家迪斯雷利（西元 1804 ～ 1881 年，於西元 1868 年及西元 1874 ～ 1880 年任首相）認為，要成功就必須精通所學科目，要精通所學科目，只有透過連續不斷的苦心鑽研，捨此別無良策。因此，從很大程度上講，推動世界前進的人並不是那些嚴格意義上的天才人物，而是那些智力平平但勤勞苦幹的人；不是那些天資卓越、才華橫溢的天才，而是那些不論在哪個行業都勤奮努力不息的人。有一個寡婦在談及她那才華橫溢而又粗枝大葉的兒子時曾慨嘆：「唉！他太缺少堅持到底、頑強奮鬥的精神，又何以能成大器？」天資過人的人如果沒有毅力和恆心作基礎，就只會成為轉瞬即逝的火花；許多意志堅強、持之以恆而智力平平乃至稍稍遲鈍的人，都會超越那些只有天賦而沒有毅力的人。正如義大利民諺所云：「走得慢且堅持到底的人才是真正走得快的人。」

　　培養良好的工作品質是很關鍵的一點。一旦養成了一種不畏勞苦、勇於奮鬥、鍥而不捨、堅持到底的品格，則無論做什麼事，我們都能在競爭中立於不敗之地。即使從事最簡單的技藝也少不了這些最基本的「品格」。古人云「勤能補拙是良訓」講的就是這個道理。羅伯特・皮爾正是由於養成了反覆訓練、不斷實踐這種看似平凡、實則偉大的品格，才成了英國參議院中傑出、輝煌的人物。當他還是一個小孩的時候，父親就總讓他站在桌子邊練習即席講話，讓他盡可能複述禮拜日布道。當然，起先並無多大進展，但天長日久，滴水穿石，最後他能逐字逐句的背誦全部布道內容。後來在議會中他以其無與倫比的演講藝術駁倒論敵。這實在令人傾服，但幾乎沒有人能想到，他在論辯中表現出來的驚人的記憶力正是他父親以前嚴格訓練的結果。

　　在一些最簡單的事情上，反覆的磨練確實會產生驚人的結果。拉小提琴看起來十分簡單，但要達到爐火純青的地步，需要進行辛苦的反覆練

習。有一個年輕人曾問賈爾迪尼（Giardini）學拉小提琴要多長時間。賈爾迪尼回答道：「每天12個小時，連續堅持12年。」俗語云：「勤奮是金。」一個芭蕾舞演員要練就一身絕技，不知道要流下多少汗水、飽嘗多少苦頭。一招一式都要付出難以想像的努力。塔里奧尼（Taglioni）在準備夜晚演出時，往往得接受父親兩個小時的嚴格訓練，常常累得筋疲力盡的倒下，完全失去知覺。舞臺上那靈巧如燕的舞步，往往令人心曠神怡，但這又來得何其艱難 —— 臺上一分鐘，臺下十年功，這十年功的酸甜苦辣，塔里奧尼作為一個芭蕾舞演員似乎有更深刻的體會。

　　一點點進步都是來之不易的，任何偉大的成功都不可能唾手可得。千里之行，始於足下；不積跬步，無以至千里；不積小流，無以成江海。德·邁斯特說過：「耐心和毅力就是成功的大祕密。」沒有播種就沒有收穫，光播種而不富有耐心、滿懷希望的耕耘，也不會有好的收穫。最甜的果子往往在最後成熟。東方有一句格言：「時間和耐心能把桑葉變成雲霞般的彩錦。」

　　當然，只有愉快的工作才能耐心的等待。一份愉快的工作心情是極為難得的財富，它能提高工作的順暢性，使時間在不知不覺中過去。正如一位基督教主教所說的：「基督徒品性的精髓就是不偏不倚。」智慧的精髓就在於愉快與勤奮的結合。愉快的工作是成功之道、幸福之源。也許人生的最大快樂就在於有目的、朝氣蓬勃的工作，一個人的信心、活力和其他種種優良特質都依賴於它。西德尼·史密斯在約克郡的桑頓勒克萊區當教區牧師時，儘管認為自己不適合做這項工作，還是很愉快的工作了起來，並決心盡力做到最好。他說：「我已下定決心愛上這項工作，使我自己與它一致，這比我超然其上，不時發發牢騷，認為這項工作純粹無聊透頂，盡講些廢話，要更富有大丈夫氣概。」每當霍克博士去從事一項新的工作時，他總是說：「不管我在哪裡，我都以上帝的名義發誓，我會用我的雙

手去盡力工作；如果我不能找到一份工作，我將創造一份工作。」

那些為大眾謀幸福的人，特別是不得不長久、耐心工作的人，往往為不能立即收到成效或產生結果而懷喪。他們播下的種子有時深埋在冬日的積雪之下，春天還未來臨，冬雪還沒融化，那辛勤播種的人也許就已長眠地下。並非每一個從事社會公益事業的人都能像羅蘭・希爾（Rowland Hill）那樣，在自己的有生之年看到自己的傑出思想開花結果。亞當斯密（Adam Smith）曾在古老而黑暗的格拉斯哥大學播下許多社會改良的種子，他在那裡細細耕耘，為民族的精神財富播下了一顆顆寶貴的種子。但70年過去，才收到實質性的成果，事實上還沒有大獲豐收。

對於一個男人而言，沒有任何東西能彌補希望的破滅，希望的破滅能完全改變一個人的性格。「我能怎麼工作？我如何才能獲得幸福呢？」一個偉大而又可憐的思想家說道，「我的希望何時已完全破滅了？」卡雷（Carey）是最富活力、最有勇氣、最有希望的傳教士之一。在印度的時候，他想不出什麼辦法來使他的 3 個執事做點什麼事情，他自己只能在工作之餘稍事休息。卡雷本人是一個修鞋匠的孩子，沃德（Ward）和馬修姆（Marsham）是他的助手。其中沃德是一個木匠的兒子，馬修姆是一個織布匠的兒子。透過他們的共同努力，他們在塞蘭坡建起了一所富麗堂皇的神學院，而且還建立了 16 個分站。他們把《聖經》翻譯成 16 種語言。在英屬印度實行一場道德革命的種子已經播下了。有一次，在英國總督的桌邊，他聽到對面的一個人大聲問另一個人，卡雷是否不是一個製鞋匠的兒子。「是，先生。」卡雷立即大聲嚷道，「他正是一個製鞋匠的兒子。」關於卡雷幼小時候的倔強勁，有一個眾所周知的逸事：有一天在爬樹時，卡雷腳一滑跌到了地上，把腿弄傷了，不得不臥床休息幾個星期。當他剛剛恢復、不用人攙扶時，他做的第一件事情就是跑去爬那棵樹。卡雷具有作為一個傳教士所必需的大無畏的勇氣。他做事雷厲風行，絕不退縮。

　　著名哲學家楊博士有一句名言：「任何人都可以做其他人已經做過的事！」他一旦決定做某件事，就絕不會退縮。據說他第一次騎馬時，一個著名的運動員、巴克萊（Barclay）先生的孫子陪伴著他。當在他前面的這位馬術師縱馬越過一道柵欄時，楊也希望一躍而過，卻從馬上掉了下來，但他一言未發，又跨上馬，進行第二次嘗試。他又失敗了，但這次他沒被扔出很遠，他抓住了馬脖子。第三次，他成功了，馬一躍而過。

　　身處逆境的韃靼人從蜘蛛那裡學習不達目的誓不罷休的精神，這一故事已是家喻戶曉。美國鳥類學家奧杜邦（Audubon）自己敘述的一段經歷與之相比絲毫不遜色。「有一件事，」他說，「這件事與我原存的 200 幅圖有關，它幾乎使我放棄鳥類學研究。我詳細的記敘這件小事，只是想表達勇氣是多麼重要 —— 我無法以其他方式大聲說明我不屈不撓的毅力 —— 我這樣講出來也是為了鼓舞其他鳥類保護者去克服最令人沮喪的種種困難。我在俄亥俄的肯塔基一個叫亨德森的小村子裡住了多年，因事我得去費城。在臨行前，我把我的草圖細心收藏起來，小心翼翼的把它們裝在一個木箱子裡，交給一個親戚為我妥善保管，並一再叮囑他不要損壞了這些東西。我外出幾個月回家後，我與親友們一一暢敘離情別緒。此後，我詢問我那只箱子 —— 我多想見到我的珍寶啊！親戚把木箱子拉出來，打開一看，一對挪威鼠已占據了整個箱子，在滿箱子的碎屑中養育了一群鼠仔，僅幾個月時間，牠們好像在此已居住千年之久。一股無名怒火衝上心頭，一連數天，我都煩躁不安。真是倒楣透頂了！這些圖畫花費了我無數心血，卻被老鼠的牙齒啃掉了！睡了幾天悶覺之後，隨著時光的流逝，怒氣漸漸消失，煩惱也煙消雲散了，我又重新鼓起勇氣，拿起槍，帶上筆記本和筆，就當什麼事也沒發生一樣，高高興興的向山林進發。我想我也許應為能做得更好而高興。不到 3 年時間，我又完成了我的作品。」

　　有一次，伊薩克·牛頓先生的小狗「鑽石」把他桌上的一盞油燈弄翻

了，他多年辛勤工作累積起來的計算成果毀於一旦。這起意外事件為這位哲學家造成了無法彌補的痛苦，他的健康因此受到極大的損傷，理解力也因此變得差多了。

卡萊爾（Carlyle）在寫作《法國大革命史》（French Revolution）的第一卷時也碰到類似的事情。他想把手稿送給精通文學的鄰居仔細審查。由於疏忽，手稿被丟在客廳的地板上，卡萊爾竟忘記了這件事。過了幾週之後，出版社急著催稿子，他急忙派人去鄰居家取稿子，鄰居感到莫名其妙。經過一番仔細調查，才弄清事情的原委：原來傭人見到客廳地面上有一捆「廢紙」，就把它丟到廚房爐灶和客廳的壁爐裡燒掉了！知道事情的經過後，卡萊爾目瞪口呆，茫然不知所措。但這時已沒有辦法挽回了，他只好下定決心重新開始寫。原稿弄丟了，草稿也沒有了，所有的事實、資料、思想觀點都只能從塵封已久的記憶中去搜尋。起初創作這一著作是一種樂趣，現在不得不重寫就是一種痛苦與無奈了。但他還是在這種痛苦與無奈之中，以頑強的毅力完成了重寫任務。這種非凡的精神實非常人所能及。

許多著名的發明家的一生就是不屈不撓奮鬥的一生。喬治·史蒂文生有一次對一群年輕人說，他成功的經驗就是一句話：「不達目的誓不罷休。」為改進火車頭，他花費了 15 年時間才獲得決定性的成果。瓦特發明蒸汽機花了 30 年時間。在科學、藝術及其他行業裡，都有許多這樣把「鐵杵磨成針」—— 持之以恆 —— 的感人故事，其中最有趣的也許要算是尼尼微大理石碑刻的發掘。這種遺留在碑石上的箭形書寫符號，乃是自馬其頓征服波斯以後早已失傳的楔形文字。

在波斯的克爾曼沙赫（Kermanshah）有一個東印度公司，它的一位聰明的實習生在附近的古碑上發現了許多奇怪的楔形銘文，這些銘文太古老了，沒有任何人知其來歷。在他描摹下來的銘文中，有些與著名的貝希斯

敦岩壁上的相同。貝希斯敦岩壁拔地而起 1,700 英尺，十分陡峭，其下部 300 英尺的範圍內以波斯語、斯基泰語和亞述語 3 種語言銘刻了銘文。經過把已知的與未知的、已經消失的與仍然存在的符號反覆比較、揣摩，他已經掌握了一些關於這些楔形符號的知識，並且形成了一個字母表。羅林森先生（Rawlinson，後來稱亨利先生）把他描摹的這些銘文寄回家以供考證，但沒有哪所大學的哪位教授能理解它們，真是蒼蒼天語無人能讀。一位名叫諾里斯（Norris）的人以前是東印度公司的職員，他對這些「天書」略有研究。於是羅林森先生又把這些描摹呈送給諾里斯先生研究。諾里斯果然名不虛傳。儘管從未見過貝希斯敦岩壁，但他斷言這位實習生所描摹的圖畫並不準確。羅林森當時仍在貝希斯敦岩壁附近，聞言大為驚訝。他仔細一比較，證明諾里斯的判斷是正確的。經過進一步潛心的研究與反覆比較，關於這些楔形書寫文字的研究終於獲得很大進展。

　　為了有利於這兩位自修者的研究，英國政府準備替他們配備一個助手，並提供一些必需的設備。一位名叫奧斯丁‧萊亞德（Austen Layard）的人毛遂自薦，他原本在倫敦的一個律師事務所工作。沒有人想到這 3 個人 —— 一個實習生、一位東印度公司職員和一個律師，竟成為一種早已被遺忘了的語言的第一批讀者，竟成為把埋藏在地下的古巴比倫歷史發掘出來的人。萊亞德當時 22 歲，正在東方旅遊，想穿越幼發拉底河流域的各個地區。於是他只有一個夥伴陪伴，相信自己的雙拳足以自衛。真是上帝相助，由於他處處以禮待人、逢人便笑，加上他身體魁梧，他安全的通過了一個又一個相互之間經常發生殘酷戰爭的部落。光陰似箭，日月如梭，一晃幾年過去了。他手裡並沒有多少技術，但憑著頑強的意志和對發掘文物的高漲熱情，他挖掘出了大批同行從未收集到的歷史文物。許多淺浮雕品由於萊亞德的辛勤挖掘得以重見天日，這些古董無疑是稀世珍品。據考證，這些如今陳列在大英博物館的珍貴文物，竟然令人驚奇的根據基

督教《聖經》很確切的記載了 3,000 多年前發生的許多重大事件，這就像新《啟示錄》突然光臨人世一樣，令人驚詫莫名、興奮不已。關於這些傑出作品的發現，萊亞德曾感慨萬千的說：「這些尼尼微古碑將永遠銘刻上人們執著的事業心、勤勞和活力所建立的龐大而令人驚訝的功勛。」

▌布豐的一生

　　布豐的一生也再一次顯著的說明了耐心、勤奮的力量，就像他自己說的，「耐心就是天才」。布豐在自然史方面獲得了極為卓越的成就。年輕時，布豐並沒有什麼過人的天賦，他智力平平，反應遲鈍，並且天性懶惰，一生下來就有大筆財產。人們以為他會縱情於榮華富貴之中，一無所為，但他不想成為酒囊飯袋，不想一生碌碌無為，他要致力於科學研究。時間是有限的財富，他為自己早上睡懶覺浪費時間而苦惱，決心改掉這個壞習慣。習慣是一種力量，要改掉它談何容易！他奮戰了一段時期，但毫無成效，早上仍然起不來。他只得叫他的傭人約瑟夫來幫忙。只要約瑟夫能在早上 6 點鐘以前把他弄起來，他就獎賞 1 克朗給約瑟夫。但當約瑟夫早上去叫他時，他或者以生病作為藉口，或者因吵醒他的睡眠而假裝生氣。當他最後起來之後，又大聲喝斥約瑟夫讓他睡懶覺，而沒有把他準時叫起來。這下這個貼身男僕鐵下心來要賺那 1 克朗了。他再也不顧布豐可憐巴巴的懇求，也不在乎他的威脅，一次又一次的強迫布豐這位主人在 6 點之前起床。有一次，布豐無論如何都不肯起來，任憑約瑟夫怎麼弄，他都賴在床上。約瑟夫想，不來點真的，恐怕不會成功。他把一盆冰水放在被窩裡，這一招馬上見效。透過約瑟夫的種種努力，布豐終於改掉了睡懶覺的習慣。布豐對約瑟夫的幫助一直心存感激，他常說他還欠約瑟夫三、四卷《自然史》呢。

　　40 年間，布豐一直在書桌旁從上午 9 點工作到下午 2 點，然後又從下

午 5 點工作到晚上 9 點，天天如此，從不間斷。久而久之，這成了他的習慣，幾十年如一日。習慣真是一種力量。他的傳記作者在其傳記中寫道：「工作是他的生命的組成部分，從事學術研究則是他發乎內心的樂趣；一直到他輝煌事業的最後時刻，他還常常說，他多麼希望為了自己的事業再奉獻幾年。」他是一位很有良心的作家，總是以最佳方式把最珍貴的思想奉獻給讀者。他討厭虛偽、做作、無病呻吟。他對著作中的每一個字都仔細推敲，對每一段文字都認真潤色，直到內容與形式都完美後才滿意。他寫作《自然史的變遷》（*Epoques de la Nature*），先後修改不少於 11 次，才自感滿意，儘管他已為其深思熟慮 50 年。他對任何事情都從不馬虎，無論大小都是如此，他還常說，沒有條理，天賦的威力就失去四分之三。作為一個作家，他偉大的成功主要就是他吃苦耐勞、刻苦用功的結果。正如內克爾夫人（Madame Necker）觀察所言：「布豐的成功強有力的顯示天才就在於把全部精力專注於某一特定的目標。當布豐寫完他的第一批著作時，他已疲憊不堪，但他強迫自己再回到這些作品上來，一個字一個字的推敲、潤色，甚至在認為已使其達到某種程度的完美時還繼續這樣做。最終他在這種反覆推敲中感到的是快樂而不是厭煩。」還應加上的一點是，在寫作和出版他所有偉大的著作時，他還遭受一種最疼的疾病的折磨。

▌華特·司各特的經歷

　　從事文學的人中也有許多同樣說明毅力的力量的事例。華特·司各特爵士的經歷就是一個很好的例子。他令人欽佩的工作特質就是在一個律師事務所訓練的，一連幾年他在那裡僅僅從事抄寫工作。白天單調乏味的工作使他晚上的時光顯得更甜蜜，那是屬於他自己的，通常用來看書、學習。他把他作為一個文人所必需的沉著、勤奮的品格的養成歸功於乏味的辦公室工作。作為抄寫員，他每抄一頁紙能賺到 3 分錢，有時透過加班他

能在 24 小時內抄 120 頁，當然也可賺到 3 元 6 毛錢。偶爾他用這點額外收入買些零散的書籍，要是不辛辛苦苦的工作，他當然就買不起書。

司各特在晚年仍然為有一門職業而高興。與有些拙劣詩人的所見不同，司各特認為那些憤世嫉俗、無視日常生活義務的人與所謂天才真是風馬牛不相及。相反，他認為一個人花費一些時間和精力做好一門實實在在的職業，有助於他在其他方面成就一番大業。這對於那些好高騖遠的人而言似乎尤為重要。司各特本人後來曾在愛丁堡蘇格蘭最高民事法庭工作，他每天準時到那裡去工作，簽發各種文件，辦好該辦的事情，而他的文學創作主要在早餐前完成。洛克哈特（Lockhart）說道：「在司各特創作最旺盛的時期，他總得花大部分時間，每年至少有一半以上的時間盡心盡力的履行自己的職責。他對本職工作盡職盡責，毫不懈怠。這確實是他的一個顯著特點。」必須靠自己所從事的職業而不是靠「文學」來謀生，這是司各特先生為自己定下的一個規矩。有一次他說道：「文學是我的愛好，但不是我的生活來源，文學創作帶來的收入不應該成為我必需的日常生活來源，因為文學是很嚴肅的事情，只有心與情融鑄而成的作品才富有感染力，這種感染力與金錢沒有任何關係。」

司各特惜時如金，一分一秒在他看來都貴比金玉。因此，他十分守時，當然，要不是這樣的話，他也不可能在繁忙的工作之餘寫出大量的驚世之作。除了那些必須隨時回覆的質詢與評議以外，其他所有的信件，他都固定在一天回答，這也是他的一個規矩。這個規矩無疑大大提高了他的辦事效率。沒有任何東西能跟上他那奔湧而至的思想，他的才思如江水奔騰，勢不可當。他每天 5 點起床，自己生好火，洗漱之後，很認真的穿好衣服。6 點鐘準時坐在桌子前開始寫作。文件都井井有條的擺在桌前，各種參考文獻也整齊有序的擺在地面上，只有一隻可愛的小狗瞪著明亮的眼睛望著他不停的工作。當九、十點鐘家人起來吃飯時，他已完成這一天工作的最難部分。儘管司各特一輩子兢兢業業，從早到晚認真工作，儘管他

學富五車、知識淵博，儘管他由於辛勤工作獲得了驚人的成就，但每當談到自己的成績和能力時，他總是很謙虛，認為這算不了什麼。有一次他說道：「在我這一生中，我無數次因自己的無知和淺陋而苦惱，常常有『書到用時方恨少』的感覺。」司各特在說這話時真是誠惶誠恐，一字一頓，使人感悟良多。

確實，真正的智慧總是與謙虛相連，真正的哲人的心胸必然像大海一樣寬廣。一個人只有了解得越多，他才越會認識到自己知道得少。這是一個人類認知的規律。

劍橋大學三一學院的一個學生認為自己已學有所成，便去向老師辭行。老師深知這位學生的底細，看著他慨然曰：「事實上，我自己才剛剛入門。」

一桶水不響，半桶水響叮噹。淺薄的人總以為自己天上地下無所不知，而富有智慧的哲人卻深感學海無涯、唯勤是路。牛頓曾有感於此，說自己不過是一個在大海邊拾到幾個貝殼的孩子，而真理的大海他還未曾接觸到。

▍約翰·布里頓的一生

許多文學家的一生同樣說明了毅力的力量。許多有價值的建築作品和《英格蘭和威爾斯的美景》（*The Beauties of England and Wales*）的作者約翰·布里頓（John Britton）就是一個這樣的例子。

布里頓出生於威爾特郡金斯頓的一個窮苦人家。他父親因受破產的打擊瘋了。布里頓也由於父親的不幸，開始了不同尋常的生活。他幾乎沒受過什麼學校教育，終日四處遊蕩，經常是有家難歸、衣食無著。他染上了許多壞習慣，幸運的是沒有被這些惡習毀掉。為了討一口飯吃，他不得不在他叔叔的小飯館裡工作，他把酒裝進瓶子裡，把瓶塞塞好，然後把瓶子裝到箱子裡。這樣一連做了 5 年。由於他的身體日漸衰弱，人也變得有氣無力，他叔叔把他趕出了店門，他又開始四處流浪。

他除了這 5 年服務換來的僅僅兩幾尼錢之外，別無他物。他想起他那瘋了的父親，眼淚撲簌簌的掉了下來。漫漫的人生之路是多麼凄苦、多麼荒唐，他拖著瘦弱的身軀在寒風中踽踽獨行。在此後的 7 年中，他飽嘗了人世間的世態炎涼、人情冷暖，看慣了陰起陽落、盛衰輪迴，也經歷了難以言說的酸甜苦辣。他曾在自傳中說道：「我花了 18 便士租了一間又陰暗又潮溼的房子。在寒冷的冬天，我生不起火，只好孤身一人躲在被子裡，除了偶爾聽聽窗外的淒風苦雨之聲外，我只能在書本中尋尋覓覓。」

　　後來他徒步來到了巴斯，被僱為釀酒工。不久他又回到了首都倫敦，這時他又不名一文，連鞋和襯衫都沒有。還好，他有幸在一家叫「倫敦餐館」的餐廳找到了一份工作，從早上 7 點到晚上 11 點他都得待在地窖室裡工作。為了討一口飯吃，他很慶幸自己找到這份「好工作」，但長期禁閉在地窖裡不見天日，加上繁重的工作，他的身體累垮了，他只得丟下這個能苟且謀生的飯碗。

　　不久他又從事代理人的工作，每週賺 15 先令的薪水。在此之前，他曾利用許多業餘時間練字。他的書法很漂亮，這是他這一次當代理人的本錢。在工作之餘，他把閒暇時間都用來逛書店。他買不起書，只能一段一段的讀、記。長年累月，他累積了深厚的文學知識。後來他換到了另外一個代理公司，在這裡，他每週可獲得 20 先令的「豐厚報酬」── 這只是對他而言。他仍然埋頭學習、研究，在 28 歲那年，他寫的《皮札羅冒險記》（*The Enterprising Adventures of Pizarro*）得以出版。從那時起到去世前，在漫長的 55 年中，布里頓一直從事辛勤的文學創作。他出版的著作有 87 本之多，其中最重要的是《英格蘭大教堂古蹟》（*The Cathedral Antiquities of England*），該書共計 14 卷，確實是一部光彩奪目的輝煌之作，也是約翰・布里頓勤勞辛酸一生的紀念碑，在這塊碑上寫有兩個字：勤奮。

▍圜藝美化專家倫敦

圜藝美化專家倫敦（London）也是一個具有非凡毅力和意志的工作狂。他出生在愛丁堡一個農民家庭，具有農民勤勞肯做、吃苦耐勞的特質。他從小就喜愛勞動，勞動是他生活的樂趣。他具有制訂詳細規畫和描摹景物的非凡天賦，這促使他父親有意識的把他培養成一位圜藝美化專家。倫敦在當學徒時就十分好學。在白天他比誰都做得賣力，一到晚上他又投入學習之中，廢寢忘食的學習，常常熬到深夜。他刻苦自學法語並獲得極大進步，還不到18歲，他就為百科全書翻譯了《阿貝爾德的一生》（*A Life of Abelard*）。他是一個上進心很強的人，這源於他對自己民族和同胞的一種強烈使命感。他不斷努力，渴求進步。20歲時，他在自己的筆記本中寫道：「我已經20歲了，也許我一生三分之一的光陰已經過去了，但我為我的同胞們做了些什麼呢？」

對於一個剛滿20歲的年輕人而言，能發自內心的為自己的民族、自己的同胞著想，實在可欽可佩。

接著，他又開始學習德語，很快就精通了德語。他租下了一個大農場，以一種蘇格蘭人所特有的進取精神不斷改進農業生產技術，收成大大提高。當時正值戰後，大量田地荒蕪待種。為了有效的開墾、利用這些荒地，他親自到國外學習先進的農業和園藝制度，取長補短，為其所用。他連續考察了兩次，並把其收穫一一發表在他的百科全書中，這是同類工作中最為突出和成功的著作。用智慧、汗水和勤勞澆灌出來的果實是最甜的，倫敦所著的書籍正是這種最甜美的果子之一。

▎薩繆爾‧德魯的一生

　　薩繆爾‧德魯的一生不像前面談到的那些人那樣成就卓越、超凡出眾，但他傳奇的一生確實具有自己的特點。

　　他父親在康瓦爾靠賣苦力養家糊口，深深知道沒有知識的人過的是什麼日子。因此儘管家境貧寒，他還是盡力送兩個小孩到附近的學校讀書。老大傑伯茲（Jabez）學習刻苦、進步很快；老二薩繆爾卻三天打魚兩天晒網，去一天、不去一天，就喜歡調皮搗蛋。他學了些什麼東西呢？他能學到什麼東西呢？薩繆爾糊裡糊塗的混了 8 年，家裡只好讓他做體力工作。他到一個錫礦裡淘洗錫礦石，每天所獲不足 4 便士。10 多歲時，他又學修鞋。生活的苦難每時每刻都在折磨著他，他無法逃避，只能忍受。正如他常說的，他「就像犁耙下的一隻癩蛤蟆」。他想逃離這種痛苦的生活，但他不是想憑勞動去創造，而是想去當海盜，幹一些殺人越貨的勾當。對他來說，什麼東西都已不在乎了。他常常帶人搶劫人家的果園，組織人馬偷獵或走私。大約 17 歲時，他學徒期未滿就不辭而別，想去參軍。但軍隊吃睡都在乾草堆裡，寒氣入骨，哪是人過的日子？他「三十六計，走為上策」──溜了！他只能重操舊業，以混一口飯吃。

　　不久德魯移居普利茅斯，開始經營製鞋生意。他在考桑德幸運的獲得了一筆棍棒比賽獎金時，似乎又成為棍棒高手。但他還是無法安於這種平平淡淡的生活，每週 8 先令的收入在他看來太少太少。他渴求在一夜之間暴富起來，加上他天生喜歡冒險，於是他鋌而走險──做走私，結果差點把小命給丟了。一天晚上，已有消息傳到卡爾福特，走私船快到了，要裝運貨物。這個地方的成年男子幾乎都做走私，他們已備好貨物，只等船來。船一到，一部分人留在岸上把風，一部分人趕緊裝貨物，其餘的人操縱船隻。德魯屬於最後那部分。那天晚上天黑如墨，伸手不見五指，貨物剛開始裝船，突然狂風大作，大海像要翻轉過來一樣。但船上的人必須挺

住。好幾艘船已來回跑了幾趟，在德魯待的那艘船上，有一個人的帽子被風吹走了，那個人想抓住它，結果人一偏，船翻了個底朝天，船上的人一下子被扣進了大海之中，這時正值風高月黑，呼救聲在大海中顯得極其微弱。3個夥計即刻喪命，其餘的人有幸抓住了那艘翻船，大家一個個凍得牙齒直打架，正在僥倖自己撿了一條命時，卻發現這艘船正向大海深處漂去，這一驚非同小可，他們只好立即回頭向岸邊游去。這時他們距海岸有兩英里之遙，能否游到岸上就看個人的造化了。狂風捲起海浪在漆黑的夜晚給人一種震天撼地的感覺，每一個拚命掙扎的人都知道自己命如懸絲，隨時可能被大海吞沒。經過3個多小時的奮力掙扎，德魯終於爬上了岸邊的一塊岩石，這時又有兩、三個人拚命爬了上來。經過與死亡的殊死搏鬥，大家一個個早已筋疲力盡，只有種種恐懼仍向心頭襲來。寒冷的海風、冰涼的岩石與死亡相比遜色多了，但要挺下來也很不容易。當有人發現並把他們救走時，許多同夥早已葬身魚腹了。大家從剛運來的貨物中弄來了一桶白蘭地，帶頭的用短柄小斧劈開蓋子，替每一個倖存者分一碗酒，大家早已餓得不行了，見了酒，一下子咕嚕咕嚕的喝了下去。德魯不敢久留，趁著黑夜，在齊膝深的白雪中，步行了兩英里，回到了自己的寓所。

偷竊人家果園、修補破鞋、耍棍弄棒、走私，各種無賴行為德魯都幹過，德魯來到這個世界與這些行為似乎天然有緣，要成為一個有益於社會的人，看來是沒有希望了。德魯自己唯一感到慶幸的是，度盡劫波命猶在。只要命還在，一切就都還可以重來。德魯決心改過自新，把自己的時間和精力用到正途上來。後來他浪子回頭金不換，改寫了自己的後半生，寫下了大量的好作品，成了傳播福音的牧師和有益於社會的人。

他父親把他帶回到了聖奧斯特爾，替他找了一份製鞋的工作，按日領取報酬。上一回九死一生的經歷深深的震撼了他，他從此深深的迷上了亞當・克拉克博士（Dr. Adam Clarke）充滿說服力的布道，那娓娓道來的衛理公會教義像一股股沁人心脾的清泉在他的心中流淌。這時他唯一的兄長

也過世了，德魯一下子感到蒼涼了許多。憶及往事，不堪回首，他決心一切從頭開始。他早已不知道如何寫字和讀書了，於是重新開始練習寫字，試著看書。經過幾年艱苦的磨練之後，他的一位朋友開玩笑說，德魯寫的字真像蜘蛛爬出來的一樣 —— 可見德魯的字寫得多麼難看。德魯後來曾深有感慨的談道：「我真是書讀得越多，就越覺得自己真是無知。我越覺得自己無知，就越要用心去戰勝它，我把所有的閒餘時間都用來讀書。為了保證自己做好體力工作，我用來讀書的時間就十分有限，但辦法總是有的。在吃飯之前，我把書擺在前面，每一頓下來，能看五、六頁書。洛克的《論知識》（*Essay on the Understanding*）一書使我茅塞頓開，這本書給我一種從未有過的頓悟和超脫感，從此以後，我決心從心底裡徹底放棄我以前一直沾沾自喜的想法、觀點，決心用自己的雙手養活自己。」

德魯決定自己經營製鞋生意，但這時他手頭只有幾先令的「資金」，他只好借貸。鄰近的一位磨坊老闆見德魯這個人意志堅定，就提供了一筆貸款給他。德魯當然是求之不得，全心投入生產經營。天道酬勤，到年底他就還清了貸款。從此，德魯決心不再欠任何人任何東西，為此，即使在生活必需品方面他也極力克制，從不多花一文錢。為了不欠人家的債，有時他連晚飯都不吃就上床睡覺。他發誓要憑自己的勤奮和節約來求得獨立，不再依賴於任何人。他終於一點一點的獲得成功。在從事艱苦的體力勞動的同時，德魯也極力豐富自己的頭腦、充實自己的心靈。他如飢似渴的學習經濟學、歷史學和哲學。他之所以後來從事布道這一工作，就是因為相對而言，從事布道比研究經濟和歷史所需要的書籍要少些。當然，「這也是一條充滿荊棘的路，但我一旦鐵下心來，就絕不回頭」。路漫漫其修遠兮，貴在上下求索不已。

除了從事製鞋和研究哲學之外，德魯成了當地的一個傳道者，並且慢慢的成為該地區的主要傳道者。德魯對政治有濃厚的興趣，他的店鋪是當

地政治家常來常往的地方。如果他們因故未能來，德魯就去找他們，共同商討公共事務。這當然要占用他許多寶貴的時間，為了彌補過來，他常常工作到深更半夜。由此還引出了一個笑話：有一天晚上，當他正在鞋店裡敲敲打打時，一個小孩看見店裡的燈光，就朝著鎖孔尖叫道：「你說可笑不可笑，晚上拚命做，白天到處逛！」德魯把這件事告訴了他的一個朋友，那位朋友問道：「你怎麼不把那個孩子抓起來？」「沒必要，沒必要。現在就是天塌下來我也不慌。我放下手中的工作想了想，覺得他叫的也有道理，只是以後他再也不要那麼尖叫就行了。對我來說，那個孩子的話真是聖言，它將一輩子都留在我心中。此後我一定要做到今日事今日畢，也絕不東遊西蕩，浪費時光。」

從此以後，德魯放棄了一切政治活動，再也不東遊西蕩了。他專注於自己的工作，在閒暇時間則執著於學習和研究。為了學習和研究，他不得不犧牲許多休息時間，但他從不因此而影響自己的工作。他深知，要保住飯碗，就必須把工作放在第一位。他結婚成家後遷到了美國，但仍一如既往的工作、學習。歲月的磨練與自身的不斷學習已大大的充實了德魯的心靈，他的文學創作興趣也已轉向理想化的意境。從今天保存下來的作品來看，他對寓於人體之中那些珍貴而不朽的精神進行了深刻的思考，字裡行間洋溢著一股昂揚向上的精神氣息。廚房就是他的書房，妻子的一臺管風琴風箱成了他的書桌，在孩子們的吵鬧聲和娛人耳目的搖籃曲中他奮筆疾書。當潘恩（Paine）的《理性時代》（*Age of Reason*）出版並引起了很大的轟動時，德魯寫了一本小冊子否定潘恩的觀點。他後來常說，正是《理性時代》這部書促使他思考，並成為一個名副其實的作家。他仍然一邊製鞋一邊寫作，文思如湧，一發而不可收拾，好幾本小冊子從他的筆下奔湧而出。沒幾年，他的成名之作《論人類靈魂的不朽》（*Essay on the Immateriality and Immortality of the Human Soul*）一書出版發行。該書賣了 20 英鎊，這在當時看來已不是一筆小

數目了。該書出版了好幾次，一直很暢銷。

德魯再也不能像許多年輕作家那樣再上一層樓了，極大的成功為他帶來了難得的喜悅，似乎也預示著他寫作生命力的枯竭。他一如既往的生活著，人們常見到他在門前掃街，在寒冷的冬天幫徒弟們運煤。他再也不能像以前有段時間那樣把文學作為一種謀生的職業。他最關心的是依靠自己的經營誠實的生活。文學上的成功在他看來只不過是偶然抽中的彩券罷了。但由於衛理公會的盛情邀請，加上他自己對衛理公會教義也心悅誠服，他終於決定全心投入到文學事業之中。衛理公會出版發行好幾種宗教教義方面的雜誌，德魯負責監督、管理。他經常在《折中主義論壇》（Eclectic Review）上發表文章，還編輯出版了好幾本關於家鄉康瓦爾地區珍貴史料的書。在總結他的一生之時，德魯情不自禁的說：「我出生在社會的最底層，深知下層人的苦難。我憑著自己的勤勞、節儉和高尚的品德，盡我平生之力使我的家具有一定的社會地位。我總覺得成功猶如針挑土，要爬出社會的最底層，真是幾多酸苦無從訴說，但天不負我，使我成功了！」

▍約瑟夫・休謨

約瑟夫・休謨（Joseph Hume）所從事的是完全不同的職業。他天資平平，但堅毅果斷，意志非凡，且異常誠實。他終生踐履的人生格言是「堅忍以行」。

休謨的父親早逝，他母親在蒙侯斯開了一家小店鋪，含辛茹苦把他們幾兄妹拉拔大。後來，他母親把他送到一位外科醫生那裡學習，以便他將來從醫。畢業之後，他以隨船醫生的身分隨船去過幾次印度，後來他在東印度公司獲得候補軍官資格。在從英國到印度的航行過程中，休謨總是把一切閒暇時間用來鑽研船舶駕駛技術和航海術。這已成了他的一大愛好。

幾年之後，他所掌握的知識在一次特殊的事故中發揮了重大的作用。西元1825年，他乘坐一艘小帆船從倫敦去利斯。就在船要穿過泰晤士河口時，突然狂風大作，小船一下子偏離了航線，在黑夜中，船向古德溫沙洲撞去。這時船長已驚慌失措，無所適從，船上一片混亂，要不是一位年輕人迅速衝向機艙，掌住舵，並果斷下達命令的話，這艘船就完了。經過一番激烈的搏鬥，小船終於在狂風惡浪中回到了航線上。危險終於過去了。這個在危急關頭挺身而出的人就是約瑟夫‧休謨。

沒有人像休謨那樣不要命的工作，也沒有人像他那嚴謹的生活。由於恪盡職守，他深得上司的信任，不斷被提拔。西元1803年馬拉塔戰爭爆發，他隨鮑威爾將軍（General Powell）出征。在戰爭中，翻譯人員犧牲了。休謨學習和研究當地語言，接替了翻譯人員的工作，發揮了不可估量的作用。隨後他被任命為醫療隊的隊長。他的工作能力十分驚人，這些工作對他說來遠遠不夠，他另外還當出納員、投遞員。工作越多，他就越高興，做得也就越開心。他還簽約負責提供軍需品，這既能有利於部隊也有利於他自己。回到英國之後，他已有不少積蓄，他所做的第一件事，就是向家族裡的窮人們提供幫助，這也是他長久未曾實現的夙願。

約瑟夫‧休謨不是那種貪圖安逸、追求個人享樂的人。對他而言，工作和勞動就是快樂和幸福。為了了解他的祖國和人民的實際狀況，他走遍了英國的每一個城鎮，當時英國已享有製造業的盛譽。為了獲得其他國家的相關情況，他多次到處遊歷，擴大視野。西元1812年回到英國之後，他進入了議會，成了議會議員。其間除短暫中斷外，他連任了34年議員，有歷史記載的他的第一篇演講與公共教育問題有關。在休謨漫長而令人尊敬的政治生涯中，他一直積極關注國民教育問題以及其他種種社會問題，如刑法改革、銀行儲蓄、自由貿易、經濟發展與艱苦奮鬥、擴大民眾代表權等。對於每一個有益大眾的問題，他都全心投入，不屈不撓的為之奔波、呼籲。他是一個名副其實為公眾事業著想、操勞的人。無論他做什麼

事，他都竭其所能、不遺餘力。他並不善言談，不是那種大話連篇、不做實事的人，他講的每一句話都樸實無華，但他言必信，行必果。他的坦率、單純、熱誠、一絲不苟的性格展現在一言一行之中。如果說事實是檢驗一個人的最好的試金石的話，那麼這用來衡量約瑟夫‧休謨真是不差毫釐。沙夫茨伯里（Shaftesbury）說過：「嘲笑是檢驗真理的試金石。」這句話對休謨來說也許有最深刻的體會。沒有人像他那樣受到來自各方面的嘲笑，但他又確確實實終生都恪盡職守。他常常面對多種政治力量的打擊，選民運動也直接攻擊他，人們似乎並沒感受到他的影響和作用，但許多改善經濟的重要舉措都是在他的努力下實現的。為了克服重重障礙，每推行一項富國強民的舉措他都要殫精竭慮、奮力以求。這其中所付出的辛勞真是無法估量。他 6 點起床，處理各方來信，並把自己要提交議會的報告準備好；早餐後，他接待來訪人員，有時一個早上要接待 20 人之多。他很少缺席議會會議，有時爭論激烈，會議一直拖到下午兩、三點鐘，但他從不早退。幾十年來，年復一年，月復一月，他無數次以壓倒多數票數當選，卻又不斷的遭到打擊、排擠，乃至冷言惡語的譏諷。在許多時候他孤立無援，如落群孤雁過秋風，只感秋風陣陣涼。面對挫折、失意，他堅韌以守，從不氣餒，絕不退縮、放棄。他謙和中有剛毅，每臨大事都鎮靜自若。面對政出多門的紛爭，面對各集團利益的衝突，面對個人進退維谷之境，他斷之以公，行之以法，以民為重，絕不苟且。數十年蒼蒼歲月，他早已知寒識雨，但每當一項重大措施衝破重重障礙而得到大眾的歡呼時，他禁不住老淚縱橫。其人意志如鋼似鐵，卻常為民眾拋灑涕淚。

第五章

成功不是偶然

來到你面前時，機遇是一位長髮披肩的美女，你只要能抓住她一縷青絲，她就能在你手中停留。錯過的機遇是位禿頭老人，你把手伸過去，什麼也抓不到，連朱比特也沒有辦法。

—— 拉丁名言

單憑知識和雙手，人們從大自然中並不能獲得多少東西。只有借助於儀器和設備，人的知識和力量才能發揮強大的作用。

—— 培根

　　偶然的、意外的機遇在人生和社會中實在是少之又少，它們所產生的推動作用也並不大。大膽冒險有時能碰上好運氣。人生有時能得到意外的收穫，但那只是屬於偶然的個別情況。真正要達到自己追求的目標，只有靠勤奮和毅力，捨此別無他途。

▍大師成就於細節

　　據說風景畫大師威爾遜（Wilson）每次嫻熟的畫好一幅作品之後，並不擲筆於地，認為大功告成。相反，他總是極仔細、極認真的凝視自己的作品，觀察每一個細節，審視起筆落筆的輕重、快慢、緩急，思考整個布局是否合理、色彩是否和諧，有時會突然用筆在這裡細細勾畫一下，在那裡重重添上一筆，這樣一邊細細體會，一邊慢慢完善。他這種風格與那些大筆一揮，三兩下勾勒成一幅畫，然後把畫筆一收的畫家的風格迥然不同。威爾遜認為，這最後幾筆往往是畫龍點睛之筆，起落之間自有妙不可言的作用。這種功夫絕非所謂靈感、「妙手」所能隨意點化，而是長期觀察、細細品味而慢慢形成的。一個藝術家如果在落筆之前不曾認真構思，而只想下筆如有神，那只能是空想。

　　只有專心致志、刻苦訓練才能造就真正的藝術大家。那些成就非凡的大家並非根本不在乎日常的基本功，認為這是區區小事，不足掛齒；相反，他們總是於細微之處用心、於細微之處著力，這樣日積月累，才能漸

入佳境，出神入化。

有一天，雕塑家在他的工作室中向一位參觀者解釋，為什麼自這位參觀者上次參觀以來他一直忙於一個雕塑的創作。「我在這個地方潤了潤色，使其變得更加光彩些；我還使嘴唇更富有表情，使面部表情更柔和了些，使那塊肌肉顯得更加有勁，使全身顯得更強健有力。」那位參觀者聽了不禁說道：「但這些都是些瑣碎之處，不大引人注目啊！」雕塑家回答道：「情形也許如此，但你要知道，正是這些細小之處使整個作品趨於完美，而讓一件作品完美的細小之處可不是件小事情啊！」

畫家尼古拉·普桑（Nicolas Poussin）畫畫有一條準則，即凡是值得做的都應該做好，力求完美。他的一位朋友在他晚年曾問他，為什麼他在義大利畫壇獲得如此高的聲譽，普桑回答道：「因為我從未忽視過任何細節和小處。」

▎看似偶然實必然

有許多發現和發明看起來是純屬偶然，其實仔細探究就會發現，這些發現和發明絕不是偶然得來的，也不是什麼天才靈機一動或憑運氣得來的。事實上，在大多數情形下，這些在常人看來純屬偶然的事件，不過是從事該項研究的人長期苦思冥想的結果。也就是說，純粹的偶然性雖以偶然事件的形式表現出來，其實卻是在不斷實驗和思考之後所必然出現的。

人們常常引用蘋果落在牛頓腳前導致他發現萬有引力定律這一例子，來說明所謂純粹偶然事件在發現中的強大作用，但卻忽視了牛頓多年來一直為重力問題苦苦思索、研究的痛苦過程。在這一漫長的過程中，牛頓思考了該領域內的許多問題及其相互之間的關聯，可以說，關於重力問題的一些極為複雜、深刻的問題他都反覆思考、推敲過。蘋果落地這一常人並不在意的日常生活現象，之所以能激起牛頓對重力問題的理解，能激起他

靈感的火花並進一步做出異常深刻的解釋，很顯然是因為牛頓對重力問題已有了深刻的理解的結果。因此，成千上萬個蘋果從樹上掉下來，卻很少有人能像牛頓那樣由此引發出深刻的定律來。

　　同樣，從普通菸斗裡冒出來的像肥皂泡一樣五光十色的小泡泡，在常人眼裡就跟空氣一樣普通，當然也很少有人去研究這一現象，但正是這一現象，使楊博士創立了著名的光干擾原理，並由此發現了光衍射現象。人們總以為偉大的科學家所討論的都是一些十分偉大的事件或奧祕，其實像牛頓、楊以及其他許多科學家，研究的都是一些極普通的現象，他們的過人之處在於能從這些人所共見的普通現象中揭示其內在的、本質的關聯。

　　人與人之間的區別，在很大程度上就在於他們觀察事物時的理解力不同。俄國有一句關於那些不善於觀察的人的格言：「一個不善於思考、不善於觀察的人經過森林時，並不能發現木柴。」所羅門（Solomon）說過：「智者的眼睛長在頭上，而愚者的眼睛是長在脊背上的。」強森（Johnson）有一次對一位剛從義大利回來的先生說：「先生，同樣在歐洲旅行，但不同的人所得的收穫是大為不同的。」心靈比眼睛看到的東西更多。那些沒頭沒腦的凝視者只能看到事物的表象。只有那些富有理解力的眼光，才能穿透事物的表象，深入事物的內在結構和本質之中去，才能看到差別，進行比較，抓住潛藏在表象後面更深刻、更本質的東西。

　　在伽利略之前，很多人都看到過懸掛著的物體有節奏的來回擺動，但只有伽利略才從中獲得了有價值的發現。比薩教堂的一位堂守在替一盞懸掛著的油燈添滿油之後就離去了，聽任油燈來回盪個不停。18 歲的伽利略卻出神的看著油燈盪來盪去，並由此想出了一個計時的主意。此後，伽利略經過 50 年的潛心鑽研，成功的發明了鐘擺。這項發明對於精確的計算時間和從事天文學研究具有十分重大的作用。即使在今天，無論我們怎樣評價它的作用也不過分。有一次，伽利略偶然聽說一位荷蘭眼鏡商發明了一種儀器，借助於這種儀器能清楚的看清遠方的物體。他立即開始認真研

究這一現象背後的原理，結果他成功的發明了望遠鏡，從而奠定了現代天文學基礎。以上這些發明，絕對不可能由那些漫不經心的或無所用心的人創作出來。

布朗船長（Captain Brown，後來稱薩繆爾爵士）一直在潛心研究橋梁的結構問題，一直在思考如何設計一座造價低廉的大橋，畫出比較理想的設計圖來——當時他家附近的特威德河上要建一座大橋。在初夏的一個早上，晨露未乾，他正在自家的花園裡散步，突然看到一張蜘蛛網橫在路上。他立即靈感大發，一個主意湧上心頭。鐵索和鐵繩不正可以像蜘蛛網一樣連成一座大橋嗎？結果他發明了舉世聞名的懸索大橋。

詹姆斯‧瓦特一直在思考如何在河流縱橫、河床情況千差萬別的克萊德河鋪設地下輸水管道，他苦思冥想也未能想出理想的方案。有一天，他偶然看到桌上一隻龍蝦的殼，由此受到啟發，設計了一種類似龍蝦形狀的鐵管。這種管鋪好之後，果然解決了以前沒解決的難題。

細微之處見精神，平凡之中見神奇

伊桑巴德‧布魯內爾爵士（Sir Isambert Brunel）設計著名的湯瑪斯隧道的靈感則是觀察微小的船蛆的結果。他發現這種小小的動物用自己全副武裝的頭部首先朝一個方向鑽孔，然後朝另一個方向鑽一個孔，再鑽出一個拱道，然後在洞的頂上和兩邊塗上一層滑滑的東西。布魯內爾受到船蛆的啟發，他把船蛆的鑽孔過程及其方法認真加以研究，終於得以建好他的掩護支架，並完成他那項偉大工程。

只有那些潛心仔細觀察的人，才能發現一些看來毫無用處的細微東西所包含的價值和意義。海草在藍幽幽的大海中輕輕漂浮，焦急不已的船員們一直在為沒有找到新大陸而煩惱，密謀造反。哥倫布告訴他們：「海草告訴我，新大陸離我們已經不遠！」船員們的信心大增，一場騷亂就在這

輕描淡寫的一句話中化為烏有。成與敗、險惡與平安有時轉化起來就是如此容易，但沒有敏銳的洞察力，不具備淵博的知識，就不可能做到以四兩撥千斤，化險為夷。

注重觀察細微之處並發現其內在的價值，這是許多大商人、藝術家、科學家以及其他所有偉大人物的成功祕訣。於細微之處見精神，這也是他們的過人之處。人類的知識就是由一代又一代的人一點一滴細心累積起來的。儘管有的事實和觀察起初似乎毫不起眼，但最終它們都在適當的時間、適當的地方發揮了相應的作用。甚至許多看起來遙不可及的遐想，後來也被證明具有非常明顯的實用價值。

阿波羅尼奧斯（Apollonius of Perga）發現的圓錐曲線在 2,000 多年後才成為天文學的基礎。如果不是數學家們長期進行看似毫無成果的辛苦研究，弄清楚線和面的抽象關係，我們的很多機械發明都不能夠做出。

當富蘭克林發現閃電現象與電的現象一致性時，有人譏諷他說：「這有什麼用呢？」對此，富蘭克林回答說：「小孩子有什麼用呢？但他會成為一個有所作為的大人。」義大利物理學家伽伐尼（Galvani）觀察到當青蛙的腿接觸不同的金屬製品時都會驟然抽動一下。沒有人想到正是這一微不足道的發現導致一項重大發明的出現 —— 伽伐尼由此受到啟發，產生了發明電報的設想，而電報的發明使整個大陸連結起來，由此引起電信方面的一系列重大變革。今天通訊技術已絕非過去所能比，但誰曾想到，造成一個時代發生如此偉大變革的發明竟然肇始於一個如此簡單的觀察。從地下挖出來的小石塊和小化石，平凡而不起眼，但由此卻產生了一門新的科學 —— 地質學。人們憑藉地質學的知識，透過識別一塊塊小小的礦石而投資開礦，無數錢財就源源不斷的從礦山中流了出來。

當伍斯特侯爵（Marquis of Worcester）在坐牢時，有一次，他觀察到水壺裡的熱氣掀起水壺蓋子這一現象，從此他的注意力就集中到蒸汽動力這個課題上。他把觀察的結果發表在《世紀發明》（*Century of Inventions*）

這本雜誌上。相當一個時期,他的論文被當作探討蒸汽動力的教材使用。一直到後來,薩瓦里、紐科門等人把蒸汽動力原理運用到實際生活中,製造出了最初的蒸汽機。後來瓦特被叫去修理這臺已屬於格拉斯哥大學的「紐科門機器」,這一偶然的事件為瓦特帶來了一次機遇,他花了一輩子時間使蒸汽機完善起來。

抓住機遇成偉業

善於抓住一些偶然的事件,善於抓住由這些偶然事件產生的機遇,從中探索出內在的原理,引申出科學的知識,這是許多科學家、發明家的成功之道。

詹森博士認為,「天才就是把自己的注意力偶然的專注於某一特殊領域的常人」。當然,這裡的常人必須是那些全心追求自己目標的人。一個人只要致力於追求自己的目標,他就總會找到屬於他的偶然性或機遇。當然,偶然性和機遇也只會光顧這樣的人。許多大科學家和藝術家並不是享用大學、圖書館和公共藝術館的人。同樣,最偉大的機械工和發明家也不是機械學校培養出來的。需求是發明之母,困難是一所最好的大學。許多最偉大的工匠所借助的往往是最簡陋的工具。當然,不是這些最簡陋的工具使他們成為能工巧匠,而是在於他們的艱苦磨練。俗話說,差工匠使不了好工具,但能工巧匠用差工具能製造出好東西來。

有人問奧佩,他用什麼妙招調出了漂亮的顏色。奧佩回答說:「我是用我的頭腦做出來的,先生。」這句話同樣也適用於一切傑出的工匠。弗格森(Ferguson)只借助了一把人人都有的鉛筆刀,就發明了一臺可以用來精確計時的木製鐘。鉛筆刀人人都會用,但不是每個人都能成為弗格森。布萊克博士(Dr. Black)僅僅借助於一盆水和兩支溫度計就得出了潛熱定律。僅僅憑藉一個稜鏡、一個透鏡和一張紙板,牛頓就發現了光的組

成和顏色的由來。一位著名外國學者驚異於沃拉斯頓博士（Dr. Wollaston）在科學領域的諸多發現，前去拜訪時要求參觀一下他的實驗室。博士答應了他的要求。他們來到一間小房間，博士指著桌上的一個舊茶盤讓這位外國學者看，只見茶盤裡裝著幾塊光學玻璃片、一些測試紙，房間裡還有一座天平、一個噴焊器。房裡的東西就這些。「這就是我擁有的實驗室。」博士直爽的說。

　　透過密切觀察蝴蝶的翅膀，史都哈德（Stothard）了解了顏色混合的藝術。他常說，沒有人知道他有多感激這種小小的昆蟲。威爾基用燒過的木棍和穀倉門代替鉛筆和畫布，也把自己培養成了大畫家。大畫家比威克最初練習畫素描，也是用粉筆在他家鄉小屋牆上畫的。班傑明・韋斯特（Benjamin West）最初的畫刷就是貓尾巴。弗格森晚上躺在鋪在田野裡的毯子上，用帶珠子的線畫出了天體分布圖。富蘭克林用交叉的棍子和絲綢手帕做成的風箏測雷雲中的閃電。瓦特用解剖學家解剖前用來進行動脈注射的舊注射器，做成了他第一個凝結式蒸汽機模型。吉福德透過觀察一個製鞋匠學徒刮皮革的條紋解決了他第一批數學難題。而天文學家里滕豪斯（Rittenhouse）起初也是在犁把上計算日食。

　　一些最平常的偶然事件，只要你善於捕捉它，都可能變成一個極為難得的改進機會。李教授以前是一位木工。他在一個猶太教堂裡修理凳子時，偶然發現一本用希伯來語寫的《聖經》。從此，他開始對希伯來語進行研究。他很想讀一些原版希伯來語書，就買了一本很便宜的二手希伯來語語法書，開始學習和研究希伯來語。阿吉爾勛爵（Duke of Argyle）有一次問埃德蒙・史東（Edmund Stone）先生，他作為一個貧苦的花園看守人，怎麼能讀懂用拉丁文寫成的牛頓原理。史東回答說：「一個人只要認識 24 個拉丁字母，他就能讀懂任何拉丁文字 —— 如果他肯下工夫的話。」持之以恆，鍥而不捨，則百事可為；用心浮躁，淺嘗輒止，則一事無成。

華特・司各特爵士是一個善於抓住機遇、留心各種小事情的人。他善於對這些小事情做細膩入微的分析，闡發其中的微言大義。剛剛作為一個作家嶄露頭角時，他第一次拜訪了蘇格蘭高地。在那裡，他善於交際、善於捕捉機遇的才能一下子顯示了出來。他與那些在西元 1745 年輪船失事中倖存下來的人結下了深厚的情誼。這為他以後從事大規模寫作奠定了基礎。在晚年，他曾擔任愛丁堡輕騎團的軍需官，在一次偶然的事故中，他被馬踢成了殘廢，不得不待在家裡。但司各特先生從來就是懶惰和無聊的敵人，他無法忍受這種無聊的休養生活，他還可以奮筆疾書。他在 3 天時間內就完成了他第一部偉大的獨創性著作——《最後一個吟遊詩人之歌》（*The Lay of the Last Minstrel*）的第一詩章。

發現了多種氣體的普利斯特里博士因住在啤酒廠附近，其注意力偶然間為化學問題所吸引。有一天到啤酒廠參觀時，他注意到了漂浮在發酵的酒液上面的氣體中點點亮光熄滅的奇怪現象。那時候他已 40 歲，對化學一無所知。為弄清原因，他讀了大量的書，但收穫寥寥，因為書中沒有相關的知識。於是他開始用他自己發明的一些簡陋儀器做實驗，其首批實驗的離奇結果就領先於他人，這些結果在他手中很快就變成了氣體化學知識。幾乎與此同時，在遙遠的瑞典鄉村，舍勒（Scheele）也在做相同的研究。普利斯特里發現了多種新氣體，而除了一些小藥瓶和豬膀胱，他沒有其他更有效的儀器可用。

成功來自堅忍不拔的意志和勤奮

漢弗里・戴維先生在一個藥劑師那裡當學徒時，就用些極為簡陋的儀器、設備進行試驗。這些儀器大部分是他根據需求臨時製成的，他把廚房用的各式各樣的壺、罐、盤都利用起來，他師傅診所裡的各種藥瓶和器皿更是他利用的物品。這時碰巧一艘法國輪船失事，一位外科醫生僥倖逃

生，他那些雜七雜八的儀器設備，包括一臺舊式的血壓計也倖免於難。這位外科醫生把這些東西統統交給他早已熟悉的這位藥劑師學徒。戴維收到這些東西時真是欣喜若狂，立即用在自己設計製作的由壓縮空氣推動的儀器上面。後來他在做測試熱力性質及其來源實驗時，又把這臺衝壓機當空氣壓力幫浦來使用，效果很好。

　　同樣，漢弗里·戴維爵士的科學事業繼承人法拉第教授在一個工廠當裝訂工人時，也僅借助一只舊瓶子進行關於電的實驗。更令人奇怪的是，法拉第當初對化學發生興趣，是因為他聽了戴維爵士在皇家學會做的一場關於化學的演講。有一天，當地的一位議員到法拉第所在的工廠拜訪，發現法拉第正在深入鑽研百科全書中一個關於電的問題。經過詢問，他發現這位年輕的裝訂工對於電的知識十分好奇，於是就給了這位年輕人一張出入皇家學會的證書。正是在這裡，法拉第一連聽了4場戴維爵士的精彩演講。法拉第把聽到的全記了下來，後來他把自己寫的紀錄給演講者本人審閱。戴維爵士對這位年輕人精確的紀錄十分驚訝。當他得知這位年輕人竟是一位地位低下的裝訂工人時，更是對其刮目相看。法拉第向戴維爵士表達了獻身於化學研究的強烈願望。戴維爵士起初盡力勸阻他，但法拉第心意已決。這樣，法拉第終於被皇家學會吸收為一名助理研究員。戴維爵士這位傑出的藥劑師學徒出身的科學家，終於把自己華麗的斗篷傳給了一位與他同樣優秀的裝訂工人。

　　大約在20歲那年，戴維在布里斯托爾的貝多斯博士（Dr. Beddoes）實驗室工作時，在日記中寫下了這樣一段富有個性的話：「我既無財富，也無權勢；既沒有尊貴的出身，也沒有顯赫的封號。但只要我活著，我相信我自己對人類和我的朋友們所做的貢獻，絕不會比我同時擁有這些東西所做的貢獻少。」正如法拉第一樣，戴維總是把全部身心投入到實驗和調查思考之中，對於所研究課題中各式各樣的關聯，他都反覆思考、揣摸，一

直到水落石出、明明白白為止。具有這種心力和耐心的人是不會失敗的，他們必定沿著崎嶇的山路不斷攀登，一直達到光輝的頂點。柯勒律治曾這樣評價過戴維：「他的心中充滿了無窮無盡的活力和求知欲，這促使他總是抓住各種問題進行思考，一直到得出合理的結論。一個又一個新課題總是從他的心中噴湧而出，正如千年不老泉一樣。」戴維對柯勒律治的才學也是十分佩服，兩人可以說是相互傾慕已久。戴維曾這樣評論過柯勒律治：「他視野寬廣，心地坦蕩，崇高的天才與嚴謹的邏輯在他身上完美的統一起來，在他身上，我們只能看到秩序、精確和規律性。」

　　偉大的居維葉（Cuvier）是一個獨一無二的精確、仔細和勤奮的觀察家。還是個小孩子時，他偶然看到一部布豐的作品，就被博物學所吸引。他立即學著畫其中的插圖，並根據書中的描述為其塗色。還在上學時，一位老師送給他一本《林奈的自然體系》（*Linnaeus's System of Nature*）作禮物，在 10 多年的日子裡，他的自然史論文對其都多有引用。18 歲時，他獲得一份到諾曼第費康附近擔任家庭教師的工作。住在海邊，他得以方便的觀察海洋生命的奇妙景象。有一天在沙灘散步時，他觀察到一隻擱淺的烏賊，被這奇特的東西所吸引，就把牠帶回家解剖，並由此開始軟體動物的研究。在這個領域他成就輝煌、聲名卓著。除了《林奈的自然體系》，他沒有什麼書可供參考。研究每天展示在他眼前的新奇、有趣的目標，在他腦中留下了無比深刻的印象，沒有什麼書面或其他描述能與之相比。在 3 年時間裡，他將活的海洋動物與附近發現的化石遺跡進行比較，解剖注意到的海洋生物標本，透過仔細觀察，為完全改變動物分類做好了充分準備。大約在此時，居維葉為博學多才的阿貝・泰西耶（Abbé Teissier）所知，他就年輕的博物學家的探索寫信給朱西厄（Jussieu）和其他在巴黎的朋友，極力推薦居維葉。居維葉被要求送些論文到博物學學會，不久他就被任命為植物園助理園長。在泰西耶給朱西厄的信中，他是這樣介紹年輕

的博物學家以引起他注意的：「你記住，是我把科學的又一分支的大發現介紹給學會的：它也將是一個大發現。」我們無須添加什麼，結果已遠遠超過泰西耶的預言。

與其說是偶然的運氣，還不如說是堅忍不拔的意志和勤奮帶來了成功和收穫。對於那些意志薄弱、懶懶散散、不求上進的人來說，最好的運氣也不會產生什麼結果。春風吹綠了大地，朽木卻不再生新枝。哪怕是一件伸手可及的東西，手不伸，還是不可及。相反，要是人人都善於抓住和利用這些偶然的機遇的話，該有多少發明可以問世，這個世界該發生多大的變化啊！

瓦特在從事精密儀器製作的同時，一邊自學化學和機械，一邊還向瑞士的一位印染工學習德語。作為一名機械工，史蒂文生在上夜班時還學習算術和測量。就是在吃飯的間隙，他也抓住分分秒秒，拿起一枝粉筆在煤礦運貨車的門上進行算術題的運算。對英國物理學家及化學家道耳頓而言，勤奮是他的習慣。年方 12 歲時，他就在一所村小學裡任教。冬天在學校教書，夏天則幫父親在農場做事。儘管他被培養成衛理公會教徒，他有時也透過打賭的方式鼓勵自己和夥伴們去學習。有一次，他令人滿意的解決了一個問題，贏了一筆錢，就把整個冬天用的蠟燭都買回來了。在臨終前一、兩天，他仍在繼續他的氣象學觀察。在一生中，他記錄了 20 多萬筆氣象資訊。

▌時不我待

只要把一些零零碎碎的時間加以利用，累積起來就能產生豐碩的成果。如果每天都從毫無意義的耗費中省下一個小時來加以有效利用，就能讓一個能力平常的人掌握一門科學。不用 10 年，就能讓一個文盲變成學者。不要讓時光白白流逝，應該好好利用寶貴的時光學習一些值得了解的

東西，養成一些好的信念，或者強化一些好的習慣。

馬森‧古德博士（Dr. Mason Good）在坐馬車去患者家的路上，還在翻譯盧克萊修（Lucretius）的作品。達爾文的所有作品幾乎都是以同樣的方式寫成的 —— 在他驅車在鄉村遊歷時，隨時在隨身攜帶的紙片上記下他的想法。黑奧（Hale）在巡遊時，寫出了他的《出神》（Contemplations）。伯尼（Burney）在從一個學生家到另一個學生家的路上，還在馬背上學習法語和義大利語。柯克‧懷特（Kirke White）在往返律師事務所的路上學習希臘語。

法國大法官德‧阿格索（d'Aguesseau）認真利用零碎時間，在等候晚飯的間隙還在寫作。讓尼斯夫人（Madame de Genlis）在等著替公主上課時創作了許多動人的樂曲。伊萊休‧伯里特（Elihu Burritt）把自我改進的第一個成功歸功於細心利用「毫無價值」的零碎時間（他稱之為「額外時刻」），而不是天賦。在打鐵謀生的同時，他掌握了 18 種古代和現代語言、22 種歐洲方言。

銘刻在牛津萬靈學院日晷上的一句所羅門格言 —— 時不我待，時時在警醒著世人，尤其是年輕人。「時不我待」，這是一句多麼樸實無華而又震人心弦的格言。傑克遜（Jackson）曾說過：「珍愛時間這最珍貴的財富吧！只有珍惜現在的人才能彌補過去的浪費。誰能說『明天我將拿出一些時間來彌補今天的損失呢？』」梅蘭克頓（Melancthon）總是把浪費的時間記下來，從而督促自己珍分惜秒、勤耕苦讀。一位義大利著名學者在自己的門上貼上告示，明明白白告訴任何來訪者，要待下來就必須與他一起工作。一些來訪者對貝格斯特（Baxter）說：「很對不起，我們浪費了您的寶貴時間。」貝格斯特爽快回答道：「確實。」

時間是極其寶貴的財富，許多偉大的發明家、科學家都十分珍惜時間，他們在自己有限的一生中，充分利用上天賜予他們的時間進行思考、探索和研究，然後把最豐碩的成果留給後人。

▎坐不住板凳，做不出成績

　　為了追求自己的事業，許多人忍受了常人難以想像的單調和乏味。但對於從事崇高追求的人而言，他們非但不覺得苦，反而認為那是一種快樂。不能忍受孤單、寂寞，不能坐冷板凳的人，是不可能做出真正的成績的。

　　艾迪生（Addison）在動筆創作《旁觀者》（*Spectator*）一書前，曾花費大量時間，收集了數千頁原始資料。牛頓寫《編年史》（*Chronology*）一書，先後修改 15 次才感到滿意。英國歷史學家吉朋（Gibbon）九易其稿才完成其《備忘錄》（*Memoir*）。多年來，黑奧每天花 16 個小時學習法律，當累得不行時，他就看看哲學、學習數學。休謨在寫作《英國史》（*History of England*）時，每天伏案工作 13 個小時。孟德斯鳩曾對一位朋友談及他寫作的情況，他說：「你可能在幾個小時內就看完了，但我卻為此熬白了頭。」

　　許多勤奮而善於思考的人總是隨時把自己所閃現出來的思想火花或發現的資料記載下來，這樣既能備忘又有利於以後系統性的加以思考。培根勛爵在他身後留下了大量的手稿，這些手稿本上寫著：「記下許多突然閃現的想法，以備將來研究之用。」厄斯金（Erskine）從伯克的著作中做了大量的摘錄；艾爾登（Eldon）親手把英國著名法學家科克（Coke）的著作《科克論利特爾頓》（*Coke upon Littleton*）抄了兩遍，以至於把科克的書全部變成了自己的思想。派・史密斯博士（Dr. Pye Smith）在父親那裡當裝訂工學徒時，習慣於在工作的同時，把自己看過的所有圖書的精彩部分摘錄下來，並加以評論。日積月累，他的知識面日漸擴大，所學的東西也越來越多，最後他成了一位盡人皆知的文學大家。他的傳記作者說他「總是在工作，總是在累積，總是在進步」。這些筆記正如里希特（Richter）的「資訊庫」一樣，也是史密斯博士取之不盡、用之不竭的「資料庫」。

外科醫生約翰‧亨特

　　約翰‧亨特也有勤於動手、喜歡筆錄的習慣。他做筆記的主要目的在於告訴自己還缺少什麼東西，隨時把頭腦中冒出來的東西記錄下來。亨特認為，「這就像一個商人儲存貨物一樣，如果不這樣做，就不知道自己擁有什麼東西，也不知道自己缺少什麼東西」。約翰‧亨特具有十分敏銳的觀察力，阿伯內西（Abernethy）習慣於稱他為「百眼巨人」。亨特同時也異常勤奮。在 20 歲以前，他幾乎沒受過什麼學校教育，讀書和寫字十分困難。他在格拉斯哥當過幾年普通木工，後來他到了他哥哥威廉（William）那裡。威廉是一位演說家和解剖學家，當時他住在倫敦，約翰就在他的解剖實驗室中當助手，但很快約翰就超越了他。這一方面是由於約翰天賦過人，另一方面由於他異常專心致志和常人少有的勤勉。在英國，他是第一個全心全意獻身於比較解剖學的人。著名的歐文教授花了 10 多年時間整理約翰關於比較解剖學的資料，他所收集的資料包括 2 萬多件標本，這些都是約翰長年累月辛勤累積下來的珍貴財富。每天從清早起來一直到晚上 8 點，亨特就待在他的小博物館裡，一整天都在忙忙碌碌。作為聖喬治醫院的外科醫生和陸軍軍醫，他恪盡職守，從不懈怠。同時他還得向學生們進行演講，監管在自家的一個從事解剖教育的學校。在繁忙的工作中，他總得擠出時間進行十分精細的試驗，了解動物的內在組織及其結構，撰寫許多具有重要科學價值的學術著作。為了擠出時間完成這麼多繁雜的工作、從事科學研究，他常常只睡 4 個小時。有人曾問他在事業上獲得如此輝煌的成就的奧祕是什麼，他回答說：「我的原則是，在正式開始做某件事情以前，我總是仔細考慮這件事情可不可行。如果不切實際，我立刻放棄它；如果切實可行，我就會盡力去完成它，不達目的誓不罷休。」

　　亨特總是花費大量的時間用來收集一些相關的具體資料，在他的有生之年，人們都認為他太注重這些瑣碎細小的事情。他的許多同事認為他如

此仔細的研究、思考這些細小的事實，以至於他的收穫總是像鹿角一樣，長得很慢。但亨特堅信，沒有詳盡而具體的事實作基礎，不可能得出有價值的科學論斷。經過仔細觀察、研究，他掌握了動脈的運動變化規律。由此他能進行一些有開拓性的手術。在切除動脈瘤時，他能有的放矢的把主動脈繫起來，這在當時根本沒有人敢這樣做。實驗證明，他這樣做是行之有效的，病人得救了，同行們都長長的舒了一口氣。像許多富有創造性的人一樣，亨特十分注重基礎知識，他總是在打基礎這一環上狠下工夫。他深知，沒有堅實的基石就不可能建起萬丈高樓。亨特終生獨居，什麼事情他都得依賴自己，沒人撫手相慰。在寂寞之中，他永無止境的追求自己心靈的事業，即使與他同時代的人也沒幾個能真正察覺到他的最終追求目標。像所有認真工作、辛勤付出的科學家一樣，他以自己的勞動和汗水換來了豐碩的成功之果。他不是依賴上天的恩賜和偶然的機遇，而是用自己誠實的勞動和幾十年如一日的苦苦耕耘換來成功的。一分耕耘，一分收穫，此誠至理也。

▍偉大的外科醫生安布羅斯·帕雷

　　法國偉大的外科醫生安布魯瓦茲·帕雷（Ambrose Paré），也是一個極其頑強、刻苦鑽研、仔細觀察的人。帕雷於西元 1509 年出生在曼恩省拉瓦勒的一個理髮師家裡，家境十分貧寒，根本不可能送他上學。父母把他送到村子裡教區牧師那裡當男僕，希望他能從有學問的牧師那裡學到一些知識。但教區牧師總是讓帕雷去餵養騾子，做其他雜事，他不可能找到時間學習。在此期間，碰巧一位著名的結石切除專家考托特（Cotot）來拉瓦勒替基督教會一個牧師的兄弟進行手術。這次手術時，帕雷在場，他深深的為奇妙的手術所吸引，決定從此獻身於外科醫術。

　　帕雷離開了那位教區牧師的家，結束了他的僕役生涯。他到一位名叫

韋亞洛特（Vialot）的理髮師兼外科醫生那裡拜師學藝。韋亞洛特讓他學習輸血、拔牙和其他的一些小手術的操作。經過 4 年學習之後，他來到巴黎一所其解剖學和外科學專業十分出名的學校深造。在此學習期間，他靠從事理髮謀生。後來，他被任命為迪厄公館的助手。帕雷言正行嚴，進步極快，很得古皮爾（Goupil）主治醫生的賞識。這位主治醫生常常把自己照顧不過來的病人委託給帕雷去負責。

經過正規的培訓之後，帕雷獲得了行醫許可證。隨即他被派遣到駐紮在皮埃蒙特的法國軍隊服役，這支軍隊的統帥是蒙特倫西（Montmorenci）。帕雷不是那種循規蹈矩的人，他那顆熱情而充滿活力的心總是促使他依據一些基本的醫學原理去尋找一些適宜的治療方法。在他之前，許多受傷的士兵在外科醫生那裡受到的痛苦，往往比在敵人那裡所受到的痛苦還要多。為了止住受傷士兵的傷口流血，醫生們都用燒沸的油來裹敷傷口，這種近乎殘忍的手法為病人帶來的痛苦可想而知。帕雷總是盡力避免用燒紅的烙鐵去灼燒病人的傷口。在截肢時，為了消毒，他也只是用燒紅的手術刀進行切割。起初，帕雷也是按照通行的方法用滾燙的油水去消毒。有一次，正好沒有這種「消毒液」，他就用了一種潤膚劑替代。整整一天晚上，他輾轉反側無法入睡，他真擔心使用這種潤膚劑會造成什麼嚴重的後果。第二天早上，他發現他的病人特別舒服、安詳，而其他按正規方式使用了灼傷油的病人在極其痛苦的翻滾。至此，帕雷才稍稍安下心來。這一次偶然的事件促使帕雷改進了治療的方法，他不再使用那種近乎正統的「科學的」油灼法了，而是使用一種清新溫潤的藥劑，這大大減輕了病人的痛苦。帕雷所做的另一項重大改進，是發明了用一種韌帶繫緊動脈以避免在手術時流血的方法，而拋棄了傳統的灼燒辦法。

像許多創新者的命運一樣，要衝擊傳統必然遇到阻力和障礙。帕雷的發明被同事們斥為危險的、非專業化的和經驗主義的。許多外科手術界的泰斗一致聯合起來抵制帕雷的離經叛道行為。他們指斥帕雷太缺少知識，

對於拉丁文和希臘語完全是白痴。他們引經據典批判帕雷的荒謬與無知妄說。對於這些，帕雷既不能駁倒也無法證實，只好聽「泰斗們」去說。帕雷對來自四面八方的攻擊和詛咒的唯一答覆就是他成功的醫學實踐——事實勝於雄辯，但這也是一個極其漫長的過程。儘管帕雷的做法贏得了病人的由衷嘆服，但鴉噪蟬鳴仍不絕於耳。慕帕雷之名前來求治的受傷士兵真是絡繹不絕。這對處在逆境中的帕雷來說真是最大的安慰。他總是全心投入到受傷士兵的身上，滿懷深情的救治他們。他用自己不拘一格的高超醫術和溫暖的心，治癒和送走了一批又一批受傷的士兵，臨別之時，治癒的士兵熱淚盈眶，感激之情難以言喻。帕雷對他們說：「我已經治好了你們的傷口，上帝會保佑你們的。」

作為一名軍醫，帕雷恪盡職守。工作 3 年之後他回到了巴黎，由於他顯赫的名聲，他被任命為國王的常任醫生。當法國的梅斯城被西班牙查理五世的軍隊圍攻時，法國軍隊死傷慘重，西班牙士兵的利劍砍傷了成批的法國士兵，但由於外科醫生醫術拙劣，他們面對受傷士兵束手無策，這些受傷的士兵不能得到有效的救治。衛戍部隊的總司令吉斯勛爵寫信給國王，懇請國王派帕雷前去相助。這位勇敢的外科醫生受命以後立即啟程，他冒著重重危險，終於穿過敵人的封鎖線，安全抵達梅斯城。勛爵、將軍們和士兵們舉行了一個隆重的儀式歡迎帕雷的到來。士兵們歡呼道：「我們再也不怕死於自己的傷口了，手術之神就在我們中間。」帕雷的到來為法國士兵增添了無窮的勇氣。他手到之處起死回生，受傷的士兵又紛紛拿起了武器。後來他又來到了被圍的埃丹城，但隨即這座城池陷入敵人之手，他被俘了。由於他成功的治癒了敵人一位高階官員的傷，他被特赦，又安全的回到了他夢中的巴黎。

帕雷的後半生主要從事學術研究，不斷提升自己。他一心向善，唯好事是為。在同時代許多最有學問的人的鼓舞和促使下，他開始記錄自己的手術經驗。他先後共寫了 28 本書，並在不同時期出版發行。這些著作例

證豐富、事實確鑿，他從不論及任何未被自己切身觀察所證實的醫學理論。因此，這些著作字字珠璣，價值連城。儘管帕雷是一個新教徒，他還是照常擔任國王的私人醫生。在聖巴托羅繆大屠殺中，他由於與查理九世的私人友誼而保全了性命。有一位庸醫曾替查理九世進行靜脈切開放血術，結果手術未能成功，查理九世危在旦夕。帕雷妙手回春，救了查理九世一命。查理九世後來視帕雷為救命恩人，待之甚厚。布朗托姆（Brantôme）在他所著的《回憶錄》（Memoires）中記載了國王在聖巴托羅繆大屠殺之夜救助帕雷一事：「國王派人把帕雷叫來，叫他在那天晚上待在國王的臥室裡或藏衣室裡，命令他不許動彈、不許出聲，因為凡是保護新教徒的人也得被處死。」這樣，在國王的庇護下，帕雷度過了恐怖的一夜。後來他又平安的度過了他的有生之年，得以享盡天年和尊貴的名譽。最後，在上帝的召喚中平安離世。

解剖學家哈維

正如我們已經談及的許多人物一樣，英國醫生、解剖學家哈維（Harvey）也是一個勤奮鑽研、勇於堅持真理的人。在發表他的血液循環理論之前，他花了 8 年多時間調查、研究。他一次又一次的證實了自己的科學論斷。但他深知，他的科學結論一定會遭到來自各方面的反對和攻擊。在堅持真理和面對攻擊面前，哈維義無反顧的選擇了前者。他在一本簡單、明晰且帶有總括性的小冊子裡宣布了他的觀點。但他還是遭到世人的種種嘲笑，有人說他是一個發瘋的騙子。對此，哈維無言以對。面對茫茫大眾，面對世人的冷嘲熱諷，他只有沉默，但世人並沒有因他的沉默而去思考他的科學結論，更沒有停止自己的嗡嗡叫聲，侮辱和謾罵排山倒海般向哈維壓過來。人們認定他懷疑傳統的權威，斷言他的觀點在於蓄意推翻《聖經》的訓誡，暗中破壞當代道德和宗教的基礎。他僅有的幾個主顧也

離他而去了。他的朋友也紛紛離他而去。面對這一切，哈維像面對蒼天一樣，無可奈何。他只是像母親不停的審視自己的兒子一樣，一遍又一遍的審視自己的科學真理。獨自面對寒月秋風，他不禁感到寒意陣陣，難以自禁。就像每一個新生嬰兒的問世必定要經歷一番生與死的搏鬥一樣，許多科學真理的問世首先得到的往往不是歡呼而是譏諷、嘲笑。幾年時間過去了，哈維在逆境之中死死堅持的真理慢慢的深入人心。然而果子的成熟期是漫長的。又是 25 年過去，哈維的科學理論才真正被世人當作科學真理。

▌接種先驅詹納

　　英國醫生詹納在創立和宣傳他的發現 —— 種痘是預防天花的有效方法 —— 的過程中所遇到的困難比哈維有過之而無不及。在詹納之前，已有許多人親眼看到過牛痘，許多人都聽到過格洛斯特郡擠牛奶女工流行牛痘病的報導，但誰都認為這種病十分可怕，無藥可求，無法治療。流行性天花更是令人退避三舍，避之唯恐不及。也有人認為這種病不過是市井小民在茶餘飯後製造出來的庸俗謠言，後來以訛傳訛，鬧得人心惶惶，其實這種病並沒什麼了不起的。沒有人認為這種病還值得去研究，但一個偶然的事件引起了詹納的注意。當時，詹納還年輕，在索德伯里學習。有一次，一位鄉下女孩到他師傅的店鋪裡來求治，談話之中講到天花。那位女孩說：「我不會再得那種病了，因為我已犯過天花。」這些言論立即引起詹納的興趣，他立即著手觀察和調查關於天花這一問題。他把關於預防牛痘的措施講給一些同行聽，人們都紛紛嘲笑他，甚至以要把他從醫生協會中驅逐出去相威脅 —— 如果他仍固執的從事這項研究的話。詹納有幸在倫敦與約翰·亨特進行了交流。這位解剖學家當即答道：「不要只是想，而要去做！要有耐心，要一絲不苟。」亨特的這番鼓勵大大堅定了詹納的信心，他開始照這位先生所講的去做。他隻身回到了鄉下，一邊行醫，

一邊仔細觀察和試驗。一晃 20 年過去了，進展甚微，但詹納的信心和決心絲毫也未動搖，他對自己的研究矢志不移。他曾先後 3 次替自己的兒子種牛痘，這在當時是冒著極大危險的。皇天不負苦心人，他在近 70 頁的四開本著作中詳細記載了 23 例他成功接種牛痘的例子。後來發現這些種過疫苗的人沒有因傳染病毒而犯上天花。西元 1798 年，他的這些論著終於得以問世了。西元 1775 年之後，20 多年來，詹納一直在致力於追求科學，直至此時，他才獲得一些成果，並以適當的形式加以發表。

但人們是如何來接受這項發明的呢？首先是漠然置之，無人搭理；然後是猛烈的攻擊。詹納來到倫敦，向同行們展示接種過程及其結果，但沒有一個醫學界人士前來試驗、參觀。3 個月過去了，無人登門，詹納只得鳴金收兵，打道回鄉下。無論在京城還是在鄉下，人們都紛紛指責他把從乳牛乳頭上弄來的有毒物質注入人體，使他的病人變成禽獸。教士們把接種視為「魔鬼行為」。有人說種了疫苗的小孩變成了「牛頭馬面」，頭部腫大，長出了牛角，面部也漸漸變成了乳牛的面目，聲音變成了公牛的吼叫聲。儘管種痘遭到了前所未有的譏諷和反對，但金子的光澤畢竟是遮掩不住的，相信它的人漸漸多了起來。有一個村子裡的一位紳士想引進這種實驗，沒想到那些自願接受接種的人都遭到人們的陣陣痛打，並被趕進屋子裡不准出來。但兩名有名望的太太 —— 杜斯埃太太（Lady Ducie）和柏克萊伯爵夫人（Countess of Berkeley），她們的勇敢和膽識當永遠被世人銘記 —— 勇敢的讓她們的兒子前來接種疫苗。世人的偏見一下子煙消雲散了。醫學界的同行們也紛紛前來拜訪，好幾位醫生了解到這項發明的重要性後，一心想竊取詹納的成果，奪走他的功績，但是沒有成功。詹納的事業終於成功了。多少譏諷、嘲笑、辱罵變成了讚頌、歡呼和吹捧。20 餘年潛心而執著的追求，世人似是而非的冷嘲熱諷都像一本打開了的關於人的本質力量的書，字字如血般清清楚楚的展示在詹納的面前。他多想在這本書的扉頁上寫上約翰·亨特先生曾經鼓勵他的話，但他沒有寫。他知道，

科學與愚昧、先進與落後、進步與倒退永遠是和諧的統一在一起的。想奪走他的成果和榮譽的同行們早已逃之夭夭。大眾賜予的榮譽和獎勵最終還是落在詹納頭上。在詹納春風得意之際，他仍像以前默默無聞時一樣，謙虛、坦蕩，不以物喜，不以己悲。詹納被邀請去倫敦定居，並且每年可得1萬英鎊的薪俸，對此詹納回答說：「這些根本沒必要。在我的前半生我就追求一種平凡和歸隱的生活，我喜歡生活在山谷之中，而不願挺立於山頂之上。而今我已年邁，日薄西山，氣息奄奄了，財富和名譽早已如過眼雲煙，不足掛齒了！」在詹納的有生之年，疫苗接種已遍及文明世界；詹納走了，他走到另一個世界中去了，但這個世界有良心的人們仍在深深懷念他，是他無私無悔的把自己的發明留給了人類。他本人早已不在人世，但他的發明仍在。法國博物學家居維葉的話也許代表了世上有良心的人的心聲，居維葉說：「如果說牛痘疫苗是這個時代的唯一發明的話，這個時代會因這個發明而永放光彩。但這一發明在研究院的大門上連續碰壁20次！」

▌神經醫生查爾斯·貝爾爵士

在完成關於神經系統的發現的過程中，查爾斯·貝爾爵士（Sir Charles Bell）所表現出來的強大耐力、堅強意志和不屈不撓的追求精神，與任何發明家相比都一點也不遜色。在貝爾完成他的發現之前，關於神經系統的看法和思想真是一片混亂。當時這一學科的狀況與3,000年之前德謨克利特（Democritus）和阿那克薩戈拉（Anaxagoras）時代相比，並沒有多大進步。查爾斯·貝爾從西元1821年開始發表關於神經系統的論文。他經過仔細、準確、反覆的試驗，得出了創造性的結論。他把自己所得的科學結論連續發表在論文中，這些論文具有全新的科學觀點、極其豐富的實驗資料，具有很高的價值。從最低等的生物的神經系統到萬物之靈人的神經系統，查爾斯都做了全面、清晰、明白的考察、研究，並且對研究結果做

了極為通俗易懂的表述。脊神經分為兩支，兩支脊神經各自具有不同的功能：其中一支主要產生意志力，另一支則產生種種感覺。這兩支脊神經又相互連結成一個有機整體。這一課題縈繞在查爾斯‧貝爾的心中長達40年，在這40年間，查爾斯對脊神經的活動過程及其原理做了反覆的試驗。他對自己的結論確信無疑。西元1840年，他把自己最新的論著提交給了英國皇家學會。

　　和哈維與詹納的遭遇一樣，他的科學觀點換來的是無窮的嘲笑和惡意的攻擊。但查爾斯明白，越黑暗的時候往往就是光明即將到來的時候。他知道，新生的嬰兒免不了一場生與死的考驗。查爾斯的科學觀點漸漸為人們所接受，許多國家都要求購買他的發明專利。有很長一段時間，由於他的科學發明被視為「異端邪說」，查爾斯無法開業，而今名聲大振，顧客又漸漸多了起來，查爾斯又能如願以償的當一個實實在在的醫生了。查爾斯的偉大功績終於得到世人的承認。法國博物學家居維葉在臨終之際，發現自己的臉扭曲變形，扯向一邊去了，就對追隨者說，這證明查爾斯的觀點是完全正確的。

▍神經醫生馬歇爾‧霍爾

　　馬歇爾‧霍爾（Marshall Hall）也是一位在追求科學事業中堅定不移的人，後人將永遠把他的英名與哈維、亨特、詹納和貝爾的大名放在一起。在霍爾有生之年，他總是極其勤勉的仔細觀察、研究。不管多麼細小的事物，他總不輕易放過。他關於神經系統之間的波蠕動這一重大發現，將使他永遠名垂青史。這一重要的科學發現就是起源於一次偶然的事件。當時他正在研究梭尾螺的肺部循環問題。他把已被殺死的梭尾螺放在桌上，正忙於把牠的尾巴分離的時候，一不小心把牠背部的殼劃破了。霍爾發現梭尾螺仍在有力的蠕動，變成各式各樣的形狀。這引起了霍爾的極大興趣。

在此之前，霍爾對肌肉收縮和肌肉神經從未研究過。這種運動的原因、機理和性質是什麼，這不禁引起了霍爾的好奇。這一現象在此之前曾有人注意到，並有人做了一點點研究，但馬歇爾・霍爾是第一個潛下心來專注於此項研究的人。有一次霍爾興奮的說：「我一直窮根究底，一直到把這個問題弄得清清楚楚、明明白白。」事實上，霍爾對這個科學難題的興趣一直未減，隨著研究的深入，他的興趣也越來越濃，勇氣也越來越大。據初步統計，在他的一生中，他花費不下 25,000 多小時用於這項實驗及其相關的化學實驗。與此同時，他還廣泛的從事其他研究，並在聖托馬斯醫院和其他醫科學校上課。經過幾十年的實踐、了解、再實踐、再了解，霍爾終於對神經系統之間的蠕動做出了科學的結論。但令人難以置信的是，他的科學論文同樣遭到英國皇家學會的拒斥。17 年之後，英國國內外的人們才開始承認他這一重大的科學發現。

▌天文學家威廉・赫雪爾

　　威廉・赫雪爾爵士（Sir William Herschel）的一生在另一個科學領域又一次說明了毅力的強大力量。他的父親是一個貧窮的德國音樂家，他把 4 個兒子也都培養成了音樂家。威廉來到英國尋找出路，他加入了達拉謨軍團的樂隊，在其中吹雙簧管。該軍團駐紮在頓卡斯特。在那裡，聽過赫雪爾令人驚嘆的小提琴獨奏的米勒醫生（Dr. Miller）與他相識，兩人相談甚歡。米勒醫生敦促他離開樂隊，到他家住一段時間，赫雪爾答應了。隨後，赫雪爾在頓卡斯特主要忙於在音樂會上演奏小提琴，閒暇時間利用米勒醫生的圖書室學習。哈利法克斯的教區教堂安放了一臺新管風琴，登廣告招募一位管風琴師。赫雪爾申請了該職位並被錄取。

　　過著四處奔波的藝術家生活，赫雪爾又被吸引到巴斯。在那裡他在「泵房」樂隊演奏，同時在八角教堂擔任管風琴師。天文學的一些新發現

吸引了他，激發了他強大的好奇心，他從一個朋友那裡借到了一架 2 英尺的格里望遠鏡。這位貧窮的音樂家對科學如此痴迷，以至於他甚至想自己買一架望遠鏡。但倫敦的光學儀器商的要價如此之高，以至於他決定自己製作。那些了解反射望遠鏡，知道構成它最重要部分的凹面金屬反射鏡的製作所需要的技能的人，都深知其中的重重困難。不過，赫雪爾成功了。經過漫長、艱苦的勞作，他製作了一副反射鏡達 5 英尺的望遠鏡。利用它，令人滿意的觀測到了土星的環和衛星。

然而，他並不以此為滿足，繼續製作其他儀器：7 英尺、10 英尺甚至 20 英尺的望遠鏡。在製作 7 英尺反射鏡的過程中，他製作了不少於 200 塊鏡片才做成一塊能承受施加其上的力量的鏡片 —— 這真是人的吃苦耐勞精神的動人事例。在他沉迷於用他的儀器觀測天空之際，赫雪爾繼續耐心的透過參與「泵房」樂隊頻繁的時尚演出賺飯錢。他對天文學觀測如此痴迷，甚至在演出間隙也溜出房間在望遠鏡上看一會，然後滿意的回去吹他的雙簧管。透過不停的工作，赫雪爾發現了天王星。他仔細計算了它的運動軌道和速度，並把結果寄給了英國皇家學會，低微的雙簧管演奏者立即發現自己成名在望。他很快被任命為皇家天文學家，並被喬治三世恩寵，從此衣食無憂、富貴盡享。他用默默無聞時期養成的溫順、低調享受他得到的榮耀。如此和藹、耐心而又如此傑出、成功的科學家，也許再難找到。

英國地質學之父威廉・史密斯

英國地質學之父威廉・史密斯（William Smith）的名聲並不大，但他那種刻苦鑽研、勤於探索的精神實在值得後人學習。史密斯於西元 1769 年出生於牛津郡邱吉爾地區的一個自耕農之家，還是個小孩時父親就去世了。他在村裡的小學受到了一點點教育，但他從小就喜歡四處遊蕩，並且懶惰成性。因此，對他而言，讀書是三天打魚兩天晒網，做一天和尚撞一

天鐘。不久母親改嫁他人，他由叔叔撫養。他叔叔也是一位農民，一手把他拉拔大。史密斯長大以後還是喜歡四處遊蕩，收集一些奇奇怪怪的石塊、鵝卵石等。叔叔對他這些做法自然不滿，常鼓勵他買些必需的書，學習關於幾何學的基本原理，掌握些關於測量學的基礎知識，以便將來從事土地測量工作。史密斯有一個顯著特點，那就是他觀察的精確性和敏銳性。他開始描繪測量圖，自己替這些圖分別著上不同的顏色。這一切都是靠他自學得來的。他進步很快，測量技術也很熟練，不久就被鄰近地區一個測量小組聘為助手。為了從事測量工作，他得不停的往返於牛津郡與其他郡之間，這使他既能完成好本職工作，又能四處遊歷，真是一舉兩得。他對自己在測量過程中見到的不同土地及不同土層進行了嚴肅、認真的思考，對蓋在青石灰岩上面的紅色泥土尤為注意。對許多礦床的無數次測探更加豐富了他的經歷，他對地質構造有了濃厚的興趣。23歲時，他就想製作一個地球地層構造的模型。

格洛斯特郡計劃修一條運河，史密斯當時正在此忙於進行水平測量，了解這個地方的相關地層構造的想法立即湧了出來。他一直認為煤礦上層的地層並非水平狀鋪展開來，而是斜臥的，這種斜臥的地層大規模的向東延伸，正像一塊塊巨大的麵包和奶油薄片疊加在一起。透過考察兩個平行的峽谷，他發現青石灰岩、軟性石和鮞狀岩依次有序的向下向東延伸，一直到漸漸沉入海岸線之下。這就完全證實了他設想的地層分布理論。不久，史密斯被指派去調查英格蘭和威爾斯所有運河的管理情況，這使他有機會在更大規模上證實自己的理論。他這一次調查的範圍十分寬廣，從巴斯一直到泰恩河畔紐卡素，然後回到施洛普郡和威爾斯。在漫長的考察過程中，他敏銳的眼睛從未閒過。他迅速注意到他和同伴們所經過的村莊的地貌及其結構，並把這些情況隨時記載下來以備將來研究之用。

史密斯具有非凡的地質眼光，當他坐在四輪輕便馬車上行進時，在離東部的白堊岩和鮞狀岩尚有 5 ～ 15 英里之遙，他透過路邊偶爾顯露出來

的青石灰岩和紅壤，便能知道遠處白堊岩和鮞狀岩的性質、開頭形狀及其相互位置。

史密斯觀察的結果，整體來說看起來就是這些了：英格蘭西部的岩群大體上向東和向東南傾斜。在煤層之上的紅砂岩、泥灰岩向下穿過青石灰岩、黏土層和石灰石層，所有這些又依次穿過沙層、黃石灰岩和黏土層，最後一併形成科茲窩高原。英國東部地區就是由沉積在大量白堊岩下面的各種岩層共同構成的。史密斯經過進一步觀察發現，黏土層、沙土層和石灰岩層，每層都有自己特殊的化石。經過對這些化石材料的細細分析、研究，他大膽的提出了前人未曾提出的結論，即在各不相同的地層中性質完全不同的海洋動物沉積物顯示，存在各種性質不同的海底河床。黏土層、沙粒層、白堊岩層和岩石層，每一層都象徵著地質史上性質不同的構造時代。

這些想法牢牢的占據了他的心房，使他根本不可能想像或談論其他任何事情。無論是在什麼會議上，這位人們習稱為「地層史密斯」的威廉總是向人們不停的講述自己的想法。儘管他還未能完全進入科學的王國，但他確實做出了驚人的發現。他開始著手設計製作英國地層分布圖。但這一工作被打斷了，因為他不得不忙於薩默塞特郡運煤運河的設計、建設工作，這一拖就是 6 年。6 年來，他從未間斷自己的觀察。他只要看一看某個地方的外部形狀和構造，就能了解該地區的內部地質構造並發現其地層分布情況。在設計、安排大規模排水系統時，人們常來向史密斯請教。在史密斯的指教下，每一次都非常成功。地質專家史密斯由此更是聲名大振，前來討教者絡繹不絕。

有一天，當史密斯在巴斯觀看塞繆爾‧理查森（Samuel Richardson）收集的化石時，竟把理查森先生精心分類的化石弄亂，然後按地層學的順序重新加以分類整理。他一邊做一邊說：「這些化石出自藍青石灰岩層，這些出自上層砂岩和軟性岩，這些出自漂白岩，這些出自巴斯建築岩。」

史密斯的這一舉動雖然令眾人大為吃驚，但理查森先生看出了他非同一般的見識。真是行家一出手，便知有沒有。理查森先生非但不怪罪史密斯，反而完全相信他的學說。在當時，地質學家並沒有多少人在意，相信的人並不多。一個名不見經傳的土地測量工作人員還能教人們什麼地質科學知識，這在有些人看來，真是太可笑了，但威廉‧史密斯先生確實能看透地層的內部構造，其準確程度令人驚詫莫名，有人稱之為「神人」。

史密斯對巴斯地區附近的地層構造的了解程度達到了出神入化的程度。這種出神入化不是人為的，而是以事實為根據的。有一天，史密斯在約瑟夫‧湯森（Joseph Townsend）家用餐，他對理查森先生說，按從上到下的順序，從白堊岩開始到煤層為止共計 23 層，煤層以下的地質構造目前尚無法確定。後來在不同岩層均發現各種不同的化石，經專家勘測考證，煤層以上的地層確實為 23 層。理查森先生對史密斯先生的精確預言欽佩不已。這件事在西元 1801 年曾到處流傳。

史密斯想畢其財力到附近地區進行考察，弄清楚除巴斯之外的其他地區的地質構造。在隨後的幾年中，他一直忙於在各處考察，有時他一個人在懸崖絕壁上攀緣，有時他騎馬到處查看，或者乘四輪馬車奔馳不已。為了彌補白天損失的時間，他常常在夜晚趕路，不知不覺的一走就是一個通宵。為了考察的需求，他常常得去一些人跡罕至的地方，一待就是好幾天。在從巴斯到諾福克的霍爾坎姆的路上，為了確定考克（Coke）先生莊園的灌溉和排水系統的走向，他騎在馬上，費了很多周折去仔細考察這一帶的地質結構。有時為了獲得一點點實證資料，他要跑好幾天。以天為被、以地為床的風餐露宿生活是經常有的事情。

一連幾年，史密斯一直忙於在英格蘭和愛爾蘭的許多偏遠地區進行考察，每年的行程都在 1 萬英里以上。正是在這極其艱辛的、連續不斷的考察過程中，史密斯累積了大量的原始資料。在這些翔實資料的基礎上，他開始對這門新的科學做系統的描述。不做細膩的觀察，任何重大現象也會

被忽視；不收集大量新鮮的資料，再好的觀點也是空中樓閣。史密斯深諳此道，他總是兢兢業業的收集、整理新的資料以補充、豐富自己的觀點。他盡其所能的把他看到的山岳河川、高原溝壑都一一記下來。同時他還按288：1的比例設計製作出各種模型，在不同的地質構造上著上不同的顏色。

在考察的過程中，史密斯豐富的知識、準確的判斷和科學的預言常常令他的夥伴們驚訝不已。有一次，他正在沃本附近考察，當快到鄧斯特布爾白堊岩山腳下時，他對他的同伴們說：「在這座山下如果有開裂的地方，我們有可能發現一些鯊魚的牙齒。」他們邊走邊說，剛走出不遠就在一處新發現的山溝裡發現了 6 個鯊魚牙齒。後來史密斯先生談到他自己時說：「我天生有善於觀察的習慣。反覆觀察、比較，往往能聯想出許多東西。我以前一外出遊蕩就到處看，每看到新的東西都給我靈感。後來，我外出考察，身邊總是帶著地圖。在考察途中，我總是不停的思考這一地質構造，或者想各式各樣的地形概貌。我總是反覆的想，想好了再動筆。就像一個油畫家一樣，我總是在構思這幅畫的結構、色調與和諧性。」

儘管史密斯不屈不撓的做出了很大的努力，但種種意外還是使他未能出版他精心製作出來的《英格蘭和威爾斯地層構造圖》（*Map of the Strata of England and Wales*），直到西元 1814 年，在一些朋友的鼎力相助之下，凝結他 20 餘年心血的這一成果才得以問世。為了了卻這一夙願，同時更多的收集相關資料，他不得不把自己辛勤工作所得的收入全部貢獻出來。為了到一些遙遠的島上去實地考察，他甚至把自己僅有的一點家產也全部賣掉了。他在巴斯附近加入採掘業投機失敗，不得不把他辛辛苦苦精心收集起來的地質收藏品賣掉（這些珍品均被大英博物館收購）。他的家具和兩本書也被典當了，只留下他的論文、地圖等物。面對這些失敗與不幸，史密斯不為所動，依然保持著貧賤不移的本色，一如既往的愉快工作。西元 1839 年 8 月，他在去伯明罕參加英聯邦會議的途中，在北安普頓辭世。一顆地質巨星就此殞落了。

　　對這第一張英國地質構造圖，我們確實很難做太高的評價，但凝結在這張圖上的是那位勇敢開拓、勤於追求的史密斯先生的汗水和心血。這張地質圖不僅是一份極為珍貴的文物，而且是一件永遠鼓舞世人上下求索的精神財富。一位頗有造詣的作家曾說過：「這張珍貴的地圖創意新穎，從整體上看也十分準確，從原則的意義上說，它不僅是以後製作英國地圖的基石和藍本，而且也是世界上所有其他國家的人製作地質構造圖的藍本。在地質學會史密斯展廳中，我們至今仍可以看到許許多多破舊的歷史文獻。許多地圖年久色衰，需要重新著色、修飾。凡是熟知地質學這一行的人，如果將後人的著作與史密斯的著作加以比較就會發現，史密斯著作中的許多本質的東西非但沒有過時，即使在今天仍具有非同一般的科學價值 —— 麥奇生（Murchison）和塞奇威克（Sedgwick）兩位先生對英格蘭北部和威爾斯附近的志留紀岩石所做的複雜分析，也只不過是對史密斯先生所做的高度概括的一個小小補充而已！」史密斯先生的天才發現，在他有生之年就得到科學界同行的充分認識，人們給予他極高的榮譽。西元 1831 年，倫敦地質學會授予他沃拉斯頓獎章 ——「為表彰開創英國地質學的史密斯先生，特頒此獎章。史密斯先生是第一個發現並識別不同岩層的存在，並根據各岩層所含的化石而考證了不同岩層承前啟後關係的人。史密斯先生所開拓的新事業，永遠值得我們銘刻在心。」

　　威廉·史密斯先生以其樸實而誠摯的心，贏得了像他苦苦追求的科學一樣永遠存在的不朽名聲。在此，我再引用上面那位作家的一段話：「每一層地質構造都是一段無聲的歷史，一層又一層的岩石疊加起來就是一部長長的無聲的歷史。這其中蘊含了無窮無盡的稀世瑰寶，卻無人能識得這個大寶藏。史密斯先生只不過以其獨特的敏銳觀察力和潛心的不懈追求，打開了這本地質構造的書，書中的華章妙句還需要後人去發掘、咀嚼。」

▍觀察力非凡的休‧米勒

休‧米勒是一個有非凡觀察力的人，他以極大的熱情鑽研文學和科學，獲得了非同一般的成就。他曾在一本名叫《我的學校和校長》（*My Schools and Schoolmasters*）中談到過自己。這本書十分有趣，也是世人公認的名作之一。它詳盡的講述了一個處在社會最底層的人如何養成自助、自尊、自立這些高貴品格的歷程。

休的父親是位海員，當休還是一個小孩時，他父親在一次海難中被淹死了，母親守寡把他撫養成人。他只受過一點點學校教育，一起玩耍的小朋友、一起工作的人以及生活在一起的親戚朋友都是他最好的老師。休的興趣十分廣泛，讀的書也很龐雜。他善於從各式各樣的人 —— 工人、木匠、漁夫、海員等等 —— 身上吸取各種知識。當然，他從克羅馬蒂灣海邊的古老鵝卵石上得到的知識最多。

休的祖父原是一個海盜，他留下了一把大錘子。休年幼的時候常拿著這把大錘子到海邊敲打那些石頭，從而收集了許多雲母、斑岩、古榴石等樣品。有時他在樹林裡痛痛快快的玩一天，各種稀奇古怪的地質構造為他增添了無窮的快樂。當他在海邊的石縫中尋覓的時候，一些前來裝運海草的農夫會嘲笑道：「喂！休你是不是從石縫中長出來的？」休只覺得這問題有意思，卻無法回答。

到了合適的年齡，休選擇了自己早就喜歡的職業 —— 當石匠。他在克羅馬蒂灣附近的一個採石場工作。沒料到，這個採石場成了他最好的學校。在採石場顯示出來的各種地質現象又一次激起了他的興趣。這位年輕的石匠注意到，大塊大塊的深紅色石頭在下面，而灰紅色的黏土則附在上面。這些看來毫無意義的地質構造深深的引起了休的注意和思考。在常人根本看不出什麼東西的採石場，休發現許多岩層具有相似性，有些岩層具有相異性。各種不同岩層到底為什麼這樣分布？各種岩層之間有什麼關

聯？這些問題不斷的叩打著休的心扉。他隨時隨地睜大眼睛觀察，動著腦筋思考。他求實、勤奮、有毅力 —— 這是他知識增長的奧祕。

　　被海浪沖刷上來的，或者被他的錘子敲打出來的各式各樣有機物的遺骸，尤其是早已絕跡的古代的魚類、蕨類植物和菊石等，也激起了休無窮無盡的興趣，他從來沒有離開過這些遠古的東西。休不斷的觀察、收集材料，反覆加以比較、鑑別，多年以後，他的作品在老紅砂岩展覽會上向世人展出，他精心收集的各種地質岩石樣品激起了世人的極大興趣，人們馬上公認他是有成就的地質學家。但休知道，這些成就只是自己長期以來耐心觀察和研究的結果，今日之成功來之不易。他在自傳中謙虛的寫道：「我之所以能獲得今天這一點點成就，就在於自己的耐心 —— 只要有耐心，誰都能獲得和我一樣的成就，甚至會勝過我。一個人只要專心致志、持之以恆，我想他一定會成就一番事業。」

　　英國著名的地質學家約翰‧布朗（John Brown）像米勒一樣，早年也是一個石匠 —— 起初在科爾切斯特做學徒，隨後在諾里奇成為石匠。他獨立作建築商是在科爾切斯特開始的，在那裡他靠節儉和勤勞贏得競爭。在工作中他的注意力被吸引到化石和貝殼的研究上。他四處收集，後來成為英國藏品最好的收藏家之一。他沿埃塞克斯、肯特和薩塞克斯海濱的研究發現了一些大象和犀牛的壯觀遺存，其中最有價值的被他獻給了大英博物館。在他生命的最後幾年，他主要投身於白堊石中的有孔蟲研究，擁有了很多有趣的發現。西元 1859 年 11 月他在埃塞克斯史坦威去世，享年 80歲。他的一生是頗為成功、幸福和榮耀的。

▋麥奇生爵士的「發現」

　　不久前，羅德里克‧麥奇生爵士（Sir Roderick Murchison）在蘇格蘭遠北部的瑟索發現了一位學識極其淵博的地質學家，名叫羅伯特‧迪克

（Robert Dick），是那裡的一個麵包師。當麥奇生爵士到他的麵包店中拜訪他時，這位麵包師把麵粉撒在一塊木板上，向他描述他們祖國的地形概貌、地質特點和地理構造，並指出現存地圖中的諸多缺陷及種種不完善之處。這位麵包師在自己業餘時間精心考察了祖國的山河走勢，他在談到與此相關的許多問題時，闡述了很多獨創性見解。在進一步的交談中，麥奇生爵士發現，面前這個地位卑賤的麵包師不僅是一流的麵包師和地質學家，而且是一流的植物學家。麥奇生爵士這位英國地質學會會長說：「使我倍感羞愧的是，這位麵包師具有驚人的植物學知識。我想他比我能想像的植物學家至少要高明 10 倍。在英國，他沒有收集到的花卉標本最多不超過二、三十種。他收集的標本有的是他作為禮物收到的，有的是他花錢買來的，但其中絕大部分是他透過自己的辛勤努力採集而來的。所有這些標本都貼上了標籤，按合理的順序排列著。」

羅德里克‧麥奇生爵士本人對植物學及其相關科學有精深的研究，他絕不是一位外行。有一位作家曾在《季評》（*Quarterly Review*）一書中對他做了客觀的評價。這位作家說：「還有一個十分突出的例子，這個人以前當過兵。他從來未曾受過什麼正規的科學訓練，也根本不知道這些訓練能帶來什麼好處或壞處，他只不過是獵狐村的一位紳士而已。他憑藉自己超人的精力和過人的精明、不知疲倦的勤奮和滿腔熱情，為自己贏得了不朽而尊貴的科學家的美名。他首次考察了許多人們從未加以考察的高山、峽谷。在多年的辛勤工作中，他仔細考察岩石的構成，把它們按自然規律進行分類整理，把代表各層岩石的各具特點的化石精心加以整理、歸類。他還獨自一人為世界地質史上書寫了兩大篇章，他的英名將永存其上。這位先生從不吝嗇自己的知識，無論是在英國國內還是在國外，只要能用上他的知識，他都總是盡心竭力。他說過，知識是人類共同的財富，我能把我僅有的一點知識用於人類，這是上帝對我的愛。這位先生就是羅德里克‧麥奇生。」

　　羅德里克·麥奇生爵士不僅僅是地質學家。由於不斷的努力，他對許多學科都有深刻的而不是膚淺的、獨到的而不是一般的研究。他的知識的廣博、精深，在科學史上，只有那些百科全書式的偉大科學家才能與之相比。

第六章

梅花香自苦寒來

是什麼使得人們聲名遠播，不是別的，是人們那勤勞的雙手；同樣，德行並
不展現在鮮花和掌聲之中，而是展現在人生的奮鬥歷程之中。

　　　　　　　　　　　　　　　—— R. M. 米爾尼斯（R. M. Milnes）

卓越將永遠與你同在。

　　　　　　　　　　　　　　　　　　　　　　　—— 儒貝爾（Joubert）

天才來自勤奮

　　和其他任何領域一樣，在藝術領域要獲得卓越成就，也唯有憑藉辛勤
的勞動。創作一幅精美的圖畫，或雕刻一尊高貴的塑像，這絕不是偶然可
以做到的。即使是具有天才稟賦的人，嫻熟的筆法和精巧的刀工也只能來
自堅持不懈的練習。

　　約書亞·雷諾茲爵士對勤能補拙篤信不疑。他堅持認為，非凡的藝術
才能，「不管人們怎樣把它歸結為天才、興趣或老天爺的恩賜，都是可以
透過後天的努力獲得的」。在給巴里的信中，他寫道：「無論是誰，如果
他想在繪畫或其他藝術方面獲得傑出成就，就必須一天到晚聚精會神的專
注於一個目標。」他還有一次談道：「如果想成為不同凡響的人，就必須
投身於工作，不管願意不願意，早晨、中午和晚上都得如此。沒有任何的
休息、娛樂時間，只有十分艱辛的勞動。」當然，在藝術領域中，要想成
為一個最傑出的藝術家，儘管勤奮用功是絕對不可缺少的條件，但不可否
認的是，只有勤奮而沒有與生俱來的天賦，也是不行的。不然的話，充其
量成為一個藝術家。這種稟賦來自於自然，但可以透過自我修養來使之臻
於完善。自我修養比任何學校教育都更為有效。

　　許多最偉大的藝術家都是在貧困和重重困難的考驗下，憑著自己的
艱苦努力脫穎而出的：克勞德·洛蘭（Claude Lorrain）是一個糕餅師傅；
丁托列托（Tintoretto）是一個染色工；卡拉瓦喬（Caravaggio）兄弟，一個

是調色工人，一個是羅馬教廷的灰漿搬運工；薩爾瓦多・羅薩（Salvator Rosa）曾是一個惡棍；喬托（Giotto）是一個農民的兒子；津加羅（Zingaro）是一個流浪者；卡維多尼（Cavedone）曾被他父親趕出家門以乞討過日；卡諾瓦（Canova）是一個砌石工。他們這些人以及其他一些著名的藝術家，都是在逆境中自強不息，透過艱苦的努力和辛勤的勞動獲得卓越的成就的。

又如：庚斯博羅（Gainsborough）和培根是製衣工人的兒子；巴里是一個愛爾蘭海員；麥克利斯（Maclise）是銀行學徒；奧佩和羅姆尼與伊尼戈・瓊斯一樣，都是木匠；韋斯特是賓夕法尼亞一個小農場經營者的兒子；諾斯科特（Northcote）是個造手錶的，傑克遜（Jackson）是個裁縫，埃蒂是個印刷工；雷諾茲、威爾遜和威爾基是牧師的兒子；勞倫斯（Lawrence）是酒店老闆的兒子，特納（Turner）的爸爸是個理髮師。確實，許多畫家起初與藝術有一些關聯，儘管是以一種低微的方式 —— 弗拉克斯曼的父親賣石膏模型；伯德（Bird）裝飾茶盤；馬丁（Martin）是個馬車畫師；萊特（Wright）和吉爾平（Gilpin）是輪船畫師；尚特里（Chantrey）是個雕刻工和鍍金工人；大衛・考克斯（David Cox）、斯坦菲爾德（Stanfield）和羅伯茨（Roberts）是布景畫師。

這些人功成名就絕非出於運氣或者意外，而是完全憑藉勤奮和努力才出人頭地的。雖然他們當中的一些人獲得了財富，但這樣的人畢竟是極少數，並且這也絕不是他們當初從事藝術工作的主要動機。對金錢的任何崇拜，在一個藝術家早期的藝術生涯中，都是不可能使他做到自我控制和勤勉用功的。不懈的追求所帶來的快樂往往是對不懈追求者最好的獎賞，隨之而來的財富倒是出乎其意料的偶然。許多心靈高尚的藝術家寧願順應自己的天性，也不願和大眾討價還價。斯賓諾內托（Spagnoletto）以自己的一生實踐了《色諾芬》（*Xenophon*）這篇美麗的神話。擁有十分優越的生

活條件後，他真想擺脫這種世俗的豪華為他帶來的影響，寧願回到昔日的貧困、艱苦的勞動生活中。有一個畫家為了贏利而煞費苦心的舉辦了一次畫展，當有人問米開朗基羅對此事的看法時，他回答說：「如果他如此熱衷於發財，我想他一定是個可憐的傢伙。」

　　和約書亞‧雷諾茲爵士一樣，米開朗基羅也深信勤勞的力量，他堅信想像力什麼也不能創造。如果雙手生來就能隨意而動，那麼也就沒有什麼不能在大理石上呈現出來。他本人就是一個最勤奮用功的人。和自己的大多數同代人相比，他更多的時間是用在練習之中，他把自己這種偏好歸因於自己沒有生活嗜好。當他投身於工作的時候，他一天的全部要求就是一片麵包和一杯葡萄酒。他經常半夜起來繼續工作。在這種情況下，他首先把蠟燭固定在一頂用紙板製成的帽子上，再把帽子戴在頭上，藉著燭光進行雕刻。有時候，他實在太疲憊，以至於衣服都來不及脫便和衣而眠。一旦精力稍稍恢復，他就又立即投入工作。他最喜歡的一套裝置是：一個老人坐在一輛輕便馬車上，上面還有計時的水漏，水漏上鐫刻著：Ancora imparo！（我仍然在學習）。

　　義大利畫家提香也是個不知疲倦的工作狂。他的名作〈殉道者伯多祿〉（Pietro Martire，伯多祿是耶穌十二門徒之長），整整花了他 8 年時間；他的另一幅名作〈最後的晚餐〉（Last Supper）也耗時 7 年。在這件偉大的藝術作品中，藝術家所付出的辛勤的勞動和長期的訓練，是極少有人想到的。它們似乎是輕而易舉的很快就被完成了。然而，這種輕而易舉是多麼來之不易啊！「這尊半身像你只花了 10 天時間的勞動，你竟然索價 50 個金幣。」一個威尼斯貴族對這位雕刻家說。「可是你忘記了，」這位藝術家說，「我花了 30 年時間才學會在 10 天時間裡雕刻這尊半身像。」有一次，有人指責多梅尼基諾（Domenichino）在完成一幅畫時速度太慢，他回答說：「我正在不停的用我的頭腦繪製它呢。」正是憑著這種勤奮的

特質，奧古斯都・卡科特爵士（Sir Augustus Callcott）在創作代表作〈羅徹斯特〉（*Rochester*）的過程中，繪製了 40 多張草圖。這種不斷重複是在藝術領域中獲得成功的主要條件之一，正如在生活中一樣。

在賦予一個人以天才的稟賦方面，大自然不管怎樣慷慨大方，對藝術的追求仍然需要付出長期的堅持不懈的努力。許多藝術家確實是早慧的，但是，如果不勤奮用功，這種早慧也只能是「小時了了，大未必佳」，也只會一事無成。關於韋斯特的奇聞逸事已是家喻戶曉：在他只有 7 歲的時候，有一天當他坐在搖籃旁觀察姐姐熟睡的嬰兒時，他被熟睡中的嬰兒的美麗深深打動了，他立即跑去找來幾張紙，用紅和黑兩種顏色畫出了一幅肖像。這一偶發事件顯示了在他身上的藝術天賦，並且使他痴迷其中而不能自拔。如果不是成功得過早，他或許會成為一個更偉大的畫家。他的聲譽雖然是偉大的，但不是可以透過練習、考驗和困難換來的，而且它也是不能持久的。

理查・威爾森（Richard Wilson）還只是個孩子的時候，就喜歡用炭筆在房子的牆上描繪人和動物的輪廓，並且樂此不疲。他的興趣首先是在肖像畫方面。但是，在義大利期間，當他有一天去拜訪朋友祖卡雷利（Zucarelli）時，朋友外出未歸，他等得不耐煩，便開始畫朋友臥室的窗戶。當祖卡雷利回來的時候，竟被他畫的畫迷住了。他問威爾森是否學過風景畫。威爾森回答說沒有。「那麼，我建議你，」祖卡雷利說，「去試試吧，你一定會獲得極大的成功。」威爾森採納了朋友的建議，認真學習並且努力工作，終於成為英國一流的風景畫畫家。

約書亞・雷諾茲爵士還是個小孩的時候，經常忘了做功課而只對繪畫感興趣，因此經常遭到父親的責罵。他是注定要從事體力勞動的，但他對藝術的強烈興趣難以抑制，最後他成了一名畫家。

還是一名小學生的時候，庚斯博羅就到薩德伯里森林去寫生；到 12

歲，他已成了一個真正的藝術家了。他敏於觀察而且勤奮刻苦，任何一張他看過的畫他都可以一筆不差的描繪出來。

威廉‧布萊克（William Blake）是一個襪商的兒子，他喜歡在父親帳簿的背面進行繪畫設計，喜歡在櫃檯上進行速寫。

愛德華‧伯德（Edward Bird）三、四歲時就總是喜歡站在椅子上，在牆上畫那些他稱為法國兵和英國兵的圖案。他父親買了一盒彩筆給他，讓他練習繪畫。鑑於他對藝術的熱愛，他父親把他送給一個茶盤工廠經營者當學徒。在這一行中，他漸漸脫穎而出。透過自己的刻苦訓練和辛勤勞動，他成了一名英國皇家藝術學會會員。

賀加斯（Hogarth）雖然在學習功課方面有些笨拙，但他非常喜歡畫字母表。他的練習本被他裝飾得比作業本身要漂亮得多。在功課方面，他在學校裡的所有「落後生」中「獨占鰲頭」，但是在裝飾方面他卻獨領風騷。他父親把他送給一個銀器匠當學徒，在那裡他既學習繪畫，也學習在羽毛和其他無價值的東西上雕刻匙和叉。從銀器雕花中，他繼續自學在銅器上進行雕刻，主要是刻一些年輕女妖和怪物的圖案。在這些實踐過程中，他立下雄心壯志，要勾畫各種人物的性格特徵。在這一領域中，他所獲得的卓越成就主要是他細膩觀察、勤奮練習的結果。他一直在孜孜不倦的開發自己的才能，他能精確的記下任何一張與眾不同的臉蛋，然後再在紙上重新描繪出來。如果他偶爾碰上一個極其古怪的形狀或一張奇異的臉蛋，他總是當場進行速寫，把它畫在大拇指的指甲上，回家以後再利用休息時間進行擴充。任何不同尋常的和有獨創性的東西對他都有強烈的吸引力。為了能遇到一些有個性的人，他跑了許多邊遠偏僻的地方。這種仔細的累積工作，使得他能把許多的想法和寶貴的觀察結果融入自己的作品之中。因此，賀加斯的繪畫極其真實的反映了他所生活的那個時代人們的個性、生活方式甚至是思想狀況。他所觀察到的這些真實圖畫，存在於大自

然之中，而且也只能在這所學校中學到。他所受的正規學校教育極為有限，甚至對藝術領域應用的詞彙的拼寫他也不能做到正確完整。他的自我修養彌補了這方面的不足。很長一段時間他的處境十分艱難，但他仍然以一種愉快的心境投入工作。他雖然貧窮，但還是努力做到靠微薄的收入度日。他曾經驕傲的誇耀說，自己是「一個計算很精確的出納員」。在克服所有困難功成名就之後，他喜歡回憶早年的艱辛勞動和生活。他生命不息，奮鬥不止。作為一個普通人，他的一生是光榮的；作為一名藝術家，他的一生是輝煌的。有一次，他說：「我很清楚的記得我進城的時候身上的錢不足一先令，愁眉苦臉，悶悶不樂。但在我的一套銀餐具賣了 10 幾尼時，我立即回了家，帶上寶劍，就像一個腰纏萬貫的人那樣充滿自信的外出旅行去了。」

　　「勤奮努力和堅持不懈」是雕刻家班克斯（Banks）的座右銘，他不僅身體力行，而且極力向人推薦。他的和藹可親與平易近人，使許多胸懷大志的年輕人前來拜訪，向他請教並請求幫助。據說，有一天，一位男孩為此目的前來拜訪，但班克斯的傭人對這位男孩猛力敲門的行為十分憤怒，他指責這位男孩粗魯無禮並準備把他轟走。班克斯無意中聽到了，便走了出來。這個小男孩手拿一些畫站在門口。「你想要我為你做點什麼？」雕刻家問道。「先生，如果您願意，我想請您允許我在美術學院學畫。」班克斯解釋說，他本人不能接受他的請求，但是他想看看他的畫。經過仔細審查，班克斯說：「到美術學院來還為時太早，小傢伙。先回家吧，好好注意你的學業，力圖把太陽神畫得更好一些，一個月以後再來讓我看看吧。」這個小男孩回家以後，加倍努力的練習繪畫。一個月之後，他再次拜訪這位雕刻家。這一次畫得好多了。但是，班克斯在向他提了許多學習和練習的意見後，又把他打發回家了。又一個月過去了，這位小男孩再次出現在班克斯家門口，他的畫已經有了十足的長進。班克斯非常高興的接

納了他，因為從這個小男孩的身上，他看到了自己的影子。這個小男孩就是馬爾雷迪（Mulready），一位雕刻家的潛質已經充分的表現出來了。

克勞德·洛蘭聲譽卓著，這部分是由於他孜孜不倦的勤奮精神。他出生在法國東北部佛日省洛蘭地區一個窮苦農民家裡，先是跟著一個雕刻石膏模型的人當學徒。後來，他又到從事木刻的哥哥的店鋪裡學習木刻。在那裡，他顯示出了自己的藝術才華。一位旅行商做通了他哥哥的工作，讓克勞德隨他去了義大利。獲得哥哥的同意後，克勞德到了羅馬。在那裡，他很快成了風景畫畫家阿戈斯蒂諾·塔西（Agostino Tassi）的管家，以這種身分開始學習風景畫，開始了創作。接下來，他到義大利、法國和德國各地去旅遊觀光，途中他會偶爾停下來創作風景畫，也藉此補充自己的旅行費用。回到羅馬的時候，他發現人們對他作品的需求量越來越大，他的聲名也最終傳遍了歐洲。他不知疲倦的研究大自然中的各種物體，花了大量時間去描繪房屋建築、土地、樹木、樹葉和諸如此類的東西，並把這些畫仔細、完整的保存起來，以備創作風景畫之需。他也十分關注天空，有時候從早到晚都在觀察，注意在烏雲飄過和光線明暗情況下天空的各種變化。經過這種從不間斷的實踐，雖然進展緩慢，但他還是獲得了一雙靈巧的手和一雙敏銳的眼睛，為躋身於一流的風景畫畫家之列奠定了扎實的基礎。

被譽為「英國的克勞德」的特納，在藝術道路上付出了極為艱辛的努力。他父親希望他子承父業當一名理髮師，所以一直讓他在倫敦自己的店鋪裡實習。直到有一天，特納在一只銀製托盤上畫的一件軍大衣深深吸引了一位他父親正在為其刮鬍子的顧客，他父親才同意培養他的愛好，並最終被允許以藝術為職業。和所有年輕的藝術家一樣，特納也遇到了許許多多的困難。由於他本來就身處逆境，情況就更為艱難。但是他總是願意去工作，不管這件工作多麼低微，他都努力去從事。他很樂意去用印度墨水替別人的畫

畫藍天，所得到的報酬是一個晚上半克朗外加一頓晚餐。這樣，他既賺了錢又獲得了經驗。接著，他又去幫一些旅行指南、年鑑和需要卷首插畫的書籍繪製插圖。他後來回憶說：「有什麼事情還能比這做得更好呢？這可是一流的練習啊！」他做任何事情都小心謹慎和虛心好學，從不因為報酬低廉而對工作敷衍塞責。他在學習方面的目標和在生活方面一樣，總是盡自己最大的努力去做好。他作畫時總是根據以前工作的情況事先做出安排。一個像他這樣勤勞的人肯定會大有作為的。他的影響越來越大，他對思想的理解也越來越深刻，用拉斯金的話說是「像初升的太陽，越來越光彩照人」。不過，特納的天才不需要任何頌詞，他所得到的最優厚的報酬是他遺贈給國家的美術作品陳列館，這將使他芳名永存、魅力長在。

到羅馬這座藝術的殿堂，往往是每一個學習藝術的學生的最大願望。然而，到羅馬旅行是十分昂貴的，而這些學生卻常常一貧如洗。但是，如果有克服困難的堅定決心，羅馬最終還是可以到達的。

弗朗索瓦·佩里耶（François Perrier），一位早期的法國畫家，非常渴望去參觀這座不朽的都市。為此，他答應替一位漂泊流浪的盲人當嚮導。經過長期的流浪生活，他到了梵蒂岡，透過刻苦學習終於名揚天下。

雅克·卡洛特（Jacques Callot）也展示出了去羅馬的堅強決心。雖然父親強烈反對他去當一名藝術家，但他並沒有因此放棄自己的追求。他離家出走，踏上了去羅馬的路途。他身無分文，很快陷入了困境。他和一幫流浪者混熟了，加入了他們的隊伍，和他們一起從一個廟會趕到另一個廟會，四處流浪，經歷了無數次冒險。在這次不同尋常的旅途中，卡洛特獲得了關於圖案、特徵和個性的特殊的知識，為他後來的創作，特別是為以一種誇張的形式表現出來的雕刻提供了大量素材。

當卡洛特最終到達羅馬以後，一位紳士為他的機靈和熱情所感動，把他安置在一位藝術家那裡學習；但是卡洛特不想只在羅馬短暫逗留，他

在這裡待了下來。在羅馬，他結識了波利傑（Porigi）和托馬森（Thomassin），他們兩個人看了他的色彩畫以後，預言他作為一個藝術家是大有前途的。但是，卡洛特家族的一個朋友偶爾遇見了他，便想方設法迫使這位流浪者回了家。此時，卡洛特已習慣於浪跡江湖的生活，他的心再也平靜不下來。於是，他第二次離家出走，但卻被再一次帶回了家，他的哥哥在杜林抓住了他。最後，他父親見勸阻無效，乾脆投他所好，讓他到羅馬去學習藝術。這一次，他在幾位大師門下，十分勤奮的學習了幾年的設計和雕刻。在他返回法國的途中，柯斯莫二世（Cosmo II）鼓勵他去佛羅倫斯，於是他又到那裡學習和工作了幾年。在他的贊助者死後不久，他回到了家鄉南錫。憑著手中的雕刻刀和畫筆，他很快名利雙收。在內戰期間，南錫被圍攻占領了，黎塞留（Richelieu）要求卡洛特為此事進行設計和雕刻。但是，這位藝術家不願意紀念這場降臨在他家鄉的災難，他直截了當的拒絕了。黎塞留無法動搖他的信念，便把他抓進了監獄。在獄中，卡洛特遇見了一些老朋友，也就是那些在他第一次去羅馬途中給他幫助的流浪者們。路易十三聽說他被關進監獄後，他不僅釋放了卡洛特，而且為他提供了他想要的一切，滿足他的一切要求。卡洛特立即請求釋放他的老朋友們，即那些流浪者，並且請求允許他們在巴黎街頭不受干涉的乞討。面對這種極為奇怪的請求，路易十三提出：如果卡洛特能把他們的肖像雕刻出來，他就批准。因此，卡洛特創作了一個古怪的雕塑作品，名為〈乞丐〉（*The Beggars*）。據說，路易十三提出，只要他不離開巴黎，就給他 3,000 里弗爾的養老金。但是，此時這位藝術家已是一個放蕩不羈的人，他更看重自由的榮耀，因而他沒有答應。他又回到了南錫，一直在那裡工作。他的勤奮刻苦，從他所留下來的 1,600 多件雕塑和版畫作品中，我們可想而知。他特別喜愛那些奇形怪狀的東西，而且總是以極其高超的技藝去塑造它們。他的那些自由版畫都是精雕細刻出來的，而且是特別小巧玲瓏。

本韋努托·切利尼的一生

　　本韋努托·切利尼（Benvenuto Cellini）的一生更富有傳奇色彩，更具有冒險精神。他是一個天才的金器製造家、畫家、雕刻家、版畫家、工程師和作家。正如他自己所說的，他的自傳是他所有自傳作品中最不同尋常的。他的父親喬萬尼·切利尼（Giovanni Cellini），是佛羅倫斯羅倫佐·德·麥地奇（Lorenzo de Medici）的一個宮廷音樂家。喬萬尼對兒子的最高期望是想讓他成為一名長笛演奏家。但是，喬萬尼在失去自己的職位後，發現讓兒子學做生意更有必要，因此他把本韋努托送給一位金首飾商當學徒。本韋努托已經顯示出了對繪畫和藝術的強烈愛好。他把這種愛好應用於他的職業，很快就成了一位心靈手巧的工人。在和一些市民爭吵以後，他突然失蹤了6個月，這段時間他在西恩納的一個金首飾商那裡工作，獲得了關於製作金銀珠寶的很多經驗，技藝大為提高。

　　父親仍然堅持讓他成為一個長笛演奏家。雖然本韋努托對此十分不悅，但他還是堅持不懈的練習演奏。他的主要興趣在藝術方面，對此也表現出了極大的熱情。返回佛羅倫斯後，他開始細心的研究李奧納多·達文西和米開朗基羅的設計。為了進一步提高金首飾加工技藝，他徒步去了羅馬，在那裡他歷盡了千難萬險。再回到佛羅倫斯時，他已是金首飾加工方面最有權威的專家，而且他這樣的人才是市場上極為緊缺的。但是他性情暴躁，因而經常陷入困境，不得不為了生活而四處奔波。因此，他化裝成一個行乞修士，從佛羅倫斯逃到西恩納避難，後來又到了羅馬。

　　在他第二次定居羅馬期間，切利尼得到了廣泛的資助，他以金首飾商和音樂家的雙重身分為羅馬教宗服務。他透過和最優秀的人們交際來不斷學習和提高自己的水準。他鑲嵌珠寶，燒製搪瓷，雕刻圖章，設計並完成各種金、銀和銅質作品，在這些方面他超越所有其他的藝術家。一旦聽說哪個金首飾商在某方面有專長，他便立即下定決心要超越他。因此，他可

以與一流的金首飾商、二流的搪瓷工、三流的珠寶商相媲美。事實上，在他所熟悉的每一個領域，他都想技壓群芳、獨步天下。

以這樣的一種精神投入工作，切利尼獲得如此輝煌的成績也就不足為奇了。他是個不知疲倦、精力充沛的人，也是個四處奔波、不肯安靜的人。他一會在佛羅倫斯，一會又在羅馬；接下來又到曼托瓦，到羅馬，到拿坡里，再回到佛羅倫斯；接下來又到了威尼斯和巴黎，他總是騎著馬長途跋涉。因為不可能隨身攜帶很多行李，所以每到一處，他總是先替自己製造一套工具。他的所有作品，不僅自行設計，而且親自製作 —— 他親手錘打，親手雕刻，親手澆鑄使之成形。事實上，他的作品都鮮明的打上了天才的印記，它們不可能由一個人設計而由另一個人製作出來。哪怕是最簡陋的物品 —— 女人腰帶上的一粒帶扣、一枚圖章、一個小金盒、一枚胸針、一枚戒指或一粒鈕扣 —— 到了他的手中，就變成了一件漂亮的藝術品。

切利尼的獨特之處在於他製作手工藝品的迅速和靈巧。有一天，一位外科醫生到一位名叫拉夫洛·德爾·莫諾（Raffaello del Moro）的金首飾商家裡，準備替他女兒的手動手術。當時，切利尼也在場。當他看到這位外科醫生的工具製作粗糙簡陋時（其實，當時的手術刀都是如此），他請求這位外科醫生推遲一刻鐘進行手術。然後，他跑回自己的店鋪裡，拿出一截上好鋼材，用它精製出了一把非常漂亮的手術刀，這使得手術進行得十分成功。

在切利尼製作的所有雕塑中，最重要的是銀質的朱比特神像，它是他在巴黎時為法蘭索瓦一世雕刻的。其次是珀爾修斯（Perseus）神像，是他在佛羅倫斯時為柯斯莫大公（Grand Duke Cosmo）製作的。他還用大理石雕刻了阿波羅（Apollo）、雅辛托斯（Hyacinthus）、納西瑟斯（Narcissus）和涅普頓（Neptune）等神像。鑄造珀爾修斯神像這一非同一般的事情，或

許最能說明切利尼與眾不同的個性。

柯斯莫大公看到珀爾修斯神像的蠟製模型時，斷言這個模型是不可能用銅來澆鑄的。切利尼立即受到了對這種不可能性預言的刺激。他不僅僅是去嘗試，而且是真正動手去做。他首先用泥土製成了珀爾修斯神像的模型，然後把模型進行煅燒，再在上面塗上很厚的一層蠟，這樣他就有了一個雕塑的完美形狀。接著，他在蠟像上覆蓋一層泥土，再去煅燒這層泥土，在這個過程中蠟燭熔化並且流走，在兩層泥土之間便留下空間，可以容納金屬。為了避免干擾，後一個過程是在高爐底下挖的一個坑裡進行的，金屬熔化以後將透過一些管道和小孔注入預備好了的模型之中。

切利尼已經買了好幾車松木，準備已久的澆鑄過程現在開始了。高爐裡放滿了黃銅和青銅碎片，火點燃了，含樹脂的松木很快就燃起熊熊大火，以至於店鋪也燒了起來，部分屋頂也被燒去。與此同時，狂風大作，雷雨交加。雨下在高爐裡，使爐溫升不起來，金屬難以熔化。一連好幾個小時，切利尼為了使爐溫上升，不停的添加木材，直到最後他筋疲力盡，不幸病倒。他感到在塑像鑄成之前他就會死去。他不得不把金屬熔化後注入鑄型的任務交給助手，自己上床歇息。當他周圍的人正在安慰他不要沮喪的時候，一個助手突然走了進來，哀嘆說：「可憐的切利尼的工作已經不可挽回的失敗了！」聽到這句話，切利尼立即從床上跳了起來，衝向鑄造廠房，他發現火已經快要熄滅了，高爐裡的金屬又開始凝固。

切利尼派一個鄰居拉來了一貨車存放了一年多的橡樹，不久他再一次燃起了熊熊大火，金屬終於熔化了，發出閃閃的光亮。然而，狂風仍然在怒吼，傾盆大雨仍然下個不停。為了保護自己，切利尼派人拿來了幾張桌子、幾塊牆氈和一些舊衣服。他躲在桌子下面向高爐添加木材。他時而用生鐵棍時而用長木杆進行攪拌，不久，爐內的金屬徹底熔化了。在此緊要關頭，考驗的時刻來到了，只聽到一聲巨響，像霹靂一聲震耳欲聾，在切

利尼眼前有無數火光閃動。高爐上的蓋子被衝開，熔化了的金屬在向外溢流。發現金屬沒有按正常速度流動，切利尼衝進廚房，把所有的青銅和白銀器具——大約有 300 個湯缽、碟子和各式各樣的水壺都拿來了。他把這些東西都丟進了高爐。最後，金屬液體才自由流動，輝煌壯觀的珀爾修斯雕像才澆鑄成功。

切利尼在情急之中跑進廚房，為了高爐而犧牲餐具，這種天才使人想起帕利西的舉動，他為了燒製陶器而拆毀了家具。然而，除了他們的熱情之外，兩人在性格上有天壤之別。他是個被社會所唾棄的人，按照他自己的說法，他是個為千夫所指、萬人所恨的人。但是，他作為工人的高超的技術，作為一個藝術家的天才，是有口皆碑、不容爭辯的。

▌尼古拉·普桑的一生

尼古拉·普桑的一生相對來說沒有那麼多艱難險阻，要順利平坦得多。正如在日常生活中一樣，他在藝術領域中也是純潔和高尚的。他不僅以自己非凡的智力，而且以正直誠實、高貴樸實的品格著稱於世。他生在里昂附近的萊桑德利，出身低微，父親是個小學校長。普桑從父母的教育中受益匪淺，但是，據說父母親對他有些疏忽大意——他愛在作業本和石板上畫畫，而父母親沒怎麼在意。一個鄉村畫家對他的素描作品極為滿意，他懇求普桑的父母不要挫傷了孩子的興趣。這位畫家自願替普桑輔導，普桑進步極快，沒過多久，這位老師就已不能勝任。普桑難以停頓下來，為了進一步深造，在 18 歲時，他去了巴黎。一路上，他靠幫人畫廣告畫維持生活。

在巴黎，一個新的藝術世界向他敞開了大門，引起了他強烈的好奇心，也激起他的競爭精神。他在很多人的畫室裡勤奮的工作著，繪畫、臨摹和創作。過了一段時間，他決定，如果可能的話，去羅馬觀光，於是他

就上路了。可是，他只到了佛羅倫斯，便又回到了巴黎。第二次去羅馬的嘗試也沒有實現，這一次他只到了里昂。但是，他仍然抓住一切機遇完善自我，仍然一如既往孜孜不倦的學習和工作。

就這樣，12 年過去了，他一直默默無聞，多年的辛勤勞動換來的是多年的失敗、沮喪和窮困潦倒。最後，普桑終於到了羅馬。在那裡，他孜孜不倦的研究古代的傑作，特別是古代的雕塑，這些塑像的完美讓他留下了難以磨滅的印象。有一段時間，他和雕刻家杜克斯諾伊（Duques-noy）生活在一起，兩人同樣窮苦不堪。普桑協助他仿造這些古代塑像的模型。普桑和他一起測量過羅馬一些最著名的雕塑，尤其是〈安提諾烏斯〉（Antinous）雕像的尺寸。可以說，這種訓練對他日後藝術風格的形成產生了極其重大的作用。與此同時，他研究了解剖學；在日常生活中練習寫生，對他所遇見的人們的各種姿態做了大量的素描；在業餘時間，他仔細閱讀了從朋友那裡能夠借到的各種藝術書籍。

長期以來，他一直都窮困潦倒。但是，他從自己的不斷進步中感到滿足和快樂。無論他的作品能為他帶來多少收入，他總是很高興的出售。有一幅作品，畫的是一個先知者，他以 8 里弗爾的價格賣掉了。另一幅作品，名為〈菲力斯人的瘟疫〉（Plague of the Philistines），他以 60 克朗的價格賣掉了 —— 後來這幅作品被紅衣主教黎塞留以 1,000 克朗買走了。更為不幸的是，他大病了一場。在無依無靠的窘境中，波索騎士（Chevalier del Posso）給了他物質上的幫助。為了報答這位騎士，普桑後來創作了〈在沙漠中休息〉（Rest in the Desert）。這是一幅極為精美的畫，它比在他生病期間這位騎士墊付的藥費要昂貴得多。

這位勇敢的人在艱難困苦中繼續辛勤的學習和工作著。他志存高遠，鍥而不捨。為了擴大自己的研究範圍，他先後去了佛羅倫斯和威尼斯。他多年的辛勤努力終於開始開花結果，他接二連三的創作了一系列偉大的作品 —— 首先是〈羅馬將軍之死〉（Death of Germanicus），接

著是〈塗油禮〉（*Extreme Unction*）、〈尤達米達斯的聖約書〉（*Testament of Eudamidas*）、〈馬拉〉（*Manna*）和〈塞賓人的誘拐〉（*Abduction of the Sabines*）。

普桑的名氣在緩慢的穩步上升。他是個性情謙和、不愛交際的人。與其說他以畫家著稱，還不如說他以思想家聞名。當不從事繪畫的時候，他喜歡獨自一人在鄉村漫步，構思將來的作品。他朋友極少，其中之一就是在羅馬時結識的克勞德‧洛蘭，兩人就藝術和對古代作品的研究有過長時間的交談，言語十分投機。羅馬的單調和寧靜很適合他的性情，而且，只要能養家糊口，他就不想遠走高飛。

不過，現在他的名氣不再囿於羅馬，他已經三番五次的接到請他重返巴黎的邀請函。他被任命為國王的首席畫師。一開始，他猶豫不決；他引用了一句義大利諺語：「這裡蠻好，沒必要遷徙。」說自己已經在羅馬生活了 15 年，已經在這裡成家立業，並且希望死後能葬於此。在再三邀請之下，他不再推託，返回了巴黎。但是，他的到來引起了同行們的強烈嫉妒。不久，他就想再回羅馬。在巴黎，他創作了一些平生的得意之作——〈聖塞維爾〉（*Saint Xavier*）、〈洗禮〉（*Baptism*）和〈最後的晚餐〉（*Last Supper*）。

他一直孜孜不倦的工作著。一開始，他服從安排，叫他做啥就做啥。例如，為皇家書籍設計扉頁插畫，最主要是一本《聖經》和一本《維吉爾》（*Virgil*）；為羅浮宮製作壁畫；設計掛毯。但是，最後他提出了抗議。他對 M‧德‧詹特路普（M. de Chanteloup）說：「在同一時間，叫我去為書本作扉頁插圖、為羅浮宮作壁畫、為聖路易斯的集會作油畫、為美術館作各種設計和為皇家掛毯作設計，對我來說這是不可能的。我只有一雙手和一個低能的腦袋，別人既不能幫上我的忙，我的作品也不能由別人來著色。」

「同行是冤家」。他的成功激起了其他人的嫉妒和怨恨，而他又無力化解，為此他十分惱怒。最後，在巴黎工作還不滿 2 年，他就決定回羅馬，又在羅馬安家落戶了。在有生之年，他在藝術領域裡孜孜不倦的耕耘著，過著十分儉樸和貧困的生活。雖然承受著病魔的極大折磨，他以繪畫來自我安慰，總是努力追求完美。他說：「隨著年歲的增長，超越自我的願望就越來越強烈，我希望達到一種最高的完美境界。」就這樣，普桑在艱辛、奮鬥和折磨中度過了晚年。他沒有子嗣，妻子先他而去，所有的朋友也都死了，所以他在羅馬的晚年生活是孤獨寂寞的，陪伴他的是一座座的墳墓。他於西元 1665 年死於羅馬，把他一生的全部積蓄留給了在萊桑德利的親戚，總共約 1,000 克朗。而他身後留給人類的，是他那天才般的偉大作品。

▎獻身於藝術的阿里‧謝弗

阿里‧謝弗（Ary Scheffer）提供了一個精神高尚的現代人獻身於藝術的最好典範。他生在荷蘭多德勒克，父親是一個德國藝術家。他很早就表現出了對於繪畫和油畫的特殊興趣，並得到了父母親的鼓勵。他還很小的時候，父親去世，他母親雖然收入微薄，但還是決定遷居巴黎，為的是讓兒子得到最好的指導。在那裡，年幼的謝弗跟隨畫家葛蘭（Guérin）學習。但是，他母親的收入實在太有限，她不可能讓謝弗全心的投入學習。她把自己僅存的幾件珠寶賣掉了，也不讓自己有任何特別的嗜好，以此來籌集其他幾個孩子的教育費用。在這種境況下，阿里自然要幫助母親做些力所能及的事情。在他 18 歲的時候，他開始創作一些主題簡單的油畫，以適當價格出售以補貼家用。與此同時，他也練習肖像畫，一方面是為鍛鍊自己，另一方面是為賺錢養家。漸漸的，他在素描、著色和創作方面有了很大的進步。〈洗禮〉（Baptism）象徵著他藝術生涯中一個新時代的開

始，以此為起點他繼續前進。而他的〈浮士德〉（*Faust*）、〈雷米尼的弗蘭西斯卡〉（*Francisca de Rimini*）、〈安慰者基督〉（*Christ the Consoler*）、〈聖潔的女人〉（*Holy Women*）、〈聖莫妮卡和聖奧古斯丁〉（*St. Monica and St. Augustin*）和其他許多高貴的作品，則使他的聲譽如日中天，達到了藝術的頂峰。

格羅特夫人（Mrs. Grote）指出：「謝弗在創作〈弗蘭西斯卡〉時所投入的勞力、思考和注意力必定是十分龐大的。事實上，他技術方面的教育並沒有完成，他不得不憑藉毅力去攀登藝術的頂峰。因此，在他的手工作的時候，他的頭腦還在冥思苦想。他不得不在操作過程中進行各種嘗試，累積調色的經驗；他孜孜不倦、兢兢業業的從事單調枯燥的工作，畫完之後再重新去畫。但是，造化也賦予了他從事一種職業的同樣多的缺陷。他本人的高尚品格和高度的敏感性，使他能夠借助手中的鉛筆把別人的感情唯妙唯肖的揭示出來。」（格羅特夫人《回憶阿里‧謝弗的一生》）

▎英國雕塑家弗拉克斯曼

英國雕塑家弗拉克斯曼是謝弗最崇拜的藝術家之一，他曾經對朋友說：「如果我在構思〈雷米尼的弗蘭西斯卡〉時，於無意之中借用了別人的東西，那一定是從我看過的弗拉克斯曼的繪畫中借用的。」

約翰‧弗拉克斯曼（John Flaxman）的父親是在柯芬園新街賣塑膠製品的售貨員。小時候他體弱多病，經常靠著枕頭坐在爸爸商店的櫃檯後面，自娛自樂的讀書畫畫。樂善好施的教士馬修斯（Matthews）先生一天來店裡買東西時，看見他試圖讀一本《科爾奈利烏斯‧奈波斯》，這本書是他爸爸花幾便士從書店買的。在與小弗拉克斯曼交談一陣後，馬修斯先生告訴他，這本書不適合他讀，但他將為他帶一本過來。第二天，他帶來了《荷馬史詩》和《唐吉訶德》（*Don Quixote*）的翻譯版，小弗拉克斯曼讀

得津津有味。很快他的頭腦中就充滿了《荷馬史詩》中展現的英雄主義思想，並且樹立了用詩意的形式設計和再現崇高的英雄形象的雄心壯志。

像所有的年輕人一樣，他最初的設計也是粗糙的。一天，驕傲的父親將他的一些作品展示給雕刻家羅比利亞克（Roubilliac）看，羅比利亞克只是輕蔑的哼了一聲。但小弗拉克斯曼自己心中有數，他勤奮而耐心，繼續不停的讀書畫畫。後來他又試著臨摹塑膠製品、蠟製品和陶瓷製品上的圖形，這些早期作品有一些現在還保留著，不是因為它們畫得好，而是因為它們是有耐心的天才努力學習的見證。小弗拉克斯曼走路走得很晚，他只能借助於拐杖一瘸一拐的學著去走，很長時間之後他才強壯到扔掉拐杖獨立行走。

友好的馬修斯先生邀請小弗拉克斯曼去他家，在那裡馬修斯太太為他講解《荷馬史詩》和《彌爾頓》。他們還幫助他提高修養 —— 教他希臘語和拉丁語，然後讓他在家研究。憑藉耐心和毅力，他的繪畫進步得如此之大，以至於一位夫人委託他用黑粉筆創作 6 幅荷馬（Homer）主題畫。這是他第一次接受委託，是他藝術生涯的一個大事件。外科醫生的第一筆手術費，律師的第一筆律師費，演說家的第一場演講，歌唱家第一次登臺演出，作家的第一本書，對於追求名譽的人來說，都沒有藝術家第一次接受委託價值大。小弗拉克斯曼立即著手完成這一委託，結果名利雙收。

15 歲時，弗拉克斯曼成為英國皇家藝術學院的學生。儘管性格內向，他還是聞名於學生之中，大家都期待他獲得非凡成就。他沒讓大家失望：他15歲獲得銀獎，第二年成為金獎候選人。每個人都預言他將獲得該獎，因為在能力和勤奮方面，沒有人超越他。結果他沒有獲獎，金獎被評給一個從未聽說過的學生。青年時期的這次失敗對他極其有用，因為失敗不會讓內心堅定的人長期沮喪，只會激發他們真正的力量。「給我時間，」他對爸爸說，「我將創作出皇家藝術學院驕傲的承認的作品。」他加倍努力，不怕艱難困苦，不停的設計和模仿，即使不是進步很快，也是穩步前

進。但是，此時貧困威脅著他家，他父親的塑膠製品生意難以維持一家的生計。自我克制力強的弗拉克斯曼縮短了他的學習時間，去幫助父親做生意。他把他的學業放到一邊，全力以赴的和父親一起擔起養家的重擔。他做了很長一段時間的學徒，雖然單調乏味，但對他也有好處 —— 讓他熟悉了穩定的工作，培養了他耐心的品格。這種訓練也許是艱苦的，但它是有益身心的。

今人高興的是，年輕的弗拉克斯曼的設計才能為約書亞‧威治伍德所知，他想請他去設計改進瓷器和陶器的圖案。對於像弗拉克斯曼這樣的天才來說，這看起來像是藝術最低微的部分，但事實上它不是。一個藝術家在設計一個茶壺或水罐時，也許真的要付出辛勞。人們日常使用的物品每時每刻展示在他們眼前，也許能發揮教育的作用，提升他們的修養。因此最有雄心的藝術家寧願給予普通人更大的實用價值，也不願臨摹可高價賣出、被富人收藏而遠離大眾視線的名作。在威治伍德時代之前，畫在陶瓷製品上的圖案設計大多數是繪畫和臨摹，而他正致力於一項大工作 —— 不僅僅是推動大眾教育，還以此為榮，他決定對兩者都進行改進。弗拉克斯曼盡力按製造商說的去做，他時不時的向製造商提供各種模型和陶器設計，主題主要來自古詩和歷史，其中有許多至今仍然存在，有的既美觀又簡潔。在各個公共博物館和古玩收藏家的藏品櫃都能發現著名的「伊特拉斯坎花瓶」（Etruscan vases），為他提供了最好的樣子，他用自己精緻的設備予以修飾。當時剛出版的斯圖亞特（Stuart）的《雅典》為他提供了造型完美的希臘用具樣本。他採用了其中最好的，應用於精緻、美觀的新造型中。弗拉克斯曼同時在生活中培養自己對美的熱愛，向人們傳播一種藝術品味，並在促進朋友和贊助者財富成長的同時增加自己的收入。

最終，在西元 1782 年，當他 27 歲時，他離開家在倫敦蘇活區的沃德街租了間小房子兼工作室，而且和安妮‧丹曼（Ann Denman）結婚了。她

是一個令人振奮、心靈手巧、極有教養的女人。他相信，娶了她，他將能夠更積極的去工作，因為和他一樣，她也喜歡詩歌和藝術，而且是她丈夫的天才的狂熱崇拜者。因此，在婚後不久，約書亞·雷諾茲爵士——他自己是個單身漢——遇到弗拉克斯曼時，他對弗拉克斯曼說：「噢，弗拉克斯曼，人們告訴我你結婚了。如果是這樣，我告訴你，作為一位藝術家，你完了。」弗拉克斯曼聽了，直接就回家了。他坐到妻子旁邊，拉住她的手說：「安妮，作為一位藝術家，我完了。」「怎麼回事，約翰，發生什麼事了？誰做的？」「它發生在教堂，」他回答，「安妮·丹曼做的。」然後他講了約書亞·雷諾茲爵士的論述——他的觀點很有名，經常被發表。學生們如果想出類拔萃，就必須從早到晚把全部身心都投入到藝術上，而且只有研究了在羅馬和佛羅倫斯的拉斐爾（Raffaelle）、米開朗基羅等人的大作之後，才能成為大藝術家。「而我，」弗拉克斯曼說，翹起小手指，「將成為一個大藝術家。」「你應該成為一個大藝術家，」他的妻子說，「而且也去造訪羅馬，如果這是使你偉大真需要的。」「但如何去？」弗拉克斯曼問。「工作和節省，」勇敢的妻子回答說，「我絕不會讓人說安妮·丹曼毀了藝術家約翰·弗拉克斯曼。」於是夫妻倆就決定，當他們的經濟狀況許可時造訪羅馬。「我將去羅馬，」弗拉克斯曼說，「並且讓約書亞·雷諾茲爵士看看，婚姻對男人有好處，而不是壞處。而妳，安妮，將陪伴著我。」

　　這對恩愛的夫妻在他們沃德街的小家庭裡耐心而幸福的努力了 5 年，也沒去成羅馬。但他們一刻也沒失去希望，積存著能夠省下的一分一毫。對於他們的計畫，他們沒向任何人透露一個字，也沒向英國皇家藝術學院請求任何幫助，而只是憑藉吃苦耐勞和愛，去追求和實現他們的目標。在此期間，弗拉克斯曼展現的作品很少，因為他沒錢試著將其原創設計變成大理石作品。但他經常獲得雕刻紀念碑的工作，以此賺錢維持生計。他仍

然為威治伍德工作，威治伍德是個當場付錢的老闆。整體來說，他的事業蒸蒸日上，幸福而富有希望。他在當地如此受人尊敬，以至於當地人以他為榮。他被納稅人推舉去為聖亞納的教區牧師收市鎮稅，人們常看見他鈕扣上掛個墨水瓶四處收稅。

　　最終，弗拉克斯曼和他的妻子存下足夠的錢，啟程去羅馬。到了那裡，他勤奮的學習，像其他窮藝術家那樣臨摹古雕塑。英國遊客找到他的工作室，給他工作做。也就是在那時，他創作關於荷馬、埃斯庫羅斯（Aeschylus）和但丁（Dante）塑像的美麗設計。它們的價格中等——每件只有 15 先令，弗拉克斯曼既是為藝術，也是為賺錢。設計的美感替他帶來了其他的朋友和資助人。他為慷慨的托馬斯·霍普（Thomas Hope）製作了邱比特（Cupid）和奧羅拉（Aurora），為布里斯托爾伯爵（Earl of Bristol）製作了〈阿塔瑪斯的怒火〉（Fury of Athamas）。透過認真學習提高和培養了品味後，他準備返回英國。但是，在他離開義大利前，佛羅倫斯和卡拉拉的藝術學院都發現到了他的價值，選他為他們的成員。

　　早在他回到倫敦之前，他就已名揚該城。因此，他一回到倫敦，就發現有不少工作等著他。在羅馬的時候，他就已受託製作了著名的曼斯菲爾德伯爵（Lord Mansfield）紀念塑像。他回到倫敦不久，該塑像就被豎立在西敏寺的北耳堂中。它莊嚴肅穆的站在那裡，像一座弗拉克斯曼自己的天才的紀念碑——冷靜、質樸和嚴肅。難怪當時炙手可熱的雕塑家班克斯看到它時驚呼：「這小子把我們都超越了！」

　　英國皇家藝術學院的院士們聽說弗拉克斯曼回來了，特別是他們有機會瞻仰到他的曼斯菲爾德伯爵紀念塑像時，很想把他錄入皇家藝術學院，讓他成為他們中的一員。他同意被提名為非正式院士候選人，並很快被選上。不久，他以一個全新的面貌出現。那個在塑膠製品銷售員櫃檯後開始學習的小男孩，現在成為藝術界的大師、英國皇家藝術學院雕塑系教授。沒有人比他更值得獲得那個職位，因為沒有誰能像他那樣，把自己克服重

重困難不斷努力奮鬥的事蹟和精神傳授給別人。

過了很長一段平靜、幸福的日子後，弗拉克斯曼發現自己變老了。他恩愛有加的妻子安妮的去世，雖然對他打擊很大，但他仍然忍痛堅持多年，在這期間他創作了他著名的〈阿基里斯之踵〉（*Shield of Achilles*）和〈打敗撒旦的大天使米迦勒〉（*Archangel Michael vanquishing Satan*）——它們也許是他最偉大的兩件作品。

▍勤奮的尚特里

尚特里是一位更堅強的人 —— 在某種程度上可說是粗野。但是，他舉止有禮，待人親切。他非常自豪於自己成功戰勝了童年的不幸，特別是為自己的自立精神而自豪。

他出身貧窮之家，其出生地是雪菲爾附近的諾頓。父親去世時，他還是個孩子，母親只得再嫁。小尚特里常常趕著一頭馱滿罐裝牛奶的驢子到鄰近的雪菲爾鎮上，為母親的顧客送牛奶。這是他勤奮生涯的卑賤開始。正是透過自己的努力，他才出人頭地，成為最負盛名的藝術家。

由於不為繼父喜愛，他被繼父派去學做買賣，最初是在雪菲爾的一個雜貨商那裡學。可是做生意非常不符合他的興趣與愛好。一天，當他經過一家雕刻店的櫥窗時，他的目光被櫥窗裡那些精雕細刻的雕刻品牢牢吸引，當時他就沉醉在成為一名雕刻家的美麗遐想中。他請求他的雜貨商朋友支持他，允許他退出雜貨生意，朋友同意了。於是，他就成了一個既會雕刻又會鍍金的人的學徒，學徒期7年。

他的師傅是一名木刻工匠，在木刻之餘，也從事印模製品和石膏樣品經營。尚特里立即開始描摹這些樣品和模型，學得很用功。在所有休息時間裡，他一頭栽進繪畫、製作模型、自我改進繪畫和模型的活動中，常常工作到深夜。在學徒期滿之前，也就是在21歲那年，他透過付給師傅他

所能付的一筆錢 —— 50 英鎊，取消了師徒契約關係。他決定全心的從事藝術。然後，他很快就到了倫敦，很理智的找了一份工作 —— 當一個雕刻匠的助手。在休息時間，他則專心練習畫畫和製作模型。作為一個雕刻雇工，他的第一件工作便是裝飾詩人羅傑斯（Rogers）先生的臥室。以後他成了羅傑斯先生家的常客，他也經常高興的向他在羅傑斯家中遇到的客人介紹他早年的手工。

因公差回到雪菲爾時，他以蠟像師、袖珍畫家以及油畫家的身分在當地報紙上做了廣告。他的第一幅蠟像畫就被一個刀具商購走，刀具商付給他 1 畿尼（舊英國金幣）；他為一位糖果商畫的肖像畫也為他帶來了高達 5 英鎊的收入，糖果商還送他一雙長筒靴。不久，尚特里重又回到倫敦，並到皇家畫院學習。再次回到雪菲爾時，他大肆宣揚他準備為雪城的傑出人物畫肖像畫，並為他們製作石膏塑像。人們甚至選他為雪城一位逝去的教區牧師設計紀念像，他的設計使人們相當滿意。

在倫敦時，馬廄上的一間房子便是他的工作室，環境相當簡陋。就在那間簡陋的工作室裡，他展出了他製作的第一件創意新穎的作品，那就是撒旦的巨頭。他的展覽行將結束時，一位前來觀展的朋友被那放在一個角落裡的「撒旦巨頭」的精巧製作深深折服了。尚特里介紹說：「『撒旦巨頭』是我來到倫敦以後的第一件作品。我是戴著一頂紙帽在一間閣樓裡完成這一創作的。那時，我僅僅只買得起一根蠟燭，我把那根蠟燭插在紙帽上，以便我無論轉向哪個方向都能看得見。」在皇家畫院畫展上，弗拉克斯曼也看到了這件作品，並大加讚賞。他還推薦尚特里為格林威治海軍博物館製作 4 位傑出海軍元帥的紀念像。這一任務為他帶來了其他一些生意，因此他只好放棄了繪畫。但在以前的 8 年中，他的模型連 5 英鎊也沒有賺到過。他設計製作的霍恩·托克（Horne Tooke）元帥的頭像非常有名，獲得了極大的成功，按照他自己的話說，這尊頭像為他帶來了 12,000 英鎊的收入。

　　尚特里成功了，但是他依然勤奮工作，正當的置了一筆家業。在 16 個競爭者中間，他被選中為倫敦製作喬治三世塑像。幾年以後，他創作出了〈沉睡之中的小孩〉這一精美的紀念像，這一作品現在陳列在利奇菲爾德大教堂裡。從那以後，他的創作不斷為他帶來榮譽、名聲和財富。

　　耐心、勤奮和頑強毅力是他獲得重大成就的法寶。他也像那些出身寒微的人一樣，在生活上常常精打細算。他到義大利參觀旅遊時，帶在身上記載各種藝術筆記的袖珍筆記本上，便記載了他的日常開銷情況以及他當時購買的幾件大理石製品的開銷情況。他的愛好很單純，他的那些傑作總是在這種單純愛好的大力推動下完成的。由他設計製作、陳列在漢茲沃斯教堂裡的瓦特塑像，對我們來說是一件完美無缺的藝術精品，而實際上它非常樸素，是一件自然天成的傑作。他對身處困境的藝術家兄弟們資助頗多，從不張揚、自大。為了促進英國的藝術事業，他將他的大筆財產捐贈給了皇家畫院。

▎吃苦耐勞的大衛・威爾基

　　同樣吃苦耐勞、意志堅定的傑出人物還有大衛・威爾基，一個蘇格蘭部長的兒子，他很早就顯示出藝術才能。儘管他是一個粗心大意、不太適合做學問的學者，但他是一個孜孜不倦的容貌和形體畫家。

　　在還是個沉默寡言的男孩時，他就顯示出安靜的集中精力的性格，這讓他一生都與眾不同。他抓住一切機會畫畫 —— 牧師住宅的牆壁、河邊平坦的沙地，都是他信手拈來的「畫布」。什麼樣的工具他都能利用 —— 像喬托一樣，他把燒過的棍子當鉛筆，把平坦的石頭當現成的畫布，把他遇到的每個衣衫襤褸的乞丐都作為繪畫的主題。當他造訪一棟房子時，通常都在牆壁上留下「到此一遊」的印記，有時候會讓愛乾淨的女主人厭惡。總之，儘管他當部長的父親厭惡繪畫這一「邪惡」的職業，威

爾基強烈的繪畫嗜好一點也沒被挫傷。他勇敢克服重重困難，變成了一個藝術家。

　　儘管第一次申請加入愛丁堡的蘇格蘭皇家畫院因作品不佳被拒絕，他仍舊堅持不懈，力爭畫得更好，直到被允許加入，即使進步緩慢。他刻苦勤奮的專注於人體繪畫，抱著成功的決心和信心。他不像許多自詡為天才的年輕人那樣古怪、不定，而是沿自己選定的道路堅定走下去。因此，他後來總是把他的成功歸功於他頑強的堅持，而不是任何更高深的天生才能。「在我繪畫技藝的進步中，」他說，「唯一的因素是堅持不懈的勤奮。」

　　在愛丁堡，他獲得了一些獎勵。鑑於其報酬更高，他曾想把注意力轉向肖像畫，但他最終還是勇敢走出一條成名之路，並畫出了他的〈皮特勒西市集〉（*Pitlessie Fair*）。他依舊勇往直前，決定去研究和工作領域更廣的倫敦闖一闖。貧窮的蘇格蘭年輕人來到倫敦，租住在一間每週 18 先令的陋室裡，畫出了他的〈鄉村政治家〉（*Village Politicians*）。

　　儘管這幅畫成功了，不少求畫者隨之而來，威爾基仍然窮了很長時間。他的作品的價格不高，而他花在它們上面的時間和勞力卻很多，因此在許多年裡，他的收入相對較少。事先每幅畫都被認真研究和精心設計，沒有一幅是一口氣畫完的，許多作品都花了他好幾年時間 —— 潤色、再潤色，不斷改進，直到最終交出手。

　　和雷諾茲一樣，他的座右銘是「工作！工作！工作！」並且和他一樣很討厭話多的藝術家。種瓜得瓜，種豆得豆。「讓我們做些事情」是他旁敲側擊的制止空話、告誡懶人的常用語。一次他曾向朋友康斯特勃（Constable）提到，當他在蘇格蘭皇家畫院學習時，院長葛拉罕（Graham）常用雷諾茲的話對學生們說：「如果你有天賦，勤奮將使其更好；如果你沒什麼天賦，勤奮將使你擁有天賦。」「因此，」威爾基說，「我決定勤奮點，因為我知道我沒有天賦。」他還告訴康斯特勃，當他在倫敦的兩個夥伴兼學生林奈爾（Linnell）和伯內特（Burnett）談論藝術時，他總是盡可

能溜達到他們附近以便能聽見他們的談話。「因為，」他說，「他們知道的很多，而我知道的很少。」說這些話時他充滿真誠，因為威爾基習慣於謙虛。當他因其〈鄉村政治家〉從曼斯菲爾德伯爵那裡獲得總額為 30 英鎊的報酬時，他用這筆錢做的第一件事，就是買禮物 —— 為在家的媽媽和妹妹買帽子、圍巾和裙子，儘管那時不太能夠買得起。威爾基早年的貧困已使他養成厲行節約的習慣，但他又是慷慨大方的，就像《亞伯拉罕·萊姆巴赫的自傳》（*Autobiography of Abraham Raimbach*）中所寫的雕刻家那樣。

威廉·埃蒂（William Etty）是另一個在藝術上堅持不懈、不屈不撓的著名人士。他的爸爸是一個在約克郡做調味料的，他外公是做繩子的，他媽媽是一個強壯有力、富有創造性的女人。他很小就顯示出對繪畫的熱愛，牆壁上、地板上、桌子上，到處都有他畫的畫。他的第一枝「畫筆」是一小截粉筆，然後是煤塊或燒焦的木棍。他媽媽對藝術一點都不懂，把他送到了一個印刷商那裡當學徒。但他在閒暇時間還是繼續練習繪畫。當他學徒期滿時，他決定按自己的愛好去做 —— 他願成為一個畫家，別的什麼也不做。幸運的是，他的叔叔和哥哥能夠而且願意幫助他，他們向他提供到英國皇家畫院學習所需的一切。我們從萊斯利（Leslie）的自傳中知道，埃蒂的同學認為他是一個值得尊敬但單調乏味的人，從不突出自己。但是他全心的投入自己神聖的事業中，努力向藝術之巔攀登，最終成為有名的畫家。

戰勝貧困的藝術家

許多藝術家在成功之前都曾遭遇過最能考驗他們的勇氣和耐力的貧困生活，我們並不知道哪些人在貧困面前一蹶不振，但馬丁（Martin）在其藝術生涯中所遇到的那種困難也許就擊敗了少數意志不堅強的人。在創作他的第一幅偉大作品的過程中，馬丁就不只一次處於飢餓邊緣。他自己曾

經說起過，一次，他發現他身上的錢僅有 1 先令，亮閃閃的 1 先令 ──他沒有用掉它就是因為它亮閃閃的，這次他必須得用它買麵包。於是，他到一家麵包店，用身上僅剩的這 1 先令買了一塊麵包。正當他要帶走麵包時，賣麵包的卻從他那裡搶走了麵包，並把那 1 先令扔給了飢餓的畫家。亮閃閃的那 1 先令在關鍵時刻並沒有派上用場 ── 因為那是一枚壞了的硬幣。回到租住的小旅店，他翻箱倒櫃的找了一些剩下的麵包皮聊以充飢。他完全是在自己對藝術的強烈熱愛的支撐下，才得以繼續熱情不減的從事藝術創作。他滿懷信心的繼續工作，等待時機。幾天以後，他找到一個機會適時的展出了他的畫，從那以後，他就成名了。

像其他許多偉大的藝術家一樣，他的人生經歷證明，不管外部環境多麼惡劣，勤奮加天才總是一個人成功的有力保障。名聲，儘管總是姍姍來遲，但它最後總歸會來到。

如果一個人自己不積極主動，即使按照科學方法對他進行最精心的指導和訓練，他也成不了才。大凡修養極佳之人都是些極懂自我教育之道的人。

當在父親辦公室裡長大的普金（Pugin）根據通常的模式學完所能學到的建築學知識後，仍發現自己所學甚少，必須從頭開始，刻苦訓練。年輕的普金就去替倫敦柯芬園皇家劇院的木匠打工 ── 起初是在舞臺下，然後是布景後，再後來是舞臺上。這樣一來他逐漸熟悉了相關工作，了解了大型歌劇布景中機械使用的變化，這對培養其建築品味特別有用。當劇院季節性停業時，他就到來往於倫敦和一些法國港口的輪船上工作賺錢。一有機會他就上岸，畫古建築物，特別是他碰到的那些基督教建築物。後來，他還專程去歐洲大陸畫古建築物，帶回了大量畫作。他這樣勤勞耕耘，保證了他最終能獲得出色的成就。

喬治·肯普的一生

愛丁堡美麗的司各特紀念碑的建築師喬治·肯普（George Kemp）的一生也是與之類似的勤勞耕耘的一生。他是一個貧窮的牧羊人的兒子，住在彭特蘭山南坡。在與外界隔絕的牧羊人環境中，小時候的他沒有機會親眼目睹藝術作品。然而碰巧的是，10 歲那年，他爸爸為其放羊的農場主人派他向羅斯林（Roslin）送一封信，他在那裡看到的美麗的城堡和教堂，在他的腦海中留下了強烈而持久的印象。為了能盡情滿足自己對建築建造的熱愛，他懇求父親讓他做一個細木工，去跟著鄰村的木匠當學徒。學徒期滿後，他去了加拉希爾斯，想在那裡找工作。

當他背著工具沿特威德山谷艱難前行時，一輛馬車在埃利班克塔附近追上他，馬車夫問他，他還要走多遠 —— 這無疑是坐在車裡的主人讓他問的。當得知他要去加拉希爾斯時，馬車夫就邀請肯普上車坐在他旁邊。後來得知，裡面那位好心的紳士就是華特·司各特爵士，當時他是塞克爾克郡郡長。

在加拉希爾斯工作時，肯普經常去參觀梅爾羅斯、德里伯格和傑德伯格的教堂，仔細研究它們。在他對建築的熱愛的激勵下，他以木匠的身分走遍了英格蘭北部大部分地區，從不放過觀察和繪製精美的哥德式老建築草圖的機會。

有一次，在蘭開夏郡工作時，他走了 50 英里去約克郡，花了一週的時間認真研究那裡的大教堂，然後又徒步返回。然後他又去了格拉斯哥，在那裡待了 4 年，在休息時間研究那裡美麗的大教堂。

再次返回英格蘭後，他又往南去，研究坎特伯雷、溫徹斯特、廷滕等大教堂和其他有名的建築物。西元 1824 年，他形成遊遍歐洲、研究那裡的有名建築物的計畫，同樣靠做木匠來提供支持。到達布洛涅後，他又經過阿布維爾和博韋到達巴黎，每個地方他都花了數週繪畫和研究。他的手

工技巧，特別是他對磨坊的了解，保證了他無論到哪裡都能找到工作。他通常在一些精美的哥德式老建築附近找工作，空閒時就進行研究。

在國外工作、旅行和研究了一年後，他返回了蘇格蘭。他繼續研究，變成了繪畫和透視畫法專家；梅爾羅斯是他最喜歡的遺跡，他為該建築精心繪製了多幅圖畫，其中以「重建」狀態展示該建築的那幅畫後來被雕刻成了版畫。他也是建築設計模型師；根據布里頓（Britton）《大教堂古蹟》（*Cathedral Antiquities*）的規畫為一個愛丁堡雕刻家開頭的作品繪圖。這是他天生就喜歡的任務，他充滿熱情的投身其中，以保證進展迅速。他步行走過了大半個蘇格蘭，以一個普通技工的身分為生，而他所作的畫即使藝術界最好的大師也引以為榮。然而，該工作的專案負責人突然去世了，繪畫不得不停止，肯普又去尋找其他的工作。當司各特紀念碑委員會有獎徵求最佳設計時，很少有人了解他的天賦 —— 因為他非常不愛說話，總是很謙虛。競爭者很多 —— 包括古典建築界中一些最偉大的大師，但匿名選出的設計卻是喬治·肯普設計的，當收到宣布司各特紀念像委員會的決定的信時，他在離得很遠的艾爾郡基爾溫寧教堂工作。

可憐的肯普，在這之後不久就意外去世，沒能活著看到他堅持不懈、刻苦自學的第一個成果呈現為石雕，這是為文學天才所立的最美、最恰當的紀念碑之一。

約翰·吉布森也是一位天生就對藝術充滿熱情和熱愛的藝術家，他對藝術的熱愛使他超脫於各種庸俗、骯髒的誘惑之外，而這些誘惑常使那些庸俗、骯髒的人一門心思只想著賺錢。吉布森出生在北威爾斯康威附近的吉福恩，他父親是一位園林工人。他很早就顯示出天賦 —— 用隨身攜帶的普通小刀鐫刻出漂亮的木刻來。他父親注意到他的天賦，便送他到利物浦一個既會做家具又會木刻的人那裡去當學徒。他的手藝進步極快，一些木刻製品也極其為人稱道。就這樣，他走進了雕刻藝術的神聖殿堂。18 歲那年，他用蜂蠟刻了一個小的時間圖，這引起了許多人的注意。利物浦的

雕刻家米斯·法蘭西斯一家買下了吉布森和他師傅簽訂的契約，就這樣，吉布森又轉歸法蘭西斯一家門下做了 6 年的學徒。在此期間，他的天才不斷展現在其許多新穎、頗具獨創性的作品上。從那以後，他去了倫敦，隨後又到了羅馬，因而在整個歐洲都頗具盛名。

英國皇家畫院院士羅伯特·桑本（Robert Thorburn）和約翰·吉布森一樣，也出生在貧窮家庭，他父親在鄧弗里斯做鞋。羅伯特還有兩個哥哥，其中之一擅長木刻。一天，一位夫人來他家拜訪，看到了羅伯特，當時他還是一個小男孩，正在一個凳子上畫畫。她仔細查看了他的作品，觀察了他各方面的能力，對他特別感興趣，想讓他為她畫畫，並列了一個能幫助他學習藝術的人員名單。小羅伯特勤奮、刻苦、穩重，不愛說話，不愛與夥伴們交流。大約在西元 1830 年，他被蘇格蘭皇家畫院錄取，鎮裡的鄉紳資助了他去愛丁堡所需的一切。在那裡，他得以向大師們學習，進步很快。從愛丁堡他又去了倫敦，有機會被介紹給巴克盧公爵（Duke of Buccleuch），受其庇護。然而，雖然我們不能說這種庇護對桑本進入上流社交圈有什麼作用，但是，如果他自己不勤奮、沒有天賦，沒有哪種庇護能讓他成為大藝術家。

著名畫家諾埃爾·佩頓（Noel Paton），其藝術生涯開始於鄧弗姆林和佩斯利，替桌布和平紋細布畫手工繡花圖案，同時還做一些更高階的工作，包括為人畫肖像。像特納一樣，他隨時做好從事任何工作的準備。西元 1840 年，他還是個青年，就受僱為《倫弗魯郡年鑑》（*Renfrewshire Annual*）畫插圖。他一步一個腳印的開拓自己的道路，雖然緩慢但踏實。直到在為議會大廈畫的漫畫的獲獎作品展上，他的畫〈宗教的靈魂〉（*The Spirit of Religion*，他獲得一等獎）讓人見識了他的藝術天賦，使他躋身於天才藝術家之列。他在這之後的作品，如〈奧布朗與提泰妮婭的和解〉（*Reconciliation of Oberon and Titania*）、〈家〉（*Home*），顯示了他在藝術實力和文化上的穩步前進。

▌鐵匠畫家詹姆斯・沙爾普斯

　　另一個出身寒微而又堅韌不拔、辛勤耕耘於藝術殿堂的突出例子當然要數詹姆斯・沙爾普斯（James Sharples），他曾經是布萊克本的一名鐵匠。沙爾普斯於西元 1825 年出生於約克郡的韋克菲爾德一個有 13 個孩子的大家庭，他的父親是一名鑄鐵廠廠主。為了他的生意，他舉家搬到貝里。孩子們都沒受過學校教育，而且一有可能就被他們的父親指使做些工作；詹姆斯在 10 歲時就成了鑄鐵童工，一做就是兩年。之後，他進了他父親工作的引擎廠，他父親是一名引擎機械師。詹姆斯的工作任務就是燒火，並為鍋爐製造工遞鉚釘。雖然他的工作時間非常長 —— 經常從早上 6 點做到晚上 8 點，但他父親還是在工作之後設法給他一點少得可憐的教育。他就是這樣零星的學了一些知識。在整天和鍋爐製造工一起工作的日子裡發生的一起偶然事件，激起了小詹姆斯學習繪畫的熱望。極其偶然的一次，工頭叫他幫忙拿粉筆。工頭經常用粉筆在工廠地板上設計鍋爐，但這一次，工頭卻拿著粉筆，命令小詹姆斯畫那些重要的線段。詹姆斯很快就會了。他做得如此之好，以至於成了工頭不可或缺的好幫手。在家中的閒暇時間裡，他樂此不疲的在母親臥室的地面上練習畫鍋爐。有一次，曼徹斯特的一位女性親戚來探訪他家。為招待這位女性親戚，房子盡可能打掃得乾淨一些，家中陳設也盡可能布置得體面一些。但在那天晚上，詹姆斯從工地上一回來便像往常一樣，在母親臥室的地面上開始了他的繪畫練習。母親和親戚進去時，他還在用粉筆繼續設計他的大鍋爐。使他母親難堪的是詹姆斯沒有來得及擦掉他畫的那些畫，地面上到處都是他的「傑作」。但這位女性親戚絲毫不以為怪，反而對詹姆斯的勤奮大加讚賞，還表揚了他的鍋爐設計，並且向他母親建議為「這個小傢伙」（親戚這樣稱呼他）買一些紙和鉛筆。

　　在他哥哥的鼓勵下，詹姆斯開始練習人物畫和風景畫，臨摹平版畫。

儘管對色調對比、線條比例一無所知，但他毫不氣餒，透過努力，他逐漸懂得了臨摹。16 歲那年，詹姆斯進入貝里機械工藝學院學習繪畫，向他授課的老師是個業餘繪畫愛好者，其本職是一個理髮匠。在 3 個月的時間裡，詹姆斯每週上一節課。老師建議他從圖書館借伯內特（Burnet）的《繪畫練習指南》（*Practical Treatise on Painting*）。但由於他的教育程度差，他只好請母親（有時請哥哥）為他讀其中的一些章節，他自己則坐在旁邊聽。較差的教育程度使詹姆斯不能順利閱讀藝術書籍，這是橫亙在他面前的一道障礙 —— 他通往藝術殿堂的一道障礙。為克服這一障礙，一心想掌握伯內特著作的詹姆斯決定在第一學期結束後，暫停在繪畫班的學習，以便在家專心致志的念書，學習基本的讀和寫。學會讀和寫後，他很快又進了貝里機械工藝學院。當他第二次拿起伯內特的著作時，他不僅能讀，而且還能寫一些紀錄以供將來使用。他學習伯內特著作的熱情極高，常常早晨 4 點就起床閱讀並摘抄其中的一些章節。學習完後，他 6 點趕到引擎廠，一直做到下午 6 點，有時還要做到晚上 8 點，回家後又帶著新的熱情潛心學習伯內特的著作，經常學習到深夜。其餘的晚上，他則沉浸在繪畫和臨摹複製一些名畫之中。在他臨摹的畫中，有一幅是臨摹李奧納多・達文西的名畫〈最後的晚餐〉。他花了一整晚才臨摹複製完。他確實上過床，但他頭腦中卻全是畫畫的想法，根本沒有入睡，因此他又重新起床拿起畫筆畫起來。

接著，他就開始嘗試畫他的「油畫」。他從布商那裡買來了一些油畫布，然後把畫布掛在「畫架」上，塗上白鉛，然後開始用他從家用油漆工那裡買來的彩色顏料作起他的「油畫」來。但他遭到了徹底的失敗，因為畫布粗糙且多結，油漆也不易乾。最後，他求助於他的老師 —— 那位理髮匠。從老師那裡他了解到，畫布還可以用，市場上還可買到為畫油畫而特製的顏料和青光漆。因此，不久，當狀況許可的時候，他就買了少量的必備物品，重新開始他的油畫 —— 他的業餘指導老師則為他示範，教他

怎樣作油畫。學生學得如此快，以至於超越了老師的水準。他的第一幅「油畫」是臨摹一件叫作〈剪羊毛〉（*Sheep-shearing*）的雕刻，這幅「油畫」後來被他以 0.5 克朗的價錢賣給了別人。在 1 先令一本的《油畫指南》（*Guide to Oil-painting*）的指導下，他在業餘時間繼續他的油畫事業，並逐漸懂得了更多的油畫知識。他自己做了畫架、調色板、調色刀以及顏料箱，並用加班賺的錢購置了顏料、畫筆和帆布，那是他父母因他作油畫而恩准他使用的一筆小錢，撫養這麼一個大家庭的重擔使他們不敢再有非分之想。詹姆斯經常在晚上徒步到曼徹斯特去買兩、三先令的顏料和油畫布，回來時已近子夜時分。18 英里的長途跋涉使他疲憊不堪，有時渾身溼透，但他心中的熱望和決心從沒有動搖過，他真可謂是「意志堅如鐵」之人。他自己便曾講述過他自學成長的心路歷程，這是在和作者的一封通信中講述的一番話：

「我接下來的幾幅畫，」他說，「便是〈月夜美景〉（*Landscape by Moonlight*）、〈水果靜物畫〉（*Fruitpiece*）以及其他一、兩幅畫；自那以後，我就想畫〈鑄鐵者〉（*The Forge*）。有一段時間，我一直在琢磨著這件事，不過並沒有付諸行動。當然，現在我已經作了一幅它的草圖，並已動手在畫布上作畫。這幅畫只是再現了我曾經工作過的那種大工廠內的場面，而並非某一特定廠房。因此，在某種意義上說，這也算是我的創作。完成草圖後，我發現，要作好這幅畫，我還得懂點解剖知識，這樣才能使畫中人物栩栩如生、有血有肉。此時，我的兄長彼得（Peter）給予了我有力的支持，並為我買了一本弗拉克斯曼的《解剖研究》（*Anatomical Studies*），當時我根本就買不起這部著作，它的價格高達 24 先令。我視這本書如珍寶，勤奮的研讀它，經常早上 3 點就起床按照書中描述的原理作畫，有時還讓我的兄長彼得在那種不恰當的時候站著當我的模特兒。雖然我的人物畫技術逐漸有了進步，可我很長一段時間依然對畫好〈鑄鐵者〉

缺乏自信，因為我感到透視畫法知識的缺乏阻礙我盡情發揮、創作。為彌補我透視畫法知識的不足，我潛心苦苦鑽研布魯克‧泰勒（Brook Taylor）的《原理》（*Principles*）；不久以後，我重新開始畫油畫。在家研修透視畫法期間，我就提出請求並獲准在重型鑄造工廠工作，因為鑄造重型設備所需的加熱時間比鑄造輕型設備所需時間長，這樣一來我在白天的工作中就獲得了一定的『閒暇』時間，我就可以在冶鐵爐邊正在硬化的鑄件上作我的透視畫 —— 真可謂忙裡偷閒啊！」

　　在勤奮的工作和學習中，詹姆斯‧沙爾普斯的基礎藝術知識大大的豐富了，實際繪畫能力也大為提高。大約在學徒期滿 18 個月後，他為他父親畫了一幅肖像畫，這幅畫引起了鎮上人們的廣泛注意。他在畫完父親肖像畫不久之後完成的〈鑄鐵者〉同樣為鎮上人們所矚目。他的肖像畫畫得如此之好，以至於工頭專門請他畫一幅「全家福」。沙爾普斯畫得相當棒，工頭不僅付給他 18 英鎊的好價錢，而且還為他買了一雙 30 先令的靴子。在為工頭畫全家福的時間裡，沙爾普斯就沒有到鑄鐵工廠去上班，他想放棄他在鑄鐵工廠的工作，以便能專門致力於繪畫。他繼續畫了幾幅畫，其中有基督教主教的肖像畫以及〈貝里全景圖〉，但他並沒有多少肖像畫要畫，也就是說，畫畫並沒有為他帶來穩定、可觀的收入。因此，他只好重新穿上皮裙，回到鑄鐵工廠當工人。在閒暇時間，他完成了〈鑄鐵者〉的雕刻，其時〈鑄鐵者〉已開始出版發行。他是在外部因素的影響下開始著手其雕刻工作的：他曾經將這幅畫展示給曼徹斯特的一個畫商，這位畫商看完後告訴他說，在一個技藝高超的雕刻師手中，這幅畫能成為一件非常好的作品。沙爾普斯立即有了自己雕刻它的想法，雖然當時他對雕刻藝術一無所知。對於在雕刻過程中，他所遇到並被他成功克服了的困難，他自己曾有過這樣的描述：

　　「我曾經看到雪菲爾的一個鋼板製造商所做的廣告，他在廣告中詳細

列舉了所提供的各種尺寸的鋼板的價格。看到其中有適合我要的那種型號，我馬上匯款過去購買，並匯了少量多餘的錢要他借我一些雕刻工具。我根本不能列舉出我急需的雕刻工具，因為我根本不懂雕刻藝術，自然就不知雕刻之所需工具了。但是，郵購的鋼板還是按時送到了我手中，還有三、四把刻刀和一根蝕刻針 —— 後者在我知道其用處之前就被我損壞了。在我進行雕刻的過程中，工程師聯合會有獎徵集最佳標誌圖案設計，我參加了角逐，並幸運的獲了獎。此後不久，我就搬到了布萊克本，在亞特（Yate）先生家找了份工作。亞特先生是機械工程師，他們一家全是工程師。在閒暇時間，我則繼續繪圖、畫畫、雕刻。我的雕刻技術雖然較以前有了進步，但由於沒有合適的雕刻工具，進步卻不是很大。於是我決定自己做一些合適的工具。經歷幾次失敗後，我終於製成了許多以後我一直在使用的雕刻工具。但因為沒有合適的放大鏡，我又一次陷入了困境，畢竟我父親的眼鏡比不上放大鏡，因此一些鋼板就派不上用場。但是，後來我還是設法弄到了一個比較合適的放大鏡，這個放大鏡對我用處最大。雕刻過程中的一起偶發事件差點使我洗手不幹了：因為有相當長一段時間事情繁多，我只好把鋼板擱在一邊。為了防止鋼板生鏽，我經常用油擦那些雕刻過的部位。但是，過一段時間以後，我在檢查鋼板是否生鏽時，卻發現鋼板上黑色的油汙怎麼也擦不掉。我試著用針把油汙去掉，卻發現這需要花費的時間與重新雕刻一樣長。當時我極度失望。但是，最後，我想出了一個應急辦法 —— 在放有蘇打的沸水中煮它，然後用牙刷擦拭油汙處。使我高興的是，這辦法很奏效。最困難的時期過去了，我的耐心和毅力使我獲得了成功。在擦拭鋼板的過程中，我沒有任何人的建議和幫助。因此，如果說這一工作有什麼意義的話，那就是做事完全要靠自己；如果說這件事表達了『有志者，事竟成』的話，那無疑是我希望的光榮。」

評論雕刻品〈鑄鐵者〉顯然不是我們的目的，這一作品的價值早已為雕刻界所公認。它的完成花費了沙爾普斯 5 年的夜晚時間，也就是說，是

沙爾普斯在這 5 年間暇的夜晚一刀一刀雕刻出來的。只是在拿著雕刻圖版到印刷工那裡去的時候，他才見到了其他人的雕刻圖版。對於這幅天才的、質樸的工業畫，我們還需要加一點，即它是家庭支持的產物。正如沙爾普斯所說：「我結婚 7 年，最大的樂趣便是從鑄鐵工廠下班回家後，拿起我的畫筆或刻刀一直工作到深夜，我的妻子則一直坐在身旁，經常為我讀一些有趣的故事。」這是這位普通而又不凡、坦率而又有趣的鐵匠畫家的肺腑之言。

▌吃苦耐勞的音樂家

要想在繪畫、雕刻藝術方面成就斐然，無疑需要付出辛苦和心血，需要專心致志、堅忍不拔。這些，同樣也是音樂藝術所需要的卓越特質 —— 繪畫和雕刻是形式和色彩之詩，音樂則是自然之聲。韓德爾便是這樣一位不辭辛勞而又專心致志的音樂家。他絕不在失敗和挫折面前低頭，相反，他迎難而上，在逆境中增長才幹。在他無力償債的時候，他也從沒有屈服過，而且在一年之中，他就創作出了〈所羅〉（*Saul*）、〈以色列〉（*Israel*），並為德萊頓（*Dryden*）的〈頌歌〉（*Ode*）作曲。他還創作了〈十二大協奏曲〉（*Twelve Grand Concertos*）以及歌劇《阿格斯的朱比特》（*Jupiter in Argos*）。這些都是他最好的作品。正如傳記作家所評論的那樣：「他勇於嘗試一切，而且他一個人獨立完成了 12 個人的工作。」

海頓（Haydn）在談到他的藝術成就時說：「主要在於對所從事的事業鍥而不捨。」莫札特則說：「工作是我最大的樂趣。」貝多芬最喜愛的格言是：「對有抱負的天才和勤奮的人來說，沒有不可克服的障礙，障礙在他們面前無非只是『到此為止，別再向前啦』這樣的戲言。」當莫謝萊斯（Moscheles）把他為《費德里奧》（*Fidelio*）譜寫的鋼琴樂譜呈送給貝多芬時，貝多芬在最後一頁發現了他寫的一段話：「在上帝的幫助下完成的。」

貝多芬立即寫下了這麼一句話：「人類啊，救救你自己吧！」這也是他藝術生涯的座右銘。約翰‧塞巴斯蒂安‧巴哈這樣評價自己：「我是一個勤奮的人。一分耕耘，一分收穫。」但是，巴哈天生就愛好音樂，這是他勤奮的主要動力，也無疑是他成功的真正祕密。在巴哈的孩提時代，他那希望他在其他方面發展的大哥將他在月光下抄寫的一些練習曲付之一炬。他在月光下抄寫練習曲，說明了這個天才少年對音樂的強烈愛好和興趣。關於梅耶貝爾（Meyerbeer），米蘭的貝爾（Bayle）在西元 1820 年這樣寫道：「他是一個有天賦的人，但他並不是天才；他離群索居，每天在音樂上要花費 15 個小時。」數年過去了，梅耶貝爾的勤奮和努力終於鑄就了他的音樂天才，他的天才主要表現在他的《羅伯托》（Roberto）、《胡格諾教徒》（Huguenots）、《先知》（Prophete）以及其他音樂作品中，這些都被公認為最偉大的現代歌劇作品。

百折不撓的英國作曲家

雖然作曲不是一門藝術，但到目前為止，英國人在這方面是最傑出的，他們非凡的作曲能力在極大程度上為我們提供了許多百折不撓的例子。如果沒有他們在這一特殊領域的不屈奮鬥，我們真不敢設想音樂界將會是何種模樣。

阿恩（Arne）出生於一個殷實之家，他父親原準備讓他從事律師職業，但他如此酷愛音樂，以至於任何力量也阻止不了他對音樂的追求。雖然不能勝任律師工作，但為了滿足他的音樂愛好，他經常從別人那裡借一套特殊制服到歌劇院去，然後穿制服回家裡。他的小提琴拉得很好，而他父親卻渾然不知。他父親第一次了解這一事實純粹是因為一個偶然事件：那一次，他父親去拜訪鄰近的一位紳士，使他驚訝甚或驚愕的是，他發現兒子正和一群音樂愛好者一起演奏音樂。這一偶然事件決定了阿恩以後的

命運，他的父親從此不再反對他痴迷音樂。世界上雖然因此而失去了一名律師，但卻增添了一位對音樂極有靈感、酷愛音樂的音樂家，英國音樂作品寶庫中因而也增添了許多有價值的作品。

不久前去世的威廉‧傑克遜（William Jackson）的音樂生涯同樣為我們提供了一個以百折不撓的頑強毅力克服各種艱難險阻、勇攀音樂高峰的典型實例。威廉是《以色列之解放》（*The Deliverance of Israel*）的創作者，他創作的這部清唱劇在其故鄉約克郡的主要集鎮上演出過，並獲得了極大的成功。威廉的父親是麵粉廠老闆，他的出生地馬薩姆，坐落在約克郡西北角的約雷山谷中。愛好音樂是威廉家的老傳統。他的父親不僅是馬薩姆志願者樂隊的吹笛手，橫笛吹得相當棒，還是教會唱詩班的成員；其祖父則是馬薩姆大教堂的主唱和搖鈴人。威廉最早的音樂樂事便是小時候參加週日的鳴鐘儀式。在這項儀式中，他對管風琴師演奏管風琴興趣甚濃。演奏管風琴時，房門洞開，以便樂聲飄進教堂，透過洞開的大門，坐在走廊後面十分好奇的孩子們可以看到風琴的音栓、風笛、風管、嘴套、鍵盤以及風琴師們。8 歲時，他便開始吹奏他父親那支不能發出音調的舊橫笛，但是母親買給他的一個調（當然是 D 調）的長笛彌補了這一不足。後來，一位熱心的紳士送給他一支有著銀鈴般音調的長笛。

由於小威廉在學校只熱衷於板球、手球、拳擊之類運動，對課程學習不感興趣，因而在學業上他沒有多大進步，校長勒令這位「壞學生」退學，他的父母只好送他到佩特利橋的學校讀書。然而在那裡，他在布萊特豪斯凱特的一個村合唱歌手俱樂部裡找到了知音。和他們一起，他了解了舊式英國音樂的全音域。這樣，他就受到了樂譜閱讀的良好訓練，不久就成為一名識譜高手。他的進步連俱樂部都深感震驚。返回家時，他對音樂充滿了幻想，當時就學著演奏了他父親的一架舊鋼琴，不過沒有音調優美的效果。他渴望有一架自己的手風琴，卻沒有能力購買。大約就在那個時候，鄰近地區的一位教會文書花了一筆數目不小的錢買了一架不堪使用的

小管風琴。這是一架曾在北部各郡做過巡迴演出的管風琴。那位文書曾試著修復它，但不甚成功，最後他想到了小威廉，因為小威廉曾經成功的改進了教區教堂的手風琴，他想讓小威廉試一試。因此，他用驢車將管風琴運到小威廉家，很快小威廉就幫他修復了，管風琴重又奏響了它昔日優美的音曲，這使它的主人 —— 教會文書非常欣慰。

那時，一個想法便縈繞在小威廉的腦際，即他能動手做一架管風琴，並且他決定動手做一架管風琴。他父親也和他一道著手這一工作。雖然沒有學過木匠工作，但經過辛勤勞動和不懈努力，他們在許多次失敗以後終於成功的做了一架管風琴。他們製作的這架管風琴能奏出 10 種不同的音調，這被街坊四鄰認為是一個了不起的奇蹟。以後，小威廉經常被人請去修復教堂的舊風琴，他經常幫他們在管風琴上設置一些新曲調。他所做的一切使雇主們相當滿意。自那以後，他開始動手製作一架四音栓的手風琴，他是透過改造一架舊羽管鍵琴上的琴鍵而造出這架四音栓的手風琴的，他學著演奏它 —— 晚上學習〈卡爾科特和聲演奏法〉（*Callcott's Thorough Bass*），白天則在父親的麵粉廠上班；偶爾，他也趕著驢車，挨家挨戶沿途叫賣麵粉。夏天，他則在田間地頭勞作不息，閒暇時間則與音樂相伴相依。接著，他又開始了作曲。14 歲時，他作的 12 首頌歌曾被呈送給約克郡故去不久的卡米奇（Camidge）先生。卡米奇先生對他的 12 首頌歌非常滿意，但也畫出了其中一些不太好的部分，然後將它們還給了小威廉，並給予了積極的評價。這使小威廉感到很光榮，他決定繼續作曲。

馬薩姆的鄉村樂隊組建後，小威廉就參加了，最後被任命為樂隊隊長。在樂隊中，他交替演奏各種樂器，這樣一來他獲得了相當多的實用知識。他也為樂隊創作了許多樂曲。當一個新的手風琴隊在教區教堂成立時，他被任命為首席風琴師。自那以後，他就不再做挨家挨戶叫賣麵粉的工作了，轉而開始從事油燭製造，在閒暇時間則繼續鑽研音樂。西元 1839

年，他出版了他的「第一頌歌」──〈讓豐饒的小山村歡快的唱起來〉（*For Joy Let Fertile Valleys Sing*）；次年，即西元 1840 年，他因〈牧場姐妹〉（*Sisters of the Lea*）而獲得了哈德斯菲爾德合唱俱樂部頒發的一等獎。他的其他「聖歌」，像〈仁慈的上帝〉（*God Be Merciful to Us'*）和〈第103 讚美詩〉（這是為一個二重唱合唱隊而寫）都非常著名。

除了這些小音階作品外，傑克遜還創作了清唱劇──《以色列之解放》。他的作曲過程通常是：從油燭廠下班後，趕忙記下閃現在腦際的那些靈感火花，晚上則把它們譜成樂曲。他的清唱劇目大都是在西元1844 ～ 1845 年期間創作出來的。29 歲生日那天，他出版了最後一批合唱曲。

這些作品很受人歡迎，經常在北部的一些集鎮上為人們表演，獲得了很大的成功。最後，傑克遜先生定居在布拉福教授音樂，他對培養那一集鎮及其附近地區人們的音樂興趣做了很大的貢獻。有一年，他曾非常榮幸的帶領布拉福合唱隊在白金漢宮為女王陛下進行了出色的表演；之後數年，他的一些合唱作品在水晶宮進行了效果很好的表演。

當本書修訂版送交出版社時，當地報紙刊發了傑克遜的訃告，他享年50 歲。他臨終前完成的最後一部作品是一首名叫〈讚美音樂〉（*The Praise of Music*）的大合唱。以上他早年的生活片斷是幾年前他在和作者的通信中親自提到的，那時他正在馬薩姆的油燭廠上班。

這就是一位極懂自我教育之道的音樂家的簡要人生經歷，他的人生經歷為世人提供了另一個自強不息的實例，他的勇氣和勤奮使他克服了常人難以克服的困難。

第七章

貴族出自勤奮

他既害怕命運給予他太多，又擔心自己奉獻太少。憑空得來的萬貫家財猶如嗟來之食，其味酸苦；只有用血汗創造的財富才貴比黃金，才令人神往。

—— 蒙特羅斯侯爵（Marquis of Montrose）

他決意放棄這憑空得來的一切，從零開始，自我奮鬥！

—— 路加（St. Luke）

出身卑賤、家境貧寒的人透過辛勤勞動和執著追求，終於成為功成名就、出人頭地的風雲人物，這種極富教育意義的例子我們已列舉了很多。同樣，也有許多出身顯貴、家財萬貫的王公貴族子弟拋棄優越的地位、豐厚的家產，憑藉自己的勤勞、智慧與執著追求而成就一番轟轟烈烈的事業。與其他國家的情況不同，英國貴族能從社會上獲得源源不斷的補充，把社會上最好的東西供給他們似乎是天經地義的。正如古希臘神話裡的巨人安泰俄斯（Antaeus），只要一接觸大地母親，就能獲得取之不盡、用之不竭的力量一樣，先天的貴族血統就是地位、尊榮和財富，就是一切。

所有人的血統都源自遙遠的過去，許多人已無法辨明三代以前的直系血統了，但有一條是可以肯定的：人類都源自共同的祖先，一個民族都具有共同的血統。沒有哪一個家世的血統是千年不變的，萬事萬物都處在永恆的運動、變化、發展之中。人世沉浮如電光石火，尊者卑，卑者尊，這種盛衰起伏變幻如滄海桑田，生生不息。新的取代舊的，昔日的王侯顯赫之家今日成了陋巷深處無人問津之所，自古以來，真是太多太多了。柏克（Bernard Burke）在《家世沉浮》（Vicissitudes of Families）一書中鮮明生動的揭示了家族盛衰沉浮的歷史。歷史顯示，尊榮顯貴之家往往是災禍、罪孽寄託之所，尋常百姓過著平平淡淡的日子，卻是無形之洪福。作者指出，昔日榮盛至極的 25 家世襲貴族，享受大憲章賦予的特權，公、侯、伯、子、男中的任何一種爵位都可依法成為上議院的當然議員。今天，這些世襲貴族早已沒有一個男性後裔。頻繁的內戰與動亂給予舊貴族沉重打擊，他們家破人散。這亦未嘗不是幸事，他們的子孫在戰亂中流離

人間，得以倖存。今天，這種貴族後裔在各階層中都有。富勒（Fuller）在他的《傑出人物傳》（*Worthies*）中寫道：「那些理所應當享有稱號的博亨王朝、莫蒂默王朝和金雀花王朝成員的後裔們早已與庶民無異。」肯特伯爵（Earl of Kent）的直系後裔，第六個兒子愛德華一世（Edward I）是個屠夫；莫蒂默、金雀花王朝的皇孫和克萊文斯（Clarance）君主的千金已淪為施洛普郡的補鞋匠；格勞斯特（Gloucester）君王的直系後裔，他兒子愛德華三世（Edward III），成了漢諾威廣場喬治斯特教堂最新上任的教堂司事。眾所周知，英格蘭前任伯爵西門·德孟福爾（Simon de Montfort）的後裔在托利大街賣馬鞍、修馬具。珀西（Proud Percys）的一個後裔現在都柏林做皮箱，要求恢復「諾森伯蘭公爵」這個屬於他祖先的稱號。就在幾年前，諾森伯蘭公爵一個煤礦裡的勞工 —— 也要求恢復「柏斯伯爵」的光榮稱號。休·米勒在愛丁堡當石匠時，有一個搬運灰泥的人當他的助手。這個人也是許多要求恢復克勞福德伯爵爵位中的一個。政府把這些人召集起來，要求他們出示血統、婚姻方面的證明。如煙歲月，這些證明早已煙消雲散。曾經盛極一時的奧立佛·克倫威爾（Oliver Cromwell）家的長孫而今是斯諾希爾地區的一個雜貨店老闆，克倫威爾家的其他子孫早在飢寒交迫中死去。多少尊榮顯赫、盛極一時的名爵貴侯之家都煙消雲散了。就像樹獺風捲殘雲的把樹葉吃光一樣，又有多少權傾一時、富可敵國的人家被不幸、逆境席捲而下，淪為尋常百姓之家，或者在急劇的衰敗中家破人亡，想當尋常百姓亦不能。這樣看來，從貴為名爵後裔到淪落貧窮、困頓之境，或成為默默無聞之人亦屬不易了。茫茫人世間，這種種興衰成敗、求榮取辱真是如風雲變幻，難以測度。

隨著貴族、伯爵名號的消失，許多貴族已變得具有現代色彩了。往昔的輝煌已無法重現。憑藉自己的聰明才智和勤勞而成為新貴族的已是數不勝數：康沃利斯伯爵領地由倫敦齊普賽街商人湯瑪斯·康沃利斯（Thomas Cornwallis）建立，埃塞克斯由布商威廉·卡佩爾（William Capel）建立，

克雷文由成衣商威廉・克雷文（William Craven）建立。沃維克的現代伯爵也並非由擁立國王的伯爵世襲而來，而是羊毛商威廉・格雷維爾（William Greville）的後裔；與此同時諾森伯蘭公爵領地的創始人也非現代公爵的祖先，而是倫敦一個令人尊敬的藥商休・史密森（Hugh Smithson）。而達特茅斯、拉德諾、迪西和龐弗里特的創始人分別是皮鞋商、絲綢製造商、成衣商和加萊的一個商人。而與此同時的坦克維爾、多默和考文垂的創始人都是紡織品商人。羅姆尼伯爵（Earl Romney）、達德利勛爵（Lord Dudley）和沃德勛爵（Lord Ward）的祖先都是金匠和珠寶商。查理一世時期的達克爾勛爵（Lord Dacres）是一個銀行家，維多利亞女王時代的奧弗斯通勛爵（Lord Overstone）也是一個銀行家。里茲伯爵領地的創始者是愛德華・奧斯本（Edward Osborne），他是倫敦織布商威廉・休伊特（William Hewet）的學徒。愛德華曾捨身跳下泰晤士河救了他師傅威廉的獨生女兒的命，後來愛德華與她結婚成家。商人出身的其他貴族還有菲茨威廉、利、彼得、古柏、達恩利、希爾和卡林頓等。佛利和諾曼比家族的創始人在各方面都十分卓越，他們的創業過程也都是一部堅韌不拔的歷史。

▌佛利家族的創始人理查・佛利

　　佛利家族的創始人理查・佛利（Richard Foley）的父親是查理一世時代的一個自耕農。他居住在斯陶爾布里奇附近，那個地方是英國中部地區的鐵器製造業中心。理查在鐵器製造業的一個部門 —— 製釘業工作，他每天要監管大量的產品，主要把次級品、報廢品一個個從釘子裡挑出來，這道極為笨拙的工序要耗費他大量的時間。隨著大量釘子從瑞典進口，斯陶爾布里奇的製釘業漸趨衰微。瑞典的釘子銷價很低，這對當地製釘業而言是一個致命的打擊。後來人們才了解到，瑞典之所以能製造價格低廉的釘子，主要在於使用了鐵切分機，這完全替代了當時英國採用的為製釘準備

鐵桿的繁重工藝。

理查·佛利了解到這一點之後，當即決定要掌握該項技術。他神祕的從斯陶爾布里奇地區消失了，一連幾年音訊全無，即使家人也不知道他到底到哪裡去了 —— 為了不致洩密，他沒有告訴任何人。他身無分文，身上唯一擁有的東西是一把小提琴，但他設法來到了赫爾，登上了一艘開往瑞典的船，順利到達瑞典。他到達瑞典之後，靠拉小提琴討錢來到了烏普薩拉附近的丹尼莫拉礦區。

佛利是個一流的音樂家，小提琴在他手裡能演奏出美妙動聽的音樂，加上他很會做人，鐵廠的工人一下子就喜歡上了他。他被接納為該廠的工人，可以隨時隨地在任何一道工序工作。佛利抓住這個機會，對鐵的切分原理進行觀察、思考、學習、掌握，不放過任何一個細節。待了一段時間，對製釘的全套工序都瞭若指掌之後，佛利突然從礦區那些朝夕相處的好朋友中間神祕的失蹤了 —— 自然，沒有人知道他去了哪裡。

回到英國之後，佛利把他瑞典之行的收穫講給了奈特（Knight）先生和斯陶爾布里奇的另一個人。他們完全相信佛利的話，並為他提供足夠的資金建廠和購買用新工藝切分鐵所需的機器。一切都已準備就緒後開機運行。但令人傷腦筋的是，不管怎麼弄，機器都無法把鐵棒切分開。這使包括佛利在內的所有人都大為吃驚。佛利又不見了。人們認為，失敗的恥辱已使佛利無地自容，他只好逃之夭夭。

其實，佛利並沒有逃之夭夭。他決心再去一趟瑞典，以掌握鐵釘切分的祕密。他又啟程前往瑞典，陪伴他的還是他心愛的小提琴。他又回到了鐵廠，工人們對他的歸來大為歡迎。為了保證這位小提琴手 —— 快樂的天使 —— 不再消失，他們把佛利安排在鐵釘切分廠房。這對佛利來說真是太妙了。很顯然，工人們只把佛利當成了一個小提琴手，當成了一個像中世紀行吟詩人一樣飄忽不定的遊客，對他的神祕失蹤毫不在意，從來沒有人去思考這其中的祕密。他們對他沒有一丁點懷疑，這使佛利輕而易舉

的獲取了他們的又一次信任。

　　佛利全心的鑽研切分機，很快就找到了問題的癥結所在。儘管從來沒有做過機械製圖，他還是盡其所能把所有的細節都描繪下來。他又在那待了很長一段時間，反覆確證自己的觀察，把切分機的所有工序和運作方式都清清楚楚的記在心中。然後他又一次離開了那些可愛的工人們，心急火燎的回到了英國。

　　像這樣意志堅定的人是不可能不成功的。回到英國後，他立即著手安裝、調試機器，經試驗，結果十分令人滿意。憑藉掌握的技術和勤勞，他很快就恢復了製釘業，奠定了致富的扎實基礎。

　　他一生都從事製釘業，並協助和促進鄰近地區的公益事業。在斯陶爾布里奇地區，他捐資建立了一所學校。他兒子湯瑪斯也是基德明斯特的一個大慈善家，在「殘餘國會」時代曾任伍斯特郡郡長，他捐鉅資建了一座醫院。這所醫院至今猶存，為老斯溫福德醫學院學生提供免費教育。

　　早年佛利家族都是清教徒。理察·巴克斯特（Richard Baxter）與佛利一家所有的人都很熟，關係極好。他在他的《人生與時代》（Life and Times）一書中常提到他們一家。湯瑪斯·佛利就任郡長之後，請巴克斯特為他布道。佛利一片誠心的認真聆聽教義。巴克斯特在《人生與時代》中是這麼評價他的：「佛利為人正直、誠實，所有跟他打交道的人都可以看到他那顆以誠待人、交人以善的至真之心。」在查理二世統治時期，佛利一家被封為貴族。

▎諾曼比家族的創始人威廉·菲普斯

　　威廉·菲普斯（William Phipps）是馬爾格雷夫或叫諾曼比家族的創始人，他與理查·佛利一樣傑出。威廉的父親是一位強壯的軍械工人，住在當時英國在美洲的殖民地緬因州的伍爾維奇。威廉出生於西元 1651 年，

他家至少有 26 個孩子（21 個是兒子）。很顯然，家裡窮得要命，他們的唯一財富就是那顆永不停息的心和自己堅強有力的雙臂。威廉具有丹麥人敢闖蕩的血性，他對早年度過的幾年牧羊人生活毫無興趣。他富於冒險而且膽識過人，一心想成為航海家或者去漫遊全世界。他只想加入一支船隊，成為一名搏擊風浪的海員。儘管他再三努力，卻未能遂願。於是他拜師學習造船技術。在師傅的精心指導下，他完全掌握了這門技術。在閒暇時間，他刻苦攻讀，在技術上精益求精。完成學徒期後，他回到了波士頓。不久，他愛上了一個有些家產的小寡婦。威廉的愛終於打動了這位女人，他們結婚成家了。此後，威廉透過自己的雙手建起了一個小造船廠，開始造船。經過幾個月的艱辛勞動，船終於造好下水了。接著，威廉做起木材貿易，這項辛苦而又單調乏味的工作，他一做就是將近 10 年。

有一天，他正在波士頓那彎彎曲曲的大街上行走，突然聽到幾個海員正在談論一艘離開巴哈馬的船失事之事。那是一艘西班牙船，據說船上有大量的金銀財寶。這一消息大大激起了他的冒險精神，他毫不猶豫，立即叫上一個可靠的夥計駕船駛往巴哈馬。失事的船就在岸邊，他一下子就發現了它。威廉和他的夥計成功的打撈了許多貨物，但是錢財很少，他也無力支付這些貨物的運費。這次經歷極大的增強了他做事業的膽量和信心，這才是他真正獲得的財富。後來，有人告訴他，半個多世紀以前，有一艘滿載金銀珠寶的船在普拉塔港口附近遇難沉沒，威廉當即決心打撈這艘船，撈出那些珍寶。

但威廉太窮了，他無力做成這件大事。他駕船來到了英國，期望獲得強有力的幫助。他曾成功打撈巴哈馬那艘失事的船的英雄事蹟早已傳遍英國，於是他當即向政府直接申請。他那火一般的熱情和活力極大的感動了一向辦事拖沓的官員。查理二世終於把「阿爾及爾玫瑰花」號船交給他全權使用。這艘船裝有 18 門火炮，共有 95 名船員，查理二世任命威廉當船長。

　　菲普斯立即率船出發，去尋找那艘西班牙沉船和珍寶。他安全抵達伊斯帕尼奧拉海岸。但如何找到那艘沉船可是一個傷腦筋的問題。沉船已是50多年前的事，對於這件事，而今已只剩下一些傳聞，別無其他線索。菲普斯一籌莫展。眼看著無邊無際的海洋和前不見頭後不見尾的海岸，要在這茫茫大海中尋找那50多年前沉沒的珠寶，真有如大海撈針一般。但是，菲普斯一點也不氣餒，他的意志異常堅定，對前途充滿信心。這對所有的船員來說都是一種強大的鼓舞力量。他和船員們一起用網沿海岸捕撈、搜尋。一連幾週過去，他們只打撈上來一些海藻、鵝卵石和碎石片，沒發現一點有用的東西，真是令人失望。船員們對這種毫無意義的打撈大為不滿，他們低聲抱怨菲普斯讓他們做這種無聊的事情。

　　慢慢的，大夥兒的抱怨越來越多，有的人已公開反抗。有一天，有一個人衝向後甲板，喊叫著要菲普斯放棄這種航行，不要白白浪費大家的精力。菲普斯可不是那種能被輕易嚇倒的人，面對大家的抱怨、吼叫，他一點也不慌亂。他立即把領頭的抓了起來，把其他人趕回了工作上。

　　為了進行維修，必須把船在附近的一個小島下錨。為了減輕船的負荷，船上的大部分貨物都得卸下來。船員們的不滿情緒日益嚴重，一個新的陰謀正在醞釀——岸上的船員們準備把這艘船扣留下來，把菲普斯扔到大海裡去，然後向南進行海盜式巡遊，隨時襲擊西班牙人。為了實行這個計畫，必須確保船上木工的服務。理所當然，木工被告知參與這件事情。這位木工是一個忠實的人，他立即把這件事報告了船長。菲普斯覺得事態嚴重，他當即與這位木工確定哪些人是忠實可靠的，並隨即把這些可靠的人集合起來，把船上的槍枝彈藥卸下來，控制海岸線，同時立即命令船停下來。當叛亂者出現後，菲普斯警告他們，如果他們膽敢接近儲藏櫃，他就要開槍了。叛亂的船隻不敢過來。在槍枝的掩護下，儲藏櫃又搬回到了船上。叛亂的船員害怕被拋棄在這荒無人煙的小島上，他們紛紛放

下武器，請求回到各自的職位上。菲普斯答應了他們的請求，於是大家都回到船上。為了防止意外，菲普斯採取了嚴密的警衛措施。菲普斯抓住一切機會把一些叛亂分子送上岸，把其他可靠的人安置在他們的職位上，確保萬無一失。但在進一步積極從事搜尋工作以前，他認為必須把船開回英國修理。這一趟航行看似平淡，實則驚心動魄；看似一無所獲，其實菲普斯對西班牙那艘滿裝珍寶的沉船的位置已有了更精確的認識。他堅信，他的事業一定會成功。

回到英國之後，菲普斯立即把這次航行的結果向海軍部上將做了詳細匯報。上將大人對他的努力十分滿意，但海軍部再也無法為他提供一艘皇家戰艦，因為這時已是詹姆士二世在位，政府正面臨各種危機，政府和國王已無暇顧及菲普斯這一淘金計畫。菲普斯別無良策，只得靠募捐來籌集必需的錢財。起初，很多人嘲笑他，但菲普斯無暇顧及這些，他不斷的向一些有影響力的大人物宣傳自己的偉大計畫，勸說他們資助他，在此期間，他生活陷入貧困之中。4 年之後，他終於成功了，一個由 20 個股東組成的公司得以成立，其中阿博馬爾伯爵（Duke of Albermarle）、蒙克將軍（General Monk）的兒子對菲普斯這個計畫最感興趣。菲普斯一分一毫募集來的資金成了實行這一計畫的主要資金。

跟佛利一樣，菲普斯第二次的運氣比第一次的好。船一路順風的開到了普拉塔港口暗礁附近，這裡可能就是傳聞中那艘船失事的地方。菲普斯的第一個目標就是建造一艘裝有 8 ～ 10 對槳的結實小船。為了建好這艘船，他親自動手劈、砍、削、裝。據說菲普斯還設計製造了一種類似現在大家熟知的潛水鐘的海底探測器。這種機器在書上早已有了論述，但菲普斯並不知道，為了成功的進行搜索，他又重新發明了這個機器。菲普斯還僱用了幾位印度潛水員，這些潛水員在海底深處打撈珠寶的本領高超、成就斐然。

　　後勤保障船和小木船都抵達了暗礁附近。相關人員立即著手工作，海底探測器沉入了海底，各式各樣的海底打撈辦法連續不斷的投入使用。但一連幾週過去了，沒有任何成功的希望，所有參加打撈的人都多少有些失望，有些人已垂頭喪氣了。菲普斯這個人有一個特點，就是越在看不到希望的時候他越堅強，他認為真正的希望往往隱藏於堅強的意志中。無疑，他這種頑強的意志和志在必得的信心感染了大家。也許太多的失望會帶來令人更加驚奇的喜悅。大海像熟睡的嬰兒一樣安詳、靜謐，人們的心也與大海一樣，寂靜的等待。

　　有一天，一位船員從船邊清澈的海水向海底下看，發現在海底岩石的縫隙中長著一種奇怪的海底植物。他叫一位印度潛水高手下水去取一些上來看看。這位印度潛水員「撲通」一聲潛入海底，取上來一些水生植物，並報告說在這裡的海底下有槍枝。大家起初對這一消息表示懷疑，但進一步的調查證實了這位潛水員的判斷。這一發現非同小可，人們的精神為之一振。打撈工作立刻開始，海底探測器與潛水員配合進行打撈。短短幾天時間，就打撈上來價值 30 萬英鎊的珠寶，這可不是一個小數目。

　　帶著這批珍寶，菲普斯啟程回國。他一到達英國，就有人向國王力陳依法沒收他的船隻和所獲珠寶，藉口就是菲普斯在向國王懇請許可時，並沒有提供關於這一行動的準確情報。而國王卻認為菲普斯是一個誠信可靠的人，所獲珠寶確實價值驚人，但也應該在菲普斯與其他同去的人之間分配。國王賞賜給菲普斯 2 萬英鎊。為了嘉獎菲普斯這一勇敢的行為，讚揚他誠信的品格，國王授予菲普斯「爵士」的光榮稱號，並任命他為新英格蘭郡長。在他任職期間，為了捍衛國家和殖民者的利益，菲普斯曾英勇抗擊羅亞爾港和魁北克的法國殖民者。他還出任麻薩諸塞州的總督。後來他卸任回到英國，西元 1695 年逝世於倫敦。

　　在菲普斯的後半生中，他從來不忌諱談及他低微的出身。對他來說，從一名普普通通的造船工成為名震四方的爵士和權傾一時的總督，是一件

值得驕傲的事情。古人云，猛將必拔於卒伍，良臣必起於布衣。古來多少英雄豪傑、名將重臣都是出身寒微、起於村野。而許多名門之後倒成了碌碌無為之輩。菲普斯從不羞於自身的寒微，也從不把權、勢、利看成了不起的東西。他留給諾曼比家族的財富就是正直、誠實、勇敢和英雄的愛國主義精神。

▍蘭斯多恩家族的創始人威廉‧配第

　　威廉‧配第（William Petty）是蘭斯多恩家族的創始人，他充滿活力，熱心公益事業。配第於西元 1623 年出生在英國漢普郡拉姆西一個貧寒的裁縫家中。孩提時代，配第在本鎮文法學校接受了還算可以的教育。之後他決定到諾曼第凱恩大學深造。在此讀書期間，為了養活自己，不再連累父親，他自己開了一個小雜貨店，經營一些小商品。學成回國之後，他找到一位海軍上尉，要求拜師學藝。這位海軍上尉見他視力很差，就輕輕的揮了揮繩子，把他趕走了。配第恨恨的離開了海軍艦隊，開始潛心於醫學研究。在巴黎期間，他從事解剖學研究，還協助霍布斯（Hobbes）製作相關圖表。霍布斯當時正在撰寫光學方面的論文。這時配第又陷入了飢寒交迫的境地，有時一連兩、三週，他只得靠胡桃充飢。他只得又做一些小買賣。他以誠為本，很快又賺了些錢。他帶著這些錢回到了英國。

　　配第在機器方面有獨特的才能。他發明了影印機，並申請了專利。他在鑽研機器的同時，還就藝術和科學寫了大量文章，同時他還從事物理、化學研究。他如此成功，不久就聲名鵲起、名聲大震。

　　配第與科學家聯絡，探討成立學會的問題。初生的皇家學會的第一屆會議就是在他的寓所召開的。在牛津，有一陣子他當過一位解剖學教授的助手，這位教授對解剖已深惡痛絕。西元 1652 年，配第的勤勞終於得到獎賞，他被委派到愛爾蘭軍隊當醫生。他相繼擔任海軍上尉蘭伯特（Lambert）勛爵、弗利伍德（Fleetwood）和亨利·克倫威爾（Henry Cromwell）的保健醫生。當時大量的土地被賞賜給軍人。配第發現這些土地的測量工作十分馬虎，在他的業餘時間，他主動從事這一工作。他當時任職很多，自然收穫頗豐，這也遭人豔羨和嫉妒。由於有人告他的狀，他被解除一切職務。但不久在王政復辟時期他又受到重用。

配第是一個真正不屈不撓的設計師、發明家和實業家。他發明了一種能夠乘風破浪、快速前進的雙底船。配第學識廣博，著述等身，發表了大量關於染織、造船理論、毛紡布製造、政治算術和其他方面的論文。

配第不僅學識淵博，還多才多藝、善於經營。他建立了鐵廠，開辦了鉛礦，從事沙丁魚養殖，進行木材貿易。他像一個善於游泳的好手，什麼水都能游。同時他還參加皇家學會的討論，為它付出了大量心血。

配第留下了大筆財產給兒子們，他的長子被封為「謝爾本（Shelburne）男爵」。配第的遺書也很獨特，他對自己作了獨一無二的說明，詳細記載了他一生中所經歷的主要事件及他的運勢變化過程。他對窮苦人的感情也十分獨特：「關於錢財，我個人是這樣看的，對於那些好吃懶做、終日無所事事的窮苦朋友，我一文都不給。對於生來就失去生活能力的人，任何人都應該盡自己的一份善心，讓他們好好生活。為善者必有好報。有些人生下來就什麼也沒有，沒有錢財，也不能受教育，這要怪他父母親……我已盡力幫助我的窮苦親戚。我樂意幫助他們自謀生路，因為自己賺來的麵包格外好吃。對於各式各樣的公益事業我都誠心參與，我認為作為一個公民，我這是在做我應該做的事情。我的所有發明都為了一個真正的目的——為同胞們謀福利，積至善於人間。在此，我以上帝的名義懇求那些享受了我的發明的人，你們一定要大膽開創自己的路，以你們的發明來回報他人。我即將死去，對教區內那些最需要錢的人我只能給 20 英鎊。我即將到另外一個地方去了。我就說這些！」他死後，埋葬在其出

生地拉姆西的一個諾曼式老教堂裡，墓旁有一塊平整的石碑，一個沒有受過教育的工匠在碑上刻下了一行墓誌銘：「這裡躺著威廉・配第爵士。」

斯特拉特家族的傑迪迪亞・斯特拉特

另一個由於發明和貿易而被封為貴族的家族，就是貝柏的斯特拉特家族。這個貴族封號實際上是傑迪迪亞・斯特拉特（Jedediah Strutt）用自己的辛勤勞動和聰明才智換來的。西元 1758 年，傑迪迪亞發明了一種製造有花紋的長筒襪的機器。由此，他既奠定了創立家業的基礎，也贏來了「貴族」這一崇高的稱號。

傑迪迪亞的父親是一位農夫，從事製作和出售麥芽的行當。他從不顧及小孩子們的教育，但孩子們都成才了。傑迪迪亞是老二，他從小就幫父親做農事，與父親一起工作，忙碌不已。他小時候就顯示出對機器的興趣，對當時比較粗糙的農具做了不少改進。在他叔父去世時，傑迪迪亞接手了諾曼頓附近布萊克沃爾的一個農場，這個農場一直是由他們家租借使用的。之前不久，傑迪迪亞和德比郡的一位內衣經銷商的女兒沃拉特（Wollatt）結婚。

他從妻子的弟弟那裡獲悉，許多製造有花紋的長筒襪的試驗都失敗了，傑迪迪亞對此深感好奇，於是他著手研究這個問題，思考他們失敗的癥結何在。他弄到一臺製造襪子的機器，仔細研究其結構、工作方式和運作原理。經過不斷的試驗、重組，他成功的進行了改造。他改變了以前的平紋環形結構，這樣就能生產出有花紋的襪子。他為這臺改進後的機器申請了專利。

移居德比郡之後，他又大大的改進了這臺機器，生產出來的襪子比以前好多了。這一成功為家人和傑迪迪亞自己都帶來了無限的喜悅。後來他與阿克萊特合夥，在德比郡的卡恩福德創辦了一個棉紡織廠。阿克萊特發

明了紡織機，他很注意保密，很注重把這種機器用於自己的生產。與阿克萊特合作期滿後，傑迪迪亞自己在貝柏附近的米爾福德創辦了一個很大的棉紡織廠。這個廠為他家贏來了現在這個頭銜。

一切尊貴和榮譽都必須靠自己的創造去獲取，這樣得來的尊貴和榮譽才能永恆、才能長久。

真是有其父必有其子，傑迪迪亞的幾個兒子都跟他父親一樣，機器製造能力超群出眾。他的長子威廉·斯特拉特（William Strutt）據說發明一種自動走錠精紡機，但因這一發明與當時的機器製造狀況很不符合，沒有得到推廣。

威廉的兒子愛德華是一個機器天才，他早就發現了懸掛輪的原理，並依據這一原理製造出了獨輪車和雙輪車，在貝柏農場投入使用。

斯特拉特一家幾代一直以樂善好施、扶貧濟困而著稱。他們一代又一代憑勤勞和發明創造了龐大的財富，但他們從不認為這些財富應該由自己揮霍掉。面對勞動人民淒苦的生活和工作狀況，他們總是盡力去改善，而不漠然置之。在他們看來，哪怕是盡綿薄之力也總比不盡的好。事實上，在各種公益事業中，他們總是最熱心的捐贈者 —— 以自己的勞動所得來回報社會，這是他們家的家傳祖訓。約瑟夫·斯特拉特（Joseph Strutt）先生在德比郡為市民們捐建了一個美麗如畫的公園、植物園。像這樣的例子真是太多了。「蒼天在上，日月有眼，我如果不把自己的財富用於改善我的同胞們的生活，不以他們的苦為苦，不以他們的樂為樂，我就愧對上帝對我的恩賜。我的才華、智慧和生命都是蒼天所賜予的，我應該而且必須以我所能來回報同胞，是他們給了我無窮無盡的幫助，是他們創造了這美好的生活。太陽底下，沒有他們，我就會像一顆露珠在太陽剛剛升起的時候消失得無影無蹤。我的心靈告訴我，我絕不能做一個忘恩負義的人。上帝，讓我用真心回報人間。」今天，再來聽聽斯特拉特的這段話，也許我們能更加了解斯特拉特。

▌貴族的出身

　　無論在過去還是在現在，無論是大海的探險者還是陸地上的開拓者，那些以自己的英雄成就頂天立地的人，無一不顯示出令人敬佩的勤勞創業、敢為人先的精神。不用提及遙遠的過去那些封建貴族，他們的創始者都是提著腦袋在無數次的民族戰爭中衝鋒陷陣、立下赫赫戰功的虎將，我們只要提一下納爾遜（Nelson）、聖文森特（St. Vincent）、萊昂斯（Lyons）和威爾頓（Wellington）、希爾（Hill）、哈丁格（Hardinge）、克萊德（Clyde）就夠了。他們的領地是國王對他們戰功的嘉獎。近期獲得貴族這一尊貴頭銜的人所建立的卓絕功勞更是人所共知。

　　在和平的工業時代，除了靠勤奮去贏得貴族的頭銜外，似乎別無他策。民族要振興，國家要強盛，就必然要厚賞那些以其勤勞做出了突出貢獻的人，這是我們民族的精神。不少於 70 個英國貴族家族，包括兩個公爵家族，由成功的律師建立。曼斯菲爾德和厄斯金這兩家原本是顯貴之家，但後者常常因並不知道自家是貴族而驕傲。除此之外，大多數都是由律師、雜貨店老闆、教士、商人和其他中產階層中辛勤工作的人成就了家業和偉名。從律師一躍成為貴族的有霍華德和凱文斯兩個家族，從其餘的行業崛起的有艾爾斯福德、埃倫伯勒、吉爾福特、沙夫茨伯里、哈德威克、卡迪加恩、克拉倫登、卡姆登、埃爾斯米爾、羅斯利恩等。最近的還有坦特登、埃爾登、布魯厄姆、鄧曼、特魯羅、麟橄士、聖萊昂納茨、克蘭沃斯、坎貝爾和切爾姆斯福德等。

　　麟橄士勛爵（Lord Lyndhurst）的父親是一個肖像畫家；聖萊昂納茨（St. Leonards）的父親是一個香料商兼理髮師。愛德華・蘇格登（Edward Sugden）年輕時在凱文斯廣場的亨里埃塔街為格魯姆（Groom）先生跑腿辦事。也正是在這裡，未來的愛爾蘭大法官有了研究法律的念頭。最近成為貴族的坦特登（Tenterden）也許是出身最為卑賤的一個，但他從不以此

為恥。他憑藉勤勞刻苦、專心致志、持之以恆的鑽研，克服了一個又一個困難，終於到達了光輝的頂點，為自己贏得了顯赫的地位，當然這是以對社會做出重大貢獻為基礎的。

富有的人並不都是貪吃別人果實的寄生蟲，許多也是憑自己的雙手創造出來的。許多貴族、伯爵就是這種勤勞創業的人，這是明眼人不能否認的事實。

有一次，坦特登和他的兒子查爾斯來到一個小茅屋下面，這裡正對著坎特伯雷大教堂的西門。坦特登指著教堂對他兒子說：「查爾斯，你看看這座教堂。我把你帶到這裡來，就是為了讓你看看這個地方。就是在這裡，你祖父為了賺人家幾便士，不得不幫別人洗臉、刮鬍子。我當時看到你祖父那辛酸的樣子，心裡特別難受，那是我平生最難過的時候！」當坦特登是一個小孩時，他就是教堂唱詩班的吟唱員。後來一件意料不到的事情改變了他的命運。有一回他和賈斯蒂斯·理查茲（Justice Richards）先生一起到教堂唱詩。當理查茲先生表揚唱詩班中一個人時，坦特登驚訝道：「啊！那正是我曾經嫉妒過的那個人。在學校讀書時，我們曾雙雙競選過唱詩班歌手，結果他贏了！」坦特登開始更勤奮、更認真的練習，他以一種不服輸的精神高歌人生，終於在與人生風浪的搏擊中完善了自己、成就了功業。

身體結實的凱尼恩（Kenyon）和艾倫巴勒（Ellenborough）的出身也毫無顯耀之處，他們都成了名聞天下的高等法院首席法官。最近擔任高等法院首席法官的坎貝爾勛爵（Lord Campbell），英格蘭大法官的出身也並不顯赫。他是法夫郡一個教區牧師的兒子，有好幾年，他在一家報社當記者，十分勤奮努力。據他自己講，起初當發行員時，他實在太窮了，付不起昂貴的郵遞費，常常從一個鄉鎮步行到另一個鄉鎮。依靠自己的勤奮，他一步一步走向成功。無論是在法律還是其他行業，他都以淵博的知識、

驕人的才氣和正直的品格，贏得人們的尊敬和他應得的榮譽。

　　許多大法官都以辛勤耕耘贏得了榮譽和名聲。埃爾登勛爵（Lord Eldon）的一生就是最富說服力的一個例子。

　　傑克·埃爾登（Jack Eldon）是紐卡斯爾港一個裝煤工的兒子，小時候是一個調皮搗蛋的頑童，他的父親和老師為他傷透了腦筋，鞭打對他來說已成了家常便飯，左鄰右舍都怕了他。偷雞摸狗、搶人家果園是埃爾登天生的愛好。他父親拿這個寶貝兒子沒有一點辦法，決意把他送到一個雜貨店去當學徒。埃爾登哪裡能受得了老闆的管教。他父親只得下決心把他帶在自己的身邊 —— 讓他也當一個裝煤工 —— 這是多麼有違自己的心願啊！回想自己一輩子像個煤人一樣勞苦，眼看著兒子又走上自己的老路，做父親的老淚縱橫。可憐天下父母心！你望子成龍，子卻成了蟲！這時，長子威廉（後來成了斯托韋爾貴族）已在牛津大學獲得學位，他寫信告訴父親：「把傑克送到我這裡來，我能改變他！」傑克立即被送到牛津大學。到牛津後，傑克在他哥哥的影響和督促下開始醒悟。生活的艱辛也使他懂得人生必須靠自己去奮鬥。傑克開始埋頭書齋，對外界的事物不聞不問。他哥哥發現傑克具有非凡的毅力和堅強的意志，天資不錯，心裡別提有多高興了。透過努力，這個昔日的搗蛋王成功的獲得了獎學金。這一進步非同小可。但假期待在家裡時，傑克卻「不幸」墜入了愛河。他與情人私奔，逃出了國界。他的朋友都為傑克這樣毀掉自己的一生而嘆息。有人認為傑克這個人真是朽木不可雕，他哥哥不過是白費力氣而已。傑克結婚時既無房子也不名一文，他與嬌妻兩相廝守，卻無棲身之所，只得藏身教堂。這樣，傑克失去了他的獎學金，世上的榮華富貴已與他無緣，這一切都似乎是命中注定了的。他又開始無聊起來，便一頭栽進對法律的研究之中。他在給一個朋友的信中寫道：「我已草率成家了，但我決意拚命工作，養活我愛的女人。」

　　傑克來到了倫敦，他在柯西特小巷租了一間小屋子住下來，潛心研究法律。他心無旁騖、用心極專。他每天早上 4 點鐘起床，一直學習到深夜。為了防止打盹，他常常把一條溼毛巾圍在頭上。窮困一直與他為伴，他不可能去向任何一位辯護律師學習，只好用手抄了 3 卷以前的判例，細細比較、揣摩。多年以後，有一天，一位大法官經過柯西特小巷，他對他的祕書說：「這裡曾是我的棲身之所，無數個早上，我帶著 6 便士去買些早點。當時要填飽肚子是多麼難啊！」

　　他一直這樣學習了 4 年才進入律師界，第一年的全部收入只有 9 先令。一連 4 年，他極其勤勉的在倫敦法院和北部巡迴法院工作，情況沒有好轉，即使在老家，他連一個貧民起訴的案子也沒有接到手。情況太糟了，他已絕望了。他準備放棄在倫敦混下去的想法，想回到省城裡去看看。威廉寫信對家裡人說：「傑克的事業十分令他喪氣，他處境艱難。」但對傑克來講，他曾逃避了當雜貨店員、當運煤工、當鄉下人的命運，難道就不能逃避當一個鄉下律師的命運？他仍要抗爭！他知道，一旦撤回去就什麼都完了。傑克深知在人生的許多困難之際，再挺一下，再堅持一下，也許是最重要的。

　　他終於等來了轉機，終於有機會一展自己非凡的法律知識。在所接手的一個案子中，他既不苟同僱用他的當事人的意見，也不同意代理人的意見，而以法律為準則、以事實為依據做出自己的判斷。主事官反對他的判斷，但上訴法院駁回了主事官的異議，特羅勛爵（Lord Thurlow）證實了他的判斷。這下引起了轟動。在離開法院的時候，一位律師拍著傑克的肩膀說：「年輕人，你賺到了麵包和奶油。」這位律師的預見馬上證實了。曼斯菲爾德勛爵（Lord Mansfield）常說他不知道一文不名的自己是如何一夜之間變成擁有 3,000 英鎊的富翁的。傑克也是這樣，他扶搖直上。西元 1783 年，年僅 32 歲的他被任命為國王的辯護律師，擔任北部巡迴法院首席法官，並作為韋奧伯雷自治市在國會的代表。

正是過去那段漫長而單調、辛酸而不空虛的日子，使他掌握了極為豐富的法律知識，從而為日後的成功打下了基礎，使他終有所獲。他正是憑藉頑強意志、淵博的知識、過人的才能與良好的修養而一步一步走向成功的。他被連續任命為司法官員並擔任總檢察長。英格蘭大法官這頂桂冠也終於戴到了他頭上。這一封號他保持了 25 年之久。

亨利·比克斯特斯（Henry Bickersteth）出生在威斯摩蘭郡的克爾克比朗斯代爾地區，父親是一個外科醫生，他本人也準備繼承父業。在愛丁堡求學期間，他就以堅韌刻苦而出名。他對醫學研究專心致志，從不動搖。回到克爾克比朗斯代爾地區之後，他積極從事實踐活動，但日久天長，他漸漸對這個職業失去了興趣，對這個偏僻小鎮的閉塞與落後卻日益不滿。他多麼渴望進一步提升自己。這時他已對生理學產生了興趣，並有了自己的思考。他父親完全尊重他本人的願望，於是把他送到了劍橋大學，以便他在這個世界聞名的大學進一步深造。但過分用功嚴重損害了他的身體。為了恢復健康，作為一個醫生，他接受了一項職務，就是去牛津當一位流動醫生。在此期間，他掌握了義大利語，並對義大利文學產生了濃厚的興趣，對醫學的興趣遠不如以前了。相反，他打算放棄醫學。回到劍橋之後，他獲得了學位，成為當年劍橋大學數學榮譽學位考試優勝者，他的刻苦程度由此可見一斑。畢業之後，令人遺憾的是他未能進入軍界，只得進入律師界。但作為一位剛剛畢業的學生，他進了內殿法學學會。他像以前鑽研醫學一樣刻苦的鑽研法律。他在給他父親的信中寫道：「每一個人都對我說：『你一定會成功 —— 以你這非凡的毅力。』儘管我不明白將來會是什麼樣子，但有一點我敢相信：只要我用心去做一件事，我是絕不會失敗的。」

28 歲那年，他被招聘進入律師界，但生活的道路還得靠自己去開闢。這時他經濟十分拮据。主要靠朋友們的資助過日子。他潛心研究和等待了多年，但還是沒有生意。日子一天比一天難熬，他不得不省吃儉用，不要說娛樂，就連最必需的衣服、食物，他都已緊縮到不能再緊縮的地步。他

寫信給家裡「承認自己也不知道能再堅持多久，自己都懷疑能否等到開業的機會」。又經過 3 年苦苦的等待，仍然沒有結果。「律師這碗飯不是那麼好吃的」，他寫信對他的朋友們說，他再也不能成為他們的負擔了，他已心甘情願放棄這一切回到劍橋去，「在那裡他相信能找到謀生的辦法」。他家裡的朋友又向他寄來了一小筆匯款，比克斯特斯又挺了一段日子，生意終於慢慢來了。他在辦一些小案子時表現很好，很守信用，於是他漸漸吃得開了，人們開始把一些大案子交給他辦。

比克斯特斯是一個從不放過任何機會的人，當然，他也從不放過任何一個提升自己的機會。數年的孜孜追求終於迎來了豐收的一天。幾年之後，他不僅不需要家裡的幫助，而且可以還一些舊債。烏雲終於散去，好運光臨頭頂。亨利·比克斯特斯的大名意味著榮譽、財富和才華。他終於成了一位聲名顯赫的主事官，以蘭代爾男爵（Baron Langdale）的身分坐在上議院之中。

比克斯特斯的成功再一次證明，那些具有非凡毅力、頑強意志的人，經過不屈不撓的執著追求，終會換來成功的喜悅，也會贏得世人的崇敬。真正的桂冠終會加在這些人的頭上。皇天不負苦心人！

以上這些傑出的人物都很榮幸的開闢了通向成功的道路。他們的顯赫地位、豐厚的家財不過是他們付出比常人多得多的勞動換來的。他們原本普普通通，原本沒有頭上的桂冠，甚至不名一文，但他們以驚人的毅力、頑強的耕耘孜孜以求，終於功成名就。他們的名譽不是虛名，是用血和汗澆鑄而成的王者之冠。他們是勞動之王、創造之王，是勤奮工作、拚命進取之王。人們應該尊敬這樣的貴者、這樣的富者！應該虛心的向他們學習，一丁點淺薄的嫉恨和無知的輕蔑都是真正不尊重勞動、不尊重勤勞的表現。讓我們永遠記住「天道酬勤」這句成語吧！讓我們由衷的欽佩那些憑自己勞動創造財富的人吧！

第八章

力量來自勇氣

一顆勇敢的心無所不能。

—— 雅克·柯爾（Jacques Coeur）

世界屬於勇敢者。

—— 德國箴言

對於所從事的每一項工作，他都全心投入，並且都成就斐然、碩果累累。

—— 《歷代志》第二部（II. Chron.），第 31 章第 21 頁

　　一位古斯堪地那維亞人在他的一篇著名演說辭中，入木三分的刻畫了條頓人的整體特徵。他說：「我既不崇拜偶像，也不信奉鬼神。我的唯一信條就是相信自己肉體和精神的力量。」、「我要麼去尋找一條別人走過的路，要麼去獨闢蹊徑。」這一充滿睿智的古老格言，表達了北方人獨立不羈的個性，直至今天，這仍然是他們的後裔區別於其他民族的一個顯著特點。事實上，斯堪地那維亞神話的一個最與眾不同的特徵在於，他們的神是一個帶著一把槌頭的神。

　　見微知著，從一些小事中就可以看出一個人的性格，甚至從一個人使用槌頭的方式這樣一個微不足道的小試驗中，也可以在一定程度上推斷出其力量的大小。因此，一位聲名顯赫的法國人在朋友建議他到某地定居和購買土地時，他簡明而準確的描述了當地居民的性格特徵。他說：「到那裡做生意可得加倍小心，我了解那裡的人們。從那個地方到巴黎獸醫學校來求學的學生，在解剖課上並不使勁敲擊動物的砧骨，他們缺乏力量。如果你在那裡投資，你不可能得到令人滿意的回報。」這段經過縝密思考的話，顯示了觀察者對性格特徵所具有的細膩而又公正的鑑賞能力，它極為有力的說明了這樣一個事實：正是每個個體的力量使得一個國家變得強大，並且是每個個體賦予價值給他們所耕種的土地。這正如一句法國格言所說：「人類的力量，就是土地的力量。」

　　這個特質的培養是至關重要的；而在對有價值目標的追求中，堅韌不拔的決心則是一切真正偉大的品格的基礎。充沛的精力會讓人有能力克服

艱難險阻，完成單調乏味的工作，忍受其中瑣碎而又枯燥的細節，從而使他順利通過人生的每一驛站。在這個過程中，正是由於各種令人沮喪和危險的磨練，才造就了天才。

在每一種追求中，作為成功之保證的與其說是卓越的才能，不如說是追求的目標。目標不僅產生了實現它的能力，而且產生了充滿活力、不屈不撓為之奮鬥的意志。因此，意志力可以被定義為一個人性格特徵中的核心力量，概而言之，意志力就是人本身。它是人的行動的驅動器，是人的各種努力的靈魂。真正的希望以它為基礎，而且它就是使現實生活絢麗多姿的希望。在戰役修道院（Battle Abbey）裡一個破碎的頭盔鐫刻著如下格言：「希望就是我的力量。」這個格言似乎與每個人的生活息息相關。西拉的兒子說：「當斷不斷、優柔寡斷真讓人傷心。」的確，沒有比勇敢果斷更為難能可貴的財富。即使一個人的努力最後慘遭失敗，他也會因為自己已經盡心盡力而無怨無悔、感到欣慰。在平淡無奇的生活中，看到一個人面對艱難困苦仍氣節凜然、頑強奮鬥，看到一個人滿腿鮮血、四肢失去知覺，卻憑著勇氣奮然前行，是最為壯觀、最令人感到歡欣鼓舞的事情。

對於年輕人來說，如果願望和希望不能及時付諸行動、變成現實，那麼就會導致他們的精神萎靡不振。但目標的實現，正像許多人所做的那樣，不僅需要耐心等待——「直到普通平凡的布呂歇爾（Blucher）最後成為普魯士元帥」，而且還必須堅持不懈的奮鬥和百折不撓的拚搏，就像在滑鐵盧擊敗拿破崙的威靈頓（Wellington）將軍那樣。切實可行的目標一旦確立，就必須迅速付諸實施，並且不可發生絲毫動搖。

在生活中的多數情況下，心甘情願的忍受枯燥乏味的工作和勞累，應被視為最好、最有益的本性。阿里·謝弗指出：「在生活中，唯有頭腦和身體的勞動才能結出豐碩的果實。奮鬥、奮鬥、再奮鬥，這就是生活，也唯有如此，才能實現人自身的價值。我可以自豪的說，還沒有什麼東西曾使我喪失信心和勇氣。一般說來，一個人如果具有強健的體魄和高尚的目

標，那麼他一定能實現自己的心願。」

　　休‧米勒曾經說過，使他受到良好教育的唯一學校就是「社會這所大學校，在這裡，艱難困苦和人世滄桑是最為嚴厲而又最為崇高的老師」。那些對奮鬥目標用心不專、左右搖擺的人，對瑣碎的工作總是尋找託詞、懈怠逃避，他們注定是要失敗的。如果我們把自己所從事的工作當作不可迴避的事情來看待，我們就會帶著輕鬆愉快的心情，迅速的將它完成。瑞典的查理九世在他還年輕的時候，就對意志的力量抱有堅定的信念。每每遇到什麼難辦的事情，他總是摸著小兒子的頭，大聲說：「應該讓他去做，應該讓他去做。」和其他習慣的形成一樣，隨著時間的流逝，勤勉用功的習慣也很容易養成。因此，即使是一個才華一般的人，只要他在某一特定時間內，全心的投入和不屈不撓的從事某一項工作，他也會獲得極大的成就。福威爾‧巴克斯頓（Fowell Buxton）認為，成功來自一般的工作方法和特別的勤奮用功。他堅信《聖經》的訓誡：「無論做什麼，你都要竭盡全力。」他把自己一生的成就歸功於對「在一定時期不遺餘力的做一件事」這一信條的實踐。

　　不進行英勇無畏的奮鬥，是不可能獲得真正有價值的成就的。人們把自己的成功主要歸結為遇到困難時的積極進取，即我們所說的努力。令人吃驚的是，我們經常發現許多乍看起來不可能實現的願望，最終都出乎意料的變成了事實。熱切的期望本身將可能變成了現實。不過，在我們提出某一要求時，一般都會考慮實現它的前提條件和自己的能力。相反，如果膽小怕事、猶豫不決，你就會覺得任何事情都是不可能成功的，並且，似乎主要是事情本身不可能發生。據說，有一個年輕的法國官員，常常在自家房屋周圍漫步，並且總是喜歡叫喊：「我要成為法國的陸軍元帥，成為一個偉大的將軍。」他的這種強烈願望是他對成功的一種預感，因為這位年輕的官員後來果真成了一位傑出的領導人，他去世的時候已經是法國的

陸軍元帥。

《怪人》（*Original*）的作者沃克（Walker）先生對意志的力量篤信不移。他說，有一次，他病得很厲害，決心立即恢復健康，結果很快就痊癒了。這種情況可能會偶爾出現。但是，儘管這種方法比許多藥方更安全，卻並不是每每見效。精神的力量超出身體這個物質載體的承受力，無疑是難能可貴的，但勞累過度最終會使身體徹底崩潰。據說摩爾人的領袖莫利・摩魯克（Muley Moluc）得了不治之症，臥病床榻，已是奄奄一息。正在此時，摩爾人和葡萄牙人之間的戰爭爆發了。戰爭發展到了最危急的關頭，摩魯克從病榻上一躍而起，迅速集結軍隊，領導他們浴血奮戰，終於大獲全勝。但是，摩魯克終因過度勞累，病情迅速惡化而很快死去。

如果一個人下決心要成為一個什麼樣的人，或者下決心要做成什麼事，那麼意志或者說動機的驅動力會使他心想事成、如願以償。虔誠的信徒總是習慣於說：「無論你祈禱什麼，你都能得到，因為這就是我們意志的力量，上帝與我們同在。無論我們想做一個什麼樣的人，如果鄭重其事，最終我們都能如願以償。如果一個人沒有做一個謙虛謹慎、富有耐心的人或做一個自由的人這樣的強烈願望，那麼他是不可能實現自己的意願的。」據說，有這樣一位木匠，有一天，當他修理法庭法官的座椅時，人們發現他在以往日少有的細心，對座椅進行改進設計。有人問他其中的原因，他解釋說：「我要讓這把座椅經久耐用，直到我自己作為法官坐上這把椅子。」結果，這人後來果真成了一名法官，坐上了這把椅子。

關於意志自由的問題，不管邏輯學家從理論上得出什麼樣的結論，在實踐中每個個體都會感覺到，他在善惡之間進行選擇是自由的。他不只是一根被拋入水中用來判斷水流方向的稻草，而是一位身懷絕技、本領高強的好手，有能力乘風破浪、勇立潮頭，並在很大程度上自己掌握航向。沒有什麼東西能絕對約束我們的意志，我們在實踐中既能感覺到、也能清醒

的認知到我們的意志有沒有被魔力迷住，有沒有讓魔力牽著鼻子走。如果我們不這樣思考問題，那麼所有良好的願望都會化為泡影，無法實現。生活的全部事務和行為，雖然遵循家庭的準則、社會的安排和公共制度，但事物的實際進程都顯示了意志是自由的。如果沒有意志自由，哪裡還有什麼責任感可言？教育、忠告、布道、譴責和懲罰又有何補益？如果法律不是人們的普遍信念，人們不把它作為自己做出的決定來普遍遵守，法律又有什麼作用呢？在我們生活的每時每刻，堅守良心顯示我們的意志是自由的。唯有意志才是完全屬於我們的東西，人生道路選擇得正確與否，也僅僅取決於每個人自己。積久的習慣和物欲的誘惑不應當成為奴役我們的主人，相反，我們是它們真正的主人。即使我們向它們屈服，良心也會告訴我們應該抵制；即使我們真正下決心要成為習慣和誘惑的主人，我們也不需要超出我們自身所具有的更堅強的意志。

有一次，拉梅內（Lamennais）告誡一個年輕人說：「現在，你已經到了該自己拿主意的年齡，該自己拿主意了。否則，將來有一天，你會置身於你自掘的墳墓中呻吟哀號，無力推開堵住墳墓出口的岩石。對於我們來說，最容易形成習慣的就是意志力。你應該好好學習，然後堅決、果斷的做出決定。這樣，就會使你漂泊不定的生活安定下來，不再像秋風中的落葉隨風飄零、任意東西。」

巴克斯頓堅信年輕人做事喜歡意氣用事，隨興之所至，除非他已經形成了堅強的決心並能持之以恆。巴克斯頓在給一個兒子的信中寫道：「現在，你已到了該對人生方向做出自己的選擇的關鍵時期，你必須制訂出抵禦不良影響的保護性原則，必須果斷的做出自己的決定，充分的表現自己的聰明才智。否則，你就會陷入無所事事的困惑之中，養成漫無計畫和目標、做事效率極為低下的習慣和性格，成為一個懶散拖沓的年輕人。而一旦你墮落到這種地步，你就會發現找回失落的自我絕非易事。我堅信年輕

人喜歡隨心所欲，憑一時興趣行事，我曾經就是那樣……我生活中的樂趣和全部的成功，都源於我在與你現在的年紀相仿時所做出的轉變。如果你在年輕力壯、精力充沛的時候，下決心勤勉用功、做事嚴肅認真，那麼在你的整個人生中，你就會感到欣慰和愉快，因為你的決定是明智的。」

意志，如果不考慮人生方向問題，那它就只不過是「持之以恆」、「堅持不懈」和「不屈不撓」的同義詞。顯而易見，任何事情都有賴於正確的方向和良好的動機。如果一個人追求的方向是感官的快樂，那麼堅強的意志可能是可怕的惡魔，而聰明的才智只不過是它下賤的奴僕。但是，如果一個人追求的是真善美，那麼堅強的意志就是造福於人類的君王，而聰明才智則是人類最高財富的侍臣。

「有志者，事竟成」是一句流傳已久而又千真萬確的格言。一個人如果下決心去做某件事，那麼他就會憑藉這種決心的力量，跨越前進途中的重重障礙，成功也就有了切實可靠的保證。

相信自己能夠成功，往往就能成功，成功的決心往往就是成功本身。

因此，堅強的決心常常被賦予了無限能量。蘇瓦諾（Suwarrow）性格的力量就在於其意志的力量。和其他性格堅強的人一樣，他對意志的力量推崇備至。他總是對失敗的人說：「你沒有完全成功的決心，不要對成功將信將疑。」如同黎塞留和拿破崙一樣，在蘇瓦諾的字典裡沒有「不可能」一詞。「我不知道」、「我無能為力」和「不可能」，這些是蘇瓦諾最為憎惡的字眼。他會告誡自己：「去學習！去做！去嘗試！」蘇瓦諾的傳記作者曾經談道，蘇瓦諾為世人樹立了一個光輝榜樣，向世人說明了增強自身活力和運用自身能力，對人的一生會產生怎樣的影響，而這種活力和能力都是以胚芽的形式潛藏在每個人身體之中的。

拿破崙有這樣一句名言：「最真實的智慧在於英明果斷的做出決定。」他本人異乎尋常的一生，也非常生動說明了無所不為的強大意志在一個人

的輝煌成就中所產生的舉足輕重的作用。拿破崙全心投入了他的事業中。在他之前，一些愚不可及的統治者和他們所領導的國家已接二連三的垮臺。拿破崙接到報告說，阿爾卑斯山擋住了軍隊的去路。他指出：「不能讓阿爾卑斯山成為攔路虎。」於是，一條穿過辛普隆的蜿蜒小道被開鑿出來，自古以來被認為鳥兒也難飛過的地方卻任憑大軍馳騁。拿破崙曾經說過：「『不可能』，這是一個只能在平庸無能的鼠輩的字典中才能找到的字眼。」拿破崙本人就是一個吃苦耐勞、勤勉用功的人。有時候，他同時聘用4個祕書，可還是不夠，祕書們一個個被折騰得筋疲力盡。和他在一起，沒有人會過得輕鬆，連他本人也不例外。他的精神深深的感染了其他人，他為其他人的生命注入了新的活力。拿破崙曾經不無感觸的說：「我的這些將軍都是從行軍的泥潭裡鍛造出來的。」但是，所有這一切都毫無益處，因為拿破崙的極度自私不僅毀掉了他自己，而且也毀掉了法蘭西，他讓法蘭西成了無政府狀態的犧牲品。拿破崙的一生給予世人極為深刻的教訓：權力，如果不為世界帶來善行，不管它被執掌者如何精力過人的運用，它對掌權者和被統治者來說都是致命的。而且，淵博的學識或者說一個人的聰明才智，如果缺少美德，那麼它也只不過是凶殘的魔鬼的化身。

在滑鐵盧打敗拿破崙的威靈頓將軍的確是一個偉大的人。他不缺少拿破崙的堅毅勇敢、持之以恆和百折不撓的精神，而且他具有拿破崙所不具備的自我犧牲、光明磊落和強烈的愛國精神。拿破崙的目標是「榮耀」，而威靈頓和英國海軍大將納爾遜一樣，他在查哨時使用的口令就是「職責」。據說，「榮耀」一詞哪怕是在威靈頓將軍的戰報中也從來未出現過一次。而「職責」一詞在稍稍高貴一點的職業中，人們是從不肯提及的，唯恐這樣會降低了自己的身分。再大的困難也沒有讓威靈頓將軍尷尬難堪、畏懼退縮，往往是困難越大，他表現出來的力量也就越大。在伊比利半島的戰爭中，他克服了足以令人瘋狂的苦惱和令人難以想像的困難。在這個過程中，他所表現出來的非凡的耐心、毅力和決心，可以說是歷史上

最偉大的奇蹟之一。在西班牙，威靈頓不僅向人們展示了他作為將軍的軍事指揮天才，而且顯露出他作為一位政治家的多方面的才能。儘管他的性情極端暴躁，但強烈的責任感使他克制了自己。尤其是對他身邊的工作人員，他的耐心似乎是永無止境的。威靈頓將軍的偉大人格將會透過他的雄心壯志、他的永不滿足的精神和豪情滿懷的熱情而永放光芒。當然，每一個在歷史上有影響的人物，都會在許多方面表現出非凡的稟賦。

拿破崙作為將軍，他和克利夫（Clive）一樣思維敏捷而又精力旺盛；作為政治家，他和克倫威爾一樣充滿智慧，和華盛頓一樣廉潔高尚。偉大的威靈頓在他身後之所以芳名永存，就在於在十分艱難的戰爭中，他憑藉自己多方面的才華贏得了勝利；在於他不知疲倦、堅韌不拔的精神；在於他英勇無畏、善於自我克制的崇高特質。

力量總是在敏捷的反應和果斷的決策中顯示出來。當非洲協會詢問旅行家利亞德（Ledyard），他的非洲之行什麼時候可以準備就緒時，他脫口答道：「明天早上。」布呂歇爾因反應敏捷，在普魯士軍隊中獲得了「先知元帥」的綽號。約翰‧傑維斯（John Jervis），也就是後來的聖文森伯爵（Earl St. Vincent），當年在被問及他準備何時回艦隊時，他答道：「立即動身。」當科林‧坎貝爾爵士（Sir Colin Campbell）被任命為印度軍隊最高統帥時，有人問他什麼時候能夠上任，他回答說：「明天。」這是他後來戰功赫赫的預兆，因為贏得戰爭的勝利，往往就在於利用敵人一時的疏忽，掌握戰機，果斷決策，迅速出擊。拿破崙曾經指出：「在阿科納，我以 25 名騎兵贏得了勝利。我抓住了敵軍喪失鬥志的時機，給這些騎兵每人一支喇叭，讓他們使勁吹號。兩軍對壘猶如兩人對陣，彼此都企圖從氣勢上壓倒對方。敵軍出現了一時的恐慌，我抓住了有利時機。」另有一次，他指出：「機不可失，時不再來。否則，貽誤了戰機，就會一失足而成千古恨。」他宣稱，他之所以能打敗奧地利人，是因為奧地利人從不懂得時間的價值。當他們還在拖拖拉拉的時候，他以迅雷不及掩耳之勢征服了他們。

華倫‧黑斯廷斯

　　18世紀，印度是英國人展示力量的廣闊天地。在印度的立法和戰爭中，從克利夫到哈夫洛克（Havelock）和克萊德，有一長串值得尊敬的名字，如威爾斯利（Wellesley）、梅特卡夫（Metcalfe）、奧特拉姆（Outram）、愛德華德斯（Edwardes）和勞倫斯（Lawrences）。另一個非同小可但又聲名狼藉的人是華倫‧黑斯廷斯（Warren Hastings），他具有百折不撓的堅強意志和不知疲倦的過人精力。他出身於一個歷史悠久的名門望族，但在斯圖亞特王朝時期，這個家族的忠誠並沒有得到應有的報答，相反，卻從此家道衰落而陷入困頓。這個家族曾在戴爾斯福德做了數百年的莊園主人，但是最後，連這裡的房產也落入異姓之手。在戴爾斯福德居住的黑斯廷斯家族的最後一代 —— 華倫‧黑斯廷斯的祖父，舉薦他的第二個兒子當了教區牧師。許多年以後，正是在他祖上的這所宅子裡，華倫‧黑斯廷斯來到了人世。他在這個莊園的學校裡，和農民的孩子們同坐一張板凳，開始讀書識字；在他的祖輩們所擁有的田野裡嬉戲玩耍。祖輩們曾經表現的忠誠和勇敢，開始在這個孩子的頭腦中旋轉升騰，少年壯志猶如燎原之火。據說在他還只有7歲的一個夏天，他躺在一條流經莊園的河流的堤岸上，暗暗下定決心一定要收回這份祖業。或許那是小孩子不切實際的幻想，然而，他卻讓這個夢幻成真。夢想成為一種熱情，深深扎根於他的現實生活之中。從孩童時代直到成人，他都以一種平靜的心境和毫不氣餒的意志力去實施他的計畫，這也是他不同於常人的性格特徵。這位孤兒成了他那個時代最有影響的人物之一，他恢復了他那個家族的門第風光，贖回了祖輩原有的地產，重建了莊園宅第。歷史學家麥考利（Macaulay）評價說：「在熱帶地區的陽光之下，他統治著5,000萬亞洲人。他非常關心戰爭、金融、法律等。但是，他仍然心念著戴爾斯福德。他長年的宦海生涯是如此撲朔迷離，有正義的善舉，也有邪惡的醜行。人們對他捉摸不

透、褒貶不一。最後，他告別政壇，退居戴爾斯福德，息影田園，終老戶牖之中。」

查爾斯‧納皮爾

　　無獨有偶，查爾斯‧納皮爾爵士（Sir Charles Napier）也是一位在印度執政、有著過人膽識和非凡意志的人。在談到一次戰役中他所遭遇的困難時，他曾指出：「它們只不過讓我的腳在泥土中陷得更深一點而已。」他所指揮的米亞尼（Meeanee）戰役是戰爭史上的奇蹟。當時，他的隊伍只有 2,000 人，其中歐洲人只有 400 人。但是，他所遭遇的敵軍是一支多達 35,000 人、裝備十分精良的比羅基人（Beloochees）的勁旅。顯而易見，這是一次極為勇敢而且近乎魯莽的行動。但是，納皮爾相信自己，相信自己的軍隊。他率部衝入比羅基部隊之中，搶占了一道高堤，並以此作為戰鬥堡壘。這次性命攸關的戰鬥持續了 3 個小時。在納皮爾精神的鼓舞下，每個戰士都英勇善戰、奮力拚殺。這次戰鬥，雖然比羅基人是以 20 人對 1 人，人數上占有很大的優勢，但結果卻出人意料，反倒被殺得潰不成軍、狼狽而逃。正是這種大無畏的勇氣、堅韌不拔的精神和百折不撓的毅力，使納皮爾贏得了戰鬥的勝利。事實上，每一次戰鬥的勝利都是如此。賽馬中往往是以一步領先而獲勝，但正是這一步顯示出了活力；贏得一場戰役的往往就是多了一次行軍之苦；而贏得一次戰鬥的往往是多了 5 分鐘拚殺的勇氣和毅力。即使你的力量不及他人，但是，只要你多堅持一會、力量更集中一些，你就有可能和對方打成平手甚至贏得勝利。有這樣一位斯巴達式的農場主人，當他兒子抱怨手中的劍太短時，這位農場主人回答說：「你前進一步，劍不就加長了一步嗎？」

　　這一絕妙的回答對生活中的任何事情都是適用的。

　　納皮爾以身先士卒、英勇無畏的精神鼓舞士氣，他所採取的這種方法

是完全正確的。在軍隊中，他和其他任何人一樣，工作十分勤奮、認真。他曾經指出：「領導的最大藝術，就在於平等的分擔工作。作為一名軍隊指揮官，如果他不全心投入工作，他是不會獲得勝利的。麻煩的事情越多，就要付出越多的勞動；危險越大，就越要顯示出更大的勇氣，直至問題全部解決。」一位在卡奇山（Cutchee Hills）戰役中跟隨納皮爾的年輕軍官曾經談道：「當我看到這位年邁的老人還整日整夜在馬上縱橫馳騁時，我總是想我作為年輕力壯的年輕人，怎麼能吊兒郎當呢？如果他命令我鑽進一門裝有炮彈的加農炮的炮口，我也會毫不猶豫的。」後來，這句話傳進納皮爾的耳朵，他欣慰的說，這是對他付出的辛勤勞動的最好回報。一段關於納皮爾和印度魔術師見面情況的奇聞逸事，生動刻劃了納皮爾性格中也有膽怯的一面，同時又顯示了他性格中的純樸和誠實特徵：在印度的戰爭結束之後，有一天，一位著名的魔術師來到納皮爾的軍營，向這位將軍、他的家人以及全體官兵表演節目。其中有這樣一個節目：魔術師將一段樹枝或一顆檸檬放在他助手的手掌上，然後手持寶劍，一劍劈下將樹枝或檸檬一分為二。納皮爾認為這是魔術師和他的隨從串通一氣欺騙觀眾。雖然在蘇格蘭詩人和小說家司各特的傳奇作品《法寶》（Talisman）中有與此相似事件的描寫，但納皮爾認為，手掌上的物體是如此之小，一劍劈下將物體劈開而不接觸肌膚，這是完全不可能的。為了弄個水落石出，納皮爾伸出自己的右手，要求用他的手來做實驗。魔術師仔細的看了看他的右手，然後說他不適合這個實驗。「我想我已經發現了你們騙人的祕密。」納皮爾大聲喊道。「不過，別急，」這位魔術師說，「讓我看看你的左手。」納皮爾伸出了左手。魔術師看了看，然後堅定的說：「你的手穩住別動，我來表演這個節目。」「那為什麼要用左手而不能用右手呢？」「因為你的右手是凹形的，手心是空的，這樣大拇指就有被割掉的危險；你的左手手心突出一些，因而危險會相對小一點。」納皮爾感到心驚肉跳。他說：「我被嚇住了。我知道這位技藝精湛的劍客表演的是實實在在的節

目。如果不是當著我的部下的面指責這位劍客，激他來試驗的話，我會誠懇的向他道歉，結束這次會談。出於無奈，我把樹枝放在手上，然後穩穩的伸出手臂。魔術師調整了一下自己的心緒，舉起劍迅猛的一擊，把樹枝劈成了兩段。我感覺到了手上的劍刃，就像一根冰涼的絲線從手中輕輕滑過。原來，那些在米亞尼被我們打敗的印度劍客們竟是如此的勇敢。」

近年來在印度發生的殘酷爭鬥，比歷史上以往的任何事件都更為清楚的顯示了這個民族不畏強暴的堅強意志力和對自己信心十足的性格特徵。英國的官僚常常會因為愚蠢而釀成大錯，但印度人民卻會以大無畏的英雄氣概，創造一條民族解放的道路。西元 1857 年 5 月，人民起義猶如一聲霹靂，而英國駐軍已被限制到了極少量，而且還被分散到全國各地，其中大部分的分遣隊都駐紮在邊遠偏僻的宿營地。許多孟加拉人民也紛紛起來反對政府，他們離開國家，逃向了印度的德里。全國各省市也紛紛發生暴動和叛亂，求援的呼喊接連不斷、此起彼伏。每一處的英國分遣隊都已是走投無路，只能作困獸鬥。他們處於被包圍、受圍攻的境地，顯而易見，他們已經無力抵抗。這時，對他們來說，已經徹底潰敗。英軍在印度的徹底失敗是必然的，正如以前人們所說的：「這些英國人從不知道他們什麼時候會被打敗。」按理說來，他們正應該在此時此地接受這種不可避免的命運。

沙勿略

從沙勿略到馬丁和威廉斯，有一大批傑出的傳教士，他們以一種崇高的自我犧牲精神辛勤的工作著，他們絕不是為了自己沽名釣譽，而是為了挽救自己已經淪陷的種族，希望找回種族失去了的自由。這些人正是憑藉無與倫比的力量和百折不撓的毅力安身立命，他們忍受了各種艱難困苦，承受了無數生死考驗，踏遍了人間的溝溝坎坎。儘管他們歷盡苦難，但

是他們仍然義無反顧的沿著快樂、榮耀和殉道的道路前進。這些人當中完成了奠基性工作而且最為傑出的是方濟·沙勿略（Francis Xavier）。他出身高貴，在他的個人生活裡充滿了歡樂、權力和榮耀，但是，他用自己的生命證明了世界上還有比等級地位更高的目標，還有比累積財富更高尚的志向和抱負。在行為方式和道德情操方面，沙勿略是一個真正的紳士；他勇敢、廉潔正直而又慷慨大方，善於引導而又頗具領導才能，善於說服而又頗具感召力，是一個富有耐心、意志堅定而又精力旺盛的人。21歲的時候，他在巴黎大學教公共哲學。在那裡，沙勿略成了羅耀拉（Loyola）的親密朋友和同事。不久，他帶領第一批一小幫新入教的人到羅馬去朝拜聖地。

當葡萄牙的約翰三世（John III）決定把基督教移植到印度地區以擴大其影響的時候，他首選波巴迪拉（Bobadilla）作為傳教士。但是，由於波巴迪拉重病纏身未能成行，約翰三世不得不另找人選，這次，他選中了沙勿略。沙勿略把他那破爛不堪的黑袍法衣縫補了一下，除了傳教用的每日祈禱書，他別無長物。他離開里斯本，迅即踏上了去東方的征程。在他所乘坐的這艘去印度果亞邦的輪船上，同時載有總督和 1,000 名去該地區警備隊增援的官兵。雖然船上有一間小艙室可由沙勿略自由支配，但在整個航程中，他都頭枕著一圈纜繩睡在甲板上，吃飯也是和水手們集體用餐。他盡力滿足水手們的需求，教給他們一些有益身心的娛樂方式，精心護理那些生病的人。他完全贏得了這些水手的心，他們都對他十分尊崇。

到達果亞後，沙勿略對人們的腐化墮落行為感到震驚，不管是外來人還是本地人都是如此。外來者肆無忌憚，絲毫不受約束，帶來了各種邪惡；本地人則盲目效仿，甚至變本加厲。沙勿略走遍了這座城市的大街小巷，一路上搖著手鈴，懇求人們將自己的孩子送到他那裡去受教育。不久，他招收到了一大批學生，每天精心的教導他們。與此同時，他走訪了各個階層中處境悲慘的人們，甚至其他人唯恐避之不及的麻風病人。他的

目的在於寬慰人心，緩解人們的痛苦，帶給他們真理。每每聽到人們痛苦的呻吟，他就心如刀絞，心情無比沉重。當聽到關於曼勒海灣（Manaar）採珠場漁民落魄與悲慘的生活後，他立即動身去看望他們，他的手鈴再次發出了仁慈和善行的呼喚。他替人們洗禮、給人們教誨。不過，他只能透過翻譯來教導人們，因為他不懂本地語。他最感人的教誨是他對悲慘處境中的人們的救助和服務 —— 他盡其所能的滿足他們的要求，減輕他們的痛苦。

沿著科摩林海角的海岸線，從城鎮到鄉村，從廟堂到市集，沙勿略走到的地方都迴盪著清脆的手鈴聲，他把當地人們召集起來傾聽自己布道。他備有《教義問答集》（Catechism）、《使徒教義》（Apostles' Creed）、《十誡》（Commandments）、《主禱告文》（Lord's Prayer）和其他一些關於教堂祈禱儀式方面的資料的翻譯本。為了使孩子們用自己的語言記住這些教義，他反覆朗誦，直到他們牢記為止。然後，他讓孩子們把這些話教給自己的父母和鄰居。

在科摩林海角，他任命了 30 個牧師，統管 30 多座基督教教堂，儘管這些教堂都十分簡陋，大多是一間農舍，屋頂上裝著一個十字架。之後，他去了特拉凡哥爾地區，一路上他挨家挨戶的搖著手鈴，向人們施洗，累得連手腕都抬不起來；他不斷的向人們宣講教義，以致喉嚨嘶啞得發不出聲。根據他本人的評價，他在這裡布道的效果遠遠超出他最高的期望值。他廉潔、清正、熱心、誠懇和雅致的生活，他為人師表的行為方式，讓人心悅誠服。凡是他所到之處，人們都棄惡從善，民風大改。即使那些感覺遲鈍的人，只要他們能一睹沙勿略的風采和聽過他的演說，單是出於同情的力量，他們也會對他的熱情留下極為深刻的印象。

「回報是豐厚的，但是耕耘者微乎其微。」正是帶著這樣一種思想，接下來沙勿略去了麻六甲和日本。在那裡，沙勿略發現自己又完全融入了

一些操著不同語言的新種族之中。在那裡，他至多能做的是哀嘆和祈禱，是坐在病人床邊為他們撫平枕頭和照料他們；有時候，他把自己白色法衣的衣袖浸入水中，然後從中擠出幾滴水為死者施洗。他對任何事情都充滿希望、無所畏懼，這位勇敢的戰士正是憑藉信仰的力量在追求真理的道路上勇往直前。他曾經說過：「只要能救助一個靈魂，我願意千百次的忍受痛苦和死亡的折磨。」他忍飢挨餓，歷盡各種苦難與危險，但是他熱愛自己的工作，為了完成自己的使命不知疲倦。最後，透過11年的辛勤工作，這位了不起的英雄又想方設法到了中國，在海南島三亞他患了熱病，也就在這裡，他接受了榮耀的桂冠，與世長辭。或許，這位英雄的高貴氣質，他的清正廉潔，他的自我節制和英勇無畏，在地球上都是舉世無雙、無與倫比的。

在這一領域的工作中，另外一些傳教士繼承了沙勿略的事業，如史瓦茲（Schwartz）、克理（Carey）和馬士曼（Marshman）在印度，郭實獵（Gutzlaff）和馬禮遜（Morrison）在中國，威廉斯（Williams）在南海諸國，坎貝爾（Campbell）、莫法特（Moffatt）和李文斯頓（Livingstone）在非洲。

約翰·威廉斯（John Williams）這位埃羅芒阿的傳教士，曾經做過一位家用鐵器製造商的學徒。儘管他被認為是一位智力低下的兒童，但在家用鐵器製造方面他卻特別心靈手巧、技藝高超，因此，師傅常把一些做工要求特別細膩的項目交給他去做。他也非常喜歡搖鈴鐺和做一些離開店鋪的事。一次偶然的聽人布道，使他的精神陡然轉向，他成了一位主日學校的教師。在傳教的過程中，他的精力漸漸的轉到了公眾集會上來，他決心獻身於這一工作。倫敦教士協會接納了他，他的師傅也同意他在師徒合約到期之前離開家用鐵器商店。他的工作重心主要是太平洋諸島，特別是大溪地的胡阿希內島、雷亞提島和拉羅通加港。就像第一批傳教士一樣，他親自參加勞動，不管是在鐵匠鋪裡，還是在花園裡和船舶製造廠。他努力教會島上居民文明生活的技藝，同時教導他們信仰宗教。在不知疲倦的工作

過程中，他在埃羅芒阿海岸遭到了野蠻人的殘殺。殉道者的榮耀，他受之無愧。

李文斯頓

李文斯頓博士是所有傳教士中最為引人入勝者之一。他曾經以一種十分謙遜、毫無架子的姿態講過他的生活故事，這也從一個側面展示了他的性格特徵。他的祖先是貧困但誠實的蘇格蘭高地人，據說其中一個人以智慧和精明著稱，在他臨死之前，他把他的兒子們叫到身邊，對他們說他不得不遺贈給他們一件遺產，他說：「在我的一生中，我非常仔細的考察了我所能發現的我們這個家族的傳統，在我們的祖先中我從沒有發現一個不誠實的人，因此，即使誠實不是天生存在於你們的血液之中，你們每一個人以及你們的後代都必須誠實行事。誠實不是屬於你們，而是我向你們留下了這樣一條戒律：必須誠實。」

李文斯頓 10 歲的時候，被送進了格拉斯哥附近的一家棉花廠當一名「穿孔工」。他用自己第一個星期的部分薪水買了一本拉丁語語法書，開始學習拉丁語，後來他在一所夜校又學習了數年。為了掌握所學課文內容，他每天熬夜到半夜 12 點以後，每次都要讓他母親催促上床 —— 他不能睡得太遲，因為每天早晨 6 點鐘就得到工廠上班。透過這種方式，他苦讀了古羅馬詩人維吉爾（Virgil）和賀拉斯（Horace）的作品，還廣泛閱讀了其他各種書籍。除了所能找到的各種小說，他還對自然科學和遊記散文有特別的愛好。他的休息時間十分有限，但一有閒暇，他就收集澳洲細羊毛，或到附近去採集植物標本。他甚至在工廠機器的轟鳴聲中也能讀書。他把書本放在自己操作的旋轉紡紗機上，當他轉動機器時，他就能一個句子接一個句子的閱讀。透過這種方式，這位意志堅定的少年獲得了許多有用的知識。

　　長大成人後，他決心成為一名傳教士。為達此目的，也為了更好的勝任這項工作，他開始學習醫學。為了能在學習神學的同時，負擔得起學習醫學和希臘文所需的費用，他一方面節衣縮食，拚命節省；另一方面，在格拉斯哥的幾個冬天，也就是每年的假期裡，他都到工廠去當一名紡紗工人。就這樣他讀完了大學。在這期間，他完全憑自己做工的勞動所得供養自己，從來沒有接受過別人的任何資助。他很坦率的說：「現在再回顧過去的艱辛生活，我不禁充滿了感激，因為這種生活對我的早期教育產生了十分重大的作用。而且，如果可能的話，我願意再次從這種簡樸的生活開始，承受這種吃苦耐勞的考驗。」最後，他修完了醫學科系的全部課程，寫完了拉丁語論文，通過了各種考試，拿到了內外科行醫執照。起初，他本想去中國，但當時英國與中國的戰爭正在進行，他的計畫無法實現。由於他在倫敦教士協會供職，於是，在西元1840年，他被該協會派往非洲。他曾經打算透過自己的努力去中國。他說，他被倫敦教士協會派往非洲時，內心的唯一的痛楚是：「這對於一個習慣於按自己的方式行事的人來說，是不能接受的，在某種意義上，這取決於別人。」

　　一到達非洲，他便以極大的熱情投入工作，把主要精力用於傳教。他曾經說過：「傳教使我感到筋疲力盡和不適應，就像我當紡紗工人時在夜晚學習時的感覺一樣。」除了傳教之外，他還對只投身於和其他人一起共同勞動的思想感到難以容忍，但當時並沒有很多獨立的工作可做。於是，他便從事一些建築業的手工勞動和製作一些工藝品。在和波札那人共同勞動的同時，他挖掘溝渠，建造房屋，耕種田地，飼養家畜，既教給當地人宗教信仰，又教會他們怎樣勞動。當他第一次和部分本地居民步行去一個很遠的地方時，他無意中聽到人們在議論他的長相和力量。他們說：「這個人並不強健，倒是非常單薄、瘦弱，他顯得壯實只不過是因為他穿了件肥大的褲子，他很快就會累得筋疲力盡。」這席話使得這位蘇格蘭高地來的傳教士渾身熱血沸騰，也使得他忘記了疲憊，一連幾天他咬緊牙關全力

跟上隊伍。最後，他聽到了人們對他步行力量的正確的意見。

李文斯頓在非洲做了些什麼，他到底是怎樣工作的，我們可以從他自己的作品《傳教士之旅》（*Missionary Travels*）中得知。這本書是已經出版的遊記類作品中最有魅力的一本。他晚年的一件為人們所熟知的事情全面表現了他的性格特徵：「柏肯哈德」號汽艇是他從英國帶去非洲的，但由於天長日久已經無法使用，因此他捎信回國要求訂製一艘新的汽艇，費用約為 2,000 英鎊。他決定從他《傳教士之旅》一書的稿費中支付，這筆錢他原本是準備留給子女的。「子女們應該自己去賺錢。」他說。實際上，他這句話是在說他的錢另有他用。

約翰‧霍華德（John Howard）的一生同樣強有力的說明了堅強意志的強大力量。他崇高的一生顯示：一個人即使體質虛弱，但是，只要在一種崇高的責任感的驅使下，不屈不撓的追求自己的奮鬥目標，他也能表現出一種移山填海的力量。要改善囚犯生活條件的想法塞滿了霍華德的腦子，因此他表現出一種狂熱的熱情。無論道路多麼艱難曲折，無論危險多麼龐大，無論要承受的肉體和精神折磨有多少，他都不會改變自己這一偉大的人生目標。儘管他並不是天才，只不過是個才能一般的普通人，但他有一顆純潔的心，有堅強的意志。他在他那個時代就已經獲得了輝煌的成就，而且他的強大影響並沒有與他的生命一起終結，他不僅對英國的立法產生了持久和深遠的影響，而且對所有文明國家的立法影響至今。

▍喬納斯‧漢威

喬納斯‧漢威（Jonas Hanway）也是一個富有耐心、堅韌不拔的人，正是他使得英國成為今天這個樣子，使得英國人具有今天這種性格特徵：有生之年不遺餘力的做好上帝向自己指定的本職工作，任務完成之後，就可以滿懷感激的幸福長眠。

　　「不必為自己立碑作傳，透過自己的勞動，為後人留下一個更美好的世界。」

　　漢威於西元 1712 年出生在英國樸茨茅斯這個港口城市。他的父親是一家船舶修理廠的老闆。還在他年紀很小的時候，一次意外事故使他失去了父親，成了孤兒。母親帶著幾個孩子移居倫敦。這位可敬的母親含辛茹苦，送孩子們上學，把他們撫養成人。在 17 歲的時候，喬納斯‧漢威被送往里斯本跟著一個商人當學徒。

　　在生意上，他專心致志、嚴格認真、誠實守信，因此贏得了所有認識他的人的尊重和讚賞。西元 1743 年，他返回倫敦，與人合夥在聖彼得堡成立了一家英國貿易公司，專門從事波羅的海附近地區的貿易。時隔不久，他帶領一支英國商隊動身去波斯，這支商隊販賣了 20 馬車的布匹。到了阿斯特拉坎後，他們乘船去裡海東南海岸的阿斯特拉伯德。但非常不幸的是，這些布匹剛剛運上岸，一場武裝暴亂就發生了，他的這些貨物被沒收了。儘管後來這些貨物大部分歸還給他，但他的公司還是由此遭受了極其龐大的損失。當時，暴亂分子策劃了一場陰謀想將漢威和他的商隊抓獲。於是，他只好走水路逃跑，歷盡千難萬險，最後安全抵達了吉蘭。經過這一次逃亡，他思想中第一次有了「不要絕望」的觀念，後來他把這句話選作自己的人生格言。

　　此後，他在聖彼得堡居住了 5 年，生意倒也興隆，做事樣樣順遂。不過，一位親戚留給了他一筆遺產，而且這時他自己的資產也已經相當可觀，於是他在西元 1755 年離開俄羅斯回到了英國。他回國的目標，正如他自己所指出的：「是檢查一下自己的健康狀況（其實他的健康狀況良好），盡我所能的做一些有益於自己也有益於他人的事情。」他的餘生全部用在對他同代人的慈善事業和公益事業上。

　　為了能做更多的慈善工作，他過著一種十分簡樸的生活。他所致力的

第一項公益事業是首都倫敦的公路建設，他獲得了極大的成功。西元 1755年，關於法國將發動侵略戰爭的謠言盛行，漢威先生把注意力轉向了尋找為海員提供物資的最好方法。在英國皇家證券交易所，他召集了一個有商人和船主參加的會議，他在會議上提議大家成立一個協會，召集陸上志願者和兒童為皇家海軍艦隊服務。這一提議得到了大家的積極回應：西元1756年，海事協會成立了，並委派了各級管理人員，整個操作由漢威先生全權負責。這個機構不僅當時而且至今還在發揮強大的實際作用。在成立後的 6 年裡，該協會共培訓了 5,451 名兒童和 4,787 名陸上志願者，大大充實了海軍的力量。直至今天，海事協會還在積極活動，每年大約有 600名無家可歸的兒童在經過教育培訓之後，被派去當海員學徒，主要在商船上服務。

其次，漢威先生致力於大都市慈善機構的建立與完善。早些時候，他就對撫育棄兒的育嬰堂有很大的興趣。育嬰堂是很多年以前由托馬斯‧考勒姆（Thomas Coram）創辦的。但是，由於它的存在，使得越來越多的父母遺棄子女，將撫養孩子的義務交給了慈善機構。所以，育嬰堂的存在已經面臨著弊大於利的危險。他決定採取行動阻止這種邪惡行為的繼續發生，開始投身於當時時髦的慈善事業。對這一目標的堅持，使他最終成功的把慈善事業引導到了正確健康的軌道。時間和實踐證明他是正確的。

妓女收容所在很大程度上也是在漢威先生的努力下建立起來的。但是，他竭盡全力、堅持不懈的關注重點是教區貧民窟中的幼兒。這些孩子在成長過程中所遭遇的悲慘生活和被人忽視的程度，以及這些孩子的死亡率是聳人聽聞的。但是，和育嬰堂事件一樣，沒有人實施什麼實際的慈善行動以減輕教區窮困幼兒的痛苦。因此，喬納斯‧漢威全力以赴的從事這項工作。首先，他獨自一人進行調查走訪，親自落實需要救濟的兒童的範圍。他走遍了倫敦貧困階級的住宅區，參觀了貧民窟和濟貧收容所，這樣

他就對倫敦市內及其郊區的每一個救貧院的情況都瞭若指掌。接著，他途經荷蘭對法國進行了考察，參觀了貧民收容所的房子，留心它們各自的優點，盤算著哪些可以在英國國內加以利用。他花了 5 年時間從事這一工作，回國以後，他公開出版了觀察結果。接下來，是對大量的救貧院的改造和維修。西元 1761 年，他提出的一個法案獲得通過，這個法案責成每一個倫敦教區必須有一本年度紀事簿，記載該教區幼兒的接收、離開和死亡情況。他採取各種辦法使該法案得到貫徹執行，一直不知疲倦的對這一工作進行監督管理。他馬不停蹄的到處走動，上午是從一個救貧院到另一個救貧院，下午是從一個議員那裡到另一個議員那裡，這樣日復一日，年復一年，他承受了幾乎每一個議員的拒絕和駁斥，回答了每一個反對者的提問和詰難，也使自己慢慢適應環境，能隨遇而安。最後，透過百折不撓的耐心說服，透過 10 年艱苦卓絕的工作，他終於使第二個法案獲得批准。這個法案要求：屬於教區的身患重病的幼兒不允許在救貧院裡撫養，而必須送到幾英里之外的郊區精心護理，直到年滿 6 歲為止。監護人每 3 年重選一次。貧民們把這個法案稱為「讓孩子活命的法案」。將這一法案實施前後幾年的教區紀事簿加以比較就會發現：這位善人的明智干預，使數以萬計的幼兒得以倖存。

在倫敦，無論哪一項慈善工作的實施，無不經過喬納斯·漢威之手，並得到他的幫助。第一批通過的保護清掃煙囪兒童法案，就是在他的影響下獲准通過的。先是在加拿大的蒙特利爾，然後是在巴貝多的首都橋鎮，發生了兩場破壞性極為嚴重的大火。為了減輕災區人民的痛苦，漢威提供了十分及時的捐贈。他的名字出現在各種報紙雜誌上，他的無私奉獻和忠心赤誠為人們所普遍認同。為了服務於他人，哪怕是把自己有限的財產全部奉獻出來，他也毫不吝嗇、毫不猶豫。以銀行家霍爾（Hoare）先生為首、包括比特伯爵（Lord Bute）和英國首相的倫敦 5 位上層市民，在漢威

先生不知情的情況下，以全體公民的名義請求對這位無私為國家服務的人予以關注。結果，漢威不久就被任命為負責海軍糧食儲備的特派員。

到了晚年，漢威先生的健康狀況急劇惡化，身體極度虛弱。儘管他自己也感到了有必要辭去他在糧食儲備委員會中的職務，但他不能無所事事。當時，一所主日學校正處於籌建之中，他就為之奔走忙碌；當他看到許多窮困潦倒的黑人在倫敦大街上四處遊蕩時，他又致力於減輕他們的痛苦；或者，為緩解社會上那些被忽視的貧困階級的生活壓力，他又付出艱辛的勞動。雖然他和各式各樣生活悲慘的人的關係非常親密，但他本人是一個非常快活的人。他的精神狀態非常良好，從來不會只為使自己快樂而挖空心思去刻意追求。他最害怕的事情莫過於飽食終日無所用心。儘管體質虛弱，他依然勇敢、孜孜不倦的工作著，他的精神力量是一流的。他是第一個大膽的打著雨傘走遍倫敦街頭巷尾的人。這件事或許會有人認為不足一提，但是，要是現在讓哪一個倫敦商人戴著一頂中國式鴨舌帽沿著康希爾走一趟，他會知道這是需要一定的勇氣的。漢威先生帶著雨傘走了30年，最後他發現這件物品已進入尋常百姓家了。

漢威是個恪守信用、真誠正直的人，他講的每一句話你都可以完全相信。因為這種誠實商人的性格特徵，他博得了人們的尊敬乃至崇拜，這也是他被人們稱讚的唯一原因。他言必行，行必果。不論是作為一個商人，還是後來作為海軍糧食儲備委員會特派員，他的行為都是無可挑剔、清正廉明的。他不願接受和他打交道的人們的哪怕是一丁點的好處。在糧食儲備委員會任職期間，每次有人向他送禮時，他都很有禮貌的原封不動的退回，並附上一張字條：「他定下這樣一個規矩：在工作接洽中，絕不接受任何人的任何饋贈。」當他發現自己江河日下精力衰竭時，他很達觀的為自己預備後事，就好像是準備一趟國內旅遊一樣。他清算了各種帳目，還清了各種債務，和往日的朋友一一告別，安排好了後事，然後換上乾淨整

潔的衣服，安詳的離開了人世，享年 74 歲。他留下的遺產總共不到 2,000 英鎊。因為他沒有親屬繼承人，他將這筆遺產分給了他平日熟識的孤兒和窮苦人。這就是喬納斯·漢威平凡而偉大的一生。概言之，他是個誠實守信、充滿活力、勤勞勇敢和心地善良的人。

▍格蘭維爾·夏普

格蘭維爾·夏普（Granville Sharp）也是一個展示了個人力量及其影響的突出典範。後來，他這種力量在廢奴運動中被注入了一群高尚的工人之中，其中尤為突出的有克拉克森（Clarkson）、威爾伯福斯（Wilberforce）、巴克斯頓（Buxton）和布羅漢姆（Brougham）。在廢奴運動中，儘管這些人都堪稱鉅子，但格蘭維爾·夏普是他們的先驅，並且從意志、力量和勇敢等方面講，他或許是他們之中最為傑出的。

格蘭維爾·夏普是從在塔丘跟著一位亞麻布工廠經營者當學徒開始人生生涯的。學徒期滿之後，他離開了那家公司，到一家軍械廠當了職員。正是在從事這一卑下職業的過程中，他開始利用休息時間做黑奴解放的工作。還在當學徒期間，他就十分樂意去參加任何有意義的義務勞動。他在亞麻布製造廠學習時，和他同住一屋的同事是一個一神教教徒，他們時常討論一些宗教問題。這位一神教的少年認定格蘭維爾對《福音書》中某些段落關於「三位一體」說的誤解是由於他不懂得希臘文。於是，當天晚上他便立即著手學習希臘文。沒過多久，他便熟練掌握了希臘文。他和另一位同事也發生過類似的爭論，這位同事是位猶太人，兩個人就《預言書》的解釋發生了爭執。結果，使得他以相同的方式掌握了十分難懂的希伯來文。

但是，使他的生活轉向於勞苦大眾的原委在於他的慷慨大方和仁慈胸懷。他的弟弟威廉（William）在倫敦市明辛小巷開了一家外科診所，為窮人免費提供服務。在大量的就診者中，有一位名叫喬納森·史壯（Jonathan

Strong）的非洲人。顯而易見，這位黑人奴隸受到了他的主人 —— 一位當時正在英國定居的巴貝多律師 —— 的嚴刑拷打，身體已經殘廢，喪失了勞動能力，眼睛也快瞎了。他的主人認為他作為一名奴隸，已經再沒有什麼價值，於是很殘忍的把他驅趕出來，他只好在街上到處流浪，忍飢挨餓。這位苦命的奴隸遍體鱗傷，很長一段時間只能靠沿街乞討度日。碰到威廉·夏普後，威廉·夏普給了他一些藥物，不久又把他送到了聖巴托羅繆醫院，在那裡他得到了徹底的治療。史壯出院以後，為了不使他再次流離失所，威廉兄弟倆給了他很大幫助。但是，他們十分清楚：在當時的社會背景下，主人有隨時認領自己的奴隸的權利。他們讓史壯在一個藥房裡工作，兩年過去了，倒也平安無事。可是，有一天，當史壯從前的主人，也就是那位巴貝多律師，和他的情婦乘著馬車遊玩的時候，認出了史壯，他決定恢復自己對這位奴隸的所有權，因為這時史壯已經恢復了健康，又可以從他身上榨取油水了。這位律師找了兩位倫敦市府官員逮捕了史壯，將他拘押在科姆普特，準備用船把他押回西印度群島。這位黑奴想到幾年以前在自己極度不幸時，格蘭維爾·夏普提供了友善的幫助，於是發出一封信向夏普求救。夏普已經記不起史壯這個人是誰，但他還是派人去科姆普特拘押所查詢，查詢的人回來報告說看守人員否認拘押所有這個人。這引起了夏普的懷疑，他親自去了拘押所，一定要見見喬納森·史壯。他獲准探視並認出了這個可憐的黑人奴隸。現在，史壯是作為一名被抓獲的奴隸關押在這裡的。夏普先生冒險要求監獄長在接到市長的命令之前，不要將史壯交給其他任何人。然後，他立即去找市長。市長同意召集那些沒有正當理由而把史壯抓捕入獄的人訓話。而在這個過程中，史壯以前的主人似乎將他賣給了一個新的主人。這個新主人拿著票據聲稱這個黑奴是他的財產。由於史壯沒有受到犯罪的指控，而市長也不知道史壯的自由問題是否具有合法性，就釋放了史壯。這位黑人奴隸跟隨著他的保護人走出了監獄，沒有人阻攔他。但是，事隔不久，史壯的主人給夏普一張通知，聲稱

他的財產受到了剝奪，他要求恢復對這個黑人奴隸的所有權。

在當時（西元 1767 年），英國人的人身自由權利雖然在理論上是彌足珍貴的，但在實踐中卻受到了嚴重侵犯，在日常生活中幾乎每天都受到了踐踏和蹂躪。經常強徵海上服役人員就是一例。除此之外，在倫敦和其他英帝國的大城市活躍著一群綁架者，專門為東印度公司抓人。如果這些被綁架者不願意去印度，他們就會被用船送往美洲殖民地，賣給種植莊園經營者。黑人奴隸買賣的廣告公開登載在倫敦和利物浦的報紙雜誌上。抓獲和引渡逃亡的奴隸，將他們送到海上某艘特定的船上，可得豐厚的報酬。

英國對奴隸問題的態度在世界上享譽很高，但這只是徒有虛名，是不切實際和值得懷疑的。在法庭上，法官們判案時由於沒有什麼固定原則，經常舉棋不定、意見不一。在英國沒有奴隸，雖然這已經是一個很普遍的信念，可是在法律界，一些身處要職的人直截了當的表達了他們的相反意見。在喬納森‧史壯一案中，夏普先生經常去諮詢的幾位律師，一般都持這種觀點。喬納森‧史壯的主人明確告訴夏普，倫敦首席大法官曼斯菲爾德（Mansfield）和所有的高級法律顧問都認為進入英國的奴隸不能獲得自由，可以合法的強迫他返回種植園。如果一個人不是像格蘭維爾‧夏普這樣勇敢無畏和熱心助人，大法官的意見或許會使他感到沮喪和絕望。但是，對於夏普來說，這只能使他意志更堅定的要在英國為黑人奴隸的自由而戰。他說：「被那些職業律師拋棄以後，由於缺乏法律援助，我不得不在艱難的處境中想方設法自衛。以前，不管是對法律的實際運用，還是對法律的基礎知識，我都一竅不通。我從沒有看過一本法律方面的書（《聖經》除外）。在那種情況下，我十分不情願的去圖書館查找法律書籍的索引，然後託我的書商去購買。」

白天，他的全部時間都被軍械廠的事務占用了，在辦公室裡他擔任最吃力的工作。因此，他只能在深夜或清早從事法律這一新領域的研究。他

承認自己在某種程度上也成了奴隸。在寫給一位辦事員朋友的信中，他談到遲遲覆信的原因：「我現在根本不能從事文學通訊。我晚上休息的時間不能再節省了。早上的時間必須進行一些法律觀點的考證。毫無疑問，這方面還需要做更多的研究和考察。」

接下來的兩年中，夏普先生放棄了幾乎所有的休息時間，對英國論及個人自由權利的法律都做了深入詳細的研究。他費力讀完了大量枯燥乏味而且令人頭痛的文獻資料，對所有最重要的議會法案、法院判決和傑出律師的觀點都作了摘要。在這項單調沉悶而且深入持久的工作中，他沒有人指導，沒有人幫忙，也沒有人向他提建議。沒有哪一個律師贊成他的這一工作。儘管如此，他這一考證的結果，為他帶來了意外之喜，也為那些法律界的紳士帶來了意想不到的吃驚。夏普寫道：「感謝上帝，在英國的法律法規中，沒有一條 —— 至少我沒有找到 —— 為奴役別人的人提供法律依據。」他原本就邁著堅定的步伐勇往直前，現在他更是無所畏懼了。他以綱要的形式草擬了他的研究結果。這是一份平實、清楚而又大膽的聲明，它的題目是〈論在英國容忍奴隸制度存在的不合理性〉（*On the Injustice of Tolerating Slavery in England*）。他把這篇文章抄寫了很多份，並使它在當時那些最有名氣的律師中傳播。史壯的主人發現夏普是個十分難以對付的角色，在史壯一案中，他尋找各種藉口拖延結案，最後他提出了一個私下了結的妥協方案，被夏普嚴正拒絕。夏普繼續在律師中傳播他的手抄本小冊子。最後，這些律師都起來反對限制喬納森‧史壯的個人權利，要求給予他個人自由。法院判決：原告在訴訟中敗訴，繳納 3 倍的訴訟費用。夏普的那本小冊子也在西元 1769 年公開出版。

與此同時，倫敦發生了其他一些綁架黑人販賣到西印度群島的事件。夏普一旦抓住這樣的事件，就會立即著手營救這些黑人。非洲人海拉斯（Hylas）的妻子遭到綁架，並且被販賣到了巴貝多，夏普得知後，以海拉

斯的名義向法院對肇事者提起訴訟，獲得了賠償判決，把海拉斯的妻子帶回了英國。

西元 1770 年，發生了一起暴力捕捉黑人的事件，手段之殘忍令人髮指。夏普先生聽到消息後，立即追查施暴者。那是一個伸手不見五指的夜晚，一名男子僱用了兩名水手，他聲稱一位叫路易斯（Lewis）的非洲黑人是他的私人財產。他們把路易斯拖入水中，淹了個半死，然後拖上一艘小船，堵上嘴，捆住手腳。小船順流而下，他們在格雷夫森德上了一艘開往牙買加的輪船。只要船一到牙買加，路易斯就會被賣作奴隸。儘管路易斯被堵上了嘴，這位可憐的黑人的哭喊聲還是驚動了他的鄰居。由於格蘭維爾·夏普早已被黑人們視為朋友，所以路易斯的一個鄰居徑直跑來向他報告了這一暴行。夏普立即去法院開具了一張帶回路易斯的許可證並火速趕往格雷夫森德。可是，當他到達那裡的時候，那艘輪船已經啟航。他便馬不停蹄的將一張人身保護令送往斯皮特海德，終於在這艘輪船被英國海岸警衛隊放行之前，將人身保護令送到。這個奴隸被他們吊在輪船的主桅杆上，正以淚洗面，一臉的悲哀。路易斯被立即釋放帶回倫敦，作案施暴者被拘捕。在這一案件的處理中，儘管夏普先生責怪自己笨拙遲鈍，其實他在頭腦敏捷、決策果斷和手腳俐落方面，是鮮有能與之匹敵的。這一案件被交由大法官曼斯菲爾德審理。我們不會忘記，這位倫敦大法官關於奴隸制度的見解是與格蘭維爾·夏普大相徑庭的。但是這一次，這位法官沒有把這一問題作為訴訟案件，他也沒有就奴隸是否享有人身自由這一法律問題發表意見，而只是將路易斯釋放了事，因為被告不能提供任何證據證明這位黑人是他的財產。

然而到此為止，在英國黑人是否享有人身自由的問題仍然懸而未決。不過，與此同時，夏普先生仍然一如既往的從事著善行。透過孜孜不倦的努力和機敏果敢的行動，被他救援的黑人越來越多。最後，意義非常重大

的詹姆士‧薩默塞特（James Somerset）一案發生了。據說，這一案件是按照倫敦大法官曼斯菲爾德和夏普先生共同的意願挑選出來的，旨在把黑人是否享有人身自由這一問題作為法律訴訟清楚明確的提出來。薩默塞特被主人帶到英國後便逃跑了。後來他的主人抓獲了他並準備把他賣到牙買加去。夏普先生和以往一樣，很快掌握了這一案件，聘請了法律顧問為這個黑人辯護。曼斯菲爾德大法官宣布這一案件涉及一個普遍關心的問題，他要讓所有的法官來做出裁決。夏普先生心裡很清楚，自己將面臨一場惡戰，曼斯菲爾德將集中所有能集中的力量來對付自己。但是，他毫無懼色，他的信念絲毫也沒有動搖，對他來說，令人欣慰的是，皇天不負苦心人，他平日的努力在這場大決戰中產生了奇異的效果，人們對這一問題的興趣越來越濃厚，許多聲名卓著的法律權威公開聲明他們將支持他。

這件關於人身自由權利的訴訟案，現在正處於生死攸關之中，大法官曼斯菲爾德將在 3 名法官的協助下公正的進行審理。實際上，這也是在英國，對除了被法律剝奪人身自由的人之外，每一個人是否都享有人身自由權利這一根本原則和組織制度的審判。在這裡，沒有必要對這一審判的每一細節詳細加以說明。這一案件經過了數次的開庭、休庭，再開庭、再休庭的反覆，經過了激烈持久的辯論。這一辯論主要是以格蘭維爾‧夏普的那本小冊子為基礎展開的。在法律顧問們熱烈的討論中，大法官曼斯菲爾德那極有影響力的思想開始慢慢轉變。最後，曼斯菲爾德做出了判決，他宣布法庭現在已經形成了完全一致的意見，這一案件再沒有必要交由 12 名法官審理。他接著說，認領奴隸絕不能受到支持，對奴隸的認領權在英國不能生效，法律也不予承認，因此詹姆士‧薩默塞特必須立即釋放。透過這種法律的保護，那時還在利物浦和倫敦街道上公開進行的奴隸貿易，終於被格蘭維爾‧夏普卓有成效的廢除了。不僅如此，他還為人們牢固的建立了這樣一種不證自明的公理，那就是：任何一個奴隸，只要雙腳踏上

英國領土，他就成為自由的人了。毋庸置疑，首席大法官曼斯菲爾德做出這樣一個偉大的決定，主要應歸功於夏普先生自始至終的果敢堅毅的起訴和控告。

對格蘭維爾‧夏普的生活道路我們沒有必要做更多的追蹤說明。他不知疲倦的從事著有益人類的善行。在把獅子山這個殖民地作為營救黑人的避難所的過程中，他發揮了舉足輕重的作用。他致力於改善美洲殖民地本土居民印第安人的生活狀況。他主張擴大和放寬英國人民的政治權力，要求廢除對海員的強徵服役。他堅持認為英國海員和非洲黑人一樣，享有受到法律保護的權利。他們選擇航海生涯這一事實，無論如何不能取消他們作為一個英國人的權利和尊嚴，他認為個人人身自由是第一位的。夏普先生同時也為英國和她的美洲殖民地之間友好關係的恢復做了大量的工作，可惜勞而無功，枉費了一番心機。當同胞自相殘殺的戰爭——美國獨立戰爭爆發的時候，他的正義感是如此的徹底，以至於他斷然決定不再考慮他那不合人道的工作，毅然辭去了在軍械廠的職位。

最後，他一直堅持自己偉大的人生目標——廢除奴隸制。為了實現這一宏偉目標，也為了把在這一過程中發展起來的力量組織起來，他們成立了廢奴協會。很多人為夏普的榜樣作用和他的熱情所鼓舞，雨後春筍般起來支持他。他一個人的力量變成眾多群眾的力量，他長年累月孤軍奮戰的自我犧牲精神，最終注入整個國民之中。他的衣缽傳給了克拉克森，傳給了威爾伯福斯，傳給了布羅漢姆和巴克斯頓，他的精神也影響了他們。他們像他一樣，以充沛的精力和堅定的信念忘我的工作，直至最後奴隸制在不列顛的疆土上被徹底廢除。儘管後來提到的這些人的名字更經常與這一偉大過程的勝利相連在一起，但是，這一勝利的主要功績毫無疑問是屬於格蘭維爾‧夏普的。他從事這一工作的時候，世界上沒有任何人為他歡呼助威。他獨自一人，與那個時代有法定資格的律師的意見和那個時代最

根深蒂固的偏見對陣。他孤軍作戰，憑藉一個人的努力，憑藉一個人的財力。這場戰爭是為國家的憲法而戰，是為現代英國公民的自由而戰，這場聖戰應當載入史冊。不應當被歷史所遺忘的還有他持之以恆和堅韌不拔的精神風貌。他點燃火炬照亮了其他人的心靈，並且這火炬代代相傳直至最後亮澈人心。

在格蘭維爾・夏普去世之前，克拉克森已經把注意力轉移到了黑人奴隸問題上來。他甚至把這一問題選作了大學畢業論文。他對其是如此著魔，以致難以擺脫。有一天，他去赫特福德郡的韋德磨坊附近，緩緩下馬，悶悶不樂的坐在路邊的草皮上。經過了長時間的思考，他下定決心獻身於這一事業。論文寫成後，他把它從拉丁文譯成英文，並且添加了許多新鮮的說明，然後出版發行。同氣相求，同聲相和，他的身邊集結了許多志同道合者。廢除奴隸貿易協會那時已經成立，但他一無所知。後來他聽說有這樣一個組織，便毫不猶豫的加入了。他完全犧牲個人前途來從事這一工作。威爾伯福斯當選為議會領導，而克拉克森的工作主要是搜集和整理大量的證據來支持廢奴運動。這裡提及的一個典型事例或許可以說明克拉克森敏銳和堅韌的個性：在對奴隸制度的捍衛過程中，那些奴隸制度的鼓吹者堅持認為，那些在戰爭中被俘獲的黑人應被賣作奴隸，否則在他們國內等待他們的是更加悲慘的厄運。克拉克森知道有一些從事奴隸貿易的人在進行捕奴活動，但苦於一時沒有找到證據。到哪裡去找一個這樣的事例呢？在一次偶然的旅行中，克拉克森結識了一位紳士。這位紳士告訴他，在大約一年以前，他的公司裡有一個年輕的海員曾經參加過奴隸抓捕隊。但是，這位紳士不知道這位海員的姓名，更不知道這位海員現在在哪裡，只能大致的描述他的長相，只知道他在一艘後備戰艦上服役，至於在哪個港口他一無所知。克拉克森決定憑藉這微乎其微的一點點資訊，找到那個海員當證人。他幾乎跑遍了所有後備戰艦的港口城市，查找了每一艘

戰艦，終於在最後一個港口城市的最後一艘戰艦上找到了這位年輕海員。這個人確確實實成了一位最有價值和最有說服力的證人。

　　幾年之中，克拉克森與 400 多人進行過通信聯絡。與此同時，為了收集證據，他四處奔波，走過了 35,000 多英里的路途。長年累月嘔心瀝血的工作，終於使他積勞成疾，心力交瘁，再也不堪重負。但是，他仍然在這一領域頑強的奮鬥，直至他的熱情使人們完全覺醒，激起所有善良的人們對於奴隸的強烈同情。

　　經過多年的長期爭鬥，奴隸貿易被廢除了。但是，還有另一個偉大的目標有待實現，那就是在英國的領土上廢除奴隸制本身。在這裡，仍然是意志的力量贏得了這一天的到來。在這一過程的所有領導者中，取代威爾伯福斯進入議會的福威爾・巴克斯頓最為卓越。

　　巴克斯頓曾經是個頭腦簡單、四肢發達的頑童，他的與眾不同之處就在於他堅強的意志力，這種意志力在他幼年曾表現為喜歡暴力、飛揚跋扈和固執任性。他自幼喪父，所幸的是他的母親很有見識。她小心翼翼的磨練他的意志，在強迫他服從的同時，對於一些可以讓他自己去做的事情，她總是鼓勵他自己去拿主意、自作主張。他母親堅信，如果加以正確引導，形成對一個有價值的目標的堅強意志，對於一個人來說是最難能可貴的特質。因此，她就這樣培養自己的兒子。當其他人向她談及兒子的任性時，她只是淡然的說：「沒關係的，他現在是固執任性，你會看到這最終會對他有好處的。」在學校裡，巴克斯頓簡直一無所獲，他被看作一個智力低下、懶惰愚笨的人。他讓別人替他代做功課，自己卻到處亂蹦亂跳、惹是生非，通常在下午 3 點才回家。

　　這個「智力低下」、身材高大的年輕人，只對划船、射擊、騎馬和田徑運動感興趣。獵場的看守員是一個心地善良的人，雖然不會看書寫字，但對人生和自然有極強的領悟力。巴克斯頓的大部分時間都是和這位看守

員一起度過的。其實，巴克斯頓天性聰慧，只是他缺少教育、訓練和開發。正當處於形成正義的還是邪惡的人生目標這樣一個人生歷程的緊要關頭時，他很幸運的進入了格尼（Gurney）家族的生活圈子，這個家族不僅以他們良好的社會品行著稱，而且以知書達理、樂善好施而聞名遐邇。與格尼家族的往來，正如巴克斯頓後來常說的，使他的生活絢麗多姿、異彩紛呈。他們鼓勵他注重自我修養。當巴克斯頓進入都柏林大學並在那裡贏得了崇高榮譽的時候，他滿腔熱情，十分興奮的說：「是他們鼓勵我、驅使我去為他們帶回榮譽的。」他和這個家族的一個女孩結了婚，然後在舅父漢布里（Hanbury）這個倫敦釀酒商的作坊裡當了一名職員，開始了他的生活。

　　他的意志的力量，在他小時候使他成為一個難於管束的頑童，現在卻使他無論從事什麼工作都不知疲倦並且精力充沛。他做什麼工作都精神集中、全力以赴。他身材魁梧，身高達 6 英尺 4 英寸，而且精力旺盛、經驗豐富，大家都叫他「大象巴克斯頓」。他不無得意的說：「我可以先釀一個小時的酒，再去做數學題，再去練習射擊，而且每一件事都能聚精會神的去做。」無論做什麼他都有堅強的決心和無窮的力量。被接納為合夥人之後，他成了這家公司充滿活力的經理，事無巨細他都親自過問，生意之興隆是前所未有的。他難得片刻空閒，因為每天晚上他都要勤奮自學，研究和消化布萊克斯通（Blackstone）、孟德斯鳩等人關於英國法律的評論。他的讀書原則是：「看一本書絕不半途而廢。」、「對一本書不能融會貫通熟練運用，就不能說已經讀完。」、「研究任何問題都要全心投入。」

　　巴克斯頓躋身於英國議會的時候，年僅 32 歲。他認為在議會裡，每個議員的誠實、熱心和消息靈通是成為世界上一流紳士的可靠保證。他所致力的主要問題就是要在英國的殖民地上徹底實現奴隸的解放。他常常把自己早年對這一問題的興趣歸因於普麗西拉‧格尼（Priscilla Gurney）

的影響。普麗西拉‧格尼是埃爾哈姆（Earlham）家族的一名成員，是位精明能幹、心地善良並且具有各種美德的婦女。西元 1821 年，在她臨終之前，她反覆交代要告訴巴克斯頓：「要他把關於奴隸的問題作為他最大的人生目標。」她的最後一個動作是試圖再一次莊嚴的控訴奴隸制的罪惡，可是，在這最後還未完成的努力中，她斷氣了。普麗西拉的忠告永遠銘刻在巴克斯頓的心中。他把自己的一個女兒也取名為普麗西拉，把女兒結婚的日子定在西元 1834 年 8 月 1 日，也就是黑人解放的那一天。這一天，女兒普麗西拉也從孝順父母的服役中解放出來，離開了父親的家到了丈夫的公司。也就在當天，巴克斯頓坐下來向朋友寫了封信，他寫道：「新娘剛剛離去，事情都已經圓滿的結束，而且在英國的殖民地上再沒有一個奴隸。」

　　巴克斯頓不是天才，不是有才智的領導者，也不是發明家，他只不過是熱心、直率、堅毅而又精力充沛的普通人。事實上，他的全部性格特徵大致可以用他自己的一段話來概括，這一段話每一位年輕人最好都能銘刻心底。他說：「隨著年歲的增長，我越來越體會到：人與人之間、弱者與強者之間、大人物與小人物之間，最大的差異就在於意志力量的差異，即所向無敵的決心。一個目標一旦確立，那麼不在奮鬥中死亡，就要在奮鬥中成功。具備了這種特質，你就能做成在這個世界上可以做的任何事情。否則，不管具有怎樣的才華，不管身處怎樣的環境，不管擁有怎樣的機遇，你都不能使一個兩腳動物成為一個真正的大寫的人。」

第九章

偉人出自商界

一個對其本職工作兢兢業業、勤奮努力的人，必然富甲天下。

—— 所羅門格言

世界上只有最蠢最笨的人才不能被培養成商人。

—— 歐文·費爾瑟姆（Owen Feltham）

　　赫茲利特（Hazlitt）在他一篇精美而機智的散文中，把商人作為一種卑鄙小人進行了浮雕式的刻畫：他們坐在飛奔的馬車上，生命和交易（或職業）融為一體，他們聲稱自己所必須要做的不是要走出疾馳的馬車，而是要不耽擱生意，要讓生意自行運轉。赫茲利特寫道：「對日常事務的良好管理所必不可少的重要因素，不是什麼豐富的想像力或什麼深邃的思想，而只是狹隘的關於顧客和利潤的計算。」（〈論思想和行動〉）但是，赫茲利特為商人所下的這個定義是極為片面的，也是不符合客觀事實的。誠然，正像存在心胸狹窄的科學家、文學家和立法者一樣，也有心胸狹窄的商人存在。但是，思想開明、心胸寬廣、能採取大規模行動的商人也大有人在。正如伯克（Burke）在關於印度法案的演說中所談到的，他認識一些像商販一樣狹隘的政治家，也認識一些有政治家膽識的商人。

　　考察任何一項重要工作獲得成功所必須具備的特質，我們就會發現，它必須要有聰穎的天資、在緊急情況下迅速行動的敏捷、對大量的勞動者進行組織的能力、高明的策略、對人性的了解、經常不斷的自我修養和在實際生活中總結出的經驗教訓。我們認為，商業帶給人們的薰陶絕不會像某些作家所告訴我們的那樣狹隘。霍爾普斯（Helps）先生或許更接近真理，他說完美的商人幾乎和偉大的詩人一樣少見，或許，比真正的聖徒和殉道者更為稀少。事實上，「商業鍛造人」，這是任何其他行業都不可以與之相比的。

　　然而，長期以來人們都存在這樣一種偏見：天才人物不適合於從商，商業也不適合於天才人物。幾年以前有一個少年自殺了，因為他「生在一

個雜貨商家裡，命中注定要做一個雜貨商人」。他這一行為顯示他的靈魂是不配享有雜貨商這一職業的尊嚴的，因為並不是這一職業使他墮落，而是他自己使這一職業蒙受了屈辱。不管是體力勞動還是腦力勞動，所有誠實賺錢的工作都是光榮的。即使十指沾滿塵土，心靈仍然是純潔的，因為貶損人格尊嚴的與其說是肉體上的灰塵，不如說是靈魂上的骯髒。貪得無厭遠遠勝於臉上的塵垢，邪惡陰險遠遠超過手上的銅綠。

世界上最偉大的人物，在追求崇高目標的同時，絕不輕視賴以謀生的誠實有用的勞動。作為古希臘七賢之首的泰利斯（Thales）、作為雅典共和國的第二代締造者的梭倫（Solon）和著名數學家希佩里德斯（Hyperates）都是商人。以其過人的才智被奉為聖人的柏拉圖，在埃及遊學的過程中，靠沿途販賣石油所得的利潤來支付一切費用。史賓諾莎（Spinoza）在從事哲學研究的同時，靠磨製眼鏡來維持日常生活；偉大的植物學家林奈（Linnaeus）一邊從事學術研究，一邊從事皮革製造和皮鞋生產。莎士比亞是一個很有才能的劇院老闆，他的非凡成就與其說有賴於他寫作劇本和詩歌的才能，不如說是以經營劇院的才能為基礎的。波普（Pope）認為莎士比亞從事文學創作的主要目的是為了獲得足夠的維持閒居生活的收入。事實上，莎士比亞對他在文學上的聲譽是全然不關心的。從來沒有聽說過他自己出版過哪一部劇本，也沒有聽說過他認可哪部劇本的出版；而且，他這些作品的寫作時間至今仍是個謎。但是，有一點是可以肯定的，那就是他的生意興隆，使他有相當的資產可以回到他的故鄉 —— 亞芬河畔的史特拉福過閒居生活。

喬叟（Chaucer）早年當過兵，後來歷任海關督察員、森林和公有土地視察員，政績斐然。史賓賽（Spencer）曾經擔任過愛爾蘭郡長祕書，後來又當了科克市的行政司法長官，據說他是個十分精明能幹的生意人。米爾頓開始是個中學校長，在共和時期，他被擢升為參議院祕書，並且現存

245

的參議院動議通告簿和保存下來的大量的米爾頓書信，顯示了他在擔任這一職務時所參加的活動和所發揮的正面作用。伊薩克・牛頓爵士是一位很有能力的造幣廠廠長，西元 1694 年新貨幣就是在他的親自監管下鑄造出來的。古柏曾經以在商業活動中的嚴守信用而著稱，他自我表白說：「我從不知道自己是個詩人，只知道我是一個嚴格守時的人。」談到這一點，我們會想到華茲渥斯和司各特的生活，前者是一個郵遞員，後者是地方刑事法院的一名職員，他們兩個人都不僅是聲名卓著的詩人，而且也都是極為守時的實力派商人。大衛・李嘉圖（David Ricardo）是倫敦的一位股票投機商，在炒股票過程中發了大財，這使得他可以集中全部精力從事他感興趣的工作，並且在這一領域獲得了豐碩成果 —— 他闡明了政治經濟學原理，這是因為他集商人的精明敏銳和哲學家的學識淵博於一身。貝利（Baily），這位卓越的天文學家，也曾經是一個股票投機商；化學家艾倫（Allen），曾經是一位絲綢製造商。

　　至於今天，我們可以舉出更多例子來說明這一事實：天資聰穎、才華橫溢的人並不是與商業這一要求行動敏捷、講求效率的職業格格不入、水火不容的。格羅特（Grote），這位偉大的希臘歷史學家，是一位倫敦銀行家。約翰・史都華・密爾是當代最偉大的思想家之一，他剛剛從東印度公司監察部退休回來。他能贏得人們的尊敬和愛戴，不僅僅在於他深邃的哲學思想，而且在於他在監察部的商務活動，他建立了一套高效率的運作方式。

　　商業活動的成功之路與其他領域的成功之路並無二致。如同獲得知識和追求科學一樣，堅韌不拔和吃苦耐勞是必不可少的特質。古希臘有句格言：「無論從事哪種職業，要想成為一個出類拔萃的人，都必須具有三個條件 —— 天賦、學習和實踐。」

　　在商業活動中，能使人從中增長才幹和見識的實踐，是走向成功的最

大祕密。有的人可能會在那裡等待所謂的「幸運」，但是，企圖像賭博那樣賺錢，這種「幸運」只會誘使人走向毀滅。培根總是習慣於說，身在商界就如同人在旅途，最近的捷徑往往是最為凶險的，甚至有滅頂之災；一個人如果想走最寬闊平坦的大道，那麼他必須走一點彎路。他在旅途中的時間或許要漫長一些，但是他可以得到工作的樂趣，並且會為他帶來滿意的結果，他得到的快樂會更加真實、更加完美。每天安排一點工作去做，哪怕這工作是辛苦的，也會使人感覺到生活的醇美和快樂。

海克力士吃苦耐勞的神話，是人類透過自我奮鬥獲得成功的一個典型示範。每一個年輕人都必須清醒的意識到：人生的幸福和成功主要取決於自己，取決於自己的力量的發揮，而不是取決於他人的幫助和庇護。

當約翰‧羅素爵士（Lord John Russell）請求已故的墨爾本爵士（Lord Melbourne）為詩人莫爾（Moore）的一個兒子提供一點資助時，墨爾本在回信中提出了非常有益的建議。他寫道：「親愛的約翰，我把莫爾的信退還給你。當我們找到較好的解決方法後，我會很樂意的按你的意思去辦理此事。我認為無論做什麼事情都得讓莫爾本人去做。這樣就更為明確、直接和理智。讓我們去為年輕人預備什麼無論如何都是說不過去的，這對他們也是最為有害的 —— 會讓他們自視甚高，不肯做出任何努力。我們應該告訴他們：『你自己去想辦法，你挨餓與否，這完全取決於你自己。』請相信我。墨爾本。」

明智的做出決策，精神飽滿的去行動，在行動中能夠吃苦耐勞，一個人往往就會得到應有的回報，在前進中他就會有動力，就會形成鮮明的個性，而且也會鞭策別人去行動。每一個人所得的回報或許並不相等，但從整體上說，每個人都會得到與其付出相當的回報。正如一句托斯卡尼諺語所說：「雖然不能人人都生活在廣場上，但每個人都可以感到太陽的光輝。」

　　從整體上說，人生的道路過於平坦、過於順暢對於人性來說是有百害而無一利的。勤奮工作和承受磨練的人生，比衣來伸手、飯來張口的奢侈生活要好得多。事實上，當一個人踏入社會的時候，相對拮据的經濟狀況是刺激他努力工作的動力，這樣的生活狀況對他人生的成功似乎是必不可少的重要條件。因此，當一位傑出的法官被問及什麼東西對人生的成功來說最重要時，他回答說：「一些人靠自己出眾的才華獲得成功，一些人靠裙帶關係獲得成功，一些人靠奇蹟的出現獲得成功，但大多數人是從身無分文開始走向成功的。」

　　我們曾經聽說過關於一個非常卓越的建築師的故事：他接受了長期的良好教育，並且到古老的東方旅行過，旅行回家後準備從事一項實際工作。他決定能找到什麼樣的工作，就從什麼樣的工作入手。因此，他從事了一個與房屋維修有關的職業，這是一個最下賤而且報酬最低廉的職業。但是，這位建築師卻有著良好的心態，他沒想改行，而是下決心要一直做下去。因此，他有了一個良好的開端。在一個非常炎熱的 6 月天，一個朋友發現他跨坐在屋頂上全神貫注於房屋維修工作。他用手擦了擦臉上的汗珠，大聲喊道：「對於這個走遍了全希臘的人來說，這是一個最好的職業。」他就是這樣全心的一絲不苟的從事自己的工作，直到他一步一步轉入其他報酬更為豐厚的職業，最後達到他輝煌的頂點。

　　必不可少的勞動或許可以被看作我們稱之為個人進步和民族文明的一切東西的基礎和根源。不經過自己的努力，就給予人完全的滿足，不留下任何目標讓他去希望、去追求和去為之奮鬥，世界上是否還有比這更大的、強加給人的災難是值得懷疑的。生活中沒有任何動力，也沒有任何行動的必要，對於一個有理性的動物來說，這種感覺是最使人痛苦、最讓人難以忍受的。馬奎斯・德・斯皮諾拉（Marquis de Spinola）向賀瑞斯・維爾爵士（Sir Horace Vere）詢問他弟弟的死因，賀瑞斯回答說：「先生，他死

於無所事事。」斯皮諾拉喊道：「天哪！無所事事可是足以毀滅整個人類的啊！」

然而，那些在生活中遭遇失敗的人，總是喜歡表現出一副受到傷害的無辜者的樣子，似乎他個人的不幸是其他所有人對他們造成的，而與他自己毫不相干。一位很優秀的作家最近出版了一本書，書中描述了他在商業活動中遭遇的無數失敗，並大膽承認了自己對簡單的加、減、乘、除運算的忽視。他得出結論說，他在生活中失敗的真正原因在於這個時代的拜金主義。拉馬丁（Lamartine）也毫不猶豫的承認了自己對算術的輕視。如果他在生意場上精明一點，或許我們現在就看不到他在晚年為自己四處募捐的悲慘景況了。

也有一些人認為他們生來就倒楣，這個世界總是與他們過不去，而他們自己沒有半點過錯。我們就聽說過有這樣一個人，他如此表達了自己的信條：他說，如果他是一個製帽商人，老天或許會讓他生來就沒有腦袋。有一句俄羅斯諺語是這樣的：「不幸和愚昧是鄰居。」我們往往會發現，那些經常哀嘆自己命運的人，大多數是自信心不足、不肯吃苦耐勞、不善於經營管理而喜歡鋪張浪費的人。詹森博士當初來到倫敦的時候，身上只有 1 畿尼。他曾經在給一位勛爵的信中署名為「不知道晚餐在哪裡的人」。詹森博士指出：「對這個世界的任何抱怨都是不公正的，我從來沒有看到哪一個有功勞的人被忽視；一個人不能獲得成功，一般來說都是自己的過錯。」

美國作家華盛頓‧歐文（Washington Irying）也持同樣觀點：「至於一個人因不大的功勞被人忽視而時時哀訴，只是一個懶惰和優柔寡斷的人試圖向大眾表達自己想獲得成功的要求。當然，不顯著的成績是易於被人疏忽，難以發揮作用。經過良好訓練、完全成熟了的才華和智力，只要被充分展示出來，是肯定能找到市場的。但是，你不能蜷縮在家裡，期待別人

找上門來。當退休的人的價值成為過去、被人忽視的時候，我們可以聽到很多正在前進中的冒失的人關於成功的吶喊。一般說來，這些前進中的人具有敏捷和活躍的優秀特質，而這些特質是實現其價值必不可少的。一隻狂吠的狗比一頭睡獅更為有用。」

專心致志、吃苦耐勞、計算準確、方法正確、守時重信和反應敏捷，這是從事任何商務活動獲得成功所必不可少的主要特質。乍看起來，這些特質都是不值一提的小事情。然而，它們對於人的幸福、安定和價值的實現來說，卻是極為重要的。它們是一些雞毛蒜皮的小事情，這一點不錯；但是，人生的幸福就是由這些瑣碎的東西構成的。正是一些微不足道的小行為的多次重複，構成了人的性格特徵的總和，構成了各個民族的性格特徵。而且，一個人或一個國家的衰落，就在於他或他們對這些小事情的忽視，因此撞上了「暗礁」，這種必然性我們幾乎都可以發現。每一個人都有義務去做這些小事情。因此，我們就有必要培養自己做這些小事情的能力，不論你是管理家務、從事商務或其他某一職業，還是管理一個國家，都是如此。

前面我們已經舉出了在各個行業 —— 如工業、藝術和科學 —— 中的一些傑出人物的例子，在這裡就沒有必要去進一步強調吃苦耐勞在生活的各個領域中的重要性。對瑣碎事情的持久重視和關注構成人類進步的基礎，這是從我們的日常經驗中得出的結論，而且，最為重要的是勤奮。勤奮是幸運之母。準確無誤也是非常重要的，它是一個受過良好訓練的人必不可少的象徵。在觀察中要準確無誤，在說話中要準確無誤，在貿易事務中更要準確無誤。在商務活動中，無論做什麼都必須做好，因為完美無缺的做好少量工作，比偷工減料的做了 10 倍的工作還要好。一位智者常常說：「稍稍停頓一會，我們會更快的完成任務。」

然而，人們卻對「準確」這一十分重要的特質重視不夠。正如一位從

事實驗科學的卓越科學家最近所指出的：「在我的實驗過程中我感到非常驚訝，能準確描述一件事實的人少得可憐。」然而，在商業事務中，甚至是一件微不足道的小事或你的一個小小的舉動，都會影響人們對你的態度。在其他各方面都很好但不習慣於準確的人是不能被人信任的，因為他所做的工作不得不讓人去反覆核查，招致大量的麻煩、混亂和煩惱。

在他所做的一切事情中都完全不辭勞苦，這是查爾斯‧詹姆士‧福克斯（Charles James Fox）的一個優秀特質。被任命為參議院祕書時，他為自己糟糕的書寫大為惱火，就聘請了一個書法教師教他，並且像一個小學生那樣一筆一畫的進行描摹，直到自己完全滿意為止。雖然他身材肥胖，但他卻十分擅長網球的削球。有人問他有什麼訣竅，他開玩笑的說：「這只是因為我是一個不辭勞苦的人。」他在小事情中一絲不苟、毫不馬虎，這種認真精神在重要的事情上更是表現得淋漓盡致，他也因此聲名鵲起，人們評價他像畫家一樣，「不疏忽絲毫」。

方法是非常重要的，它可以使大量堆積如山的工作都能被稱心如意的完成。理查德‧塞西爾（Richard Cecil）牧師指出：「方法就像把東西裝入一個箱子，一個方法好的人比一個方法差的人要多裝一半的東西。」塞西爾在商務中的敏捷是異乎尋常、不同凡響的。他的座右銘是：「要做許多事情的捷徑是每次只做一件事。」他從不把一件事做到半途就扔下，等到有空閒時再回過頭來完成。遇上生意緊迫，他寧可犧牲吃飯時間和休息時間，也不會忽略工作的任何一個環節。德‧維特（De Witt）的座右銘和塞西爾不謀而合：「每次只做一件事。」他說：「如果手頭有一些必須立即完成的工作，我會毫不猶豫的去把它們完成。如果有什麼家務事需要我去做，我會全心投入直到事事辦得妥當。」

有一位法國部長，他經常出沒於各種娛樂場所，卻以在商務活動中敏捷而著稱。當他被問到怎樣使這兩件事協調時，他回答說：「很簡單，絕

不要將今天要完成的事情拖到明天。今日事今日畢。」布羅漢姆勛爵曾經談到英國有位政治家把這個過程顛倒過來，他的座右銘是「絕不要將可以拖到明天的事情今天做完」。不幸的是，除了那位英國部長外，許多人都是這樣生活。他們幾乎忘記了，這是一種懶人的生活方式，是不會走向成功的。這樣的人也很容易依賴於自己的代理人，而這些代理人卻往往是不可靠的。重要的事情必須親自出馬。有一句諺語這樣說：「欲想事成，自己去做；不想事成，遣人去做。」

有一位懶惰成性的鄉紳，擁有一塊有自由保有權的土地，每年坐收 500 英鎊的地租。後來，由於無力還債，他把一半土地賣掉了，剩下的一半租給一位勤勞的農民，租期為 20 年。契約到期的時候，這位農民去交付租金，他問這位紳士是否願意把這塊土地賣掉。這位紳士感到十分吃驚，他問：「你想買嗎？」「是的，如果我們能講個好價錢，我就買。」「這真是太不可思議了。」這位紳士仔細打量眼前這位農民，「天哪，請你告訴我到底是怎麼回事。我不用交付租金，靠兩塊這樣大的土地都不能養活自己，而你每年都要按期交付我 200 英鎊的租金，幾年之中，你竟然能買得起這塊地。」「道理很簡單，」這位農民回答說，「你整天坐在這裡發號施令，而我是日出而做、日落而歸；你躺在床上坐享其成，而我起早摸黑忙裡忙外。」

當一個年輕人在獲得一個職位後請華特・司各特爵士向他提建議時，司各特爵士在信中寫道：「請注意，不要讓你的癖好成為你前進中的絆腳石，癖好的糾纏使你不能充分利用自己的時間。我的意思是指女人們稱之為『混日子』的東西。那些該做的事情就要立即去做，工作完成之後才能去娛樂，絕不能在工作沒做完之前去娛樂。在部隊行軍的時候，如果前面的人馬不是平穩推進而是被打斷，後面的人馬必然陷入混亂。商務活動也是如此。如果前面的首要工作沒有迅速、平穩和按期完成，後面的事情就

會積壓起來，等到這些事情突然急迫起來的時候，就會沒有誰的腦袋能承受得了這種混亂。」

快速敏捷的行動或許是由對時間的價值的考慮這樣一種責任感推動的。一位義大利哲學家總是習慣於把時間稱為他的地產，這種地產不經過耕耘就不會產生價值。但是，只要及時耕作，它就會給予辛勤的勞動者相應的回報。如果讓它荒蕪，那麼各種有害的、邪惡的種子就會滋生蔓長。穩定的職業的最小的一個作用就是使人免受壞的影響，因為一個真正閒置的頭腦就會想著去做壞事 —— 懶人是魔鬼的幫凶。受僱用就好像是被僱用者所占有，而無所事事就會感到空虛。一旦幻想的大門被打開，誘惑就會找到一個現成的入口，邪惡的思想就大踏步乘虛而入。在航海中我們可以觀察到，當只有少數人找到工作的時候，人們最容易怨聲載道，甚至起來造反。因此，有一個老練的船長，當船上實在無事可做的時候，他總是發布命令：「洗錨。」

商人總是習慣於引用這樣一句名言：「時間就是金錢。」其實，時間不僅僅是金錢，更恰當的說，時間是自我修養，是自我提升和性格的成熟。每天在瑣碎小事上或在懶散中浪費掉的一個小時，如果用於自我提升，就會使一個愚昧無知的人在幾年之中變成一個足智多謀的人；如果把這一個小時用來做善事，那麼他的生活就會碩果累累、功德無量。每天花15 分鐘用於自我提升，一年之後就會效果顯著。高明的思想和仔細收集起來的經驗並不占用什麼空間，並且可以隨身帶到天涯海角，而不需要任何費用，也不構成什麼拖累。對於時間的節約使用是使休息時間得到保證的正確方法，它可以讓我們順利做完工作，而且可以繼續推向深入，而不至於使我們淹沒其中。相反，對於時間的錯誤計算會使我們總是匆匆忙忙，陷入混亂和困難之中，而且生活變成了敷衍塞責的應急方式，隨之而來的往往是一場災難。納爾遜曾經說過：「我人生中的所有成功，都歸因於我

總是提前一刻鐘完成任務。」

　　一些人在把金錢花光之前，從不考慮金錢的價值。對待時間他們也同樣如此。他們讓時間隨意在閒散無聊中流逝，然後當生命快要終結、日子所剩無幾的時候，他們才想到應當更明智的利用時間。可是，倦怠和懶散的習慣已經根深蒂固，已是積重難返、牢不可破了。失去了的財富可以透過勤勞重新獲得，失去了的知識可以透過學習重新擁有，失去了的健康可以透過節制或治療重新恢復，可失去了的時間永遠不會再擁有。

　　對時間的價值的充分重視，也可以透過守時重信的習慣來激發。路易十四指出：「守時重信是君王的禮貌。」守時重信也是紳士的職責，並且對商人也是必不可少的。沒有什麼東西可以比這種德行能更快的贏得別人的信任，也沒有什麼東西比缺少這種德行能更快的失去別人的信任。那些約會守時、不讓你久等的人，說明他珍惜你的時間，也珍惜自己的時間。因此，對於我們在商務活動中約見的那些人來說，守時重信是測試我們自尊心的最好方法。在某種程度上，它也是良心，因為一次約會就是一次明確的或隱含的契約，那些不守時重信的人破壞了忠誠，也不誠實的占用了別人的時間，因而必然有損人格。

　　我們會發現，那些沒有時間觀念、工作疏忽懶散的人，一般也會去打破別人的寧靜與安詳。查斯特菲爾德勛爵（Lord Chesterfield），即原來的紐卡斯爾公爵（Duke of Newcastle），曾經俏皮的說過：「如果他的尊嚴在早上丟失了一個小時，那他要用這一天的時間去尋找。」那些不得不與這些不守時的人打交道的人，時不時的處於這樣一種狀態：他一貫遲到，按時只是不按時中的偶然。他拖拖拉拉好像有什麼規律，他在約會中總是時間過了才到，到火車站趕車總是車開了人才來，寄信總是等到郵局關門了才去。因此，其生意總是陷入一片混亂，每一個與他有關的人都被惹得發脾氣。我們往往會發現，那些慣於走在時間後面的人也慣於走在成功的後

面；而且，這個世界往往把他們拋在一邊，讓其壯大抱怨不公平者和命運詛咒者的隊伍。

最高階的商人除了要求具備一般的活動素養外，還要求有敏銳的感覺能力和執行計畫的堅定信念。策略也是非常重要的，雖然這部分來自於天賦，但它也是可以透過後天的觀察和實踐來開發和提升的。具有這種素養的人很快就能找到正確的行動方式，而且一旦確立了目標，他們就會快捷行動去實現自己的目標，達到成功。這些特質具有特殊的價值，而且也是不可缺少的。這些特質在大規模指揮別人行動的那些人身上，就如同在戰場上指揮千軍萬馬的指揮官身上一樣。將軍不僅要像一個勇士，而且也要像一個商人。他不僅要有高明的策略，而且也要了解人性，要有組織群眾行動的能力。他必須給眾人衣食，向他們提供必要的裝備，以便他們能堅守戰場並贏得勝利。從這些方面看來，拿破崙和威靈頓都是一流的商人。

雖然拿破崙非常關心事情的細節，但是他同樣有著豐富的想像力，這使得他可以眼光長遠的思考行動方案，並且經過迅速的判斷在很大的範圍內思考事情的細節。他對人性有著深入的了解，這使得他能夠知人善任，選擇最恰當的人物去執行自己的計畫，在這方面他幾乎沒有出過差錯。但是，在關鍵時刻，他所信賴的人非常有限，這也是獲得勝利的重要保證。拿破崙的性格特徵在《拿破崙通信》（*Napoleon Correspondence*）中得到了相當程度的揭示。這本書共分 15 卷，包括書信、命令和戰報。這些通信是西元 1807 年拿破崙皇帝在埃勞之捷後不久，在波蘭邊境芬肯斯坦的一棟小別墅裡寫的。

當時，法國軍隊駐紮在帕斯文卡河附近，在它前面是俄國軍隊，右翼是奧地利軍隊，後面是被征服了的普魯士。和法國保持遠距離聯絡的通訊管道必須穿越這個敵對的國家。但是，這一切都已經預先做了仔細周密的安排，據說拿破崙沒有遺漏一個兵營。部隊的活動，從法國、西班牙、義

大利和德國遙遠的地方為部隊提供補給物品，為了使波蘭和普魯士的產品可以順利的運送到軍營，運河的開通和道路的開闢，每一個瑣碎的細節拿破崙都做了周密的思考。我們可以發現，他指出了獲得戰馬的地方，準備了足夠多的馬鞍，為士兵訂購了鞋子，詳細說明了所需麵包、餅乾的數量，還為部隊準備了精神食糧，印發了有各種訊息資料以備不時之需的雜誌。與此同時，我們還可以發現他在寫給巴黎的信中，指出了法國大學重組的方向，制訂了公共教育的方案，還有為《告誡者》（Moniteur）雜誌撰寫的布告和文章，修改預算方案的細節，關於變更在杜樂麗修建馬德萊娜教堂而給建築師們的指示，偶爾對德·斯特爾夫人（Madame de Stael）和巴黎新聞記者的諷刺，參與平息對《大歌劇》的爭論，與土耳其蘇丹和波斯國王的通信，如此等等。雖然拿破崙人在芬肯斯坦，但他的心卻在巴黎、在歐洲甚至整個世界 100 個不同的地方不停工作著。

　　我們可以發現他在一封信中詢問奈伊是否及時收到了他送去的滑膛槍；在另一封信中，他指示熱羅姆王子（Prince Jerome）向符騰堡軍團分發襯衫、大衣、衣服、鞋子、軍帽和武器；他又催促康巴塞雷斯（Cambacérès）發一雙雙層棉襪給部隊，他說：「在這個時候你跟我講價錢是不合時宜的，襪子必須立即發放下去。」然後，他又告訴達呂（Daru）部隊想要襯衫，他們還沒有收到。在給馬塞納（Massena）的信中他寫道：「告訴我你們的餅乾和麵包是否準備就緒。」在給貝爾格（Grand due de Berg）的信中，他就騎兵的裝備問題作了指示：「他們抱怨說缺少軍刀，派一個軍官到波茲南去購買；他們還缺少頭盔，可以到埃布嶺去訂購……成天睡覺的話是什麼東西都得不到的。」拿破崙事無巨細，每個細節都沒有忽視。這也激發了眾人的力量，因而行動起來自然就無堅不摧。雖然這位皇帝的大部分時間被檢閱部隊所占用，在這個過程中他每天要騎馬走 30 ～ 40 里格的路程，要檢查軍務、接見部下和處理國家事務，很少有時間去從

事商務活動，但他對這方面一點也沒疏忽。必要的時候，他把晚上的大部分時間用於核對預算、發布急電、處理這個帝國統治的各個組織和各項工作的無數細節問題，這個國家機器的大部分可以說都集中在他的頭腦之中。

　　和拿破崙一樣，威靈頓公爵也是個一流的商人。說威靈頓具有天才般的經商才能一點也不過分，因為他從來沒有打過一次敗仗。

　　在還是個中尉的時候，威靈頓就對自己晉升太慢非常不滿。他兩次從步兵營到騎兵營任職，再回騎兵營時沒有升級，就先後向卡姆登勛爵（Lord Camden）、愛爾蘭總督提出申請，要求到稅務署或財經委員會去任職。如果這次申請得到批准，他或許會成為這些部門的一流指揮者，也就會成為一流的商人。但是，他的申請沒有得到批准，他在部隊裡留了下來，成了英國最偉大的將軍。

　　威靈頓在約克公爵（Duke of York）和沃爾莫登將軍（General Walmoden）的手下熱情滿懷的開始了他的軍旅生涯。在佛蘭德和荷蘭，他從部隊的不幸和失敗中，對錯誤的決策和無能的將軍怎樣挫傷士氣有了深刻的體會。參軍 10 年後，他由中尉升遷為駐印度部隊的一名上校。他的上司評價說，他是一位勤奮好學、精力過人的軍官。他對部隊的所有情況都瞭若指掌，並注意整肅軍紀，力圖使自己的部隊成為一支紀律最為嚴明的部隊。哈里斯將軍（General Harris）在西元 1799 年寫道：「威靈頓上校的軍團是一支模範軍團，在士兵與士兵之間的關係、紀律、教育和行為規範等方面都是無可挑剔、首屈一指的。」這使威靈頓對自己的工作信心大增，不久他就被提名為邁索爾邦首府總督。在和馬拉塔人的戰爭中，他第一次以將軍身分指揮戰鬥。在 34 歲那年，他以 15,000 名英國士兵和 5,000 名印度士兵對抗 20,000 名馬拉塔步兵和 30,000 名騎兵，獲得了舉世聞名的阿薩耶（Assaye）戰役的勝利。但是，面對如此輝煌的勝利，他處之泰然、安之若素，絲毫不影響他完全誠實正直的性格。

此後不久，展示他作為一位行政長官的令人欽佩的實際才華的時機到了。在俘獲了斯赫里朗格阿帕特塔納之後不久，他被任命為一個重要地區的指揮官。他做的第一件事就是建立嚴格的秩序和嚴明的紀律。因勝利而揚揚自得，部隊開始變得橫行無忌、混亂不堪。威靈頓生氣的說：「把憲兵司令給我叫來，叫他去執行我的命令，不絞死一些搶劫者，要想得到秩序和安全是不可能的。」威靈頓對部下的嚴厲雖然有些可怕，但也正是這樣，在以後的戰鬥中才拯救了他的部隊。他的第二個步驟是建立市場和提供生活必需品。他開闢了大量的自由市場，增加了各類商人的信心。哈里斯將軍寫信給這位將軍總督，高度評價他所建立起來的嚴明紀律和他在物質供應方面的深謀遠慮與巧妙安排。這種對細節問題密切注視並且充分掌握的性格特徵一直貫穿於他在印度的生活。令人驚訝的是，他寫給克利夫勛爵（Lord Clive）的那封急件，全是關於指揮戰鬥的實用訊息資料。這封急件是在他自己的部隊正橫穿圖姆布德拉、面對河對岸數量龐大的杜恩迪亞精銳部隊、有無數重要事情等著他去決策的情況下寫成的，充分展示了他的出眾才華。當然，這只是他最獨特的個性之一。他能夠暫時退出商業活動而很快的、全力以赴的思考另一些完全不同的事情。即使在極為困難的境況中，他也不會感到絲毫尷尬和畏懼。

帶著將軍的榮耀回到英國以後，威靈頓很快又得到了任用。在西元1808年，一支人數過萬、被派去解放葡萄牙的特殊使命部隊交由他指揮。部隊登陸以後打了兩次勝仗，然後簽署了《辛特拉條約》（*Convention of Cintra*）。約翰·莫爾爵士（Sir John Moore）死後，對葡萄牙進行新的征伐的指揮大權就託付給了他。但是，在整個伊比利半島戰爭中，威靈頓令人驚嘆的獲得了勝利。從西元1809年到西元1813年，他所指揮的英國軍隊人數從沒有超過3萬人。但這一次，他所面對的是在半島上的35萬法國軍隊，而且大多數是富有作戰經驗的老兵，由拿破崙手下幾個最有才能

的將軍指揮。敵我力量相差如此懸殊，如何才能使戰爭有一絲獲勝的希望呢？他的精明和一般常識告訴他，必須採取非同一般的策略戰術。他決定從幾位西班牙將軍身上吸取教訓，這幾位將軍一到開闊的平原作戰就必定被打敗、被驅散。他覺得自己必須創造出與法軍作戰獲勝的機會。因此，在西元 1809 年塔拉韋拉戰役之後，他發現自己軍營的四周都是法國精銳部隊時，他撤退到了葡萄牙。這時，他決定實施駐紮政策。他派英國軍官組織了葡萄牙軍隊，教會他們和自己的部隊聯合作戰。與此同時，透過拒絕一切戰鬥的辦法來避免失敗的危險。他認為，他可以因此而挫傷法國軍隊的士氣，因為他們沒有獲得任何勝利。當他自己軍隊反攻時機成熟、敵人士氣低落的時候，他就可以集中全部力量向他們發動猛攻。

威靈頓爵士在這場永載史冊的戰爭中所表現出來的不同凡響的特質，我們可以透過他所留下來的不加修飾的戰報來領略。這些戰報包括他所採用的各式各樣的方式，成為他獲得戰爭勝利的基礎。困難和爭鬥最能使一個人承受鍛鍊，這種困難和爭鬥既來自於當時英國政府的愚蠢、虛妄和陰謀詭計，也來自於他所要拯救的人們的自私、怯懦和虛榮。事實上威靈頓憑藉自己的堅定信念和自力更生承受了西班牙戰爭的洗禮，即使在最令人沮喪的時候也沒有倒下。他不僅要與拿破崙的老兵作戰，而且還要控制西班牙的執政團和葡萄牙的攝政團。為軍隊籌措糧食和衣服讓他歷盡了千辛萬苦。而讓人難以置信的是，在塔拉韋拉戰役中，當部隊正與敵人浴血奮戰的時候，那些逃跑了的西班牙人襲擊了英軍的輜重部隊，而且這群暴徒確確實實將行李物品搶了個精光。威靈頓以一種崇高的耐心和自我克制力忍受了這樣或那樣的煩惱和苦悶；面對各種忘恩負義、叛逆和對抗，他以一種不屈不撓的精神保持著自己的方向。他對任何事情都小心在意、絕不疏忽，對商務活動的每一個重要行動他都親自參加。當他發現部隊所需糧食不可能從英國獲得而必須依靠自己想方設法時，他立即與在里斯本的英

國外交大臣合作，大規模的從事玉米生意。軍糧經理部從地中海地區和南美洲港口運來了穀物。當自己的大小糧倉都已裝得滿滿實實的時候，他把過剩的糧食賣給了忍飢挨餓的葡萄牙人。他做事從不存什麼僥倖心理，期待出現什麼奇蹟，而是充分考慮意外情況的發生，以防萬一。他對部隊最細小的細節都十分關注，總是習慣於對那些易於忽視的問題全力投入，如士兵的鞋子、水壺、餅乾和馬飼料。威靈頓卓越非凡的商業才能隨處可感。毫無疑問，他對意外情況的防範，他對每一細節問題的關注，奠定了他獲得偉大勝利的基礎。最近出版的拿破崙給他弟弟約瑟夫的通信和《拉格莎公爵回憶錄》（*Memoirs of the Duke of Ragusa*），都以大量的事實論證了這一觀點。威靈頓公爵以他在日常生活中的高明打敗了拿破崙的將軍們。他常常說，如果他懂點什麼，那就是他知道怎樣供給部隊。憑藉這些方法，他使這支臨時募集起來的、未受嚴格訓練的軍隊成了歐洲最精銳的軍隊。正如他所說的，他的部隊可以去任何地方做任何事情。

前面我們已經講了威靈頓的一個令人吃驚的能力 —— 他能夠從一件事情中抽身出來，不管他對這件事怎樣全神貫注，也不管這件事怎樣緊迫，他都能全力以赴的投入另一件完全不同的事情中去。納皮爾（Napier）講述過這樣一些與此相關的事情：當威靈頓正在籌劃薩拉曼卡戰役的時候，他不得不向英國國內的朝政大臣們說明依賴貸款是毫無益處的；正是在聖克里斯托瓦爾高地，也就是在戰場上，他指出了企圖建立一所葡萄牙銀行的荒唐無稽；正是在布林戈斯叛亂中，他剖析了豐沙爾的財政計畫，揭露了拍賣教堂財產的愚昧可笑。每一件這樣的事情都顯示，他對這些事情的熟悉和了解，正如他對軍隊的每一行動指令都瞭若指掌一樣。

他在商務活動中表現出來的另一個性格特徵，是他完全的誠實正直。當蘇爾特（Soult）四處搜索搶劫並且從西班牙帶走了無數價值連城的名畫時，而威靈頓絕不要別人哪怕一分錢的東西。任何地方他都公平買賣，即

使身在敵國也不例外。當他率領 4 萬名西班牙士兵經過法國邊境的時候，這些士兵試圖透過偷盜和搶劫來發財。威靈頓首先對他們的軍官進行了嚴厲訓斥，然後盡力管束他們，把他們遣送回國。令人不可思議的事情是：在法國，那些農民竟然逃避法國軍隊，帶著自己有價值的東西來尋求英國軍隊的保護。與此同時，威靈頓向英國國內的朝政大臣寫信說：「我們已負債累累，現在我幾乎不敢出門，因為許多債權人正等著要債。」朱爾·莫雷爾（Jules Maurel）在評價威靈頓的人格時說：「沒有什麼東西比他這種坦白更偉大、更高貴的了。這位在部隊裡服役 30 年的老兵，這條堅強剛毅的漢子，這位戰無不勝的將軍，在敵國的土地上建立如此龐大的軍隊，但他卻害怕他的債權人！這是一種征服者和侵略者從來不以為然的害怕，我不知道戰爭史上是否還有比這更崇高的純樸。」但是，對威靈頓本人來說，他很可能會否認這種行為的動機是偉大或高尚的，他絕不會把商務活動中按時償還債務這種行為當作是最高的、最大的榮耀。

「誠實是最好的策略。」這句古老諺語的真理性已為日常生活經驗所證實。誠實和正直對於商業和其他任何行業的成功來說都是必不可少的。正如休·米勒精明能幹的叔叔對他所說的：「在你和鄰居做生意的時候，你的量筒要『裝滿，堆起來，溢出來』，最後你是不會吃虧的。」

一個很有名的啤酒釀造商，把自己的成功歸因於在賣啤酒時的慷慨大方。他走到裝啤酒的大缸前，舀出一點品嘗一下。他總是說：「兄弟們，日子還是不很富裕；每人再喝一碗。」這個釀酒商豪爽的性格和他的啤酒在英國、印度和其他殖民地都聲名遠揚，這就為他發財致富奠定了基礎。

誠實的言行是所有商業交易的柱石。誠實之於貿易商、製造商，恰如榮耀之於戰士和仁愛之於基督徒。在從事最卑賤的職業的人身上，我們也能時時看到誠實正直的品格。

休·米勒曾經談到收他作學徒的那位石匠，說他「把自己的良心放進

自己所砌的每一塊石頭之中」。所以，一個真正的商人應該以自己工作的完整和牢靠為榮耀，一個精神高尚的商人應該以誠實履行合約的每一條款而自豪。一個誠實正直的製造商，從製造產品的天才能力中，從在買賣過程的誠實中，以及在生產出來的產品的品質中，不僅會獲得榮譽和榮耀，而且會獲得實實在在的成功。

拜倫‧杜賓（Baron Dupin）男爵談到英國人整體的誠實時，堅持認為這是他們成功的根本原因。他說：「憑藉欺詐、奇蹟和暴力，我們可以獲得一時的成功；但是，只有憑藉誠實和正直，我們才能獲得永久性的成功。英國人使得他們的產品和民族個性保持優勢的，不僅僅在於貿易商和製造商的勇氣、智力和能動性，更在於他們的智慧、節儉和最重要的誠實品格。而一旦他們失去這些美德，我們可以肯定的說，對於英國和其他任何國家一樣，就會開始墮落，就不會再從世界各地交換來金銀財寶。」

我們必須承認，商業貿易對人的品格的考驗比其他任何職業更加嚴格。它嚴格的考驗一個人能否誠實、自制、公正和坦誠。一個承受了這種考驗而能不被玷汙的商人，和一個承受了血與火的洗禮證實了其勇敢的戰士，或許是同樣光榮偉大的。許多從事商業貿易各個部門工作的人都獲得了這種光榮。我們必須承認，他們從整體上承受住了這些考驗。如果我們花一點點時間來仔細想一下：每天都有大量的金錢被託付給屬下的人，這些人可能勉勉強強能勝任這項工作 —— 零錢不斷經過店員、代理人、經紀人和銀行職員的手 —— 在整個過程中都充滿著金錢的誘惑，但極少有人背信棄義。或許我們不得不承認：持續的日常生活中的誠實行為是人性最大的光榮，即使沒有金錢的誘惑，我們同樣可以為此感到自豪。商人彼此之間的信任與信託，和信用制度所隱含的信任與信託一樣，都是以這種榮譽原則為基礎的。如果在商業貿易中沒有日常實踐的這種榮譽原則，那麼這種信任和信託是會令人吃驚、難以接受的。查默斯博士（Dr. Chalmers）說得很好，商人總是習慣於信任遠方的代理人，哪怕是遠在天涯海角。這種信任使他們常常把龐大的資產託付給別人。這些代理人或許是從未謀面的，僅僅以個人的人格作為擔保。商人的這種信任或許是最好的征服行為，它能使另一個人為他效忠盡力。

　　儘管在一般人中間誠實仍然處於上升的趨勢，而且英國的一般商業集團仍然從內心裡堅持這一信念，把他們誠實的性格融入各自的工作之中，但不幸的是，正像以往一樣，那些肆無忌憚、投機鑽營、極度自私和利欲薰心的人，明目張膽的做出了種種不誠實和欺詐的事情。有摻假的商人，有不信守合約的無賴，更有一些可惡的製造商，他們以次充好，粗製濫造，以混紡絨線冒充羊毛，以「梳棉」冒充棉花，以鐵製工具冒充鋼質工具，製造出來的縫紉針沒有針眼，製造的剃鬚刀僅僅是「造出來賣的」，還有各式各樣的假冒紡織品。然而，我們也必須看到，這種靈魂航髒卑鄙、生性貪婪的人畢竟是少數。雖然他們可以發財，但卻不能得到享受。他們既不能獲得誠實的品格，也不能得到心靈的寧靜。失去這些，財富也就毫無價值。拉蒂姆主教（Bishop Latimer）在談到一個刀具商以 2 便士的價格賣給他一把不值 1 便士的小刀時說：「這個無賴騙走的不是我的錢，而是他自己的良心。」依靠暴力、欺騙和胡作非為所得來的錢，雖然可以在無思考能力的人面前炫耀一時，但這被肆無忌憚的流氓所吹起的閃閃發光的肥皂泡，當被吹得鼓脹的時候，總是要歸於破滅的。桑德雷斯（Sadleirs）、迪安·鮑爾斯（Dean Pauls）和雷德帕斯（Redpaths）等，大多數這樣的人最後都會落得個悲慘的下場。雖然對別人的欺騙可能不會被揭穿，騙得的財物也可能會保留下來，但這些財物只是禍害，而不是福祉。

　　小心謹慎、誠實正直的人發財致富的速度，可能不如那些不擇手段、弄虛作假的人來得快，但他們的成功卻是一種真正的成功，因為他們沒有運用欺騙和不正當的手段。一個人即使一時不能獲得成功，也必須誠實，

失去全部財產也要挽回人格的尊嚴，因為人格本身就是財富的泉源。一個受過良好訓練的人，只要他勇往直前的走自己的路，成功就一定會到來的，所有最高的獎賞遲早都會得到。正如華茲渥斯所描寫的「快樂勇士」：

> 他深知肩上責任不輕，
> 他目標唯一，信念堅定；
> 不等待幸運，也不屈服於困境，
> 披荊斬棘，奮然前行；
> 財富　榮耀　無邊風景
> 不期然一切從天降臨。

大名鼎鼎的大衛‧巴克利（David Barclay）是一個精神高尚的商人的光輝典範。他是羅伯特‧巴克利（Robert Barclay）的孫子，也是暢銷書《向貴格會教徒道歉》（*Apology for the Quakers*）的作者。他形成誠實正直的商業習慣，以在商務活動中的公正、坦誠和誠實而聞名遐邇。很長時間，他是倫敦切普賽德街一棟大房子的主人，主要從事與美洲的貿易。但是，和格蘭維爾‧夏普一樣，他也強烈反對英國對美洲殖民地的戰爭，因此，他也完全退出了商界。作為一個商人，他的才能、知識、正直和影響與他後來的愛國心和慷慨的慈善行為一樣，是卓越非凡的。他是一面誠實和正直的鏡子。作為虔誠的基督徒和真正的紳士，他信守自己的諾言就像履行條約一樣從不含糊。他崇高的聲望和高尚的品德使得當時的朝政大臣們都時時跑來傾聽他的意見。在眾議院就美洲問題的爭論進行審查之前，他清楚明白的表達了自己的觀點，並且進行了強有力的論證。諾斯爵士（Lord North）公開承認，他從大衛‧巴克利那裡得到的資訊比從所有其他人那裡得到的還要多。退出商界之後，大衛‧巴克利並沒有坐享榮華富貴，過安逸的生活，而是從事了一項造福於他人的新工作。因為資產龐大，他感覺到自己有義務為社會樹立一個良好的榜樣。他在沃爾森斯托住

宅區附近建了一個工廠，幾年之中投入大量資金，終於使它成為當地貧民養家糊口的生活來源。當他繼承一位親戚在牙買加的房地產時，雖然得到的奴隸價值約 1 萬英鎊，但他還是決定立即給他們自由。他派一位代理人僱了一條船，把這一群奴隸送到了美國一個自由的州，讓他們在那裡自給自足、安居樂業。有人認為黑人太愚昧無知、野蠻殘酷，不配享受自由，巴克利先生要用事實來證明這種見解的荒謬無恥。在處理自己苦心經營所累積起來的財富方面，他自己擔任了自己遺囑的執行人，他不想死後留下大量的遺產給親屬和朋友，而要在有生之年慷慨大方的幫助那些窮苦人。他走訪調查，給予各個行業的人支持。他在大都市資助了許多工廠，不僅為這些工廠奠定了雄厚的物質基礎，而且還把其中一些辦成了倫敦市生意最興隆、規模最龐大的工廠。直到今天，一些傑出的商人，如格尼、漢布里和巴克斯頓等家族，都對巴克利滿懷感激之情，因為大衛·巴克利不僅在早年給了他們建議和資助，而且還讓他們懂得了人生的責任和意義。大衛·巴克利是英國誠實正直的商人的光輝典範，也是永遠值得商人們學習的楷模。

第十章

金錢的價值

不是為了要將它藏入金庫，

也不是為了要有僕人服務，

只是為了獨立的人格尊嚴，

和不受別人的奴役之苦。

—— 伯恩斯

借錢從來傷兩家：借出者常常失去本錢和友情；借進者使勤儉治家的神經變得麻木遲鈍。

—— 莎士比亞

不要輕率的對待金錢 —— 金錢能反映人的性格特徵。

—— E·L· 布林沃 · 利頓伯爵（Sir E. L. Bulwer Lytton）

　　一個人怎樣處理錢 —— 包括賺錢、存錢和花錢 —— 或許是檢測其才智高低的最好方法之一。雖然金錢絕不能作為一個人生活的主要目的，但它也不是無關痛癢的東西，不能從觀念上加以蔑視。

　　在實際生活中，金錢在很大程度上是獲得感官快樂和社會地位的工具。事實上，人性中的一些最優秀的特質是與正確處理金錢密切相關的，如慷慨、誠實、公平和自我犧牲精神，更不用說勤勞節儉的美德。另一方面，是它們的對立面，如貪婪、欺詐、不公平和自私，就像一個愛財如命的人所表現出來的一樣。一部分人濫用和誤用了金錢這種工具，產生了鋪張、浪費、揮霍、奢侈等罪惡。正如亨利 · 泰勒（Henry Taylor）在他經過深思熟慮寫成的《生活備忘錄》（*Notes from Life*）一書中所指出的：「因此，在賺錢、儲蓄、花用、送禮、收禮、借進、借出和遺贈等方面，正確的行為原則和方法幾乎為一個人的完美無缺作出了論證。」

　　在世俗的環境裡，舒適是每個人都可以透過各種有效的途徑努力追求的一種狀況。它使人的肉體需求得到滿足，而這種需求對於人性中更完美的方面的發展來說是必不可少的。它也使每個人能為自己的家人提供發展的物質條件。如果沒有這些物質條件，那麼，就如《聖經》中的使徒所講

的，這個人會「比一個不信教的人更壞」。對於我們個人來說，這種義務和職責是義不容辭的，是不可漠不關心的。人們對我們的尊敬完全取決於我們抓住機遇獲得輝煌成就，從而為他們提供了更好的物質生活條件。

在現實生活中，實現這種目標所要求做出的努力就在於教育本身。教育會激起一個人的自尊感，會使他養成精明能幹的特質，並且培養出耐心、堅韌和諸如此類的美德。精明能幹、小心謹慎的人還必須是個辦事考慮周全的人，他不僅要考慮當下眼前的生活，而且要有先見之明的為將來作出安排。同時，他還必須是個有節制的人，培養自己自我克制的美德，而不應該毫不考慮個人品格的力量。約翰·斯特林（John Sterling）正確的指出：「教師本人自我克制的最壞的教育也強於教師自以為是而不知節制的最好的教育。」羅馬人恰好也用了同一個詞「美德」來命名勇氣。勇氣存在於肉體感官之中，而美德存在於精神靈魂之中。最崇高的美德就在於克制自己。

因此，自我克制一課 —— 即為了將來的利益暫時犧牲當下的享樂 —— 是最需要學習的一課。這些最難上的課程自然是期望人們發揮所賺的錢的最大價值。然而，很多人習慣於把所賺的錢用於眼前的吃喝，直至揮霍殆盡。其結果是使他們在很大程度上陷入被動，無以為繼。

在我們周圍有很多這樣的人，他們平日裡貪圖享樂、任性恣意、揮霍無度，一旦時勢艱難，卻發現自己囊中所剩無幾，生活難以為繼。這也是社會上出現一些人無依無靠、窮困潦倒和生活悲慘現象的一個重要原因。有一次，倫敦市長約翰·羅素（John Russell）接見一個代表團，代表們談到了國家向工人階級徵收賦稅的問題。當輪到這位高貴的市長先生發言時，他說：「你們完全可以相信政府對工人階級徵收的賦稅絕對不敢超過他們在酗酒這方面的開銷。」

所有的社會問題中最重要的一個問題就是失業問題，所以必須承認，即使「自我克制和自助自救」，也不能避免窮苦人民聚集在地方政府周圍

求援求助。現在，由於個人經濟狀況和命運好壞的原因，愛國主義成了只有真正獨立的產業階級才能有條件付諸實施的美德，而不再被認為是應具有普遍性的東西，這種現象是令人擔憂的。薩繆爾‧德魯（Samuel Drew）這位頗有哲學素養的製鞋商說：「平日的精打細算、省吃儉用和統籌兼顧是讓你在困難時期平安無事的最好方法，它在幫你度過生活的險灘暗礁中，比國會通過的任何改革方案都更富有成效。」蘇格拉底說過：「誰想轉動世界，必須首先轉動他自己。」

一首古詩中也曾寫過：「誰要是注重自身的變革，他就有可能變革世界。」

確實，人們頗有同感，對教會的改革和對國家的改革比改變我們自身的壞習慣要容易得多。改變遺風陋俗這類事情，與其從我們自身開始，不如說是從我們的鄰居開始，因為這樣做通常比較容易被接受，比較符合我們的胃口。

對於那些今朝有酒今朝醉、現賺現吃、過一天算一天的人來說，任何教育都是低劣的，他們不可避免的處於軟弱無能、無依無靠的狀態之中，生活在社會的下層，受時間和季節的玩弄。他們沒有自尊，也不可能贏得別人的尊重。在商業危機中，這些人更是四處碰壁。平時不知節儉、不知積蓄，即使受到別人的憐憫、同情，別人給予的也畢竟太少；即使他們心態良好，想到將來妻子兒女可能的命運，他們也會感到不寒而慄。科布登（Cobden）先生曾經對哈德斯菲爾德的工人說過：「這個世界一般被分為兩個階層——節儉階層和揮霍階層，節儉階層注重累積，揮霍階層拚命消費。所有的房屋、廠房、橋梁、輪船以及其他有利於人類文明和人類幸福的輝煌成就的獲得，都是那些注重累積的人即節儉階層的功勞。而那些揮霍完自己資產的人一般也就成了節儉階層的奴隸。這是自然規律，也是理所當然的節儉規律。如果我在這裡承諾：任何階層不精打細算、不周全思考、懶散墮

落，他們也能改善自己的生活狀況，那麼我就是道道地地的騙子。」

西元 1847 年，布萊特（Bright）先生在羅奇代爾的一個工人集會上的簡短演說，表達了同樣的思想和信念。他說：「就誠實的特質而言，在所有階級中都可以找到，並且誰也不比誰遜色。」接著，他指出：「對於任何人或者說人類的任何成員，如果他想保住目前較為優裕的生活條件，或者想改變他目前較為糟糕的生活處境，唯一切實可行的辦法都是培養自己勤勞、節儉、克制和誠實的美德。人們要想改變自己不令人滿意的困難處境，即使考慮他們的精神的和肉體的狀況，也絕沒有任何捷徑可走，而只能實踐這些美德。人們會發現，自己周圍的很多人正在透過這種方法不斷改善自己的生活狀況，使自己得到發展。」

蒙田（Montaigne）指出：「如同對聲名顯赫的人適用一樣，道德哲學對於普通個人的生活也是適用的，在每一個人身上都反映著人類整體的狀況。」

一個人如果展望未來，他會發現等待他的主要有三種世俗性的可能事件：失業、疾病和死亡。前兩者他或許還可以逃避，但最後一個卻是在劫難逃的。然而，無論哪一種可能性發生，他都應該把生活的壓力減輕到盡可能小的程度，這樣生活和安排是一個精明人的職責，不僅是為了自己，而且是為了那些把安逸和生存都依附於自己的人們。這樣來看問題，誠實賺錢和節儉用錢是極為重要的。正當賺錢，是吃苦耐勞、不懈努力、不受誘惑和得到回報的希望的表現；而合理用錢，是精明能幹、富有遠見和自我克制的展現，而這些都是剛毅果敢性格的真正基礎。雖然金錢可以代表一大堆毫無價值和實際用途的物品，但是它也可以代表許多有很大價值的東西，不僅是食物、衣服和感官的滿足，而且可以是個人的自尊和獨立。因此，對於每個人來說，儲蓄是抵禦欲望的防護牆，是一個人地位的保證，也使其在快樂和希望中等待更美好的一天到來。在這個世界上，每個

人都要去努力獲得一個較為牢固的地位，這其中包含了人的尊嚴 —— 它使得一個人更為強壯，生活得更為美好。從長遠來說，它賦予了他更大的行動自由，能使他有更多的力量留待將來使用。

但是，如果一個人總是在欲望的世界裡徜徉徘徊，那麼他離成為奴隸也就只有一步之遙了。他絕不是自己的主人，而是時時處於接受別人為他開具的各種條件、淪為別人的奴隸的危險之中。他免不了多少會有些奴顏婢膝，因為他不敢勇敢的面對現實。一旦身處逆境，他要麼靠別人的施捨恩典度日，要麼靠給貧民的救濟生存。如果情況再糟糕一點，讓他失去了工作，他就無法去從事另一領域的工作。

為了獲得獨立，生活節儉是必不可少的條件。節儉既不需要超人的勇氣，也不需要卓越的美德，而只需要一般的力量和普通人的能力。實際上，節儉只不過是秩序原則在家庭事務管理中的運用：它意味著統籌安排、合乎規則、精打細算和避免浪費。

節儉也意味著為了將來的利益得到保障，要有抵禦眼前的誘惑的能力，這也是人超越於動物本能的高貴之處。節儉完全不同於吝嗇，因為正是由於節儉才能使一個人能夠時時表現得慷慨大方。人也不能把金錢作為崇拜的偶像，而只是把它當作有用之物。正如史威夫特（Dean Swift）所說的：「我們的腦子裡必須有『金錢』概念，但不能一心想的都是金錢。」我們可以稱節儉為精明的女兒、克制的姊妹和自由的母親。顯而易見，節儉就是適度 —— 適度的性格特徵，適度的家庭幸福和社會安定。概而言之，節儉是自助的最好展現。

法蘭西斯‧霍納（Francis Horner）的父親在他進入社會的時候，對他提出忠告說：「我衷心希望你事事開心如意，但我不得不三番五次的勸導你要節儉。節儉對任何人來說都是必不可少的德行。然而，淺薄的人可能會輕視它。其實，節儉是通向獨立的大道，而獨立則是每個精神高尚的人

所追求的崇高目標。」

　　我們摘引在這一章開頭的伯恩斯的詩，蘊含很深的哲理。然而不幸的是，他只有高談闊論而沒有實際行動，是思想的巨人、行動的矮子。當他臥病床榻奄奄一息之際，他向一位朋友寫了這幾句話；「哎呀！克拉克，我感到處境糟透了。伯恩斯的可憐的寡婦，還有他那些無依無靠的孤兒們。我已非常虛弱。這已夠了 —— 這是我的一塊心病。」

　　每個人都應該量入為出，按照自己的收入過日子。要做到這一點，最重要的是誠實。因為，如果一個人不是誠實的按照他自己的收入過日子，那麼他必定是虛偽的按照其他人的收入過日子。如果一個人對自己的消費缺乏長遠思考，並且只顧自己享樂，絲毫不為別人的利益著想，那麼等到他發現錢的真正用途時，已經太遲了。這些揮霍浪費的人雖然天性大方，但在最後還是被迫去做一些骯髒醜惡的事情。他們貪圖一時的安逸享樂，花天酒地，揮霍無度，不得不提前去支取存款，提前領取薪水，拆東牆補西牆，寅吃卯糧，結果必然是債臺高築，不得翻身，嚴重影響自己的行動自由和人格獨立。

　　培根勛爵有句名言：「與其去賺些小錢，不如去存些小錢。」許多人不屑一顧隨手扔掉的零錢和其他一些不當回事的支出，往往是人生中財富和獨立人格的基礎。這些浪費者往往屬於這個世界中權利受到剝奪的階層，其實他們自己才是自己的最大敵人。如果一個人自己跟自己過不去，自己不能成為自己的朋友，他還怎麼能指望別人成為自己的朋友呢？一個生活節制適度的人，他的口袋裡才會有去幫助別人的錢；而一個鋪張浪費、缺乏遠見和揮霍一空的人，是從來就不會有機會去幫助別人的。當然，節儉絕不是做一個一毛不拔的鐵公雞，否則他就是一個可憐的守財奴。在生活和交際中心胸狹窄、斤斤計較，這是極端短視的，一般也只會導致失敗。有句諺語，叫作「只有一分錢的胸懷，絕不可能得到兩分錢的

收穫」。慷慨大方和氣量寬宏與誠實守信一樣，是生活和交際中最為重要的原則。在《韋克菲爾德的牧師》（*Vicar of Wakefield*）一書中，儘管詹金森（Jenkinson）每年都以這樣或那樣的方式欺騙心地善良的鄰居弗拉姆勃朗（Flamborough），但正如詹金森所說的：「弗拉姆勃朗的財富在日益增長，而我卻窮困潦倒並進了監獄。」日常生活中的無數事例都說明，人生的輝煌成就源於慷慨大方和誠實守信的生活準則。

有句格言說：「空袋子是立不起來的。」同樣，一個負債累累的人也是不可能獨立的。要一個債臺高築的人去說真話，恐怕比登天還難，因此人們說，謊言是騎在債務背上的幽靈。負債者不得不向債主編造謊言以拖延債務的償還時間，這就使得他極盡撒謊之能事。對於一個人來說，找一個正當的理由來逃避第一次還債是輕而易舉的事情，但這種逃避債務的技巧對於逃避第二次債務往往是強大的誘惑。不用多久，這位負債者就會深陷債務泥潭中不可自拔、難以脫身，不管他怎樣勤勉努力也無濟於事。走向負債的第一步就是走向虛妄的第一步。在這個過程中必然發生的事情是債務接二連三接踵而來，如同謊言的編造源源不斷。畫家海頓（Haydon）從他向別人借錢的第一天起，就意識到了這種墮落。他了解到了「誰陷入負債，誰陷入悲哀」這句諺語的真理性。他的日記中有這樣一段耐人尋味的記載：「現在我開始負債並有了債務，這是我從未有過的事情。或許，只要我活著，我就再也休想擺脫它們了。」他那催人淚下的自傳痛苦回憶了在金錢問題上的尷尬難堪，以及由此帶來的極度的精神沮喪、工作能力的完全喪失和時時重現的羞辱。一位少年加入海軍時，他曾給他這樣一段書面忠告：「對於任何你不透過向別人借債就不能獲得的享樂，絕不要去享受。絕不要去向別人借錢，這會使人墮落。不過，我沒有說你不要借錢給別人。只是要注意：如果你連本錢都無法收回，那就千萬不要借出去。切記，在任何情況下都不要向別人借錢。」一位名叫費希特（Fichte）的窮

學生，甚至拒絕了比他更窮的父母親提供的借款。

詹森堅信過早負債使人墮落以致毀滅。他關於這方面的論述是極有見地的，值得我們牢記在心。他說：「不要想當然的只把債務當作一種麻煩，你會發現它是一場滅頂之災。貧窮不僅剝奪一個人樂善好施的權利，而且在他面對本可以透過各種德行來避免的肉體和精神的邪惡誘惑時，變得無力抵抗。……這是你首先要小心在意的。其次，不要向任何人借債。下定決心擺脫貧困。無論你擁有什麼，消費的時候都不能傾其所有。貧窮是人類幸福的一大敵人。它毫無疑問的破壞自由，並且使一些美德難以實現，使另一些美德成為空談。節儉不僅是太平安逸的基礎，而且是一切善行的基礎。一個本身都需要幫助的人是絕不可能幫助別人的。我們必須先自足然後才能出讓。」

正視自己的日常事務，並且在錢財方面量入為出、斟酌考慮，這是每一個人義不容辭的職責。這種對收入和支出的簡單的算數運算有著極大的價值。精明節儉要求我們在安排自己的生活水準時，必須低於自己的收入水準，而不能高於這一水準。而要做到這一點，必須根據收支平衡的原則，擬訂並忠實執行一個生活的計畫。約翰・洛克（John Locke）曾經指出：「要使一個人克制自己的欲望，不至於入不敷出，他就必須時時留心自己的日常事務，定期進行收支計算。」威靈頓公爵對所有收支都有精確而詳細的帳目。他對葛列格（Gleig）先生說過：「我非常重視自己結算帳目，並且我也建議任何人都這樣做。以前我總是讓一位自己信得過的心腹去做這件事。有一天早晨，我收到幾張催討一、兩年來的債務的帳單，這讓我非常驚訝。從此，我改正了這一愚蠢的舉動。這名心腹竟然沒有去結清我的帳款，而是拿了我的錢去投機。」談到債務問題，他的意見是：「債務會使人受到奴役。我知道沒有錢用是什麼樣的滋味，但我絕不讓自己陷入債務之中。」對收支帳目做詳細記載，在這點上華盛頓（Washington）

和威靈頓的做法可謂如出一轍。並且，華盛頓對家人的開銷從不馬虎，總是細細審查，以保證生活水準不超出自己的收入水準。即使在他身居要職、當了美國總統的時候，也是如此。

　　海軍上將傑維斯（Jervis），曾經談起過他早年奮鬥以及在這過程中他不肯借債的故事。他說：「我們家人口很多，但是父親收入菲薄。在我開始自己的人生道路的時候，父親給了我 20 英鎊，這也是他曾經給我的全部財富。在海軍基地過了一段相當優裕的日子以後，我向父親又開具了一張 20 英鎊的匯票，但匯票被退了回來，遭到拒付。我對父親給我的這種懲戒感到無比恥辱，我發下誓言：如果我沒有十足把握償清債款，我絕不再開具一張借款單據。我完全做到了這一點。當時，我迅速改變了生活方式，擺脫了困境。我獨自生活，充分利用部隊發放的津貼，我覺得靠這些津貼也可以過得很寬裕。衣裳髒了，我自己漿洗；衣裳破了，我自己縫補。我還利用床上的被套布料做了一條褲子。對這些津貼收入，我也盡可能的節省，以挽回我的名譽。有了一定的積蓄以後，我開始承兌匯票。從那時至今，我都是小心翼翼的按照我的收入水準過日子。」整整 6 年，傑維斯忍受了物質匱乏帶來的各種困難，但是，他保住了自己做人的骨氣，履行了自己的諾言。正是憑藉這種良好的特質和勇敢堅毅的性格力量，他慢慢成長為一位叱吒風雲的將軍。

　　休謨先生有一次在眾議院的發言，雖然引得人們哄堂大笑，但他中肯的指出，英國人的生活調子唱得太高。中產階級的生活水準大大超過他們的收入水準，可他們卻怡然自得。如果我們聽之任之，那麼這種「風尚」會對整個社會產生極為不良的影響。我們望子成龍、望女成鳳，可他們往往都只能成為狗熊。他們都只追求華麗的衣飾、趕時髦，沉溺於聲色犬馬之中，而這些東西絕不會為一個人的果敢堅毅和紳士風度打下牢固基礎。其結果必然是，我們為世界培養了一大批華而不實、俗不可耐的年輕劣紳。他們使我們

想起一艘被人遺棄的船，上面只有猴子，時時在海上接運乘客。

這樣的人夢想成為有教養的紳士，這是多麼可怕的野心啊！外表裝出紳士派頭，可這是以犧牲誠實為代價的。儘管他們可能並不富有，可他們卻似乎腰纏萬貫。他們似乎是「受人尊敬的」，其實只有從最卑鄙意義上，即從庸俗的外表上才是如此。他們沒有勇氣按照上帝所要求我們的方式生活，而是按照我們自己所要求的荒謬可笑的時髦方式生活，生活在一種虛榮的滿足感和不切實際的紳士世界之中。

在社會這個競技場中，上層人物時時感到爭鬥的殘酷和生活的壓力；在這中間，所有高貴的自制品格都受到蹂躪、踐踏，許多美好的天性都慘遭扼殺。什麼鋪張浪費、什麼悲慘處境和破產倒閉，都來源於想向人炫耀的虛榮心，而這些顯而易見的世俗的成功本來是不需要我們大張旗鼓展示的。我們在社會財富的等級地位方面的欺詐行為，所造成的極為嚴重的後果，已經透過那些勇於表現不誠實而不勇於顯示貧窮的人們，以各式各樣的方式展現出來。在財富上孤注一擲、不顧死活的炫耀，就那些被捲入並受到殃及的無數無辜的家庭而言，他們並不對失敗破產者表現出憐憫和同情。

已故的查爾斯·納皮爾爵士在印度離職之前做了一件勇敢而且正直的事情——發布最後的《將軍令》，對在印度軍隊中服役的年輕軍官的放蕩生活，以及由此給他們帶來的可恥的債務，表示了強烈譴責。在這個《將軍令》中，納皮爾爵士強調指出：「誠實是與一個有教養的紳士的性格須臾不可分的。」這一點往往容易被人淡忘。而且「喝了香檳和啤酒不給錢，騎了馬不給錢，就是一個騙子，而不是一個紳士」。那些生活水準超過自己收入的人，以及那些常常聽從應召女郎召喚、在求歡之前簽訂債務合約因而生活糜爛的人，從他們職務方面看可以稱得上是一個軍官，但他們絕不是紳士。納皮爾將軍認為，那種時時陷入債務的習慣，使人對

一個紳士應具有的感覺變得麻木遲鈍。一名軍官僅僅具備打仗的本領是很不夠的，這種本領連一隻惡狗也都具備。他堅持認為，只有信守自己神聖的諾言，只有按時償還債務，一個真正的紳士和軍人的形象才熠熠生輝。因為貝亞德（Bayard）是無畏無瑕的騎士，所以查爾斯・納皮爾要讓所有英國軍官也都如此。他知道他們是「無所畏懼」的，但他也要讓他們「沒有恥辱」。然而，不管是在印度還是在英國國內，都有許多勇敢的年輕士兵，他們能夠在緊急情況下在濃煙烈火中登上敵人的城堡，能夠在艱難困苦中表現出自己的英雄氣概，但卻沒有必需的道德勇氣去抵制那些來自肉體感官的誘惑。他們不能對感官快樂的誘惑和自己的欲望勇敢說「不」或者「我負擔不起」，而且他們寧願勇敢的去死也不願去嘲笑自己的同伴。

　　一個年輕人，在他的人生道路中，必須經歷排列在道路兩邊的一系列誘惑。對這些誘惑的任何屈服所帶來的不可避免的影響，就是或大或小、不同程度的墮落。與此相關聯，神所賦予他的天性就會在一定程度上發生扭曲。而擺脫這些誘惑的唯一有效的方式就是勇敢的、堅決的用語言或行動表示出「不」。他必須立即做出決斷，而不能等待著考慮和權衡理由，因為年輕人，就像「思考問題的女人一樣總是陷入困惑」。許多喜歡深思熟慮的人，總是拿不定主意。但是，「不能做決定，本身就是一種決定」。一個全知全能的人是在禱告中的人：「主啊，引導我們不受誘惑。」但是，誘惑會來考驗年輕人的意志。並且，只要屈服了一次，這種抵制力就會變得越來越弱小。勇敢的去抵制，第一次果斷的決定會給予生命力量；有了幾次的重複抵制也就成了習慣。真正的抵制力在於人生早年形成的習慣的外化，因為習慣都是人們明智的養成的。精神這部機器發生作用主要是透過習慣這個媒介進行的，目的就在於減少內在的偉大道德原則的磨損。那些能使人們巧妙的千百次不加思考的行動的良好習慣，確實是人的道德準則的重要組成部分。

休‧米勒曾經談起，在他年輕的時候，生活非常艱苦，但他透過自己意志的力量，擺脫了一次強烈的誘惑，從而拯救了自己。當時他是個石匠，他那些同事們偶爾去喝喝酒，這也是極為尋常的事情。有一天他喝了兩杯威士忌，可當他回到家裡，打開他愛不釋手的《培根散文集》（Bacon's Essays）時，他發現書上的字在眼前搖來晃去，自己已經有些不由自主。他說：「我把自己帶入了墮落的境地。我喝得酩酊大醉，這是極不理智的，我不應該這樣毀滅自己。雖然在那時下決心不喝酒是犧牲了肉體感官的快樂，但是我下決心不犧牲自己的理智去遷就感官。在神的幫助下，我的決心成功了。」

　　正是像他這樣的決心構成了一個人一生中的重大轉振點，並且為一個人將來性格的形成奠定了基礎。如果休‧米勒不是及時的以其意志的力量擺脫了這種誘惑，他或許已慘遭毀滅。對於這種生活中的暗礁，是每一個青少年都需要時時保持高度警惕的。

　　和鋪張浪費一樣，誘惑也是青少年成長過程中最危險的和致命的敵人。華特‧司各特爵士常常講：「在所有的邪惡中，酗酒與偉大是最為勢不兩立和不共戴天的仇敵。」不僅如此，它也是與節儉、正派、健康和誠實的生活格格不入的。如果一個年輕人不能克制自己，那麼他必須戒酒。詹森博士的事例就是千百萬這種事例中的一個。談及自己的習慣時，他說：「我不能節制自己，但是我把它戒除了。」

　　為了卓有成效的擺脫壞習慣的糾纏，我們不僅要小心謹慎的與之爭鬥 —— 這種方法是有用的，而且要達到一個更高的道德境界。習慣性的方法，如立下誓言，對戒除壞習慣會有所幫助，但更為重要的是，要確立高尚的立身行事準則，並且努力去強化和純化這些準則以戒除惡習。為此，一個年輕人必須嚴於解剖自己，把自己實踐中的一言一行與自己的行為準則加以對照。一個人對自己了解越多，就會越感到自卑，或許對自己

的自信心就越不足。但是，你會發現這些準則對於抵制當下的小誘惑，使你將來成為一個偉大而高尚的人是大有裨益的。這是提升自我素養的最高尚的工作，因為「真正的榮耀源於自己對自己的征服。否則，征服者就是先前那個奴隸」。

為了向人們公開怎樣賺錢這一偉大的祕密，許多流行書刊已經出版發行。但是，賺錢是沒有任何祕密可言的，每一個民族大量的諺語都證實了這一點。如「積少成多，集腋成裘」、「勤奮乃好運之母」、「沒有耕耘，就沒有收穫」、「沒有汗水就沒有快樂」、「天道酬勤」、「世界屬於那些勤勞和堅韌的人」、「貪吃貪睡必然債臺高築」。

這些飽含哲理的諺語，是代代相傳的知識寶庫，揭示了發財致富的最好方法。還在書本出現之前，這些諺語就在人們之中口頭流傳，而且和其他一些廣為流傳的諺語一樣，它們是最早的道德準則。它們經歷了時間的檢驗，並且人們的日常經驗還在證實它們的正確、力量和真理性。

關於意志的力量和對金錢的妙用與濫用，所羅門的格言充滿了睿智：「工作中偷懶的人和生活中鋪張浪費的人是孿生兄弟。」、「去看螞蟻的人是懶人，思考螞蟻工作精神的人是智者。」這位講道者說，懶惰的人必然貧困，「像雲遊者那樣貧困，像武士那樣赤手空拳」。而勤勞和正直的人用「勤勞的雙手創造財富」。「酗酒者和饕餮者往往食不果腹，瞌睡蟲難免衣不蔽體。」、「誰對本職工作兢兢業業，誰就富甲天下。」但最重要的是：「智慧比黃金更可貴，智慧比珠寶更無價，它的價值無可比擬。」

勤奮和節儉可使智力一般的人憑藉自己的收入獲得相當的獨立性。即使是薪水階層的人，只要他對自己的收入合理使用，精打細算，不做無意義的開銷，他也能做到這一點。一分錢雖然微不足道，但無數家庭的幸福正是建立在對每一分錢的合理使用和節省的基礎之上的。如果一個人不珍惜每一分錢而讓他辛勤勞動所得隨意從指縫裡溜走 —— 一些送給了啤酒

屋，一些以這樣或那樣的方式花費掉了，他就會發現自己的生活與一般動物並沒有多少區別。相反，如果他不隨便亂花一分錢——一部分用於社會福利事業或投資保險基金，一部分存入銀行，其餘的全交給妻子去統籌安排，用於家庭日常生活開銷和家庭成員的教育費用，那麼不久他就會發現，這種對每一分錢的注重會給予他豐厚的回報——個人收入在不斷增加，家庭生活越來越和樂，對將來心裡也沒有什麼擔憂。如果一個從事實際工作的人志向遠大並且擁有超乎常人的精神財富，那麼他不僅自己會從中受益，而且其他人也會在他的生活道路中受益匪淺。這種事情並不是不可能的，即使一個在工廠勞動的普通工人也可能做到。在曼徹斯特鑄造廠工作的湯瑪斯·萊特（Thomas Wright）就是一個典型，他透過自己的努力對許多罪犯進行了成功的改造。

使湯瑪斯·萊特的注意力轉向對罪犯進行改造的契機是，他偶然遇上了讓釋放後的罪犯悔過自新、做一個誠實勤勞的人的難題。此後不久，他開始全神貫注於這一問題，並決定把解決這一社會問題作為自己的人生目標。儘管每天從早上 6 點到晚上 6 點都得在工廠上班，他還是利用自己的休息時間——主要是星期天——去從事對罪犯的教育改造。在當時，這些罪犯的確是一群被社會遺忘的人。雖然萊特每天從事這一工作的時間十分有限，但是成效卻十分顯著。令人難以置信的是，這個普通工人在 10 年時間裡透過自己堅持不懈的努力，把 300 多名重罪犯從罪惡的深淵裡拯救出來，開始重新做人。他被認為是曼徹斯特中央刑事法院的道德醫生。牧師等人都失敗了的地方，湯瑪斯·萊特卻成功了。許多少年兒童經過改造回到了父母身邊；許多罪犯經過改造回到了自己的家中，而且確確實實是浪子回頭，改過自新，成為一個個誠實和勤勞的人。這項工作的完成絕非易事，它需要時間、金錢、精力、節儉。尤為重要可貴的是，萊特用自己在鑄造廠勞動所得的微薄收入救濟了許多被逐出了家門的人。每年他用

於這方面的費用高達 100 英鎊，這對於一個鑄造工來說已經不是一個小數目。儘管如此，他在為罪犯提供物質援助、博得他們好感的同時，還透過省吃儉用、合理安排維持了家庭正常的日常生活所需，為自己的老年生活積蓄了部分錢財。每一週他都經過深思熟慮後將薪水進行分配，多少用於必不可少的衣食住行，多少用來交房租，多少用於學校捐贈，多少用於救濟窮苦貧民，而且這一系列分配都必須嚴格執行。正是透過這種方法，這位地位低微的工人實現了自己的偉大目標。的確，他的經歷為我們提供了一個光輝的典範，向我們展示了一個人的內在目標的力量，展示了微薄收入經過深思熟慮和小心周到的運用而創造的奇蹟，展示了一個充滿活力和誠實正直的人的性格力量，對他人的生活和行為所產生的重大影響。

無論從事哪一行業的工作，只要這個工作是正當的，不管是耕種土地、製造工具、紡織棉紗還是站櫃臺營業，都不會使人有失身價和蒙受恥辱，相反，只會給予人榮耀。一個年輕人可能會經營木尺或量度絲繩，他從事這些職業並不會使他丟臉，除非他的心胸超不出尺子或絲繩的範圍，像其中一個那樣心胸狹窄，像另一個那樣見識短淺。佛利曾經說過：「不是那些有正當工作的人應該感到臉紅，而是那些沒有合法職業的人應該感到害臊。」大主教海爾（Hall）也曾說過：「無論是從事體力勞動還是腦力勞動，所有職業的命運都是美好的。」那些從卑賤的職業走入上層社會的人，與其說應該感到害羞，不如說應該為自己所克服的困難而倍感自豪。一位美國總統，當被人問到他的戰袍是什麼，即恥笑他年輕時當過伐木工人的時候，他驕傲的答道：「一副襯衫袖套。」尼斯梅斯的大主教弗萊希耶（Flechier）年輕時曾經從事蠟燭製造工作。有一次，一位法國醫生帶有惡意的奚落他，刻薄的談起他的出身。弗萊希耶回答說：「如果你也出生在我那樣的環境裡，恐怕到現在你還只不過是個蠟燭製造者。」

在賺錢的過程中，最需要的東西是人的精力，累積財富則是最高的獨

立目標。一個人如果全心追求這一目標，鮮有不成功的。但是，量入為出，點滴累積，零攢細聚，使得金錢數量日益增加，卻極少有人能做到。巴黎的銀行家奧斯特瓦爾德（Osterwald）曾經是個一貧如洗的人。每天傍晚，他都要到一家酒館去吃晚飯並喝上 1 品脫啤酒，然後把他所能找到的所有軟木塞都收集回去。他這樣收集了 8 年，所得軟木塞竟然賣了 8 個金路易，而這 8 個金路易就成了他發家的本錢 —— 他開始炒股。他死後留下了大約 300 萬法郎的遺產。

約翰·福斯特引用了一個十分生動的例子來說明這種決心在賺錢過程中的強大作用：有這樣一個年輕人，祖先為他留下了相當龐大的家產，可他荒淫無度、恣肆揮霍，最後竟然家徒四壁、窮困潦倒，絕望之中他衝出家門想一死了之。可是在原野上，他被周圍美麗的景色迷住了，而這些原本都是他的地產。他傷心的坐下來沉思默想了片刻，稍後堅定的站了起來，決定痛改前非、重振家業。他返回街上，看到一輛載煤的貨車停在一棟房子前的人行道上，煤土撒滿一地。他幫著把煤裝進車裡，並從此受僱做這項工作。那一次，他得到了幾個便士，另外還有一些酒肉作為給他的賞金。他把這幾個便士積存了起來。這樣，透過這種奴僕性的勞動，他 1 便士 1 便士的賺錢，也 1 便士 1 便士的存錢，然後用積存起來的錢做販賣牛羊的生意。他對行情瞭若指掌，做起生意來也就得心應手。本錢大了以後，他又開始做其他生意。最後的結果是他發財了，恢復了他們家往日的產業。但是，他的吝嗇小氣根深蒂固，是個道道地地的守財奴。他死了之後，幾乎無人去替他送葬。假如他精神高尚一點，並且以同樣的決心去行動的話，他或許會成為一個慈善家，這對他和對別人都會有益無害。他這樣的生活和這樣的結局都是十分可悲的。

在以往的年代，為別人和為自己帶來舒適和自由獨立，是無上光榮、也是人們所樂於去做的事情；而僅僅為了累積財富的人是心胸狹窄和慳吝

小氣的。不要養成無限制的省錢存錢的壞習慣，這一點是每個聰明人都必須小心在意的，而且對年輕人來說，生活過分節儉很可能養成貪婪的性格，在一個地方是美德的東西在另一個地方很可能變成邪惡。對金錢的崇拜——而不是金錢本身——是罪惡的淵源。對金錢的崇拜禁錮和壓迫著人的靈魂，它關閉了通向慷慨大方的生活和行動的大門。因此，華特‧司各特爵士指出：「寶劍能逼退一個人的身體，金錢能收買一個人的靈魂。」商業活動所獨有的弊病就在於使人的性格趨向於機器化。商人容易形成固定思維，見錢不見人。如果他只為自己而活著，他就很容易把其他人都當作自己的對立面。翻一翻他們的總帳目，你就會了解他們的生活。

　　如果以一個人擁有的金錢的多少來衡量他成功的大小，毫無疑問是一件令人茫然困惑的事情。從本性上講，每個人都想成為一個成功者。即使是意志堅定、頭腦敏銳、動作敏捷的人，一旦抓住機會，他也會立即「上馬」，不擇手段的賺錢。這些人完全有可能既沒有高尚的品格，也不會實施任何善行。一個一心只想著錢而意識不到更高思想的人，雖然可以腰纏萬貫，但他始終只是一個非常可憐的生物。金錢絕不是任何道德價值的確證。金錢的閃光只能吸引它的所有者毫無價值的注意力，正如螢火蟲的亮光只能把自己暴露給牠的捕捉者一樣。

　　那些成為金錢崇拜的犧牲品的人，讓人想起一隻貪婪的猴子，牠對某些人是一幅絕妙的諷刺畫。在阿爾及爾的卡比利亞，農民把一只瓶口僅能容納猴子爪子的葫蘆形細頸瓶，用繩子綁在一棵樹上，再在細頸瓶裡放入一些大米。到了晚上，猴子來到樹上，把爪子伸進瓶裡，抓住自己的戰利品。牠試圖把爪子拉出來，但由於牠死死的抱住戰利品不放，爪子怎麼也抽不出來——牠竟然不知道鬆開爪子丟掉戰利品。就這樣，直到第二天早晨，當牠被抓住的時候，牠還是這樣傻呼呼的握著爪子，或許牠還在為抓住了大米而感到驕傲呢。這則小小的故事中所蘊含的道德寓意，對人們

的生活有著廣泛的適用性。

　　整體說來，人們是高估了金錢的力量。世界上最偉大的事業不是那些富人所完成的，也不是透過募捐來完成的，而是那些收入微薄的人們的壯舉。基督教的精神被那些最窮苦的人們傳遍了整個世界，那些最偉大的思想家、發明家、發現者和藝術家也都是一些節儉的人，就生活境況而言，他們當中的許多人與那些體力勞動者並無多大區別。事情往往就是如此，對於人們的好學上進而言，財富與其說是動力，還不如說是阻力。在許多情況下，它帶來的不幸與幸運一樣多。祖業殷實的年輕人，生活過於順遂，很快就會安於現狀，對一切心滿意足，因為他們什麼也不缺乏。由於沒有任何特別的奮鬥目標，他們會覺得時間無從打發，他們的道德與精神仍處於酣然沉睡的狀態，他們的社會地位並不比隨著潮水漲落的水螅體高出多少。「他唯一的工作就是打發時光，而這樣的工作是多麼百無聊賴，多麼不堪忍受和不勝悲哀。」

　　然而，富有的人如果為高尚的道德情操所鼓舞，他就會視懶散為懦弱，摒棄無所事事的生活方式。而且，一旦他想到了與他所擁有的財富和財產相關聯的責任與義務，他就會比那些地位低下的人更強烈的感到使命的召喚。當然，這種使命感必須付諸實施。阿古爾人的禱告語或許是我們所知道的禱告語中最好的：「不要使我貧窮，也不要讓我富有，只要能讓我足以養家糊口就行。」

　　在曼徹斯特城的帕雷公園中，已故下院議員約瑟夫·布拉澤頓（Joseph Brotherton）的墓碑上刻著這樣一句名言，這句名言也是他一生的真實寫照：「我的財富不在於我大量的物質財產，而在於我那點小小的精神追求。」約瑟夫出身低微，曾經當過工人，但他的誠實、勤勉、守信和節制使他聲名卓著、地位顯赫。到了晚年退出議院之後，他到曼徹斯特的一個小教堂裡當了牧師。他盡心盡責、兢兢業業，每一個認識他的人都深知他

的為人，他做任何事情都不是「要讓人們看見」，或者贏得他們的表揚，而是要憑自己的良心，盡自己義務，使那些最低微的小人物成為一個誠實、正直、充滿愛心的人。

「可敬的人」就其本義來說，是無可厚非的。一個可敬的人是值得人們尊敬並且確實值得人們去注目的。但是，如果這種可敬僅僅表現在表面上，金玉其外敗絮其中，那就絕不值得人們去注目。一個品行良好的窮人比一個道德敗壞的富人要可敬得多，一個地位低下、默默無聞的人比一位聲名狼藉、有犯罪紀錄的無賴要好得多。一個知識淵博、有遠大人生目標而又能權衡利弊的人，無論從事什麼樣的工作，他都會比一般人有更強的責任心。

人生的最高目標就是形成和具備勇敢的品格，使精神和肉體 —— 包括良心、靈魂、智慧和氣質 —— 都盡可能的得到充分發展。最終的結果是：除了財產以外，我們對其他任何東西都必須予以考慮。因此，最成功的人生不是一個人得到了最多的感官快樂，得到了最多的錢財、最大的權力或地產，得到了最大的榮譽或名聲，而是在於表現出了最為勇敢的英雄氣概，完成了最大量的有益工作，為人類的發展盡了最大的職責。沒錯，金錢在某種程度上是一種力量，但智慧、熱心公益的精神和道德品格也都是一種力量，並且是比金錢要高尚得多的力量。

柯林伍德勛爵（Lord Collingwood）在給一位朋友的信中寫道：「讓其他人去申請退休金吧。沒有金錢我一樣富有，我可以透過自己的勞動使生活過得優裕。如果不被任何不純潔的動機所玷汙，我會在我的土地上自食其力。我和史考特（柯林伍德的菜農。柯林伍德最大的業餘愛好是園藝學。特拉法加海戰結束後不久，他那位當海軍上將的弟弟來拜訪他，找遍了整個菜園，最後才在一條很深的溝渠裡發現他，他和史考特正忙著挖溝）可以繼續在菜園裡種植捲心菜，所有開銷也不會比以前更大。」另有

一次他說：「我只要求自己支配自己的行動，拿 100 份退休金和我做交易我也不幹。」

　　毫無疑問，發財會使一部分人「加入社會」，正如他們自己所說的那樣。但是，請特別注意，他們必須具備各種精神的、感情的和行為的特質，否則他們就只不過是富人，僅此而已。有一些「在社會裡」的人，像克羅伊斯（Croesus）一樣富有，可是他們並沒有引起人們特別的注意，也沒有贏得任何尊重，這是為什麼呢？因為他們只不過是一只只錢袋子，他們的力量只能在自己的錢櫃裡發生作用。一個人生活在社會裡的象徵在於他是輿論的導向者和統率者。一個真正成功和有用的人，並不一定在於他富甲天下，而在於他可貴的品格，在於他豐富的經驗，在於他良好的道德。即使一個窮人，像湯瑪斯·萊特一樣，物質財富十分有限，但他關心人性的改造，懂得金錢的妙用而不濫用，充分利用了自己的財富和能力，他也可以毫無嫉妒的鄙視那些成為錢袋子、成為土地主人的世俗成功者。

第十一章
自我修養決定人生

人人都受過兩種教育：一種是受教於他人，另一種則更為重要，即受教於自身。

—— 吉朋

世上有畏難而退的人嗎？有，則其終究無所成就。有身陷困厄而勇往直前的人嗎？有，則其必大放異彩。

—— 約翰‧亨特

德者勇者直面困難並征服它。

懶散愚笨者在辛勞危險面前瑟瑟發抖，

越是害怕越無濟於事。

—— 羅伊（Rowe）

華特‧司各特爵士曾說：「每個人所受教育的精華部分，就是他自己教給自己的東西。」已故的班傑明‧布羅迪爵士（Sir Benjamin Brodie）為自己能記住這句名言而感到高興。他過去常常慶幸自己曾經進行過系統性的自學，而這一名言其實適用於每一個在文、理科或藝術領域內獲得卓著成就的人。學校裡獲取的教育僅僅是一個開端，價值主要在於訓練思維並使其適應以後的學習和應用。一般說來，別人傳授給我們的知識遠不如我們透過自己的勤奮和堅韌所獲得的知識記得深刻久遠。靠勞動得來的知識將成為一筆完全屬於自己的財富。它更為活潑生動、持久不衰、永駐心田，而這恰恰是僅靠被動接受別人的教誨所無法企及的。這種自學方式不僅需要才能，更能培養才能。一個問題的有效解決有助於探求其他問題的答案，而這樣一來，知識也就轉化成了才能。無須設備，無須書本，無須老師，也無須按部就班的學習，自己積極的努力就是唯一的關鍵所在。

最好的老師總是意識到自學之重要，並鼓勵學生透過積極運用自身的便利條件獲得知識。他們依靠的更多的是訓練而不是直接傳授，並努力使學生成為正在進行的工作中的一分子，這樣的教育就比一味的讓學生被動接受瑣碎、細小的知識更為高明。以上所述即是偉大的阿諾德博士（Dr.

Arnold）工作的精髓，他竭力使學生依靠自身積極的努力得到進步，他本人則僅僅是引導和鼓勵。他說：「比起把一個孩子送到牛津大學享受安逸舒適而不好好利用自身的優勢，我更情願把他送到荒無人煙的地方，在那裡他必須自謀生計。」在另一個場合他又說：「如果真有令人感激之事，那就是看到一個天性愚笨的人受到上帝的恩賜，得到誠懇、真摯、勤勉的培育。」當提到符合這一情形的一個學生時，他說：「我要向他脫帽致敬。」有一次在拉勒漢姆，阿諾德在教導一個非常遲鈍的男生時尖銳的批評了他，不料這個學生直視他的眼睛說道：「您憑什麼生氣呢？先生，實際我已經盡全力做出了我的最好成績了。」此後的好多年，阿諾德都常常對他的孩子講起這件往事，並告訴孩子：「我一生從未感受到如此的震撼，那樣的眼神，那樣的言辭，我永遠也忘不了。」

　　從前面各章所述的眾多在各個領域聲名卓著的人的事例中可以很明顯的看出，即使是最高等的智力教育也絕對無法與勞動相提並論。適度的勞動使心靈健康，對人的體質也同樣大有裨益。勞動之鍛鍊身體，正如學習之培育心智；社會的最好狀態就是它既能為每個人提供工作，也能讓每個人擁有一定的閒暇。甚至有閒階級也不得不參與勞動，有時是為了擺脫空虛無聊，而更多的則是出於他們無法抗拒的本能需求。有的人到英國鄉村捕獵狐狸，另一些人在蘇格蘭山上打松雞，更有許多人每年夏季去瑞士爬山以消磨時光。因此公辦學校舉行的划船、跑步、板球、田徑運動等活動，在使年輕人的體力和體格增強的同時也增強了他們的智力。據說威靈頓公爵在其母校伊頓公學看到男孩們在操場上運動時，無限感慨的說：「就是因為在那裡運動，我才打贏了滑鐵盧戰役！」

　　丹尼爾・馬爾薩斯（Daniel Malthus）在激勵他上大學的兒子以最大的努力學好知識的同時，也鼓勵他積極參與體育鍛鍊，說這是保持旺盛的精力、享受身心愉悅的最好方式。他說：「任何一種關於自然與藝術的知識，都能愉悅並提升人的心智。對於板球能同時鍛鍊你的四肢我感到極其

高興，我很欣慰的看到你把身體鍛鍊得很棒。」但是關於積極勞動說得更好的是偉大的神學家傑利米·泰勒（Jeremy Taylor），他說：「應避免慵閒，應用嚴格適度的勞動來充實每一段時光；這樣一旦放鬆和休憩時，趣味便會油然而生；因為勞動中體力勞動最為重要，也最有益於驅除心魔。」

在人的一生中，事業的成功更多的取決於身體好壞，這一點並不為一般人所認識。霍德森在一封寫給英國朋友的信中寫道：「我相信，如果說我在印度過得很舒心，從物質上講，這得歸功於當地令人大快朵頤的美味佳餚。任何行業中所需要的持續工作的能力在很大程度上都必須取決於這一點；因此參加運動，甚至僅將其當作腦力勞動的調節方式就顯得尤為必要。很可能就是由於忽視身體鍛鍊，我們經常能在學生中發現這樣一種不良傾向：不滿足，不快樂，不活躍，因不滿現狀而異想天開，並抱有輕生厭世的想法。這樣一種傾向在英國被稱作拜倫主義，在德國則被稱作維特主義。強尼博士（Dr. Channing）在美國也發現了同樣的情況，因此他聲稱：『在我們的年輕一代中有太多的人生長在充滿絕望的思潮之中。』對這種年輕人的症狀，唯一有效的拯救方法就是讓其參加體育運動、工作和體力勞動。」

伊薩克·牛頓爵士的童年時代最好不過的展示了童年勞動對人生的影響。儘管對一個孩子來說相當沉悶，他仍然孜孜不倦的用鋸子、錘子和斧子「在他的臥室裡敲敲打打」，做出各式各樣的風車、馬車、機器模型。而長大成人後，他依舊樂此不疲，為朋友們做了許多小桌子和小櫃子。史密頓、瓦特和史蒂文生少年時都是工具不離手。要是沒有這種自我修練方式，他們成年後是否還能獲得累累碩果就要打個問號了。這就是在前面各章節所描述的大發明家和機械師的早期訓練方式，他們的發明天才很早就漸露雛形。年輕時不斷使用雙手勞動的過程培養了他們的創造性，磨練了他們的心智。甚至下層社會中的某些人也因此顯身揚名，成為純腦力

勞動者，他們在日後的工作中不斷發現早年勞動的裨益。伊萊休‧伯里特（Elihu Burritt）說，他發現只有辛勤勞動才能使自己高效率的學習，於是他不只一次的放棄教書和學習的機會，重新繫上皮圍裙，回到鐵匠的鍛爐和鐵砧邊，為的就是體質和心態的健康。

對年輕人來說，練習使用工具，在培養他們學會生活常識的同時，還教育他們使用雙手和雙臂，熟悉並親近有益健康的工作，在具體可感的實踐中逐漸增進才能；向他們灌輸有實做能力的思想，讓堅韌不拔的精神最終在他們心中生根。嚴格的說，在這一點上，工人階級比有閒階層有著明顯的優勢 —— 他們在早年就不得不在機器生產或其他工種中辛勞的作業，因而逐漸變得心靈手巧，遊刃有餘。所謂體力勞動階級最主要的缺陷並非在於受僱於體力勞動，而在於被完完全全的僱傭，以致道德和智力上的才能因此湮沒殆盡。有閒階層的孩子則從小就被告知勞動是卑賤的，並一味避而遠之，成人後便更是五穀不分；而貧苦階層的人們，自小便生長在從事體力勞動的圈子中，長大後大都目不識丁。把體力訓練、勞動和知識教育有系統的結合起來，避免出現上述兩種極端現象並非不可能，國外有許多試驗顯示，採用一種更健康的教育體制是完全可行的。

甚至專業人員的成功在很大程度上也取決於他們的身體好壞，一個作家甚至表示：「偉大人物的偉大之處就在於其體格強弱和智力水準高低完全成正比。」對成功的律師或政治家來說，擁有健康的呼吸器官和受過良好教育同樣不可或缺。血液與氧氣在具有呼吸功能的肺部表面結合，在很大程度上對保持思考活躍這一至關重要的能力是必不可少的。律師只有經過勢均力敵的激烈法庭辯論的磨練才能登上事業的頂峰；政治家呢，只有在擁擠的議院裡發表亢奮冗長而蠱惑人心的演講之後方能飛黃騰達。因此律師和議會領袖在工作中表現出的身體的耐力和活力顯然比所需要的才能更為重要。這樣一種能力在布羅漢姆、麟檄士、坎貝爾、皮爾、格拉漢

姆、巴麥尊這樣的偉大人物身上展現得尤為明顯。

　　華特・司各特爵士由於殘疾在愛丁堡大學被人戲稱為「希臘大笨瓜」，而實際上他的身體非常強健：他能在特維德河與最好的漁夫一起叉鮭魚，在耶洛與最好的騎手一起騎烈馬。他在後半生從事文學研究時，對野外活動的興趣也從未稍減：早上寫寫《維弗利》（Waverley），下午他就會去獵野兔。威爾遜教授不僅善於駕馭優秀動人的詩句，而且還是個出色的棒球運動員。伯恩斯年輕時，就因為出色的體格而嶄露頭角了。艾薩克・巴羅（Isaac Barrow）在凱特豪斯學校上學時就因善於技擊而著稱。安卓・福樂（Andrew Fuller）是索厄姆一個農夫的兒子，因拳擊而聞名；而亞當・克拉克（Adam Clarke）孩提時就因為力氣大、能「隨意滾動大石塊」而出名，而這也許就是他日後能思接千載的祕密所在。

　　因而，擁有健康的身體是必要的。但我們也必須了解到，教導學生養成思考的習慣同樣是至關重要的。「勞動高於一切」這句名言只有在掌握知識的前提下才是真理。學習之路對所有能把勞動和學習有機結合的人都是同樣暢通無阻的。世上沒有什麼困難大到不屈不撓者都無法克服和解決。查特頓（Chatterton）更是出語驚人：「是萬能的上帝創造了人類，而如果人選擇了困難，他們也將無所不能。」學習和經商一樣，能力只是重要的因素之一：我們不僅要趁熱打鐵，而且在此之前也要不停敲打，直到使它變熱為止。精力充沛和持之以恆的人細心利用每一點機會，他們在懶散者所不屑珍惜的休息時間裡靠自學而獲得的成績之大是令人驚異不已的。憑著這種精神，弗格森（Ferguson）身上裹著一張羊皮爬上高山，仰望蒼穹學習天文；史東在做園丁時學習數學；德魯在修鞋的間隙中學到深奧的哲學理論；米勒則在採礦場做臨時工的時候自學了地理。

　　眾所周知，約書亞・雷諾茲爵士真誠相信勤奮的力量。他堅持認為，所有孜孜不倦、勤勉不輟的工作者都將是優秀而出色的；辛勞乏味的苦工

是造就天才之路；藝術家技藝的純熟是無止境的，而有止境的是他自己付出的汗水。他並不相信所謂的靈感，只相信學習和勞動。他說：「只有勞動，才配得上優秀這一殊榮。」、「如果你有不凡的才能，勤勉將不斷提升它；如果你才能平庸，勤勉會彌補它。被正確引導的勞動不會付諸東流，而不付出勞動則必將一無所獲。」福威爾‧巴克斯頓爵士也同樣相信學習的力量。他謙虛的戲言，只要付出雙倍的時間和努力，他將和其他人一樣出色。他充分相信平常的方法和不尋常的運用。

羅斯博士曾說：「一生中我認識好些個人，我相信他們的天才有朝一日終會被人們認可，而他們全都是勤奮而堅毅的人。天才是因成果而聞名的，沒有成果的天才就像盲目的信仰和暗啞的聖諭。然而優異的成果是時間和努力的結果，而絕不是靠異想天開得來的。……每一偉大的成就都是無數次練習準備的結果。才能來自勞動，任何成就都不是唾手可得的。甚至連走路，一開始也是舉步維艱。演說家演講時眼裡不停閃爍著熱情，妙語連珠，其中蘊含的睿智和真理令他的心靈不斷昇華，他由此了解到成功的祕密在於耐心的重複，並忍受了眾多異常的痛苦和失望。」

全面性和準確性是學習上必須達到的兩個目標。法蘭西斯‧霍納在為自己的學習制訂計畫時，特別強調完全掌握一門學科內容必須養成持續不斷運用的習慣。他看準一個目標，把注意力只集中在幾本書上，並且堅決反對「任何散漫雜亂的讀書態度」。對任何人而言，知識的價值並非在於它的數量多少，而主要在於它能得到很好的運用。因此在實際運用中，有一點準確而精細的知識往往比泛泛的、膚淺的知識更有價值。

伊格納蒂烏斯‧蘿拉（Ignatius Loyola）有一句名言：「一次做好一件事情的人比同時涉獵多個領域的人要好得多。」在太多的領域內都付出努力，就難免分散精力，這會阻礙我們進步，最終導致我們一無所成。聖里奧納多伯爵（Lord St. Leonards）在一次給福威爾‧巴克斯頓爵士的信中談

到了他的學習方法，並解釋了自己成功的祕密。他說：「開始學法律時，我決心吸收每一點獲取的知識，並使之同化為自己的一部分。在一件事沒有充分了解清楚之前，我絕不會開始學習另一件事情。我的許多競爭對手在一天之內讀的東西我得花一星期時間才能讀完。而一年後，這些東西我依然記憶猶新，但他們卻早已忘得一乾二淨了。」

智慧的多少並不在於涉獵領域的數量或讀書的多少，而在於有目的的、適當的學習，在於學習某一學科時的思想集中程度，在於整個思維運動體系能遵循一貫的原則。艾伯尼西（Abernethy）甚至持這樣的觀點：他的思想有一個飽和點，如果他填塞的東西超過這個極限，那它只好擠掉另外一些東西。談到醫學，他曾說：「如果一個人對他想做的事情有一個明晰的想法，那他在選擇適於達到成功的方法時就絕不會含糊。」

有一個明確的目標最有益於學習；隨時都將獲得的知識付諸實踐才能真正掌握它。因此僅僅擁有書籍或知道在哪裡能找到所需要的資訊，是遠遠不夠的。我們必須擁有符合個人實際能力的人生目標，並積極主動的為之做準備。自稱家財萬貫而口袋裡卻一貧如洗不是真正的富有。必須親自擁有足以應付任何情況變動的大量知識，否則在學以致用時，我們只能束手無策、一籌莫展。

果斷和敏捷對學習和經商的重要性不言而喻。讓年輕人習慣於依靠自身的力量，任由他們在童年時盡可能享受自由行動的樂趣，這些都有助於增強上述兩種素養。過多的指教和限制會阻礙自立精神的形成，就像綁在旱鴨子手臂上的氣囊一樣，想隨意漂流卻被早早的束縛住，最終與之同歸於盡。

自信的匱乏可能是阻礙進步的更大原因，這一點人們並未普遍意識到。據說，人生中一半的失敗是由缺乏自信心、畏於嘗試導致的。詹森博士早已習慣於把他的成功歸因於自己的自信。

適當的謙虛是與正確評價自己的優點相容的，謙虛並不意味著否定所有的優點，儘管有這樣一些人，腹中空空卻好自欺欺人。自信的缺乏繼而導致行動上的不果斷，這是性格上的缺陷，尤其阻礙個人的發展進步。收穫甚微的原因一般都在於嘗試不夠。

絕大多數人一般都希望獲得自學能力，但卻對不得不付出努力甚為反感。詹森博士堅持認為，「當代人的毛病是在學習上缺乏耐力」，這句話對現在仍然適用。我們或許並不相信學習有什麼「貴族式」的途徑，但是似乎相信學習有一種「大眾化」方法。在學校裡，我們總想發明一種省力的學習方法來尋找通往科學大門的終極捷徑；「在十二節課裡」或者「不需要指導老師」就能學會法語和拉丁文。我們效仿那些時髦的女孩，她們聘請老師來指導學習，條件是他不用語法和分詞來煩她們。我們以同樣的方式得到一點點皮毛知識；學化學就靠聽一小段有趣實驗的演講，看見綠水變成紅色的了，磷粉氧化而燃燒，我們就得到這點皮毛，而就這點皮毛的大部分可以說一無用處，儘管它總比什麼也沒有學到強，而我們還沾沾自喜的美其名曰「寓教於樂」。

年輕人期望靠這種不勞而獲的方式得到知識，這與真正的教育是格格不入的。這樣的學習雖然費了腦筋，卻不能提高智力。當時給予刺激，產生一種對知識的渴望和嚮往，但由於缺乏比娛樂更高的目的，它終究是沒有真正好處的。在這種情況下，知識只是一種過眼雲煙般的印象，僅是一時衝動而已；實際上這種只訴諸感覺而沒有深層挖掘的方式就是享樂主義的表現。因此許多只能被活力和獨立性激起的最出色的思想，現在卻在沉睡著，很少被生活召喚過，除非大難突然降臨，它才會從睡夢中驚醒。

習慣於藉娛樂以獲取知識的年輕人很快就會排斥勤奮的學習方式。為了在運動嬉戲中學得知識，他們急功近利、急於求成，扎實的精神隨著時間的推移煙消雲散，取而代之的是思想的膚淺和性格的軟弱。布里奇頓的

羅伯特森（Robertson）曾說：「東張西望的學習方式和吸菸一樣傷神，而這也正是其長期蟄伏的原因。它最使人滋長惰性，也最使人軟弱無能。」

　　這種惡習以各式各樣的方式存在，不斷的滋長著。它像個隱藏了形跡的淘氣鬼，對腳踏實地的勞動深惡痛絕，使人意志消沉。我們如果聰明，就應該向先輩們一樣勤耕不輟，因為勞動仍然是而且永遠是獲得成就的代價。我們必須有的放矢的工作，並且耐心等待。所有最好的進步都是漸進的；對於信心滿懷且積極熱情的人，回報無疑會適時來臨。一個人日常生活中就表現得很勤奮，他的尊嚴威望必將逐步提高，能力也會日益增強。但是還要持之以恆，因為學習是永無止境的。詩人格雷（Gray）說：「勞動就是快樂。」坎伯蘭（Cumberland）主教則說：「用掉總比鏽掉的好。」阿諾德聲稱：「我們永遠沒有停步休息的時候嗎？」「永不言休」也是馬尼克斯‧聖阿爾德貢德（Marnix de St. Aldegonde）畢生的座右銘。

　　只有適當的運用造物主賦予的才能，我們才能博得人們的敬重。正確合理的運用一種才能的人比同時擁有十種能力的人更受人尊敬。確實，擁有很高的才智和擁有世襲的鉅額財產一樣能展現個人的優越。那些能力是怎樣運用的？這就像問那筆財產用來做什麼。一個人可能累積了大量的知識卻一無用處，知識必須與仁、智相關聯，並且展現出高尚正直的品格，否則便毫無意義。佩斯塔羅茲（Pestalozzi）甚至堅持認為，智力訓練就其本身而言是有害而無益的，所有的知識必須根植於受正確引導的意志之中。知識的獲取確實可以使一個人避免在生活中走上邪路，但一點也不能防止自私自利，自私自利只能靠正確適當的原則和習慣來糾正。因此，在日常生活中我們確實能發現許多這樣的事例：學識淵博的人，性格卻是完全扭曲變形的；飽讀經書的人，卻毫無實際能力，不能靈活機變，只會亦步亦趨；不時把「知識就是力量」掛在嘴邊的人卻往往成了狂熱者、專制者和野心家。除非受到明智的引導，不然知識本身只能使惡人變得更邪

惡，而社會有了他們，恐怕就比地獄好不了多少了。

　　或許，在當今時代，我們誇大了知識教育的重要性。我們已習慣的認為，因為有了眾多的圖書館、研究機構和體育館，我們就在不斷的發展進步著。但是這些設施在輔助自學的同時卻也往往阻礙個人達到自學自育的最高境界。有任意使用的圖書館未必博學，正如富有未必慷慨一樣。我們無疑擁有偉大超凡的設備，但同樣無疑的是，一個人只有透過自己的觀察、注意、堅韌和勤勉才能更加明智通達。純粹的占有知識與明智通達是大相徑庭的，後者遵循一種更高的原則，而不僅僅是閱讀 —— 一種往往淪為對他人想法的消極接受的方式，其中很少或者根本就沒有積極主動的思考活動，這樣的閱讀只能像慢斟細飲一樣使人日漸沉溺，只能激發一時之情感，對思想的充實和性格的塑造沒有絲毫效果。許多執迷不悟者還抱著這樣自欺欺人的想法，以為他們正在培養自己的心智，而其實卻不過是在從事一種低階的消磨時光的遊戲，其好處最多也莫過於因此使得他們沒有時間去做更惡劣的事情罷了。

　　還有一點也應時刻銘記於心：書本中獲得的經驗儘管可貴，本質上仍只是知識的累積；而取之於生活的經驗才是智慧之源，其價值遠遠超過了前者。博林布洛克伯爵（Lord Bolingbroke）說得好：「任何形式的學習都既無法直接亦無法間接的使我們成為更好的人或公民，它充其量不過是一種精巧卻華而不實的閒時之戲，而以此獲得的知識無非是一種可敬的無知而已。」

　　良好的閱讀儘管有益，但也不過是啟迪心智的眾多方法之一，比起實踐經歷或榜樣對塑造個人性格的影響來要遜色得多。遠在文化普及大眾之前英國就孕育出了許多智慧、勇敢而誠實的志士仁人。大憲章就是由一群不通文墨的人用他們自己的符號寫成的。儘管他們並不諳熟以文字表達原則之道，他們卻懂得如何理解、尊重並勇敢的捍衛這些原則。就是這一群

沒有文化卻具有無比高尚人格的人為英國的自由奠定了基礎。必須承認的是，教育的首要目的並非僅僅是灌輸他人的思想，成為他人思想的奴隸和接收器，而是要拓展個人的才智，使自己能夠在任何生活境遇中都泰然自若、應付裕如。許多在這方面最為成功的人士很少讀書，布林德利和史蒂文生直到成年才學會認字，但他們卻建立了偉大的功績，鑄就了輝煌的人生；約翰‧亨特20歲時尚不識字，但他做的桌椅卻能與最好的木匠媲美。「我從不看這個，」這位偉大的解剖學家一次曾在課堂上指著某一門學科的書說，「假如你想在你的專業領域裡做出成就的話，你必須懂得這一點。」

因此，重要的並非你掌握了多少知識，而是你掌握知識的目的。掌握知識的目的應該是韜光養晦、塑造性格，應該是為了使我們更好、更幸福、更有用，讓我們以更大的善更加精力百倍的去追求人生的崇高理想。「人們一旦陷入一味欣賞、崇拜的惡習之中，就任其蔓延滋長，而從不關心道德品性 —— 宗教理念和政治信仰即是道德品性的具體表現，他們就會墮入萬劫不復之境。」我們必須自己去成為、自己去做到，而不僅僅滿足於看別人的東西，思索、把玩別人曾經如何、又曾做過什麼。讓我們把生活當作最好的啟迪，將行動視作最好的思想；至少我們應該能夠像里希特那樣宣稱：「我已盡己所能，無愧於心了，任何人都無法再向我要求做得更多。」因為在上帝的協助下，根據自己肩負的責任和天賦的才能磨礪自己，這是每一個人的神聖義務。

自律與自制即是實踐智慧之始，而它們又扎根於自尊；希望 —— 力量之伴侶，成功之母，即是源於自尊。最為謙遜之人或許會這樣說：「尊重自身，發展自身，這是我生活中真正的義務所在，我感謝社會及其締造者惠賜於我人之軀體，必不濫用之，使我融入社會這一偉大的體系，成為其中不可或缺的一分子。我必將努力去惡揚善，使自己的品行盡善盡

美。」自尊，亦即推己及人，而他人也必將尊重推及我身。相互尊重，方有公正與秩序。

自尊是一個人所能穿著的最高貴的外衣，最能使心靈淨化、思想昇華。畢達哥拉斯（Pythagoras）最充滿智慧的一句格言是他在其《金玉良言》（Golden Verses）中要求學生去做的「尊重自身」。在這一崇高理念的指引下，他不會因淫欲而墮落肉身，也不會為奴性而玷汙心智，這一品行，推及日常生活，便展現於各式各樣的美德 —— 潔淨、莊嚴、貞潔、道德高尚和宗教虔誠之中。米爾頓曾言：「虔誠而公正的尊重自身乃是一切有價值的美德之肇始。」思想上的自貶非但貶低自身，同樣也會導致貶低他人，而思想如此，行動上也必然如是。當一個人往低處看時，其精神便不能振奮，要振奮精神必須昂然仰視才行。恰如其分的自尊讓最卑賤之人傲然挺立，而貧困也必因之而倍顯高尚。一位身陷困厄卻矢志不移的勇士著實令人敬佩不已。

太狹隘的將自我修養僅僅理解成一種「過活」的方法未免太玷汙它了。以這種狹隘的觀點看來，教育毫無疑問是時間、精力的最好投資之一。無論在哪行哪業，智力都能使人更易於適應環境、改進工作方式，並使之在任何方面更顯得出類拔萃。善於同時運用雙手和大腦進行工作的人目光更加敏銳，他會感覺到自身力量倍增 —— 或許這是人類心智所應珍視的最令人愉悅的感覺。自立自強的力量會與日俱增。一個人的自尊越強，就越能抵抗低等趣味的誘惑，他將能懷著一種嶄新的興趣看待社會及其運作；他將更富於同情之心，懷著同樣興致為他人、更為自己工作。

然而，自我修養未必會帶來我上文多次提到的功成名就。一切時代的絕大多數人，無論其受過何等的啟迪，都必然要從事自己平凡的職業。任何能夠授予普通大眾的自我修養恐怕都無法使人擺脫必須完成的社會日常工作；但我們認為，從具體的事務中擺脫出來其實也並非不能。我們可以

用高尚的思想使瑣碎的勞動、艱苦的條件昇華，而無論貴賤貧富，因為無論一個人是多麼貧窮或卑賤，都可以與偉大的思想家為伴，時常邀其促膝談心，而他絕不會介意寒舍之鄙陋不堪。

由是，良好的閱讀習慣便成為最大的快樂之源和自我完善之途，它潛移默化的影響著一個人整個的性格與行為。儘管自我修養未必帶來財富，但它卻為人帶來了與高尚的思想為伴的機會。一位貴族曾經輕蔑的問一位智者：「你的所有哲學到底為你帶來了什麼？」智者的回答是：「至少我獲得了心靈的寧靜。」

但許多人仍時常在自我修養的途中倍感灰心與沮喪，因為他們覺得自己在這個世界上未得到應得的待遇。一種下橡子，他們就期望它立即長成一棵參天橡樹。或許他們將知識視同一件可推銷的商品，但卻時常因為它並不如他所期望的那樣暢銷而憤憤不平。特裡門希爾（Tremenheere）先生在他的一份「教育報告」（西元 1840 ～ 1841 年）中談到這樣一件事：諾福克的一位小學校長發現自己的學校聲望日落、生源日竭，便詢問原因何在，結果發現大多數退學學生的家長舉出的理由是，他們本期望「教育能使他們的生活更加舒適愜意」，卻發現教育於此絲毫無補，於是他們讓孩子輟學，從今往後再也別跟教育沾什麼邊了！

這種貶低教育的看法在其他階層之中也屢見不鮮，這是由社會上或多或少的存在著的對生活的錯誤認知導致的。僅將教育看作一種超越他人的手段或智力娛樂的方式而不是一種淨化心靈、昇華精神的力量，是對教育的一種褻瀆。用培根的話來說：「知識並非為銷售而贏利的商場，而是一個映照造物主的榮光、昇華人類心智的寶庫。」毫無疑問，透過勞動獲得升遷並改善其社會地位是可嘉的，但絕不能以犧牲自我為代價。使心智僅成為肉體的苦役是對心智的奴役；因未能獲得取決於勤奮和關心程度而非知識的成就就憤然作聲、憤憤不平，這是心胸狹隘的表現。沒有比羅伯

特·騷塞（Robert Southey）在勸告其朋友的一封信中的話能更好的批評這種心胸狹隘的人了。他說：「假如我能給予你什麼有用的教益的話，我絕不會吝惜；但是，一個人要是選擇自暴自棄，那就無藥可救了。一個善良而睿智的人也會時而對世界感到憤然、為之悲哀；但是要記住，假如你履行了你在這個世界上的義務，你就不會憤世嫉俗。假如一個受過良好的教育、擁有健康體魄和充足閒暇的人還想要求什麼的話，那只是因為萬能的上帝對他的額外賜福超出了他之所應得。」

　　另一種褻瀆教育的方式是僅將其作為一種智力消遣的方式來使用。在我們這個時代，有許多人迎合了這一口味。在我們的通俗文學中，對通俗刺激有一種近乎狂熱的興趣，以各種不同的方式存在著。為了迎合大眾的口味，我們的書刊充斥著輕浮、俗麗（這並不是說鄙視大眾俚語）和對人類之法、自然之法的肆意踐踏。道格拉斯·傑羅德（Douglas Jerrold）是這樣描述這一趨勢的：「現在我們的世界對任何事物的反應都是哄堂大笑。我相信（至少我這樣希望）終有一天我們會對此類舉動感到厭倦。人類的歷史並非一部徹頭徹尾的鬧劇史，畢竟生活中還是有一些嚴肅的東西的。我相信甚至有人會寫出一部布道鬧劇來。想一想英國的喜劇史吧，阿爾弗雷德（Alfred）的鬧劇、湯瑪斯·摩爾爵士（Sir Thomas More）的滑稽戲，還有他的女兒在棺材裡的荒唐表演。如今書刊已普及大眾，但它們尤其是為那些心智尚未健全仍在發育階段的人們準備的，它們對人們心靈的褻瀆比起埃及的瘟疫和汙染潔淨水域、腐化政府官員的毒素來，有過之而無不及。」

　　當然，偶爾從繁重的日常事務中脫身出來，選上優秀作家的一本好書來品讀亦不失為一種高級的智力享受。無論男女老幼，一本好書對其的吸引力絕不亞於源於本能的強大衝動；適度的閱讀顯然是可取的，但要是像有的人那樣，將閱讀作為獲取精神食糧的唯一途徑，皓首窮經，整日埋頭於自己臆造的荒謬絕倫的人生幻象之中，那將會比無所事事更浪費時間，

因為它更為有害。養成閱讀習慣的人往往會沉湎於小說中的虛幻情感，以至於疏離了健康、現實的情感。有人對約克郡的大主教說：「我從未去聽過悲劇，我的心可受不了。」小說所激發的文學意義上的遺憾不會產生任何相應的行動，它所引發的脆弱並不包含自我犧牲，而太頻繁的為小說所感動的心，時間長了就會變得對現實無動於衷。布特勒（Butler）主教曾說過：「在自己的心中描繪美好的美德絕非必然對養成這一美德有所助益，相反它卻有可能甚至事與願違的使心靈更加冷漠，逐漸使之更麻木不仁。」

適度的娛樂既是健康的亦是可嘉的；過度的娛樂則會使人性受損，應該對此保持警惕，極力避免，這自然不假；而「勤有功、嬉無益」這一古訓更是盡人皆知。沒有什麼比終日沉湎於聲色犬馬的嬉戲中對一個年輕人造成傷害更大的了。他會失去其最為寶貴的品行，失去對更高等精神享受的追求，而平常的快樂會對其顯得索然無味；而當他回過頭來重新面對工作和生活的責任時，則結果往往是厭惡和反感。「享樂派」的人們揮霍著、耗損著生命的精力，枯竭了真正的幸福泉源，他們無法再使其性格或心智有長足的發展。一個沉溺於享樂而虛擲了青春的人甚至要比失去童貞的孩子、失去純潔的少女和失去真誠的少年更令人惋惜。米拉波（Mirabeau）曾這樣說過自己：「從某種程度上說，是我的早年生活使我失去了此後的歲月，並消耗了我一生大部分旺盛的生命力。」今天對別人所犯的錯誤明日就會回復自身，而年輕時犯下的罪愆也會在今後使我們自己受到懲罰。培根爵士曾寫道：「年輕之本性的力量能超越誘惑直至他的暮年。」他指的既是體力又是精神的力量。義大利人吉斯（Giusti）在寫給其友的一封信中寫道：「我向您保證，我為生存付出了極高的代價。的確，我們在生活中是身不由己的，造物主先是假裝慷慨的給我們小費，之後卻毫不客氣的把它記在我們的帳上。」年輕時代的少不更事最壞的後果並非損害健康，而是玷汙了人性。放蕩不羈使一個青年墮落，等到他自己想重回純真

年代時卻已悔之晚矣。假如說能有什麼解救之途的話，那也只能是以一種熱情的責任感去澆灌心靈，並投身於火熱的工作之中去。

就智力天賦而言，邦雅曼‧康斯坦（Benjamin Constant）是最有天賦的法國人之一，但在20歲時他就對一切都無動於衷了。從那時起，他的生命不再有靠他自身的才華和自制就完全可以獲得的成就，只剩下時時的哀嘆。他從未堅持不懈的完成過一件事。康斯坦是一位才華橫溢的作家，曾想寫出「偉大不朽」的著作來，但就在他熱切的追求理想之時，他卻不幸的墮入了低等趣味的生活之中。他偉大著作中的超驗主義無法補償其生活情趣的低劣；在著手寫作宗教作品的同時他卻頻頻的光顧賭場；在寫作其《阿道夫》（Adolphe）的同時他又在賭場上耍著為人所不齒的勾當。儘管他智力超群，性格上卻軟弱無力，因為他對美德從無信仰。他曾說：「呸！什麼叫榮譽和尊嚴？我年紀越大，就越覺得榮譽和尊嚴中其實空無一物。」這是一個可憐人的哀號，他把自己說成「除了骨灰和泥土之外什麼都不是」。他說：「我就像一片陰影一樣伴著卑劣與空虛飄過塵世。」他期望擁有伏爾泰的充沛精力，卻沒有毅力去實現它，只是一味的幻想。他的生命過早的耗盡了，只剩下一塊行屍走肉。他說自己一隻腳踏在空中，無可奈何的承認自己缺乏原則和堅毅。因而，他空有萬般才華卻一事無成；在多年的悲慘生活之後，他精力枯竭的死去了。

而《諾曼第人征服史》（History of the Norman Conquest）一書的作者奧古斯丁‧蒂埃里（Augustin Thierry）的一生則與康斯坦形成了鮮明的對比。他的整個一生就是完美的展現了堅毅、勤勉、自我修養和對知識無盡渴求的一生；在追求知識的過程中他失去了雙眼，但卻從未失去對真理的熱愛。他身體虛弱，總是由一位護士像照顧嬰兒一樣的抱在懷裡從一個房間挪到另一個房間，但他從未失去堅毅的精神；儘管他失明、無助，但他卻用如此高貴的語句概括其文學生涯：「如果像我想的那樣，科學的價值

以偉大祖國的利益來計算，那麼我已如一個在戰場上九死一生、重傷而還的戰士一樣，將我的一切奉獻給了祖國。無論我辛勞的結果如何，我都希望自己樹立的這一精神典範不會消亡。我期望它能對抵抗我們這一代人的各種道德弊病有所助益，讓那些抱怨缺乏信仰、無所事事、眾裡尋他卻一無所得、精疲力竭的靈魂迷途知返，重新找回信仰與敬畏之心。為什麼要如此痛苦的說什麼在我們這個世界上就是容不下某些人，就是沒有某些人的用武之地呢？這世上不是仍有著寧靜而嚴謹的學習與研究嗎？那不正是我們任何人都能達到的地方，一個避難之所，一個希望之地嗎？有了它，我們就不會感到時光流逝的痛苦。每一個人都能主宰自己的命運，每一個人都能高貴的生活；這是我已經做到的。假如我還能第二次開始我的事業的話，我仍會這麼去做，我仍會選擇讓我走到今日的同一條道路。我已經雙目失明，無望的忍受著折磨，但我還是要鄭重的說，世界上有比感官享受、財富甚至健康本身更好的東西，那就是對知識的獻身與追求。」

柯勒律治在許多方面與康斯坦都十分相像。他同樣才華橫溢，也同樣意志薄弱。儘管他擁有超群的才智，但卻缺乏勤勉的精神，厭惡連續性的工作。他也缺乏獨立性。他將妻兒留給高貴的騷塞去撫養，而自己卻退居到海格特格洛夫去向其信徒大談超驗主義，高高在上的對在喧囂而煙霧瀰漫的倫敦城裡勤奮工作著的人們不屑一顧；他高傲的拒絕朋友的資助；儘管他有著崇高的哲學理念，但卻輕視普通勞動者。而騷塞的精神是多麼的不同啊！他不僅從事自己所選擇的往往瑣碎而枯燥的工作，同時又懷著對知識純粹的熱愛追求著理想，每一天甚至每一個小時都不虛度：與出版商們所訂的合約需要嚴格履行，有一大家子的生計要操持。當他輟筆之時他就毫無所獲。他曾說：「我的道路與上帝之路一般寬廣，而我的生計則全靠這桿筆了。」

在讀完《柯勒律治文選》（*Recollections of Coleridge*）後，羅伯特·尼

克爾（Robert Nicoll）在給他朋友的一封信中寫道：「這個可憐的天才，僅僅因為缺乏一點精力和決斷就斷送了他本該無比完滿的事業。」尼克爾自己是位真誠而勇敢的人。儘管他英年早逝，但他在短暫的一生中遭遇了無數的挫折。起初他做賣書的小買賣，結果弄得血本無歸，還欠了 20 英鎊的債，當時他感覺心裡就像「一塊磨石掛在脖子上」一樣。他發誓，等把這筆債償還後，他就再也不跟世上任何人借錢了。在寫給母親的信中他寫道：「親愛的媽媽，請不要為我擔心，因為我感到自己內心的信心和希望與日俱增。我思考得越多（現在我的職業是思考，而不是閱讀），就越覺得無論我今後是否能發財，我都一定會成為一個越來越有智慧的人，而這是更為可貴的。痛苦、貧困以及生活中其他一切令人談之色變的攔路虎，我都堅信我可以直面它們而毫無懼色，絕不會失去自尊、對人類崇高理想的信仰或對上帝的熱愛。達到這一境界需要經歷無數精神上的痛苦折磨，而一旦某人達到了，他就會像一個旅行者從陽光普照的高山之巔俯視山底的氤氳繚繞一般自由。我不敢說自己已經達到了這一境界，但我感到自己正時刻的接近它。」

造就偉人的不是閒嬉，而是努力；不是順境，而是困厄。或許，在生活的任一驛站，要想獲得任何成就，都必須首先面對和克服重重困難，而正如錯誤會成為最寶貴的經驗一樣，困難是我們最好的老師。查爾斯・詹姆士・福克斯一直認為：「一個雖屢遭挫折卻百折不撓的人，將比一個一直順順利利的人更有可能獲得成就。」他說：「有個年輕人告訴我，他在首場演講中就語驚四座、技壓群雄。這當然很好。他也許會繼續進步，但也許會對自己的首次勝利沾沾自喜、止步不前；而當我看到一位年輕人在第一次嘗試中雖未成功但卻矢志不移、繼續努力時，我相信這個年輕人將比絕大多數第一次就獲得成功者更可能成功。」

我們從失敗中學到的智慧遠遠超過了從成功中學到的。我們往往透過

發現什麼不行才明白什麼可行；而一個從不犯錯誤的人可能永遠都不會有所發現。當初，研究人員是在試圖發明一種吸式抽水馬達失敗時，才開始研究大氣壓強規律，從而為伽俐略、托里切利（Torrecelli）和波以耳等天才科學家開拓了一個嶄新的研究領域。約翰·亨特曾說，除非醫學界的專業人士有勇氣像宣布成功一樣將其失敗公之於眾，否則醫學將很難發展。工程師瓦特則說，在機械師所缺乏的所有事物中，最缺少的是失敗史。他說：「我們缺少的是一本敘述汙點的書。」有人曾向漢弗里·戴維爵士展示過一個操作極為靈巧的實驗，而他說：「感謝上帝，沒有讓我能夠擁有如此嫻熟的巧手，因為我總是在實驗的失敗中才有了重大發現的靈感。」另一位物理學領域的傑出科學家則在其發現日誌中總結出這樣的一個規律：他在研究過程中似乎遇到不可戰勝的困難之時，也就是他做出重大發現之契機。最偉大的事物 —— 偉大的思想、發現和發明 —— 通常是在艱苦中孕育出，在悲傷中思考出，歷經苦難才得以確立的。

貝多芬曾這樣評價羅西尼（Rossini）：「要是他在孩提時代多一點勤奮的話，他完全可以成為一個很好的音樂家，但他被他自己的天才慣壞了。」自信內心堅強的人無須害怕聽取反面的意見，他們更有理由害怕的應該是不恰當的讚譽之詞和過於友好的評價。孟德爾頌（Mendelssohn）在參加其劇作《以利亞》（Elijah）在伯明罕一家劇院的首演時，他笑著對朋友和評論家們說：「請嚴厲的批評我吧！不要告訴我你們喜歡什麼，告訴我你們不喜歡的是什麼。」

的確，對絕大多數人而言，失敗的經驗遠比成功重要。華盛頓打敗的戰役比他贏得的戰役要多，但他最終成功了。而羅馬帝國即使是在其戰果最輝煌的時代，勝利也幾乎總是以失敗開始的。威靈頓也是透過不斷克服其似乎不可克服的性格弱點才成為一代軍事天才，培養出了作為一個人和一名將領的優秀品格的。技藝嫻熟的水手在大風大浪中磨礪出自立、勇敢

和極端的自律精神，而我們的英格蘭水手們 —— 他們顯然是世界上最優秀的水手 —— 的高超技藝，則不得不歸功於波浪滔天的大海。

困厄或許是個嚴厲的女校長，但你會發現她其實是最仁慈不過的。儘管我們很自然的對困厄的考驗有畏縮之情，但當它來臨時，我們必須拿出一個男人的勇氣去面對它。伯恩斯說的一段話很有道理：

> 儘管挫折與失意
> 是嚴酷的教訓，
> 但它又包含著智慧哲理，
> 你將到達智慧的彼岸，
> 而不會在別處找到它。

「困厄其實大有好處。」它向我們揭示了我們的力量，激發出我們的鬥志；假如性格之中真的有如甜草藥一般的價值，那它只有在受到壓抑時才能散發出最芬芳的芳香。古話說得好：「失意乃是通往天堂之梯。」里希特曾說過：「還有什麼比因貧窮而被扼殺更可憐的人嗎？這就像將少女的耳垂刺穿，再將珍貴的耳墜掛在她滴血的傷口上一樣。」在生活的經歷中你會發現，有許多人能夠勇敢的面對貧困、無畏的抗拒困厄，但卻在富裕這一更為危險的對手面前束手就擒。只有一個實在弱不禁風的人才會被風吹走斗篷；體格一般的人則更容易在溫暖的陽光照耀之下自動摘去斗笠，因而承受順境往往比面對厄運需要更加自律而堅強的性格。

財富易使人驕傲，而困境則會使一個有決斷力的人的心智更成熟、更堅毅。用伯克的話來說：「困難是位嚴師，把困難加諸我們之身乃是更了解我們、也更愛我們自己的主的聖諭。困難使我們的精神更加高亢，使我們的技藝更加純熟。因此，我們的對手就是我們的救護神。」

假如沒有必須面對的困難，生活或許會更加輕鬆愉快，但人的價值卻因之而降低了。困難是我們的試金石，它豐富了我們的心智，鑄就了我們

的性格，教會我們自立自強。因此，艱難往往會成為對我們最好的磨礪，儘管我們未能認識到。

當年輕的勇士霍德森被不公正的從其印度指揮官的職位上撤職時，面臨來自四面八方的斥責和咒罵之聲的他深感痛心，但他仍有勇氣跟一位友人這樣說道：「我努力勇敢的正視最惡劣的現實，正如我在戰場上面對強敵一樣；我竭盡我之所能堅定的去完成賦予我的使命，我心中感到滿足，因為畢竟我還能找到使我振作勇氣的理由；即使是令人厭惡的差事，只要好好的完成了，那本身就是一種獎賞；即使沒有圓滿完成，我也已盡力履行職責了。」

在大多數情況下，生活的戰鬥是打響在陡峭的山岡上的；不費吹灰之力，即使是勝利了也毫無光榮可言。沒有困難也就沒有成功；沒有奮力反抗之物，也就沒有值得爭取之物。困難或許會使膽小鬼駐足不前，但對勇敢堅毅者而言，它只會是一種健康的興奮劑。的確，所有的人類生活經驗都在告訴著人們，在人們前進生活道路中的障礙絕大多數都可以靠堅定的善行、誠實的熱情、積極的行動、持續的堅忍，更可以靠一種臨危不懼、排除萬難的堅強決心來克服。

無論對國家還是對個人而言，困難都是最好的道德規範學校。事實上，困難的歷史同時也是人類創造、成就所有最偉大、最美好事物的歷史；很難說得清楚，地處北方的國家中的人民，該如何感謝所面臨的嚴酷而變化莫測的氣候和原本貧瘠的土地。這些現已成為他們生存不可或缺的必要條件。他們所做的努力和奮鬥是地處溫帶的人們所無法想像的。因此，儘管我們最珍愛的是具有異國情調的商品，但創造出這些商品所不可或缺的技藝和勤奮卻是植根於本國勤勞勇敢的人們心中的。

哪裡出現困難，人們就必須懂得怎樣面對困境，努力擺脫困境，創造美好的生活。遭遇困難能鍛鍊出人的力量和才智；正如田徑運動員，只有

透過登山來鍛鍊意志，才能在比賽時輕而易舉。通往成功之路或許艱難崎嶇，攀登高峰是一個人能力的最好證明。經驗告訴我們，只有勇敢的正視困難才能戰勝困難，正如你只有勇敢的撥開攔路的荊棘，才會覺得它們其實像絲綢般柔滑一樣。而對實現目標最有助益的就是我們內心的信念，堅信我們能夠、也一定能夠獲得成功。因而困難在決心面前往往不戰而降。

只要我們堅持嘗試，許多目標都能得以實現。除非你做了嘗試，否則你就永遠無法知曉自己能做什麼；而大多數人只有到了被逼無奈之際才會竭盡全力。意氣消沉的青年往往會說：「要是我會這個、那個該多好！」但假如他只是一味許願，他就會一事無成。必須將願望化作決心和努力。一次努力嘗試要遠勝於一千次許願。正是這句「要是我如何如何」顯示了無能和絕望，使人一味的徘徊在可能性之中，而阻礙願望的實現甚至實現其願望的努力。麟橄士勛爵曾說過：「困難之所以存在，就是為了被克服。」

立即與困難放手一搏吧！在你一次次的努力嘗試中，你會感到自身力量的增強，面對困難你會更有遊刃有餘之感。因而，在與困難的搏鬥中，你的心智與性格都將得到無與倫比的磨練，使你能夠滿懷熱情的、自由的、從容不迫的去奮鬥，這些都是未曾有過同樣經歷的人所無法理解的。

我們所學的一切都是為了克服困難，而一個困難的克服會增加你面對下一個困難的勇氣和決心。在學習中乍看之下似乎毫無價值的東西 —— 諸如研究已經絕跡的語言、我們稱作數學中的線與平面的關係等 —— 事實上仍有著極大的實用價值，不僅因為它們所包含的資訊，更因為研究這些學問能激發起一個人的努力和蘊藏在其心中的實做潛能。因而此物激發著彼物，人的一生就是這樣前進的 —— 不斷的遭遇困難、克服困難，直到生命和文化終止之日。陷於灰心喪氣則從未也絕不會對解決困難有任何助益。達朗貝爾（D'Alembert）對剛開始學數學便向他抱怨困難重重的學生是這樣告誡的：「繼續前進吧，先生！相信信念和力量即將向你走來。」

　　長袖善舞的舞女和表演奏鳴曲的小提琴家都是在不斷的練習和不斷的
失敗之後才獲得純熟的技藝的。卡里希米（Carissimi）在聽到別人對其從
容優雅的演奏讚不絕口時說：「嘿！您永遠不會知道獲得這份從容優雅是
怎樣的費勁！」有一次，當約書亞・雷諾茲爵士被問及他花了多長時間完
成一幅畫時，他的回答是：「我用了我的一生。」美國演說家亨利・克雷
（Henry Clay）在向年輕人進行的一次講座中是這樣描述他培養其藝術天分
之成功祕訣的 —— 他說：「我畢生的成功，都應歸功於一件事。在我 27
歲那年，我就養成了每天閱讀、朗誦一些歷史和科學著作的習慣，持續數
年之久。有時我在麥田裡朗誦，有時在森林，有時則跑到挺遠的穀倉，那
裡有老馬和公牛當我虔誠的聽眾。正是我這段早年的經歷不斷激發著我的
熱情與靈感，並從此塑造了我的性格，決定了我的命運。」

　　愛爾蘭演說家庫蘭（Jack Curran）年輕時說話口齒不清，以至於在學
校裡被同學們戲稱為「結巴傑克・庫蘭」。上了法學院後，他仍不時的為
這個口吃的毛病所困擾。後來他參加了一個演講協會。在第一次演講剛開
始時，他站起身後半天說不出一個字來，但過後他竟奇蹟般進行了一個非
常成功的演講。這一偶然事件使他對自己的口才有了信心，於是他更以百
倍的精力投入演說中去。他每天都要用幾個小時大聲朗讀最優美的文章，
對著鏡子仔細研究、揣摩演講時的表情，並發明了一套特殊的手勢來彌補
其不甚雅觀的外貌缺陷。另外他還模擬法庭辯論，就像律師真正面對一個
陪審團那樣用心的去練習。庫蘭是在埃爾登勛爵稱之為成功之要件的「不
名一文」的情況下開始執業的。他在當辯護律師的過程中，仍不時為當初
演講時缺乏信心的問題所困擾。有一回他被羅賓遜法官激怒了，拍案而
起，奮起反駁。事情是這樣的：在該案審理中，庫蘭發現「他從未在他的
哪本法律藏書中見過法官引用的這條法律」，而羅賓遜法官反駁道：「也
許這是真的，不過我想這大概是因為您的藏書太少之故吧。」羅賓遜是位

性格暴躁而政治偏見極深的法官，曾匿名寫過多本宣揚極端暴力和教條主義的政治宣傳手冊。庫蘭被法官這句影射自己生活困窘的話激怒了，他這樣回答道：「沒錯，尊敬的法官先生，我確實窮，買不起太多的書。我的藏書雖不多，但卻是經過精選的，而且我相信自己以客觀的態度細讀過每一本書。我是靠研究一些優秀的著作來使自己有資格從事這一高尚的職業的，而不是去寫一大堆亂七八糟的壞書。我不以自己的貧窮為恥；相反，要是我能靠奴顏婢膝和腐化墮落來獲得財富的話，我將深以為恥；假如我沒有出生於富貴之家的福分的話，至少我還保有誠實的美德。假如我不能做到這一點，那麼古往今來無數的事例都告訴我，不擇手段的博取榮耀和顯赫地位只能讓我被更多的人所鄙夷、唾棄！」

對於致力於自我修養的人們而言，極度的貧困絕不會成為其生活道路中的障礙。亞歷山大·墨瑞（Alexander Murray）教授是在一塊半邊燃焦了的舊木板上學會寫字的，他的父親 —— 一位貧窮的牧人 —— 擁有的唯一一本書是 1 便士就能買到的《簡明教理問答》（*Shorter Catechism*）。莫爾（Moor）教授年輕時因無錢買牛頓的《自然哲學之數學原理》（*Principia*）一書，於是就找人借了一本，把整本書用手抄了下來。許多窮學生為生計整日奔波，就像在白雪皚皚的原野裡覓食的小鳥一樣，只能用零星的時間學一點知識，但他們不懈的努力，終於贏得了信念與希望。愛丁堡的著名作家和出版家威廉·錢伯斯（William Chambers）在愛丁堡向一群年輕人演講時，這樣描述自己的出身以激勵年輕人：「站在你們面前的是個經過艱苦的自我修練之人。我是在蘇格蘭簡陋的教區學校裡接受最初教育的；直到我，一個窮孩子，到了愛丁堡之後才在白天的勞動之後將每個晚上都用於磨礪萬能的造物主賦予我的心智。從上午七、八點鐘到晚上九、十點鐘我在一家書店當學徒，只有在下班之後我才能挪一點睡眠的時間來用於學習。我沒讀過小說，我的興趣集中在物理學等領域，我還自學

了法語。每當我回想起這些時光我都倍感欣慰，或許還懷著一點遺憾，因為我無法再回到那段日子了。我覺得當時的我，口袋裡有的錢還不到 6 便士，在愛丁堡的一個破閣樓裡學習的樂趣超越了我現在端坐在這無比豪華舒適的大廳裡的感覺。」

　　威廉·科貝特（William Cobbett）對他當年如何學習英語語法的回憶，對所有身處困境中的莘莘學子都富有教益和情趣。他是這樣說的：「我學習語法時還是個日薪 6 便士的二等兵。我那張警衛床的床沿就是我學習的地方，我的背袋就是我的書包，在膝蓋上擱一小塊木塊就是我的寫字板；我沒錢買蠟燭或燈油，在寒冷的冬夜裡，我只能藉著火光看書。假如像我這樣，在這樣極端惡劣的條件下，一無父母的支持，二無朋友的鼓勵，尚且能夠完成這一事業，那麼試問在座的每一位年輕人，無論你有多窮，無論你的生計多麼艱難，無論食宿等條件是多麼糟糕，又還能找得出什麼理由不成功呢？儘管我已經餓得皮包骨頭，但為了買一支鋼筆或一疊紙，我還是得從我那少得可憐的膳食費中扣掉一點錢。我幾乎沒有一刻鐘可以說是屬於自己的，我不得不在一大群頭腦最簡單的人的閒聊、嬉笑、歌唱、口哨和打鬧聲中讀書寫字。你們能夠想像嗎？為了每一支筆、一瓶墨水或幾張紙我要付出多大代價！當時我的個子已經有現在這麼高了，我的身體很棒，運動量很大，而我們當時食宿之外的零用錢每人每週才 2 便士。對此我可真是記憶猶新、恍如昨日啊！有回星期五，我除了買生活必需品外，還剩下了半便士，本是用來在第二天早上買條紅鯡魚的，可那天晚上我實在是飢餓難當，就想從口袋裡掏出那半便士，卻發現它竟然不翼而飛了！我趴在我那單薄得可憐的床單上，像個孩子似的哭了！我還想再說一遍，假如像我處在這樣的環境之中尚且能夠面對並完成學習任務的話，那全世界還能找出一個年輕人，說他有理由無法完成這一任務嗎？」

　　我們還曾聽說過一個同樣令人感動的關於堅毅學習的例子。那是一

個從法國來到倫敦的政治流亡者，他的本行是石匠，曾以此謀生了一段時間；但後來經濟形勢惡化，他失業了，貧窮帶來的恐懼寫滿了他的臉。在走投無路之時，他無意間遇見了另一位流亡者，見他以教授法語為生，收入頗豐，便向他請教該以什麼謀生。那位流亡者的回答是：「做教師！」「教師？」石匠詫異的說，「可……可我只是個石匠！你一定在開玩笑吧？」那人回答道：「不！正相反，我是認真的。我真的建議你去當一名教師，我可以教會你怎麼去教別人。」「不！不！」石匠回答，「這不可能！我年紀太大了，哪還能再學呢？我所知的太少了，怎麼能成為一名學者呢？我哪能當一名老師呢？」於是石匠就離去了，又去四處尋找能用得上他本行的工作。他離開倫敦前往外省，奔波了幾百里路，還是找不到一個雇主，無功而返。回到倫敦後，他徑直去找那位流亡者，見面就說：「我已經試遍了所有的地方，但失敗了；現在我想試著當一名教師了！」於是他馬上開始向這位朋友求教。這位石匠思維敏捷，應用能力極強，他很快就掌握了基本的語法、文法和標準的古典法語發音。當他的朋友兼老師認為他已能勝任教師一職時，石匠就去應徵一個空缺的教師職位並順利獲得了這一職位。瞧！我們的石匠師傅最終成了一名老師！湊巧的是，他任教的倫敦郊區的一個學校恰好是他曾做過石匠工作的地方，每天一早他從教室的窗戶向外望時，第一眼看見的就是他自己建造的一個農舍煙囪。剛開始一陣子，他還怕被村子裡的人認出自己而有損於學校的聲望。但當他證實自己確實是個極為稱職的教師，而其學生也多次因法語成績優異而受到公開表彰時，此類的顧慮就煙消雲散了。同樣，他還贏得了所有認識他的人的尊敬和友誼 —— 無論是他的教師同事還是學生；而當他的過去，他面對困難努力奮鬥的歷史被他們所知時，他們就更增添了對他的敬意。

　　塞繆爾・羅米利爵士同樣是位不知疲倦的自我修練者。他的父親是位珠寶商，祖父是法國的流亡政治犯。塞繆爾小時候沒有受過什麼教育，但

靠著在生活中的不懈努力與奮鬥，他終於克服了所有的艱難困苦。他在自傳中這樣寫道：「只有十五、六歲時，我就下定決心認真學好拉丁文，而那時我除了一些眾所周知的語法規則之外幾乎一無所知。在此後的三、四年內，我讀遍了除了瓦羅（Varro）、科倫麥拉（Columella）和克理索（Celsus）這些只寫作技術性主題的作家之外拉丁時代每一位散文家的作品。李維（Livy）、薩盧斯特（Sallust）和塔西佗（Tacitus）的著作我通讀了 3 遍。我研究過西塞羅（Cicero）最著名的演說，翻譯過荷馬的許多作品。泰倫斯（Terence）、維吉爾、賀拉斯、奧維德（Ovid）和尤維納利斯（Juvenal）的作品我也是一讀再讀。」他還研究過地理學、自然科學、自然哲學，所知匪淺。16 歲時他就當上了坎色雷法院的文書。他學習刻苦，不久就通過了律師資格考試；他的勤奮和堅毅帶來了累累碩果。在福克斯統治的西元 1806 年，他成為總檢察長，平步青雲。但他卻總是為一種痛苦的、壓抑的對自身素養的不滿所困擾著，從未停止過不斷進步以期彌補。他的自傳非常富有教益，實在值得一讀。

華特·司各特勛爵時常稱他的一位年輕朋友約翰·雷登（John Leyden）為他所知的最能展現堅忍精神的典範之一。約翰是羅克斯伯格郡窮山溝裡一個牧民的孩子，他幾乎完全是靠自學成才的。正如許多蘇格蘭牧民的孩子們一樣，雷登利用在山坡上放羊的閒暇學會了識字 —— 凱恩斯（Cairns）則憑著勤奮從一個萊墨莫爾斯的放羊小孩成為一名當之無愧的教授；正如莫瑞（Murray）、弗格森和其他許多人一樣，雷登很小就感受到了一種對知識的渴求。當他還是個赤腳的窮孩子時，每天步行 8 英里荒野到克刻頓的一個山村小學去上學；這就是他受過的全部正式教育，其他的則全靠他自己了。就是這樣一個孩子，竟然從赤貧的山村中踏入了愛丁堡的大學校門。這位奇才最早是因經常光顧阿希伯爾德·康斯特伯（Archibald Constable，日後成為著名的出版商）的小書店而被發現的。每天

雷登都待在升到半空的梯子上，手不釋卷的勤奮閱讀，常常是廢寢忘食。閱讀書籍和聆聽講座是他所有的願望。就這樣他在科學的門前辛苦勞動著、耕耘著，直到他那不懈的毅力為他帶來了一切應得的勝利果實。未滿19歲的雷登就以其淵博的希臘文和拉丁文知識讓愛丁堡的所有教授望塵莫及，之後他開始對印度感興趣，打算在政府部門謀求一公職，雖未能如願，但他得知有一個外科醫生助理的空缺。他並不是外科醫生，對這一行幾乎一無所知，但是他可以學習，而他被告知必須在6個月內通過考察！雷登毫無懼色的開始在6個月內學習通常需要學習3年的知識，6個月後他以優異的成績獲得了學位；司各特和幾個朋友一起為他打點行裝；雷登在發表了他那篇優美的詩作〈嬰兒之見〉（*The Scenes of Infancy*）後就航海前往印度了。在印度，他決心要成為一名最偉大的東方學者，但不幸染病打斷了他的計畫，讓這個奇才英年早逝。

　　已故的劍橋大學希伯來語教授李博士的一生則是毅力和決心如何影響、決定了一位文學界泰斗的最好例證。李博士在什魯斯伯里附近的一所慈善學校上學時，是個毫不起眼的孩子，他的班導師甚至稱之為他所教過的最笨的學生之一。畢業後他跟著一個木匠當學徒，做這一行直到成年；為了充實其閒暇，他開始讀書。有的書裡時常夾雜著一些拉丁文的引文，他非常想弄明白那究竟是什麼意思，於是就買了本拉丁語法書，開始學習拉丁文。正如史東早已說過的那樣：「一個人要是學會了24個字母，想學什麼能學不會呢？」他起早貪黑的學習，到他的學徒期滿之時，他的拉丁文已是非常嫻熟了。有一天，他經過一個教堂，偶然看見一塊希臘文墓碑，立刻又產生了學習希臘文的念頭。於是他就賣掉了一些拉丁文書籍，買回一本希臘語法和詞彙書。他津津有味的學習著，很快就掌握了這門語言。接著他又賣掉了希臘文書籍，買回希伯來文書籍，又開始學了起來 —— 沒有老師指點，也不期望以此升官發財，而僅僅是為了使自己的

才能得以充分施展。

　　他繼續學習西里西亞語等各國語言和方言。但他的學習與研究開始影響他的健康，晚上長期看書損害了他的視力。經過一段時間的休息，他恢復了健康，繼續開始他的日常工作。他有極好的經商天賦，事業上的成功使他有足夠的錢結婚，當時他只有 28 歲。婚後他決定盡心盡力的維持家庭生計，並正式放棄對文學的喜愛。為此，他賣掉了他的全部藏書。他本可以繼續做從事了一輩子的木匠工作以維持生活，但木工工具箱被一場火災燒毀，使他一貧如洗。他窮得買不起新的工具，於是他考慮替兒童當家教，因為這種職業最不需要前期的資金投入。儘管精通許多門語言，但是他沒有什麼專業知識，這使他無法教下去。為了解決這個問題，他開始勤奮的自學代數和寫作，以便能夠向孩子們傳授這些基本的學科知識。他自然、淳樸、優雅的個性漸漸吸引了朋友們，並使其以「博學的木匠」之美譽遠近聞名。一位鄰近的牧師史考特博士幫他獲取了一項在什魯斯伯里慈善學校校長的職位，並把他介紹給一位著名的東方學者。這些朋友為他提供圖書，幫助他成功的掌握了阿拉伯語、巴西語和印地語。他在當地農村當民兵，仍繼續他的研究，並獲得了更多的語言方面的證書。而其善良的資助人史考特博士使他最終得以進入劍橋的女王學院。在劍橋學習期間，他的數學成績十分優異，精通阿拉伯語和希伯來語，正好學校有個阿拉伯語言和希伯來語言教授職位的空缺，他被榮幸的推舉為這一職位的當然人選。

　　除勝任他的教授職位外，他還自願利用業餘時間用東方的語言協助傳教士傳播福音給東方各部落。他還把《聖經》翻譯成其他幾種亞洲方言。掌握紐西蘭語後，他幫助當時在英國的兩個紐西蘭要員學習語法和詞法。他當時編寫的教學書直到現在仍被紐西蘭的學校使用。這就是塞繆爾·李博士（Dr. Samuel Lee）不尋常的經歷。它不但是堅持自學得以成功的明證，也是我們許多著名的文學家和科學家生活的真實寫照。

有許多例子可以用來證明「什麼時候開始學習都不晚」這句話的真實性。如果能下決心開始的話，甚至在晚年也有許多事情可做。亨利·斯佩爾曼爵士（Sir Henry Spelman）直到五、六十歲才開始學習科學知識；富蘭克林 50 歲才開始完全投身於博物學研究；德萊頓和司各特 40 多歲才享譽文壇；薄伽丘（Boccaccio）35 歲開始其文學生涯；阿爾菲耶里（Alfieri）開始學習希臘語時已 46 歲；阿諾德博士學習德語也是在晚年，是為了閱讀尼布林（Niebuhr）的原著。詹姆斯·瓦特也一樣，他在 40 歲左右為了能尋找有價值的機械原理著作，學習了法語、德語和義大利語，當時他是格拉斯哥的一個儀器製造商。湯瑪斯·史考特（Thomas Scott）56 歲才開始學習希伯來語。羅伯特·霍爾（Robert Hall）晚年曾被發現忍痛躺在地板上學習義大利語，以便能判斷麥考利對米爾頓和但丁的比較是否正確。韓德爾 48 歲才開始發表其偉大作品。確實可舉出數百個這樣在相對較大的年齡才開闢全新的道路、成功進行新的研究的例子。除了懶人或混日子的人，誰都不能說：「我太老了，不能學了。」

在這裡我們願重複我們以前說過的，推動和引領世界的不是天才，而是那些堅持不懈、目標堅定、吃苦耐勞的人。儘管有許多天才早熟的例子，但許多人小時候聰明、長大後卻一事無成。早熟有時候是疾病的症狀，而不是智力的徵兆。所有「特別聰明的孩子」變成了什麼？了不起的孩子到哪裡去了？追蹤他們的一生，常會發現在學校常遭打擊、略顯遲鈍的孩子長大後成就非凡；聰明的孩子也得到了回報，但他們憑藉其優勢獲得的獎勵並不總是證明其聰明。努力、奮鬥和順從更應獲得回報，因為天資不佳卻全力以赴的年輕人更應獲得鼓勵。

如果以小時候遲鈍的孩子為題寫一章，那一定非常有趣。在這裡我們可以略舉幾例：畫家科爾托納（Pietro di Cortona）小時候被認為如此愚蠢，以至於被起了個「驢腦子」的綽號。托馬索·吉迪（Tomaso Guidi）通

常以「遲鈍的湯姆」聞名，儘管勤奮的他後來讓自己名聲大震。牛頓小時候上學時，也曾名列倒數第二。排在他前面的孩子欺負他，這個笨蛋透過向他挑戰並打擊他來展示自己的勇氣。之後牛頓下定決心，一定要成為一個學者以打敗對手。他做到了，成了頂尖學者。

　　許多最偉大的聖賢除了不早熟外，具備其他所有條件。艾薩克・巴羅小時在學校因為脾氣壞、好爭鬥而不討人喜歡，成為學者後又以狹隘、懶散惹人厭。他將自己的這一切缺陷都歸咎於父親曾經常說過的一句話對他的影響。他的父親曾說，如果他少一個孩子能夠讓上帝高興的話，他寧願少的這個孩子是艾薩克・巴羅，因為艾薩克・巴羅是最沒有希望的一個孩子。亞當・克拉克小時候被他父親宣布為「一個難以忍受的笨蛋」。史威夫特沒考上都柏林大學，只獲得去牛津「特教學院」的推薦。著名的錢莫斯博士和庫克博士小時候在聖安德魯教會學校上學時被人們認為既愚蠢又淘氣，老師在大發雷霆之後，將這兩個「不可救藥的笨蛋」開除了。

　　傑出的雪爾頓（Sheridan）小時候簡直沒表現出任何才能。當他母親在向老師介紹兒子時，稱之為一個無可救藥的笨蛋。華特・司各特在愛丁堡大學上學時，達爾澤爾（Dalzell）教授當著他的面宣稱「他以前是笨蛋，今後也絕不會變聰明一點兒」。當查特頓被退學回家時，他被認為是「不會有任何出息的孩子」。伯恩斯曾是一個缺乏才藝的小孩，只擅長於體育運動。高史密斯稱自己為一株遲開花的植物。阿爾菲耶里離開大學時並不比他進校時聰明多少，在跑遍了半個歐洲後他才開始從事那項後來使他聞名於世的研究。羅伯特・克利夫（Robert Clive）小時候如果不是總被叫作「惡棍」的話，也差不多是被當成「笨蛋」，他總是精力旺盛、愛調皮搗蛋，他的家人很高興的把他送到馬德拉斯。他後來就在那裡建立起英國在印度的權力基礎。拿破崙和威靈頓都曾是極不討人喜歡的小男孩，在學校裡沒有一樣是出色的。就如前任的校長杜切斯・達勃朗特斯（Duchess d'Abrantes）所說：「他的身體倒是健康，但在其他方面就像別的小孩一樣毫無出眾之處。」

美國南北戰爭中聯邦軍總司令尤利西斯・格蘭特（Ulysses Grant）小時候被他母親稱作「沒用的格蘭特」。他小時候很不機靈且不討人喜歡。李將軍手下最出色的中尉石牆傑克森（Stonewall Jackson）年輕時以行動緩慢而聞名，然而他在西點軍校學習時卻以他的堅毅和忍耐而備受注目。只要接受了一項任務，不完成他是絕不離開的。對於他沒有完全掌握的知識，他從來不會不懂裝懂。「一次又一次，」一個認識他的朋友寫道，「當他被要求回答當天背誦的內容時，他總是回答說：『我還沒有看呢，我一直忙著學習昨天和前天的背誦內容。』結果他在全班 70 人中以第十七名的成績畢業。在全班，在知識和成績方面比傑克森強的人可能很多，但最後只有 16 個人排在他前面，而有 53 人排在他後面。他的同學們常說，如果比 10 年而不是 4 年，傑克森會以全班第一名的成績畢業。」

慈善家約翰・霍華德（John Howard）是另一個著名的「笨人」，在中學 7 年裡沒學到任何東西。史蒂文生年輕的時候只以投擲和摔跤術以及對工作的專注而出名。著名的漢弗里・戴維爵士並不比別的孩子聰明，他的老師卡爾迪烏博士（Dr. Cardew）曾說過：「當我與他在一起的時候，我並未認識到他的才華，儘管他是因為才華而如此著名。」的確，戴維在晚年的時候還認為他很幸運的在上學期間遠離了懶惰。瓦特其實也是一位笨學生，儘管有關於他早慧的故事。他的成功在於他的堅忍和執著。正是由於這些品性，加上他的細心和訓練有素的發明能力，最終使他成了蒸汽機的發明者。

阿諾德博士關於兒童問題的論述也完全適用於成年人：一個人與另一個人的差別不僅在於天賦，更在於堅持和活力；堅持和活力能很快變成習慣。即使一個人不夠聰慧，只要堅持和用功，假以時日，他也一定能超越聰明的同伴，最終贏得勝利。正是堅持說明了為什麼孩子在校期間的排名

往往跟日後真正事業上的成功與否相反。我們常常驚異的發現，許多在校成績優異的學生一出校門卻變得平庸，而許多成績雖然落後但名次一直很穩定的學生，卻成為各界的領袖人物。本書的作者當年就曾有幸與世上最大的笨蛋之一同班。一個又一個老師想盡辦法讓他變得聰明一點兒，卻都失敗了。無論體罰、嘲笑、稱之為「笨瓜」還是誠懇的乞求，都無濟於事。有時老師試著把他的成績排在班級前列，結果他仍無可救藥的跌落到最後一名。最後老師們都放棄了挽救這個無可救藥的笨蛋的努力，其中一位甚至稱其「愚笨得真可謂驚世駭俗」。然而，儘管反應慢，這個「笨蛋」體內卻擁有了一種不達目的不罷休的韌性。你會奇怪的發現，這個當年的笨蛋真正走上社會後卻遠遠超越了他的大多數同學。作者最近一次見到他，他已是當地的治安大法官了。

　　一隻方向正確的烏龜賽過一隻迷失方向的野兔。一個年輕人，只要他勤奮，笨一點也沒有什麼關係。頭腦敏捷未必是件好事，正如有的孩子記憶極強，但忘性也大一樣。一個聰明的年輕人會覺得沒有必要像不太聰明的年輕人那樣培養隨時用功的習慣和堅忍的品性，而這種習慣和品性對於任何性格的塑造都是至關重要的。正如戴維所言：「我現在所有的一切，都是由我自己所賜。」這是一句放之四海而皆準的名言。

　　最後，讓我這樣來結束本章吧：最好的修養不是在學校從老師那裡獲得的，而更多的是在我們成人後，透過勤奮的自我教育所獲得的。因此，父母們無須期望孩子們的智力過早的出類拔萃，而應該讓他們耐心的觀察與等待，透過學習良好的榜樣與不懈的磨練獲得良好的效果，剩下的就全都拜託上帝了。我們要讓他們明白：應趁年輕的時候，自由的鍛鍊體能，擁有強壯的體魄，引導自己完全走上自我教育的道路；仔細培養不斷用功的習慣和堅忍的品性；只要具備了這些良好的素養，他們今後就能信心百倍的在自我教育之路上自由馳騁了。

第十二章

言傳不如身教

一切經得起時間考驗的崇高行動和成就都會融入人們的心靈與血脈之中，崇高的會更崇高，不朽的將更不朽。

—— 約翰·斯特林（John Sterling）

一個人的孩子也許能被窒息而死，但一個人的成就永遠不能被抹殺。不管我們意識到還是沒有意識到，事業之樹都常青。

—— 喬治·艾略特（George Eliot）

沒有任何人能為我們提供人類社會遠景的終極圖畫，但有一點可以相信，人類的每一個行動都會產生影響未來的無窮無盡的後果。

—— 瑪律梅斯伯里的湯瑪斯（Thomas of Malmesbury）

榜樣是最好的教師。

榜樣雖然是一種無聲的語言，它卻教給人們許多書本上根本無法得到的東西。

榜樣的力量在於行動，行動比語言更能說服人、教育人、啟示人。行動就是力量。

與空洞的說教不同，榜樣無時無刻不在影響一個人、鼓舞一個人。它給人一種潛移默化的影響，久而久之成為習慣。一個人一旦在榜樣的影響下形成了良好的習慣，就能受益終身。一萬句空洞的說教還不如一個實際的行動。萬千的說教家嘴上一套、行動上又是一套，這種說教又會有什麼作用呢？

在現實生活中，總有人喜歡讓別人按他講的去做，而別人不能按他做的去做。言行不一致，拿大話、空話和套話去教育別人，這樣的教育者不過是在自欺欺人而已！因為聰明的人都知道，人們往往是透過自己的眼睛去認識事物的真相，而不是只憑耳朵聽到的來判斷。親眼看到的無疑要比道聽塗說的深刻得多、豐富得多。這也就是許多大道理被講得天花亂墜而人們卻充耳不聞的原因所在。

對於年輕人來講，眼睛是他們獲取知識的主要通道。不管小孩子看到

什麼，他都會無意識的模仿，不知不覺的，這些小孩子與他們周圍的人的行為模式一模一樣了。這正如許多昆蟲呈現出與牠們所吃的樹葉一樣的顏色一樣。

因此，家庭的影響就顯得尤為重要。不管學校的影響、社會的影響如何，家裡人的一舉一動、一言一行對於一個人的影響都要大得多。家庭是社會的縮影，是塑造國民性格的搖籃。不管這個家是道德高尚還是道德敗壞，它都對生活在其中的子女產生莫大的薰陶。在家庭中日漸養成的品德、習慣、生活準則、待人接物的方式等，往往對小孩的一生都有難以磨滅的影響。一個民族的全體國民都是從家這個「育嬰室」中長大成人的，這個「育嬰室」自身的環境、條件、道德、文化、思想品味等，都會在無形之中對生活在其中的小孩產生強大的影響。公共輿論在很大程度上只是家庭生活規則的擴大化而已，積善行善之心、友愛他人之意都源自於家。伯克說過：「友愛他人是所有的人類之愛中最珍貴的愛。」從這一點友愛他人之心出發，大而化之，就會愛人類、愛世界。真正的博愛之心與真正的仁厚之心一樣，淵源於家，但卻絕不會只圍於家庭之內。

即使一些看似細小的行為，也不能等閒視之，因為這些細小之處對於小孩子品性的好壞有不可低估的作用。父母的性格、品行總是在孩子的身上折射出來。往往是父母諄諄教導的東西早已被忘得一乾二淨，而父母日常生活中表現出來的關於情感處理方式、道德觀念、勤勞風範和自我控制等具體行為仍然存留在孩子的心中並產生持久的影響。一些明智的男人常常把孩子們看成自己未來的重現。確實，在許多小孩的身上我們都能見到這樣的影子。

父母無聲的行動，哪怕是有意無意的一瞥，都有可能在孩子的心中產生難以磨滅的痕跡。父母平時的良好行為曾抑制或去除了小孩子多少邪惡的行為，這實在無法弄清楚。而多少孩子沉溺於各種不健康的思想之中，乃至走上犯罪的道路，這其中又有多少直接就是受了父母的影響？正是

那些父母不經意的細小行為給了小孩子強大的影響，對他們的品性、為人產生強大的影響。韋斯特曾說過：「母親甜蜜的吻使我成了一名畫家。」許多人的成功與幸福就與父母這些看似細小瑣碎的事情有機的相連著，父母對小孩的良好影響往往能為他以後的成長產生強大的促進作用。在成名之後，福威爾・巴克斯頓曾寫信對他母親說：「我總是由衷的感覺到，為別人盡心盡力去工作、去努力，這是一個不可移易的原則，這一原則是您──我的母親──以自己的行動教給我的。」

巴克斯頓也常常滿懷感激的提及一個名叫亞伯拉罕・普拉斯特奧（Abraham Plastow）的獵場看守人對他的無形薰陶。普拉斯特奧是一個大字不識的粗人，巴克斯頓經常跟他在一起騎馬、遊玩，兩人私交甚篤。這位既不能讀書也不能寫字的普拉斯特奧天賦極高，而且很有正義感。「他為人極為正直，很講原則。他從不做任何一件我母親認為不善或不對的事情，也從不說及。他總是把一切正義、美好和純潔的東西灌輸給我，他本人也就是一個充滿這種思想的人。他的榮譽感很強，對自己的一言一行從不苟且。他教人樂善好施，雖然自己也是身無分文，卻樂於接濟別人。這種人真是只能在古羅馬哲學家塞內卡（Seneca）和羅馬大作家西塞羅的著作中才能找到。普拉斯特奧是我最初的老師，也是我最好的老師。」

蘭代爾在回憶母親時曾說過：「如果把整個世界放在天平的一頭，而我母親在另一頭的話，這龐大的天平會立即傾向我母親這頭。世界渺小是因為我母親太偉大！」席梅爾・彭尼克夫人（Mrs. Schimmel Penninck）在晚年曾無限感慨的說起她母親對她的深刻影響：每當母親進入房子時，她那種莊嚴、祥和的感染力會立即改善談話的氛圍，她的每一句話乃至每一個語調讓在座的每一個人都有一種心靈純淨、渾身舒爽之感，每一個人的所思所想都得以自由的傾吐。「當我母親在身邊時，我幾乎變成了另一個人。」可見，良好的家庭氛圍對於一個人品格的養成是多麼重要啊！

孩子們親眼所見的父母的言談舉止，都深深影響著孩子們的成長。也許父母教育子女的全部內容可以歸納為一句話 —— 改善和提升你自己。

　　人類所採取的每一個行動、所講述的每一句話都會產生相應的影響，這些影響很可能是極其深遠長久的。父母或周圍的人的一舉一動、一言一行也同樣會對孩子產生其相應的影響。而這些影響到底會是什麼，常為人們所忽略。其實這是一個很嚴肅、很重要的問題。

　　每一個人都在社會生活這幅巨型圖畫上畫上了自己或濃或淡的一筆。每個人都不自覺的在某種程度上影響著周圍的其他人，人與人之間相互影響著。良言善行必定會長留人間，即使在一時一地我們未曾見到它們所產生的直接結果，但它們的影響仍存乎浩浩人海之中，作為清和之氣存乎天地之間。同樣，一切醜惡的行為和淫穢的詞語也會長期存在並產生其相應的影響。無論什麼人，不管他是多麼偉大還是極其渺小，都不可能認為自己的言談舉止既不產生好的影響也不產生壞的影響。好壞之間沒有調和、折中的餘地。不正即歪，不好即壞。人之肉體終歸消亡，而崇高的精神卻可以不朽。在理查德·科布登逝世的時候，迪斯雷利先生在眾議院宣稱：「雖然他已離我們遠去了，但他仍是眾議院的一員，他那與時俱進、全心為民、敢作敢為的精神永存於眾議院！」

　　在人生中、在這個世界上，確實有某種不朽的精神實體存在。作為個人，任何人都不能單獨存在，任何人都是這個相互依賴、相互連結著的社會系統一個組成部分。正是每個個人的行為促進或減弱了一切壞東西的影響。現在植根於過去，今天植根於昨天，祖先的榜樣和生活無時無刻不在影響我們，而我們每天的生活又在構築下一代人生活的一切。每一代人都是以前無數代人的文化影響和薰陶的結果。水有源、樹有根，人不可能離開祖先的文化而生存和發展。而活著的人的言行、文化又注定了與未來緊密相連。一個人的軀體終會消散，變成滾滾塵埃、縷縷清氣，但他在這個

世界上的成就不會消失，他或好或壞的行為必將開花結果，影響來人。每一個人都肩負著極其重要而莊嚴的使命——承繼過去，開闢未來。

巴貝奇（Babbage）先生在他的著作中以其特有的筆鋒深刻表述了這樣一些思想：「每一個原子，每一顆極小的微粒，不管它帶來的是好處還是壞處，不論它是遭人排斥還是引人注目，它都包含有自己特殊的動機和意向，聖哲可以從中悟出理性和智慧，因為每一顆原子、每一顆微粒在其內在本質中，都蘊含有聖哲所謂的知識。一顆顆簡單而平凡的原子以無窮無盡的方式與那些微不足道甚至卑劣、低等的東西有機連結著、相互影響著。空氣本身就是一個龐大的藏書庫，人類所說的一切，哪怕是低聲細語都一一記載在這個書庫中。在這浩瀚無垠的大書庫的每一本書上，都客觀公正、永不磨滅的記載了遙遠的過去和最近的今天所發生的一切。人類無數未了的心願、未踐行的誓言、未能完成的使命，都字字如鐵的記載在這無形的書本之中。像那相互連結、統一運動著的細小微粒不曾消失一樣，人自身的意志、心願也與山岳永在、日月長留。如果說我們須與不可少的空氣就是一個永遠不變的真正的歷史學家，它真實記載著我們人類的思想、情感、興趣、愛好，而茫茫大地、浩浩太空和橫流滄海都以其特有的方式，忠實而永久的記載著我們人類的所作所為的話，那麼這種作用與反應的原理、原則毫無疑問也適應於它們自己。大地有靈，蒼天有眼，人雖大智卻不過是上天所創造的一種物質而已。沒有哪一種運動、哪一種作用，不管是自然的原因所造成的，還是人為的原因所致，是完全消失了的。……如果全能的上帝真的已把那原本去不掉而清晰可見的罪惡的痕跡消滅殆盡的話，那祂作為全能的主宰祂應當確立其特殊的規則，在這些規則的作用之下，即使十分狡詐的罪犯也總是與所做的一切不可改變的相連著。」每一個單個的原子，無論怎樣切割，它的內在結構依然存在，它依然透過各式各樣的關聯與周圍世界緊密相連。作為單個的人，無論把他置

於何處，他也總是與周圍世界發生無窮無盡的連結。外界的不良影響加劇到一定程度，好人就會變壞，就會犯罪。

因此，我們自己所做的每一件事、所說的每一句話，以及我們親眼所見的別人的行為舉止，親耳聽到的他人的言談話語，都不僅會對我們自己產生影響，而且會對周圍的世界產生很大的影響。我們的言談舉止會對我們的孩子、朋友和其他人產生什麼樣的後果，這一點我們自己也許並不能自覺的意識到；但有一點可以肯定的是，這種影響確實存在，並且在持久的起作用。因此，無論何時何地，無論什麼人，都要嚴於律己、剛正不阿，注意一言一行，這是每一個人都能做到的。無論多麼貧窮、多麼微不足道，你都應該這樣去做。每個人都能長期堅持這樣去做，每個人都要求自己這樣去做，這就是一件相當了不起的事情了。

在這個世界上，平凡的人生活得最實在，平常人的一言一行有時能改變一個偉大的人物。當然，偉大人物之所以偉大，往往在於善於向平凡的人學習。事實上，平凡與偉大的實質區別並不在乎真理，許多貌似「高貴」、「偉大」的人物其實是愚不可及的，而許多地位卑賤、為人冷落的下里巴人卻富有智慧。智者未必貴，貴者未必聰，乃古今通理。當然，在這個世界上，並不存在卑下的人，他理所當然要把這些簡簡單單卻又價值連城的種種啟示歸諸他人，而自己卻一無所有。美麗的珍珠往往藏在其貌不揚的蚌殼裡，山底下的燈雖不如山頂的燈那麼地位顯赫，但它仍在忠實的閃耀著，照亮自己所能及的範圍。不管在什麼情形下，不管在什麼地方，無論在山村茅屋、田野陋居還是在小鎮陋巷中，不管表面情形看起來何等不幸、何等惡劣，真正的大人物都可能在其中誕生。猛將常生於卒伍，良臣多起於布衣。為了他人，真正的大人物會勤勞耕耘。有許多人就是耕耘著遠遠大於自己墳墓的大片土地，他們在忠實的燃燒自己。一個普普通通的工廠完全有可能成為一個研究基地，成為磨礪自己的熔爐，成為

砥礪品行的磨刀石，當然也可能成為滋生懶惰、愚昧、墮落的場所。一切都在於自己，在於你能否充分的利用一切機會擇善而從、見惡去之。同樣的環境、同樣的條件，有不同的人，就會產生不同的結果。一個人能否主宰自己，這是他成為什麼人的一個決定性的因素。

　　一個人如果能正直、誠實、勤勞的度過自己的一生，那麼他就不僅為自己的兒女們，而且為整個世界留下了一份豐厚的遺產。他就是在堅持不懈的追求一種美好的生活，在這種看似平凡的生活中蘊含有極其珍貴的精神財富。這個人的一生就是對美好道德的雄辯說明，對不道德行為的嚴厲申斥，他就為世人上了正義的一課。對於所有過這種生活的人，世人都會由衷的感激他們、尊敬他們、追憶他們，因為他們為其兒女和其他人樹立了光輝的榜樣。波普認為，這些人的生活本身就是對赫維勛爵（Lord Hervey）下面這段話最有力的反駁。赫維說：「我經過深思熟慮後發現，我的父母對我沒有什麼影響，也如他們的兒子從未讓他們掉過一滴眼淚一樣。父母與子女之間會有什麼影響呢？對此，我真是百思不得其解。」

　　做什麼事情，只停留在嘴上是不夠的，關鍵要落實到行動上。奇澤姆夫人（Mrs. Chisholm）曾向斯托夫人（Mrs. Stowe）談及她的成功之道，她說：「我發現，如果我要完成一件事情，我得立刻動手去做，空談無益於事！」奇澤姆夫人的這句話放之四海而皆準。誇誇其談、譁眾取寵而不注重實做的人最令人反感，成功也永遠不會光顧這種華而不實、光說不做的人。如果奇澤姆夫人僅僅滿足於她動聽的演講，陶醉於她那美好的計畫之中，她自然就永遠也不可能超出言談的範圍，那就只不過是一個空談家而已，人們也就不會相信她所說的一切。但當人們親眼看到奇澤姆夫人以自己的行動實現了她的計畫時，人們才贊同她的觀點，才樂意援手相助。最大的慈善家並不是那些嘴上說得天花亂墜的人，也不是那些把一切都設想得極其美妙的人，而是那些腳踏實地去做的人。

那些處在社會最底層的人，只要他對工作充滿熱情，只要他是一個有心人，經過努力，他就必將贏得他想獲得的成功與地位。貧寒的出身、卑賤的地位並不意味著不可改變。重在實做，貴在真想。湯瑪斯・萊特也曾談到過罪犯的改造問題，約翰・彭茲（John Pounds）也大聲疾呼過要創辦孤兒學校，但要是他們沒有實際行動，良好的願望自然就只是停留在嘴上、紙上的空洞無用的東西。只有扎扎實實的去做這些事情，而不只是說說而已時，事情才會有起色。這樣，即使那些最無聊的人、那些對社會充滿不滿的人，聽到孤兒學校運動的熱心追隨者格斯里博士（Dr. Guthrie）所說的約翰・彭茲這位身體力行其生命諾言的樸茨茅斯鞋匠對他的影響時，他們會受到多麼大的震撼和鼓舞啊！

「我對這件事情產生興趣純屬偶然。在人的一生中，偶然性有時產生決定性的作用。正如大江大河有時受一些微不足道的因素決定一樣，人的命運常常充滿神奇而不可捉摸的色彩。有時一個瞬間的念頭會決定一個人的一生。這說起來似乎有些神奇，其實這是常見的社會生活現象。我最初對孤兒學校這件事產生興趣就是由於看到一張圖片。那是在一個位於福斯灣海濱的古老、偏僻和破舊的自治市，這裡是托馬斯・查爾莫斯（Thomas Chalmers）先生的故鄉。幾年之前我到那裡去過一次。當我走進一家小客棧，坐下來喝點茶水，並休息一下時，我看到牆上掛著許多圖片。圖片上，一些漂亮的牧羊女孩手中拿著牧羊用的彎柄杖，穿著節日的盛裝，與海員們在一起嬉戲、玩耍。這些情景並未激起我特別的興致。在壁爐架的正上方掛著一幅畫，畫上描繪的是一位修鞋匠的房子。修鞋匠正在忙著工作，厚厚的眼鏡架在鼻梁上，一隻破舊的鞋子正夾在兩膝之間 —— 他正在修補這隻破舊的鞋子。修鞋匠寬寬的前額和厚厚的嘴唇顯示他剛毅過人的性格，濃濃的眉毛下一雙大眼正慈祥的望著他身邊許多衣衫襤褸的小孩。這些不知名的小男孩和小女孩正瞪著好奇的眼睛望著這位慈祥的修鞋

匠。不知道是修鞋匠目光的祥和之意感動了我，還是這群衣不蔽體的小男孩和小女孩在召喚著我，我走了過去。只見圖畫的下方寫著幾行文字：約翰·彭茲，樸茨茅斯的一位修鞋匠，他憐愛那些被人拋棄的小孩子，他不忍心看到這些失去父母 —— 他們的父母大都過得很舒服 —— 的無辜生命在街頭流浪。於是，他像牧羊人一樣，把這些孤苦伶仃的孩子收養起來。他拯救了一個又一個無家可歸、四處飄泊的小生命，把他們教養成一個個有益於社會的人。先後被他救助的小孩不少於 500 人。看到這些，我感到十分羞愧，我的心靈被深深的震撼了。這樣一個普通的修鞋匠，憑著自己的愛心，憑著自己頑強的毅力，為了這些被人遺棄的小孩而默默無聞的奉獻著！名利非他所求，自己不求回報。這樣的人真是少之又少。我深為自己感到慚愧，為自己對社會一無所為而深感愧疚。我深深的欽佩這位修鞋匠的成就。在那一瞬間，我的心靈得以淨化，精神得以昇華。此後，我激動了好幾天，我曾對我的朋友們說：『這位修鞋匠是仁慈的化身，是博愛之父，完全應該在英國為他建立一座最高的紀念碑。』而今我已冷靜和鎮定多了，但我認為我不應該收回這句話。我決心繼續這位修鞋匠的事業。他那『憐愛眾生』的精神一直激勵著我。約翰·彭茲是一位十分聰明的人。像保羅（Paul）一樣，如果以其他方式他無法贏得一個窮苦的孩子，他會透過自己獨特的高招去贏得他。人們常常看見他在海港碼頭上追著一位衣不蔽體的小孩，力圖讓這個小孩進他的孤兒學校。他不是像警察那樣以武力服人，而是苦口婆心的講道理，一直到這個小孩跟他來到他的孤兒學校。他知道愛爾蘭人喜愛烤熟的馬鈴薯，他會給另外一個小孩一個熱呼呼的馬鈴薯。人們常常看到修鞋匠穿著破爛不堪的大衣，把香噴噴的馬鈴薯送到衣衫與他一樣破爛的小孩的口裡。後來，修鞋匠的慈愛之心傳遍鄉鄰，他本人從不在乎這些俗人所看重的盛名與讚譽。他眼望著蒼蒼人世間這些無依無靠的小孩，看著他們在淒風苦雨中落葉無依，獨自飄零，他自

己不過是以一個修鞋匠之心之能去給他們點滴雨露和一縷陽光而已。他的所為能改變幾十、幾百人的命運，但面對這無是無非、無血無淚的人世，眼睜睜看著那些幼小的生命被拋出其應在的家園，修鞋匠的心顯得更加蒼老了，他那慈祥的目光不知何時多了一絲淚痕。修鞋匠的名聲因他的事蹟而廣播朝野上下。修鞋匠終於來到了萬能的主的面前，主說：『你為那些最可憐的人鞠躬盡瘁一輩子，你這是幫了我的忙啊！』」

榜樣對一個人品格的培養有至關重要的作用。生活在我們周圍的其他人的品格、習慣、生活方式和他們對事物的看法都在有意無意的影響我們。有時，我們自己深受其影響而不自覺。好的行為規則對我們的生活無疑具有指導作用，而好的榜樣發揮的作用則更大。榜樣的行動是一種活生生的現身說法的教育，這種教育最豐富、最生動、最富有感染力。榜樣本身就昭示我們應該怎樣去做、不應該怎樣做。一個壞的典型能在頃刻之間摧毀一座美麗的道德宮殿。

環境決定人，生活在什麼樣的環境之中就會產生什麼樣的人。近朱者赤，近墨者黑。對於品格正在形成之中的年輕人來說，慎重擇友就顯得十分重要。年輕人極易吸收、消化他人的思想、愛好，極易模仿別人的行為，與他人產生思想上的共鳴。朋友之中，只要一個染上了壞的習慣，有了不良嗜好，其他人往往仿而效之，許多人就這樣不知不覺染上惡習，日久天長，竟至無法改掉，這就是交友不慎所致。

埃奇沃思（Edgeworth）先生堅定的認為，年輕的朋友們在一起，極易形成一致意見，因為每一個人都易被對方所同化。經常相聚的人，連講話的腔調都十分相似。我們看一個人只須看他有些什麼樣的朋友就行了。物以類聚，人以群分。選擇一個好的朋友可能會成就自己的一生，選擇一個壞的夥伴，足以把自己毀掉。埃奇沃思的座右銘是：擇其善者而從之，擇其不善者而去之。

　　科林伍德勛爵寫信給年輕朋友說：「年輕的朋友們，你們一定要記住這一格言：寧可獨自一人，沒有朋友，也千萬不要與庸俗卑劣的人為伍。你的朋友最好是品格高尚、具有崇高精神的人。他們應該與你一樣。當然，他若比你更好，那是求之不得的朋友。」有許多人，與益友相處時，他們會變好；反之，與壞人為友時，他們自己也會變壞。在一定的條件下，外因會產生決定性作用，儘管這種決定性作用是透過內因來發揮作用的。如彼得・萊利爵士（Sir Peter Lely）所說，人的眼睛是心靈的窗戶，淫穢的東西能亂人心，看了之後總想模仿，有了此念，很有可能就會去行動。有時就是這樣一個念頭促使人走到邪路上去。因此，我總是控制自己，眼不觀邪物、淫畫，也盡我所能去幫助每一位年輕的朋友。

　　年輕人應該有遠大的抱負，有志同道合、追求上進的朋友，對朋友的要求高也就是對自己的要求高。歷來多少英雄豪傑視擇友為大事。擇德高行潔者為友，則己行必潔、德必高；擇卑劣小人為友，則不過三日，自己亦成小人矣。法蘭西斯・霍納平生喜歡與一些德行高潔、才學過人的人交朋友，在與這些朋友的高談闊論中他獲益匪淺。他曾感慨的說：「我敢斷言，我從我的朋友們那裡學到的為人處世的學問、所得到的知識財富，遠比我從書本上尋章摘句得到的多。一位正直而富有才學的朋友就是一座聖潔的圖書館，只要你是他志同道合的朋友，你就隨時可以從中獲取教誨。」

　　謝爾本勛爵（後來的蘭斯多恩侯爵〔Marquis of Lansdowne〕）年輕時對令人尊敬的馬勒澤布先生的拜訪，讓他留下了難以磨滅的印象，他寫道：「我曾走遍天下，拜訪四方名人，但沒有任何人給予我震撼感。及至我有幸拜見了馬勒澤布先生之時，我的心陡然一顫。他像一位世外高人，在無聲之中淨化著我的靈魂，給人一種萬物皆無所欲、飄飄欲仙之感。他是位至高、至潔、至聖之人，具有非凡的感化人心的力量，這種力量絕非平常人所能有。」

福威爾・巴克斯頓常常談到格尼家族對他性格、特質形成的強大影響。他過去常常說：「他們一家改變了我的一生。」在談及他在都柏林大學的成功時他說道：「我可以把我的成功歸結為一句話，即格尼一家給我的潛移默化的強大影響使我不斷追求上進。」

正如在鮮花盛開的花叢中走過後，身上必然留下陣陣芳香一樣，與德行高潔的朋友們久處，自己的言談舉止也會高潔起來。入芝蘭之室，久而其身必香；入鮑魚之肆，久而其身必臭。

凡是熟悉約翰・斯特林的人都發自內心的說，在與斯特林的交流中，斯特林給予他們種種有益的影響。許多人由衷的說道：「正是在斯特林先生的感悟和影響之下，我們才迷途知返，終成正果。」還有許多人說：「正是斯特林先生使我們明白我們是什麼，我們應該做些什麼。」特倫奇（Trench）先生在談及斯特林先生時曾說過：「凡是與斯特林先生往來過的人，沒有不被他那崇高的品德所感動的。你只要與他生活在一起，你的靈魂就會得到淨化，你的精神就會變得崇高。每當我離開他時，我總感到我超脫了許多塵世中無謂的煩惱，一種崇高的精神激勵我奮發向上。」

崇高的品德、高尚的情操總會給人鼓舞、心靈的震撼。正如日月精華之氣滋生萬物一樣，崇高的精神滋潤著人的心靈。與斯特林先生在一起，我們的精神在無形中得到昇華，恍如得道成仙一般。久而久之，我們也能像他那樣來待人接物、為人處世。這正是心與心之間的相互作用，人的精神與精神之間相互作用啊。人作為萬物之靈長，精神的需求更是一種內在的本質要求，高尚的精神需求是一種內在的本質要求，高尚的精神是一盞指路明燈，它的光芒直射人心、長駐人間。

藝術家與藝術家的交流，彼此之間能產生一種強大的精神感染力，精神昇華到一個更高的境界，從而得以相互促進。奧地利著名作曲家海頓的天才火花是英國著名作曲家韓德爾激發起來的。聽到韓德爾演奏時，海頓

的創作靈感一下子迸發出來。海頓說，要是沒有這種影響，他絕不能創作出《創世紀》（Creation）這首曲子。在談及韓德爾時，海頓還說過：「他演奏的曲子如驚雷滾滾，金戈鐵馬之聲不絕於耳。你哪裡只是在體會他的曲子，你的血液都隨著他揮動的手臂在奔流。」近代歌劇之父、義大利作曲家史卡拉第（Scarlatti）是韓德爾的另外一個狂熱的崇拜者。他跟隨韓德爾走遍了整個義大利。在談及對韓德爾的崇拜和景仰之情時，他總是在胸前畫十字架表示他像崇拜上帝一樣的崇拜韓德爾。真正的藝術大家總是誠心相待而不是相互嫉妒的。貝多芬對義大利大作曲家凱魯畢尼（Cherubini）欽慕得五體投地，他對奧地利著名作曲家舒伯特（Schubert）的天才更是讚不絕口：「舒伯特的身上燃燒著一團天才之火。」諾斯科特（Northcote）年輕時十分崇拜雷諾茲。有一次，這位舉世聞名的大畫家在德文郡參加一個公開會議，諾斯科特不顧一切的撥開人群，一直衝到雷諾茲面前，幾乎可以碰到他的衣角。諾斯科特激動的說：「我對您的天才由衷感到佩服。」這是一位年輕人對天才情不自禁的佩服之情。同聲相應，同氣相求。天才的火花、靈感和熱情往往在互相砥礪中閃現出來。

　　勇敢的榜樣往往能給予懦弱的人極大的鼓舞，英雄的舉動常常震撼人們的心靈，使懦弱者挺立起來，不顧一切的衝向前方。在英雄的感召之下，無數普通人爆發了火山一樣的威力，創造了一個又一個驚世駭俗的奇蹟。有時只要憶及英雄的光輝成就就能使人熱血沸騰、精神振奮，不管什麼障礙都能克服。英雄的鼓舞力量就像號角一樣催人奮進。

　　波希米亞英雄傑式卡（Ziska）把自己的皮遺留給後人，製成戰鼓，以鼓舞波希米亞人的勇氣。當伊庇魯斯王子斯坎德培（Scanderbeg）去世後，土耳其人很想擁有他心臟邊的骨頭，想以此獲得他生前在戰場上左衝右突、所向披靡所展示出的勇氣，增添無限的力量。當英勇無畏的道格拉斯（Douglas）護送布魯斯（Bruce）的心臟去聖地時，看到撒拉森人重重包

圍並漸漸逼近他的一位武士，毅然從脖子上把裝著英雄遺物的銀盒子取下來，把它丟向敵人最密集的地方。他一邊高呼著「英雄的布魯斯，道格拉斯一定像你一樣英勇不屈」，一邊衝向重重敵軍，在布魯斯的聖物旁，他大義凜然的犧牲了。

傳記的主要作用，就是記載了許多品德高尚的光輝典範。我們偉大的先輩們透過他們的生活紀錄，仍然生活在我們中間；他們的行為舉止，仍然清晰可見；他們為我們樹立的好榜樣，仍然值得我們讚賞、學習和仿效。事實上，任何在其身後留下了光輝生活紀錄的人，都已為子孫後代留下了經久不息的寶貴精神財富，作為人們學習和仿效的模範在未來不斷發揮作用，為人們的生活注入新的活力，幫助人們開創全新的生活，以其他形式展現其品格。因此，一本記載了這樣一個真實的人的生活的書，就是一個精神財富寶庫。用英國詩人米爾頓的話來說：「它是一個偉大靈魂寶貴的命根子，使超越生命的生活目的不被遺忘，受到珍視。」這樣一本書永遠具有催人奮進、使人崇高的影響。但最重要的是，世界上有這樣的書，它記載樹立在我們面前、塑造我們生活的最崇高的榜樣 —— 是最適合我們心靈的需求的必需品，是我們只能仿效和感受的榜樣。

「像沒有見過太陽的幼苗和藤蔓一樣，它們夢想著太陽，猜想著它的所在。於是，它們拚命的生長、攀爬，盡力去接近它。」

凡是讀過阿諾德和巴克斯頓的傳記的年輕人，沒有不為之感動的。讀這樣的書是一種崇高的精神享受，它使人的精神提升到了一種更高的境界，也使人的意志更加堅定了。透過了解他們的所作所為，我們自己明白了人是什麼，人應該追求什麼，我們的自信心大大增強，人生的追求目標也就會更加高尚，對希望的憧憬就會更強烈。這樣一來，我們的心靈就不會空虛，崇高的精神就會與崇高的事業相統一，我們的身和心就會沉浸在美好的事業和崇高的精神之中。有時，年輕人會在傳記作品中發現自己的

影子。當柯勒喬（Correggio）凝思米開朗基羅的作品時，他真正感到這似乎是在思考自己的作品，自己的經歷與米開朗基羅的經歷也有驚人的相似之處。在這一瞬間，他感到他的靈感被激發，他的創造能力得到了提升。他不禁失聲叫道：「我也是一個畫家！」塞繆爾·羅米利在他的自傳中坦率的承認，他深受法國那位德行高尚的大法官德·阿格索的影響。他說：「我得到了湯瑪斯的作品，懷著虔誠的心情讀完了他的《德·阿格索的故事》。作為一個傑出的地方法官所走過的輝煌道路，他在平凡職位上所做的不平凡的事業深深的打動了我。我的熱情一下子燃燒起來，我的抱負陡然包圍了我的心，新的光榮之路閃現在我的腦海中。」

　　富蘭克林習慣於把他的成就和名譽歸功於早期讀了科頓·馬瑟（Cotton Mather）的《為善散文集》（*Essays to Do Good*）——這本書來自科頓自己的生活。由此可見，一個好的榜樣能影響多少人。榜樣就是一顆顆火星，一旦把它們撒播到人間，這些星星之火就會形成燎原之勢。薩繆爾·德魯斷言，他是在讀了班傑明·富蘭克林的動人傳記之後，才勾勒出他自己的人生，尤其是商業習慣的。因此，我們不能說一個好榜樣自身的力量在某一點上已經消失，不能說榜樣的力量僅僅囿於書本。上溯上百年、上千年乃至上萬年，那些開天闢地、勤奮創業的先人，那些扶貧濟困、架橋修路、樂善好施、德行高潔的先人，他們作為榜樣的力量又何曾消失呢？我們作為後人，優勢就在於能夠繼承古人的優秀品德，發揚他們的崇高精神，不斷的開闢未來。我們應該讀最好的書，效法最好的榜樣，不斷的完善自己。杜德利勛爵（Lord Dudley）曾說過：「在文學上，我總是只與我認為很不錯的老朋友來往，我的朋友是經過長期選擇的。和我的朋友們在一起，我變得越來越崇高，創作的願望也越來越強烈。我總能從朋友那裡得到益處，十之八九都是這樣。朋友們不在的時候，我把以前讀過的書溫習一遍、幾遍，這樣所得的收穫遠比讀一本新書來得快、來得多。」

有時候一本書記載了一個高貴的人生典範，隨手翻一翻，也會喚醒潛藏在我們身上的活力和靈感。阿爾菲耶里就是因為讀了普魯塔克（Plutarch）的《希臘羅馬名人傳》（*Plutarch's Lives*）而對文學產生濃厚興趣的。羅耀拉在當兵時，有一次在巴比倫拿遭到敵人的圍攻，他的腿部受了傷，只得臥床休息。這時他想找一本書來轉移一下注意力。有人替他帶來了一本《聖徒生活記》（*Lives of the Saints*）。羅耀拉貪婪的讀著這本書，書中的內容點燃了他的心靈之火。此後，他決心獻身於建立宗教秩序。與羅耀拉一樣，路德（Luther）也是在讀了《揚‧胡斯的一生及其作品》（*Life and Writings of John Huss*）一書之後，才開始萌發創建新宗教的信念。沃爾夫博士（Dr. Wolff）則是在讀了《方濟‧沙勿略的一生》（*Life of Francis Xavier*）這本書之後，開始投身於傳教事業的。方濟如火一般的熱情和忠誠的事業心極大的震撼了沃爾夫這顆年輕的心，促使他投身於傳教事業之中。威廉‧克理也是在讀了《庫克船長航海記》（*The Voyages of Captain Cook*）這本書後，才萌發了當一個傳教士的念頭。

　　法蘭西斯‧霍納總是把那些對他產生重大影響的書籍記錄在自己的日記或信件中。這些書包括孔多塞（Condorcet）的《阿萊頌》（*Eloge of Haller*）、約書亞‧雷諾茲爵士的《演講錄》（*Discourses*）和培根的《伯內特論馬菲‧黑奧爵士》（*Burnet's Account of Sir Matthew Hale*）。讀這些書——它們都記載了一個個生動感人的勞動創造奇蹟的故事——總是使霍納熱情滿懷。在說到孔多塞所著的《阿萊頌》一書時，霍納說：「每次讀這本書，書中的故事都總是讓我感動。我被一種激動的心情包圍著。對於他們所從事的事業充滿無限的傾慕和嚮往。」在談到約書亞‧雷諾茲爵士所著的《演講錄》一書時，霍納說：「這本書告訴我，什麼叫勤勞，什麼叫收穫。」「關於培根的書，」霍納說道，「沒有任何一本書能像培根的書那樣催人修身養性，他真是上帝派到人間來讓我們明白成功是如何獲

得的、偉大是怎樣造就的天才人物之一。他使人相信，勞動是一切人間奇蹟的創造者，天才不是上天恩賜的聖物，而是辛勤汗水的結晶。這本書雄辯而又自然的講述了一個個極其動人心魄的故事。沒有任何一本書像這本書這樣令人激動、給人鼓舞。」

　　值得注意的是，雷諾茲本人也把自己鑽研藝術的熱情的產生歸功於讀了理查森描述一位大畫家的書。同樣，海頓也是在讀了《雷諾茲的一生》一書後才從事同一個追求的。薪火相傳，代代不息。勇敢而激動人心的故事，就是星星之火，它們一旦被具有相同才華、同樣熱情和同樣追求的人拾到，就能在他身上燃起熊熊大火，成功與希望就在這小小的星星之火中蘊藏著。能得此星星之火者，鮮有不成功者。正是這些榜樣鼓勵著一代又一代的人，才使星星之火得以代代相傳。前面的人影響和鼓勵後來的人，後來人又以自己的行為和成績鼓舞和激勵下一代人，這樣新舊交替而精神不滅、事業不絕。

　　對年輕人來說，最富有感染力、最富有價值的榜樣莫過於那些能促使年輕人愉快工作的榜樣。愉悅的精神狀態能極大的促使人去從事自己喜愛的工作。一個人只要愉快的勞動，在碰到困難時就不會灰心喪氣。愉快的勞動心情永遠和希望、成功緊密結合在一起。活力、熱情是人強烈追求自己的目標的一種本質力量，活力與熱情是愉快勞動的好朋友。在充滿活力、充滿熱情的勞動中，辛苦會化成快樂，困難會變成動力，沮喪會變成信心。而且，一個富有熱情、富有活力的人，能感染周圍的許多人，帶動他們像他一樣去工作、去創造。愉快勞動這種精神能使困難低頭，使挫折和失敗讓路，使普通人變得高貴。滿腔熱情去工作的人，他們自然心靈手巧、效率更高。

　　休謨說，與其心情憂鬱的成為萬貫家財的主人，不如擁有愉快的心情、享受生活的陽光。格蘭維爾‧夏普在為奴隸們的利益進行不屈不撓的

鬥爭的同時，也不忘記在他弟弟的家庭音樂晚會上，不時吹奏長笛、單簧管和雙簧管，藉以娛樂、放鬆自己。在星期六晚上的清唱劇晚會上，當韓德爾演奏時，夏普則在一旁敲銅鼓，他還偶爾從事漫畫創作。福威爾‧巴克斯頓也是個十分愉快的人，他對田園風光特別感興趣，常常和孩子們騎車在鄉間溜達，家裡的各種娛樂活動也總是少不了他。

　　阿諾德博士是另一個思想高尚、令人愉快的人，他全心投入教育和培養年輕一代的偉大事業之中。他的傳記作者說過這樣一段話：「萊爾漢姆的圈子裡，一個最顯著的特點就是這裡瀰漫著一種歡快的氣氛。任何新來乍到的人都能深深感受到這一點。任何新來的朋友只要一來到這裡就能感覺到，這裡在從事一項偉大而又誠摯的工作。每一個學生都感到自己有一份工作要做，而他的義務、幸福就與他這份工作緊緊相連在一起。一股難以描述的熱情與同學們的生活息息相關。當同學們發現自己是一個能擔大任、有益民眾的人時，當他們了解到自己將來能為民眾謀幸福時，一股股暖流就襲遍全身。同學們在這種充滿熱情的生活中追求知識、追求自己的理想。阿諾德教會他的學生如何珍愛生命、珍惜自己，如何認清自己的使命。阿諾德總是生活在他的學生之中，想他們所想，思他們所思，他的心與每一個學生的心都連在一起。他們一起探討人生、追尋知識。他離不開自己用心血哺育出來的學生，他的學生對他也懷著深深的敬意和濃濃的依戀。他把自己對學生的愛、對知識和真理的追求都深深的埋在心底，他為了自己的信念、理想不顧一切，勇往直前。在他身上，我們只看到一顆火熱的心，一顆永不停止跳動的心。無論是對社會還是對個人成長的關照，只要是有意義的，阿諾德就認為是他分內之事，他就有義務盡心盡力去做。他從不偏愛一行而厭惡另一行，事無大小，只要有益於社會，他都身體力行，以此為樂。把自己的生命融入這永無止境的為他人、為社會盡力的事業之中，是他的精神寄託。他謙恭不倨，淵博不俗，心誠不浮。面對

事業的召喚，他鞠躬盡瘁，雖九死亦不後悔。天必厚賞這種為他人忘我的人。阿諾德先生盡心磨礪自己，其志愈潔，其行愈高，其名百世不絕，其才亦愈精於至善。面對蒼茫大地，他不問沉浮，只問耕耘。」嚴父必出孝子，嚴師定有高徒。阿諾德不是嚴師，他是一位仁慈的長者，他如春風化雨，澤潤英才。他以自己的畢生心血培養了一代又一代有益於社會、有益於民眾的人。其中有勇敢的霍德森。多年以後，霍德森從印度寫信給家人，談及他這位可敬可佩的恩師時說：「阿諾德先生對我產生的影響是如此的刻骨銘心，如此的源遠流長，以致今天遠在印度，我仍時時感受到他的教育、關懷和啟迪。人云，人一輩子得一尊師足矣。如此說來，此生我願足矣。」

　　一個心地善良、充滿朝氣而又勤勞苦幹的人，能極大的影響左鄰右舍，影響他的扈從，帶動他周圍的許多人。當然，他獲得的成就也會鼓舞他周圍的人。約翰・辛克萊爵士（Sir John Sinclair）正是這方面的典型。亨利・格來瓜爾（Abbé Gregoire）稱約翰是「歐洲最不屈不撓的人」。他家是一個有大片田產的大地主，龐大的家業就在約翰・奧格羅茨（John o' Groat）家附近。這裡是一片廣袤無垠的荒涼地區，與北海緊緊相依，除了海水的咆哮聲外，似乎聽不到文明吹響的號角。在辛克萊 16 歲那年，他父親去世了。管理家產、經營家業的重擔落到了他的肩上。在他 18 歲那年，他開始在凱瑟尼斯進行大規模、強有力的改造運動，最終該改造運動被擴展到整個蘇格蘭。那時，農業還處在極為落後的狀況，廣大的田地還沒有被圈起來，農夫也不知道如何灌溉、開墾土地。凱瑟尼斯的農夫生活十分貧困，他們連一匹馬都養不起。大量艱苦的勞動主要由婦女承擔，家庭的重擔也由婦女們承擔。如果一個小農丟失了地主家的一匹馬，那他就得跟一個女人結婚成家。這是極普通的現象，也是對他丟失一匹馬的最便宜的懲罰。當時村裡連一條像樣的路都沒有，更不用說有什麼橋了。那

些買賣牲口的商人要到南邊去，只得和他們的牲口一起游過河。一條高聳入雲、布滿岩石的羊腸小徑爬在海拔數百英尺高的山上，這就是通向凱瑟尼斯的主要道路，要進出這裡十分費力。當地人講，凱瑟尼斯的路通天，有翅的鳥兒難飛過，農夫半世光陰都在路上忙。辛克萊見到這些情況，心裡很不是滋味，他決心在本切爾特山上修一條新路出來。老地主們聚在一起，嘲笑這位年輕人要在這怪石嶙峋的高山上修路是異想天開，不知天高地厚。但辛克萊心意已決。他召集了大約 2,000 名工人，在夏日的清晨，他就和工人們一起出發。他認真、負責的監管大家的勞動，自己以實際行動鼓舞大家。經過艱苦的勞動，一條以前充滿危險、連馬都走不過去的 6 英里長羊腸小徑，終於變成了車子都能過的大路，這在那些老地主們看來，真是不可思議的事。其實，這並非什麼不可思議的事情。許多看來難於上青天的事情，主要是缺乏一個有正義感、有感召力的領頭人，因而無法做成。辛克萊當時年紀輕輕，並沒有什麼魔力，他只不過是急人之所急、想人之所想，振臂一呼，自然應者如雲。他身先士卒，大家又怎麼會不賣命呢？人心齊，泰山移。因此，2,000 多個工人用自己的雙手把一條羊腸小徑建成了一條通天大道。辛克萊接著著手修建更多的路，建起了廠房，修起了橋梁，把荒地圈起來加以改良、耕種。他還引進了改良的耕作技術，實行輪作制，鼓勵開辦實業。在他力所能及的範圍內，他大大加速了現存社會結構的改善，向農民注入了許多全新的觀念。凱瑟尼斯原本是蘇格蘭北部一個極為偏僻落後的地方，那裡連人都很難進去，有人把它叫作「天涯海角之地」。而今，在辛克萊的影響和改造之下，這個地方的道路交通、農業、水產業都天下聞名了。這個小村成了名聞天下的模範村。在辛克萊年輕的時候，郵件由送信的人一週送一次。這位年輕的從男爵宣稱，在他看到四輪大馬車每天到瑟索地區送郵一次以前，他絕不罷休。周圍的人們對這位從男爵的話嗤之以鼻，誰也不信。當時有不少人嘲笑道：

「啊，有一天辛克萊會看到四輪大馬車每天都來我們這裡送郵！」但辛克萊的預言並未因別人的嘲笑而隨風飄去。在他有生之年，四輪馬車每日去瑟索送郵已成為事實。

辛克萊先生的影響日漸增大，他為民眾所做的事情也越來越大。他發現英國長期以來穩定出口的大宗商品 —— 羊毛的品質已日益退化。他雖然只是一個鄉間的小小紳士，但他決心改變這種狀況。為此，他透過種種努力，終於創立了英國羊毛學會。同時，他還十分注重實踐。他自己花錢從各個地區進口了 800 隻羊，著名的切維奧特羊種也輸入了蘇格蘭地區。南部的牧羊人都譏笑辛克萊的這一舉動，認為南方的羊不可能在北方生長、繁殖。但辛克萊不為所動，僅僅過去了幾年，就有不少於 30 萬隻切維奧特羊散布在北方各鄉村。土地的載畜率大大提高。蘇格蘭的土地原本一文不值，這下身價猛漲，收回的租金十分可觀。

辛克萊先生在英國議會待了 30 年，從不錯過一次會議，他的地位使他能更好的發揮他自己的作用，他也從來不放過任何發揮作用的機會。皮特（Pitt）先生注意到辛克萊在為民眾謀福利方面的非凡才華和不屈不撓的勇氣，對此十分佩服，於是他派人把辛克萊請到了唐寧街，並爽快的答應向他提供一切可能的幫助。也許有人會認為辛克萊是為自己的名聲和地位，但辛克萊明確表示，他只從內心對皮特先生為幫他創辦國家農業學會所做的努力表示衷心的感謝，此外再無其他。亞瑟・楊格（Arthur Young）認為辛克萊創辦國家農業學會只不過是水中撈月的事，他與這位從男爵打賭發誓。他說：「你的國家農業學會只會在月球上存在。」辛克萊十分果敢的開始行動，他不斷喚起大眾對這個計畫的重視，獲得了大多數有遠見的議員的贊同，國家農業學會終於得以成立了。辛克萊先生被任命為該學會會長，該會所產生的重大作用就不用說了。僅僅該會對農業和畜牧業的激勵作用就很快遍及大不列顛聯合王國。成千上萬畝荒瘠的土地一夜之間

變成了產金出銀的良田和牧場，整個農村一下子呈現出前所未有的欣欣向榮景象。同時，辛克萊又致力於創辦水產業，瑟索和威克這兩處著名的水產業基地的創立，無疑也應歸功於辛克萊先生的努力。他為此曾呼籲多年，四處爭取支持，最後他又成功了。一個海港被圈起來從事水產養殖，這也是世界上最大和最繁華的漁港。

約翰・辛克萊先生把自己的全部精力都投入公益事業之中，他不甘於安逸享樂的生活，而致力於開創性的事業。他總是揚起希望的風帆，開拓新的航道。在法國入侵迫在眉睫、民族和國家受到威脅之時，他又挺身而出。他向皮特先生提出，用他自己的家產組建一支軍隊。他言必信，行必果。他立即回到北方，組織了一支 600 人的軍隊，後來這支軍隊增加到1,000 人。這支軍隊深受辛克萊先生崇高的愛國主義精神的鼓舞，被公認為最優秀的一支志願軍。辛克萊除了在亞伯丁擔任這支軍隊的統帥之外，還兼任蘇格蘭銀行董事長、英國羊毛學會主席、英國漁業學會總裁、國家財政署貨幣發行部專員、凱瑟尼斯地區議會議員和國家農業學會會長等職。在繁忙的公務之餘，他還積極從事寫作。他著述等身，足以使他留名青史。

有一次，美國大使拉什（Rush）來到英國訪問，他問考克（Coke）大臣，在英國農業方面，誰做的工作最好，考克先生回答說，是辛克萊先生；後來，他又問英國財政大臣范西塔特（Vansittart）先生，英國金融方面最大的成就出於何人之手？這位財務大臣當即說，是約翰・辛克萊爵士，是他的《公共稅務史》（*History of the Public Revenue*）。但他堅持不懈的勤奮工作的偉大豐碑，是一部可與其他任何人的著作比肩的作品，多達 21 卷的《蘇格蘭統計帳目》（*Statistical Account of Scotland*）。這部巨著耗費了他 8 年的辛勤勞動，他先後收到和處理的相關信件達 2 萬餘封。這部著作具有永恆的科學價值和史料價值。它出版問世後，立即引起很大轟

動。但對辛克萊爵士來說，這不過是盡其愛國之心而已，他早已把名利置之度外。

　　面對漸起的聲譽，他非常坦然。他明白，一個人最大的快樂就是能為他人做點什麼，多做了點什麼也是應該的，沒有什麼值得驕傲。相反，應該在這個基礎上更進一步，直至生命終結。辛克萊爵士把該著作的全部利潤分配給了蘇格蘭牧師後裔學會。《蘇格蘭統計帳目》一書出版之後，引起了重大的社會改革。許多壓迫性的封建特權被廢除了；許多教區教師和牧師的薪資得到了提高；蘇格蘭地區的農業也得到了很大的促進。辛克萊爵士看到這本書對社會的促進作用如此之大，十分高興。於是，他公開宣稱要花費更多的精力，收集資料，整理出版《英國帳目統計》一書。但不幸的是，坎特伯雷主教擔心這會干擾教會什一稅的收取，因而不予批准，辛克萊的這一計畫只好流產了。

　　約翰·辛克萊爵士精力過人，辦事十分果斷。在一些重大事件面前，他臨危不懼，當斷即斷。西元 1793 年，英國著名的製造業中心曼徹斯特和格拉斯哥由於戰爭的影響，經濟一直十分蕭條，許多企業破產，銀行倒閉，無數的房屋搖搖欲墜，人民的生活十分艱難，形勢十分危急，若不快點想辦法，後果不堪設想。辛克萊爵士在國會中反覆督促議員們授權財政署立即向該地區投放 500 萬英鎊的貸款。這個建議被採納後，他又建議由他與他提名的一些人合作執行這個計畫，這一建議也被批准。這兩個決議在深夜通過後，第二天一大早，辛克萊就心急火燎的來到銀行，以自己的名義做擔保，一次提領了 700 萬英鎊，並於當晚分發給那些急需援助的商人。辛克萊知道政府部門與銀行的拖沓作風，他不親自督陣，事情就會被拖延，時間久了，就會產生很多麻煩。他以迅雷不及掩耳之勢完成了這一複雜任務。後來，皮特在眾議院召見了約翰·辛克萊爵士，告訴他說，曼徹斯特和格拉斯哥所需要的鉅額援助實在無法如期籌措到手。「相關款

項透過今晚的郵政將全數離開倫敦。」辛克萊爵士不無高興的回答道。後來，在敘述這件事時，辛克萊爵士高興的補充道：「皮特先生聽了我這句話，像被刺一般，半晌沒有說出話來。」

　　這位好人一直為了大眾的利益愉快的工作著。他為自己的家人和祖國樹立了一個好榜樣。他全心執著於公眾的事業，孜孜不倦的追求自己的目標。他所追求的不是一人或一家的財富，相反，由於始終站在勞苦大眾的一邊，他根本無心去顧及自己的家業。他得到了為他人謀利益所換來的快樂和自我滿足。他以此為宗旨，幾十年風雨不變，從為別人創造他所能創造的幸福和快樂中求得自己上不愧於蒼天、下無愧於大地。

　　約翰‧辛克萊爵士也是一位治家教子的能手。他對子女的要求極為嚴格，但不封建。他主張子女們到社會上去闖蕩，去謀求自己的發展。望子成龍，此乃天下父母所共有之心。辛克萊爵士望子成龍之心十分迫切，但他從不壓抑孩子們的個性與愛好，而是盡一位父親的責任。就像為一棵棵幼苗提供足夠的陽光和水分一樣，他對孩子們追求學業和事業，總是鼎力相助。使他高興的是，他的兒女們都成了有益於社會的人。在年屆 80 歲高齡時，他樂呵呵的看到他的 7 個兒子都已長大成人，沒有一個孩子學壞樣、做壞事，沒有一個孩子讓他失望。每一個人都想看到自己的後代成為有益於社會的人，辛克萊先生也有此心願，他終於如願以償。

第十三章
真正的紳士由品格造就

他的俠義豪爽，舉世無雙，

他的道德風範，長留人間，

他舉止高雅，談吐不凡，

他不朽的精神，

像花兒在人們心頭綻放。

他無愧於人生，

也無愧於「紳士」這一古老而崇高的頭銜。

—— 丁尼生（Tennyson）

才能可以在獨處中培養，但品格最好還是在人世的風暴中形成。

—— 歌德（Goethe）

品格，使一個人的魅力得以展現，使一個人的道德影響得以產生，使一個人能贏得世人的尊重。一個人的品格，能使整個民族為之感到振奮，能使整個民族為之感到自豪，成為國民行動的強大力量。品格是一個人征服他人的武器，是崇高地位的基礎，是真正的桂冠和榮耀。貴族的派頭不是來自貴族的血統，不是來自貴族的生活方式，也不只是來自貴族的才華，而是來自於一個貴族的品格。品格是真正的徽標。

—— 《泰晤士報》

　　品格，是人生的桂冠和榮耀。它是一個人最高貴的財產，它構成了人的地位和身分本身，它是一個人在信譽方面的不動產。品格，使社會中的每一個職業都擁有尊嚴，使社會中的每一個工作的地位都得到提升。它比財富更具威力，它使所有的榮譽都毫無偏見的得到保障。它伴隨著時時可以奏效的影響，因為它是一個人被證實了的信譽、正直和言行一致的結果，而一個人的品格比其他任何東西都更顯著的影響別人對他的信任和尊敬。

　　品格是人性最好的形式。它是道德規範在個體身上的表現。有品格的人不僅是社會的良心，而且在任何一個有個好政府的國度裡，他們都是社會發展的動力和民族的脊梁，因為主宰世界的主要還是道德品格。即使在戰爭中也是如此。拿破崙曾經說過，道德的力量比物質的力量強大10倍。

各民族的力量、工業和文明全都依賴於個人的品格，也正是它構成了一個國家安全和穩定的基礎。而法律和制度只不過是它的派生物。自然、個體、國家和種族之間的平衡與協調都只有依靠他們才能獲得，否則就是一句空話。正如一定的原因產生一定的結果一樣，一個民族的性格特徵也會產生相應的結果。

一個人即使沒有受過良好的教育，能力一般，並且收入菲薄，但只要他品格高尚，也會產生較大的影響，不管是在工廠、會計室、商業中心還是在議會。

西元 1801 年，坎寧（Canning）極有見地寫道：「我的人生之路必定是透過品格獲得權力，我不會嘗試其他的途徑。我對這條道路充滿自信。它雖然不是最短的捷徑，但它是最靠得住的。」

或許你會崇拜那些有才智的人，但在你信任他們之前，他們必須做一些事情取信於你。因此，約翰‧羅素勛爵以深刻的洞察力指出：「在英國，向天才人物請求幫助，但聽從品格高尚的人的教導，這是一個根本的原則。」

法蘭西斯‧霍納的一生就極有說服力的證明了這一點。西德尼‧史密斯指出，霍納將會風範長存、名垂青史。科伯恩勛爵（Lord Cockburn）發表評論指出：「他的一生散發著耀眼的光芒，他的精神將感召每一個心地正直的年輕人。雖然他在 38 歲英年早逝，但他在公眾中比任何一個人都更有聲望。除了那些鐵石心腸的人和那些卑鄙齷齪的人以外，所有人都尊敬、愛戴、信任和哀悼他。死去的議員從沒有人像他這樣獲得議會的尊敬。現在，每一個年輕人或許都會問：他為什麼會獲此殊榮？是因為他高貴的出身嗎？而他只不過是愛丁堡一個商人的兒子。是因為他龐大的家產嗎？而他和他的家人除了勉強維持生計外別無長物。是因為他的職位嗎？而他只有一個職位，而且僅僅做了幾年，沒有任何影響，薪資也極為微薄。是因為他出眾的才華嗎？而他並不特別優秀，也沒有任何天賦。他

慎重穩健，唯一的目標就是不要出錯。是因為他雄辯的口才嗎？而他語調平緩，耐人尋味，沒有任何誇張的恐嚇或勸誘。是因為他高雅的舉止嗎？而他只不過行動正確、待人親切而已。那麼，究竟是因為什麼呢？只是因為他的見識、勤勞、嚴格的自律和善良的心地，這些特質是許多人望塵莫及的。是他不同凡響的人格的力量。這種人格不是先天的稟賦，不是由什麼特殊的元素構成，而是他透過後天的努力形成的。在參議院中，比他更具才華、更有雄辯口才的大有人在。但是，在道德品格各方面的組合中，卻無人可與他匹敵。霍納的一生顯示，除了透過文化和慈善事業獲得影響外，還可以透過其他各種途徑獲得社會影響，即使在公共生活的競爭和猜忌中，這種影響也不可抹殺。」

富蘭克林也把自己作為一個社會名流的崇高聲望，歸因於正直誠實的個人性格，而不是才能或口才，因為自己在這些方面都並不出眾。因此，他說：「正直誠實使我在人們中享有聲望。我口才很差，根本談不上雄辯。遣詞造句還猶豫不決，很難說正確使用語言。不過我還是能清楚的表達自己的意思。」

和地位低微的人一樣，對地位很高的人來說，個性也使人產生信心。據說俄國的亞歷山大一世的個性力量，抵得上一套法律制度。在投石黨之亂內戰期間，蒙田是唯一不關上城堡大門的法國紳士。據說蒙田的人格力量比一個騎兵團更有效的保護了他的家園。

「人格就是力量。」在一種更高的意義上說，這句話比「知識就是力量」更為正確。沒有靈魂的精神，沒有行為的才智，沒有善行的聰明，雖說也會產生影響，但它們都只會產生壞的影響。我們或許會從中受到教育或者會覺得它們有趣，但我們不會去崇拜它們，這就像要我們去崇拜扒手的敏捷或在高速公路上跑馬的騎士一樣，是十分困難的。

誠實、正直和仁慈，這些特質並不是與每個人的生命息息相關的，但

它們卻成為一個人的品格中最重要的方面。正如一位古人所說的：「即使缺衣少食，品格也先天的忠實於自己的德行。」具有這些特質的人，一旦把它們和堅定的目標融為一體，他的力量就可驚天動地，勢不可當。他有能力實施善行，有能力抵制邪惡，有能力忍受各種困難和不幸。當史蒂芬落入卑鄙的加害於他的人手中時，他們帶著嘲諷的口吻問他：「現在你的堡壘在哪裡呢？」「在這裡。」史蒂芬把手放在心窩上，勇敢的說。正是在不幸的環境中，這位正直的人的個性閃爍出了最耀眼的光輝。雖然他在其他各方面都已遭到失敗，但他憑著自己的正直和勇氣傲然屹立。

厄斯金勛爵（Lord Erskine）是一個獨立性很強、小心謹慎而堅持真理的人。他的行為準則值得每一個年輕人銘刻在心。他說：「我早年的第一個行為準則和要求是，做良心告訴我那是我的職責的事情，把後果留給上帝去考慮。父母給我的教導我至死不忘，我相信他們從實踐中得出的經驗，我一直在實際生活中嚴格遵循，沒有任何理由去抱怨說這種順從是一種犧牲。相反，我發現他們指給我的是一條通向幸福和富貴的道路。我也應該為我的孩子們指出一條同樣的成功之路。」

每個人都會把擁有好的品格作為人生的最高目標之一。用高尚的方式保證這一目標實現的真正嘗試賦予一個人努力的動力。而剛毅的思想觀念，作為一種向上的因素，穩定和啟動一個人的動力。人的一生最好有一個高標準的目標，即使我們也許不能將它實現。迪斯雷利先生指出：「不向上看的人往往向下看，精神不能在空中翱翔就注定要匍匐在地。」喬治・赫伯特（George Herbert）極有見地的寫道：「職業低下的人，如果把目標定得較高，他也可以成為一個高尚的人。不要讓意志消沉，一個壯志凌雲的人肯定會比一個胸無大志的人有出息。」

具有崇高生活目標和思想目標的人，毫無疑問會比根本沒有目標的人更有作為。有句蘇格蘭諺語說：「扯住金製長袍的人，或許可以得到一隻

金袖子。」那些志存高遠的人，所獲得的成就必定遠遠高於起點。即使你的目標沒有完全實現，你為之付出的努力本身也會讓你受益終身。

在生活中有許多虛假的性格，不過識別它們並不難。一些人知道品格的金錢價值，他們會為此弄虛作假，達到自己不可告人的目的。克羅內爾‧查特里斯（Colonel Charteris）曾經對一個以誠實正直著稱的人說：「我願意以 1,000 英鎊來換取你的美名。」「為什麼呢？」「因為我可以用它賺取 10,000 英鎊的利潤。」這個流氓回答說。

誠實正直的言行是個性的脊梁，而對誠實正直的持之以恆則是它最顯著的特徵。羅伯特‧皮爾爵士這位偉大的政治家死後幾天，威靈頓公爵談到了他的品格，他說：「爵士閣下們：你們都感受到了羅伯特‧皮爾先生崇高、可敬的品格。我和他共事多年，我們兩人都在議會工作，是多年的朋友並且私交甚篤。在我們的相處中，我深深感受到了他的真誠和公正，他一直致力於公共事業的改善與提高。他是我最為信任的朋友。在我的一生中，從來沒有對他一言一行表示過懷疑。」這也是這位忠誠的政治家贏得重大影響力和權力的祕密所在。

對正直的個性來說，言行的誠實是同樣至關重要的。一個人必須言行一致、表裡如一，不輕易變更自己的決定。一個美國紳士對格蘭維爾‧夏普的德行佩服得五體投地，因此把自己的兒子也取名為夏普。當他把這件事告訴夏普時，夏普回信說：「我懇請你把我們家族的家訓 —— 總是努力的做你希望出現的真實的自己 —— 教給你的兒子。這句家訓是我父親教給我的。我的祖父在生活中認真而謙遜的實踐這一訓示。雖然他是個普通而誠實的人，但真實成了他在公共場合和個人生活中最主要的原則。」

每個尊重自己和尊重別人的人，都會在行動中嚴格遵循這一格言 —— 誠實的按照自己所設想的去做。如果一個人把高尚的品格融入自己的工作之中，認真仔細的做好每一件事，他就會為自己的誠實正直和自

己的良心而感到自豪。有一次，克倫威爾對一個聰明但有些無恥的律師伯納德（Bernard）說：「我知道你近來的行為非常小心，對此你不要過於自信。狡猾可能會欺騙你，而正直卻不會。」那些輕諾寡信的人絕不會得到任何人的尊重，他們的言語也就失去了分量。即使他們說出的真理，也被他們的品格扼殺了。

不管是在有人的場合，還是在無人的場合，一個真正有良好品行的人都會正確的行事。有一個受過良好教育的男孩，當有人問他在沒有人在場的情況下，為什麼不拿一些珍珠放在自己口袋裡，他回答說：「不，有人在場：我自己在看著我自己呢。我絕不會讓自己去做一件不誠實的事情。」這是一個關於原則和良心的簡單而恰當的例子。原則和良心，在品格中居於主導地位，發揮著支配作用，在實踐中它們捍衛了人格。它們對於生活不只是消極被動的去影響，而且有著強有力的規範作用。這種原則在日常生活中每時每刻都在塑造著人的品格，並且發揮作用的力量在日益強大。沒有這種主導力量的影響，品格就失去了自己的保護傘，面對斑駁陸離的誘惑，品格就時時有「叛變失節」的危險。任何一種誘惑都可能使人屈服，做出卑鄙或不誠實的事情。不管程度多麼輕微，這都將導致自我的墮落。這種墮落不取決於你的行動成功與否，不取決於你的行動被人發現與否，而在於你不再是從前的你，成了一個罪人。你會時時感到不安，時時自責，或者說受到良心的責備，成為一個罪人是不可逃避的命運。

或許，我們可以感覺到良好的習慣對性格的強化和支持所發生的強大作用。我們曾經說過，人擁有很多習慣，而習慣是人的第二天性，是讓一個人的行為和思想多次重複所產生的影響。梅塔斯塔西奧（Metastasio）堅持認為：「人類的所有東西都是習慣，品行本身也不例外。」布特勒在他的《比論》（Analogy）一書中，強調了認真的自我約束和堅定的抵制誘惑的重要性，隨著行善成了習慣性傾向，最後就易於樂善好施，而不會屈服

於邪惡。他說：「屬於感官的習慣是由外部行動產生的，而屬於心靈的習慣是由內在的實際目標產生的，也就是把它們轉化為行動，或者是按照順從、真誠、公平和仁慈的原則去行動。」布羅漢姆勛爵也多次強調了訓練和榜樣在青年時期的無比重要性。他說：「我相信，在上帝的旨意下，任何事情都可形成習慣。在任何時代，立法者有如學校校長一樣，主要是依據習慣立法。習慣使得一切事情變得容易，而偏離了原有的習慣就出現困難。」因此，如果使節制成為一種習慣，那放縱就是可恨的；使節儉成為一種習慣，那麼揮霍浪費就有悖於個人生活的行為規範。因此，在生活的道路上，小心謹慎和時刻留意以防養成任何惡習，是十分必要的。因此，一旦向誘惑屈服一次，意志往往就會變得極為脆弱，失去抵抗力；而一個原則要成為一個絕不可動搖的堅定信念，是需要長年累月訓練的。一位俄國作家打了一個絕妙的比喻：「習慣就是一串珍珠，打開了一個結，珍珠就會全部散落。」

習慣一旦形成，它就會自然而然的發生作用，無須努力。只有在違背習慣行事的時候，你才會感覺到它的力量。一件事做了一次、兩次，你就會發現它變得容易，做起來得心應手。在一開始，習慣似乎不會比一張蜘蛛網結實多少，而一旦形成，它就像一條鐵鍊一樣結實。人生中的瑣碎小事，單獨來看，可能是微不足道的，就像從天降落的雪花，一瓣接著一瓣，然而，這些雪花累積起來，卻會形成雪崩。

自尊、自助、勤奮、熱情、正直，所有這些都是一種習慣，而不是人的信仰。事實上，原則也只不過是我們替習慣起的別名，因為原則是一些詞句，而習慣卻是事情本身，如慈善家和獨裁者，是根據他們的行為是善良的還是邪惡的來進行相應的劃分的。因此，隨著年齡的增大，我們的行動可以做到從心所欲不逾矩，就是習慣使然。我們把自己編織進了習慣的鏈條之中。

事實上，對年輕人進行教育、訓練，使之養成良好的習慣，其重要性是怎麼樣強調也不過分的。在年輕的時候，習慣最容易形成，而且一旦形成，就終身受益。這就像刻在樹皮上的字母，隨著時間的推移，它們會變大變寬一樣。「對一個小孩按照他應該走的道路從小進行訓練，到了老年他也不背離。」他會自始至終的堅持。人生道路的起步決定了人生的方向，決定了人生的整個旅途。

　　柯林伍德勛爵對一個他喜愛的年輕人說：「記住，在 25 歲之前你必須養成自己的個性，它會為你終身服務。」隨著年歲的增長，習慣的力量越來越強大，人的個性也就慢慢形成，任何新的轉變都已經越來越困難。因此，改變一種習慣往往要比養成一種習慣艱難得多。也正因為這個原因，一位希臘長笛演奏家向那些曾經師從低階樂師的學生索要雙倍的學費，或許這個理由是正當的。根除原有的習慣比拔掉一顆牙要痛苦得多，困難得多。試圖去改變一個懶惰成性的人，或一個揮霍浪費的人，或一個嗜酒如命的人，在多數情況下你是要失敗的。因為在每一個事例中，習慣都已經成了他們的生活不可分割的組成部分，是難以根除的。因此，林奇（Lynch）先生指出：「最明智的習慣是在養成好習慣的過程小心謹慎的習慣。」

　　甚至連幸福本身也可以成為習慣。有的人習慣於看到事物好的方面，而有的人則習慣於看到事物的陰暗面。詹森博士指出，看到事物好的方面這種習慣要比每年獲得 1,000 英鎊的財富要有價值得多。在很大程度上，我們有能力去實現那些可以創造幸福和改善生活狀況的目標，而不必去考慮它們的對立面。透過這種方式，考慮幸福的習慣就會像其他習慣一樣湧現出來。在撫養孩子的過程中，讓他們具有這種快樂的天性，養成一種好脾氣和愉快的心境，在許多情況下，或許比教給他們許多知識、讓他們獲得許多成就更為重要。

　　窺一斑而知全豹。同樣，一件細小的事情可以揭示一個人的品格。事實上，品格存在於每個人的一舉一動中，展現在每個人的一舉一動中。品格的塑造就源於日常生活這個寶庫，那些形成我們品格的習慣也是在日常生活中養成的。對品格最好的測試是我們待人接物的方式。對待長輩、晚輩和平輩的優雅舉止是我們快樂的泉源。它能使別人感到快樂，因為他們的人格受到了尊重，但它為我們自己帶來的是 10 倍的快樂。在很大程度上，每個人都可以透過注重自我修養來形成優雅的舉止，就像在其他方面一樣。一個人即使身無分文，但只要願意，他也可以成為舉止文明、態度友善的人。在社交場合中和藹可親，就像悄無聲息的燈光一樣，使一切東西都自然的帶上了色彩。它比大聲喧譁和力氣過人更有影響、更有成效。這種影響是潛移默化而又深入持久的，就像春天裡的水仙在嚴寒中生長，慢慢的驅走了寒冷。

　　哪怕是友善的一瞥也能為人帶來快樂，為人帶來幸福。在羅伯特森給布萊頓（Brighton）的一封信中，他談到一個與他有關的女孩，「星期天，當我從教堂走出來的時候，一個貧困的女孩從我身旁經過，我友善的瞥了她一眼，她非常高興，眼睛裡充滿了感激的淚水。這對我是多麼生動的一課啊！原來幸福的給予是如此容易！我們錯過了多少可以做一個天使的機會！我記得之後我心裡充滿了感傷。回來以後，也就沒有多想此事。匆匆一瞥為一個人的生活帶來了片刻的陽光，也讓一個人心靈上的負擔輕鬆片刻。」

　　使人類生活絢麗多姿的道德和禮貌，比作為它們的表現形式的法律要重要得多。法律在這方面或那方面對我們進行約束，但禮貌卻無處不在，它就像我們呼吸的空氣一樣充盈於社會之中。我們所說的有禮貌和行為規矩是同等重要的，有禮貌是由親切和友善構成的。仁慈是人們之間各種相互友好和快樂交流的最重要因素。蒙塔古夫人（Lady Montague）指出：「友善不需要你付出任何代價，但你可以憑藉它得到一切。」世界上最廉

價的東西就是友善，把它付諸實施不會為你增添任何麻煩，也用不著你做出任何自我犧牲。伯雷（Burleigh）對伊莉莎白女王說：「贏得別人的心，你就擁有別人的心和財富。」如果我們都順著天性友好的行動，遠離一切矯揉造作和陰謀詭計，那麼我們這個社會就會到處都是歡聲笑語，人人幸福快樂。讓生活改變一點點的小小的謙恭言行，分開看也許沒什麼本質的價值，但若不斷重複和累積，這些小小的謙恭言行的重大意義就會顯現出來。這就像空閒的幾分鐘，或許是一天中極小的一部分，但若在一年或一生中把每天的這幾分鐘空閒都累積起來，那總數就極為可觀了。

　　態度為行為增光添彩。說一句友善的話或做一件友善的事，如果所採取的態度恰當，會大大強化它們的價值。極不情願的做的某件事，或者以高高在上的恩賜態度做出的舉動，是很少被人當作恩惠來接受的。然而，有些人卻為自己的生硬態度洋洋自得。雖然有善心、有資格，但他們的態度卻使得他們的言行讓人難以接受。如果一個人雖然不牽著你的鼻子走，侮辱你，但他習慣性的傷害你的自尊心，說些讓你不愉快的話卻還揚揚得意，那麼要你去喜歡他恐怕很難。還有一些人，他們抱著可怕的優越感施惠於人，絕不放過哪怕極小的機會來表現自己的偉大。當阿伯尼沙（Abernethy）為競選聖巴塞羅繆醫院外科辦公室主任拉選票時，他拜訪了這樣一個人，他既是一個有錢的雜貨商，也是個政府官員。這個人坐在櫃檯後面，當他看到阿伯尼沙走進來的時候，便立即擺出一副高高在上的架子，準備讓這位外科醫生來懇求自己的選票。「我想你希望得到我的選票，先生。這對你的生活可是具有劃時代的意義啊！」阿伯尼沙最討厭吹牛的人，他被這個商人的腔調激怒了，他回答說：「不，我不需要你的選票。我需要1便士的無花果。動作快一點，把它包起來，我還有急事。」

　　態度方面的修養對一個在商務中偶爾和別人談判的人來說，是必不可少的。當然，繁文縟節太多未免帶有紈褲子弟的浮華之氣，而且也是愚蠢

的。平易近人和良好的教養甚至被認為是在每一個工作獲得成功的人所必不可少的特質，因為它能幫人擴大生活的圈子，而且我們常常發現，沒有禮貌，勤勞、正直和誠實等品格的價值，在很大程度上也被化為烏有。毫無疑問，有些人有極強的包容心，他們可以容忍別人的缺點和畢露的鋒芒，而更多的看到別人真正可貴的特質。但是，世界上大部分人並不會如此寬容，他們對別人的看法和印象主要是根據別人的外部行為形成的。

　　真正的有禮貌還表現在充分聽取別人的意見。獨斷論者往往傲慢至極，狂妄逞能。這種特質的最壞形式是可想而知的，那就是固執己見、自以為是和傲慢無禮。人們應該聽聽不同的意見和觀點。當遇到相反意見時，我們應該忍耐、忍耐、再忍耐。當自己的意見不被別人接受時，我們完全可以心平氣和的保留自己的意見，而用不著大吵大鬧，態度惡劣，甚至傷害別人。在有些情況下，言語的傷害是極大的，而且這種傷害比肉體的創傷更難以醫治。為了論證這一觀點，我們引用一則很有教育意義的小寓言，它是一個在威爾斯邊境傳教的福音派信徒聯盟的巡迴教士講的。他說：「在一個大霧瀰漫的早晨，當我走向一座大山的時候，看見山邊上有一個什麼東西在緩緩移動，它的樣子非常奇怪，我想它一定是隻猴子。可當我再走近一點的時候，我看出來了他是個人。當我接近他的時候，我發現他竟是我的弟弟。」

　　那種產生於正直的心靈和友善的情感的禮貌像與生俱來的一樣，與一個人的地位和職業並不牴觸。和牧師或貴族一樣，製造板凳的機械師同樣可以擁有禮貌。禮貌與工作環境是沒有必然的內在關聯的，在任何情況下，人都不應該是粗魯或鄙俗的。在許多大陸國家中，把各個階層的人區分開來的禮貌和特質，或許可以為我們所具備，而且用不著我們犧牲自己作為人的優秀特質。當然，隨著文化水準的提高和社會交際的擴大，這些大陸國家的禮貌和特質也正在慢慢為我們所擁有。從最高貴的人到最低微

的人，從最富有的人到最貧窮的人，到在生活中沒有任何地位或財產的人，造物主都不可能不給予他們最高的恩賜——偉大的靈魂。然而，世界上從來不存在一個天生的紳士，他們只不過是一個偉大靈魂的主人。偉大的靈魂不僅僅存在於衣著華麗的貴族身上，而且也同樣可以在衣著簡樸的農民身上展現出來。羅伯特·伯恩斯有一次被一個愛丁堡血統的年輕人帶到大街上，去辨認一個誠實正直的農場主人。伯恩斯大聲說：「你為什麼會對這個外表看來像個傻瓜的人極感興趣？不是我說的大衣、無邊圓帽、緊身褲和便鞋，但我說的這個人的穿戴就是這樣。先生，這個人的實際價值有一天會超過你我，甚至 10 倍於你我。」對於那些不能看到人的靈魂的人來說，一個具有偉大靈魂的人也只是其貌不揚的普通人。但是，在那些心地正直的人看來，性格往往有著自己醒目的象徵，使一個人鶴立雞群、與眾不同。

　　威廉·格蘭特（William Grant）和查爾斯·格蘭特（Charles Grant）是因弗內斯郡一個農場主的兒子。一場突發的洪水毀滅了他們的家園，也淹沒了他們所有的耕地。農場主人和兒子們面對茫茫世界，不得不面臨何去何從的選擇。在走投無路的情況下，他們一路南下，到了蘭開夏郡的貝里，想在那裡找一份工作。站在沃姆斯利附近的小山上，可以俯瞰一大片遼闊的土地，可以看見艾威爾河蜿蜒曲折流經山谷。他們在這裡完全是人生地不熟，不知道該走哪一條路。他們拿起一根木棍拋向空中，決定按照木棍落下的方向前進。根據木棍指示的道路，他們來到了並不遙遠的拉姆斯伯塔姆村，在一家印刷廠找到了工作。在這裡，威廉當了一名學徒。他們以自己的勤奮、節儉和特別的正直贏得了老闆的信任和賞識。他們對工作勤奮認真、兢兢業業，一次又一次的得到提拔。最後，威廉兄弟倆自己開了工廠，當上了老闆。經過多年的辛勤勞動、艱苦創業和樂善好施，他們發財致富了，並且聲譽卓著，受到每一個認識他們的人的尊敬和愛戴。

他們的棉花廠和印刷廠為許多人創造了就業機會。他們的勤勉為艾威爾河流域的人們做出了表率，到處都充滿了活力和歡樂，一派繁榮富裕的景象。他們把自己龐大的財富慷慨的用於一切有價值的事業，建教堂，辦學校，想方設法的提高工人的福利待遇。後來，為了紀念他們早年決定生活去向的事情，他們在沃姆斯利附近的山頂上建起了一座巍峨的高塔。格蘭特兄弟因為其仁慈和善行而聞名遐邇。據說狄更斯先生對他們的事蹟極為關注，並且留下了深刻印象，他在描寫奇雷伯（Cheeryble）兄弟的性格時就是以格蘭特兄弟為原型的。

我們可以從許多相似的奇聞逸事中援引一則，來說明我們對格蘭特兄弟倆的品格絕沒有半點浮誇。曼徹斯特有一個批發商出版了一本非常低級下流的小冊子，意在詆毀格蘭特兄弟的公司。他替威廉取了一個極為不雅的綽號「比利鈕扣」（Billy Button）。當有人告訴威廉有這麼一本小冊子時，威廉說這個人將來會為此後悔的。當有人把資訊回饋給這位誹謗者時，他說：「哦，威廉認為有一天我會落到他手中，成為他的債務人，我得格外小心。」然而，商人往往預想不到誰會成為自己的債權人。事情卻恰恰發生了，格蘭特兄弟的誹謗者破產了。如果他得不到格蘭特兄弟的簽名，他的執照就不會生效，他就不能再做生意了。到格蘭特兄弟的公司裡去請他們兄弟倆幫忙似乎是希望渺茫，但家人的壓力迫使他不得不硬著頭皮去走一遭。因此，他出現在被他稱為「比利鈕扣」的威廉面前，向他講述了自己的情況並拿出自己的申請。格蘭特先生說：「你曾經寫過一本誹謗我們的小冊子？」這個懇求者以為他的申請書會被扔進火裡，威廉會拒絕替他的執照簽名。但是，威廉把執照遞給他，對他說：「我們有這樣一個規矩，從不拒簽一個誠實商人的執照，而我們還沒聽說你做過什麼壞事。」這位誹謗者眼裡充滿了淚水。威廉繼續說：「嗯，我曾經說過你會為寫這本小冊子後悔的。我這樣說並不是威脅你，我只是說有一天你會

對我們多一分了解，你會為試圖傷害我們而後悔。」「是的，事實上，我確實後悔了。我不該這樣做。」「好了，好了。現在你對我們多了一點了解。不過，你的生意怎麼樣，我是說你準備怎麼做？」這個可憐的人回答說，拿到執照後，他的朋友會幫助他。「但是你怎麼履行合約呢？」這人回答說，他現在已身無分文，全部給了債權人。現在對必需的日常用品也不得不嚴格限制，以便能夠支付辦理執照所需的費用。「朋友，這可不行，你的妻子和家人可不能這樣受罪。把這張 10 英鎊的支票帶給你妻子吧。拿著，拿著。不要哭了，一切都會好起來的。振作起來，努力去工作，你會成為我們之中最優秀的商人。」這位被深深感動了的商人聲音哽塞著想說一句話表達內心的感激，但他說不出來。他手捂著臉，像一個小孩一樣抽泣著走出了房子。

真正的紳士是一個被塑造出來作為最高典型的人。「紳士」是一個偉大而又古老的稱號，在人類社會的任何時代，它都是地位和權力的象徵。「紳士總會是紳士，」一位法國老將軍在魯西隆對一群蘇格蘭貴族說，「在別人需要的時候和危急關頭，他都會挺身而出。」擁有這種品格本身就是一種尊嚴，它會贏得每一個寬宏大量的心靈本能的尊敬。那些不屈服於高官顯爵的人，也會對紳士表示發自內心的敬意。

紳士的特質不取決於生活方式或舉止，而取決於道德價值；不取決於個人財產的多少，而取決於個人品格的好壞。《讚美詩》的作者對紳士的簡要描述如下：「他走路目不斜視，工作誠實正直，說話誠心誠意，胸懷坦蕩磊落。」

紳士的顯著特徵在於他有極強的自尊。他非常注重自己的品格，並不僅僅是因為別人看重自己的品格，而是因為他自己看重它，自己監視著自己。而且，正是因為他尊重自己，根據同樣的法則，他也尊重別人。在他的眼中，人性是神聖的，因此，人與人之間必須有禮貌和寬容、有友愛和

仁慈。據說愛德華·斐茲傑惹勛爵（Lord Edward Fitzgerald）在加拿大觀光旅遊時，看到一位印第安婦女背著一個沉重的包裹在她丈夫身後吃力的行進，而她丈夫卻悠閒自得、毫無負擔，非常震驚。他立即走過去，把包裹背在自己肩上，這就是一個真正的紳士與生俱來的禮貌。

真正的紳士有著極強的榮譽感。他小心謹慎，絕不做出卑鄙齷齪的事。無論是在言語方面，還是在行動方面，他都表現得極為誠實、正直。他不會支支吾吾或敷衍搪塞，不會尋找託詞或逃避責任，而是誠實、正直和坦蕩。他的原則就是誠實、正直、按章辦事。當他說「是」的時候，這就是一條「法律」；在適當的情況下，他也會勇敢的說「不」。即使有人用重金籠絡收買，他也絕不會接受賄賂，出賣自己。只有那些心靈骯髒、毫無原則性的人才會出賣自己的靈魂。在正直的喬納斯·漢威擔任海軍糧食儲備委員會特派專員期間，他拒絕了一個締約人各種形式的禮物，拒絕是他在擔任公職期間的一個經常性的行為。威靈頓公爵也具有與此相同的優秀品質。阿薩依戰役結束不久的一天早上，海德拉巴朝廷的首相等待威靈頓的接見，他想弄清楚在馬拉塔的王子與國王簽訂的和平條約中，為他的主子保留了哪些地盤和哪些特權。為了獲得這些情報，這位首相向威靈頓將軍提供了大量錢財，大約有 10 萬英鎊。威靈頓默不作聲的打量了這位首相一會，然後說：「那麼，你能保守祕密嗎？」「當然。」這位官員說。「那麼，我也能保守祕密。」這位英國將軍滿臉笑容，然後很客氣的把這位首相送了出去。雖然在印度獲得了徹底的勝利，並且透過這種方式威靈頓可以得到龐大財富，但是他分文不取，仍然是兩袖清風的回到了英國。這是威靈頓至高無上的榮耀。

威靈頓的親戚威爾斯利侯爵（Marquis of Wellesley），也具有於他同樣的高尚品格。在征服邁索爾之後，東印度公司的經理們送給他價值 10 萬英鎊的禮物，被他嚴正拒絕。威爾斯利說：「我不必去說我獨立的個性，

也不必去說我職務的尊嚴。除了這些重要的因素之外，還有其他原因使我拒絕了這些饋贈，這對我來說是不合適的。我只為我的軍隊打算，別無他求。如果我克扣軍餉，我會對自己更感到沮喪和失望。」威爾斯利拒絕送禮的決心是絲毫不可動搖的。

查爾斯·納皮爾勛爵在印度的公職生涯中同樣展示了他自我克制的高貴品格。他拒絕了不知節制的王子們準備送給他的所有珍貴禮物。他說：「自從來到新德以後，如果我貪贓枉法，我或許已得到了 3 萬英鎊的財富。但我是清白的。我們敬愛的父親的寶劍，我已兩度佩戴著它上戰場（米尼戰鬥和海德拉巴戰鬥），絲毫也沒有被玷汙。」

金銀珠寶和高官厚祿與真正的紳士的品格沒有任何必然的關聯。一貧如洗的人也可能在精神上、在日常生活中成為一個真正的紳士。他也可能誠實、正直、磊落、節制、禮貌、勇敢、自尊和自立，也就是說，他也是個真正的紳士。在精神上富有的窮人無論如何比在精神上貧乏的富人要占有絕對的優勢。借用聖保羅的話說，前者是「一無所有，但無所不有」；而後者卻是「雖然無所不有，但其實一無所有」。前者是凡事充滿希望，無所畏懼；後者是無所希望，凡事畏懼。只有在精神上貧窮的人才是真正貧窮的。一個失去了一切的人，只要他還保留有勇氣、快樂、希望、美德和自尊，他就仍然富有，因為這樣的人仍然受到世人的信任，他的品格成了他賺錢的資本，他仍然能直立行走，是真正的紳士。

勇敢和紳士的品格偶爾也會在職業最低微的人身上展現出來。這裡有一個古老但極有教育意義的事例：很久以前，阿迪傑河突發大水，河水漫過了兩岸，維羅納大橋也被衝垮。橋中心的拱頂上有一棟房子，房子裡的居民從窗戶裡向外呼救。眼看房子要被衝垮了，站在河岸上的斯波爾維尼（Spolverini）伯爵對周圍的人說：「誰願意冒險去救那些可憐的人，我將給他 100 個法國金路易。」一個年輕農民從人群裡走出來，把一艘船推

入急流。他把船靠住橋墩，把這一家人接入船中，然後奮力向河岸划去，把這一家人安全的送上了岸。「勇敢的年輕人，這是你的錢。」伯爵說。「不！」年輕人回答說，「我不會出賣我的性命。你把錢給這個貧困的家庭吧，他們確實需要錢。」雖然這個年輕人只是個農民，但他說出來的正是紳士的真正精神。

　　西元 1866 年 1 月 11 日，在多佛海峽船舶停靠處發生的一些小木船船員營救一艘運煤船船員的事蹟，也是十分感人的：一場突然從東北來的風暴把幾艘輪船的錨扯脫了，錨掉入了海水中。強大的海浪把其中一艘運煤船推向了離海岸很遠的地方。面對如此狂風巨浪，那艘運煤船想再靠近海岸似乎已毫無希望。沒有絲毫的誘惑可以使岸上的船員甘冒生命危險去救船或救人，因為在那艘船上找不到一點值錢的東西。但是，在此緊要關頭，勇敢正直的木船上的船員們根本沒有想到錢。那艘運煤船一擱淺，站在岸邊的西蒙·普里特查德（Simon Pritchard）就走上自己的船並且大聲說：「誰願和我一起去救人？」「我去。」「我也去。」立即就有 20 人走上前來，但是只需要 7 個人就夠了。他們在岸上人們的歡叫聲中，划著一艘方頭平底船在浪尖上跳躍前進。這樣一艘船能在翻騰的海水中行駛似乎真是個奇蹟。不過，在幾分鐘裡，在這些勇敢的船員粗壯有力的手臂的撐划中，這艘木船箭一般靠近了那艘擱淺了的船。「在浪尖打來的時候使力。」這艘木船離開岸邊不到一刻鐘，運煤船上的 6 個船員就把船安全的開進了沃爾默海濱。在這一事例中，木船上的船員所表現出來的大無畏的英雄氣概是無與倫比的，雖然他們素來就以勇敢著稱。在這裡，能把它記載下來使我們感到十分榮幸。

　　特恩巴爾（Turnbull）先生在他的著作《奧地利》中，講述了一件奧地利皇帝法蘭西斯的逸事，展示了皇帝的個人品格：「有一次，霍亂在維也納地區流行，皇帝帶了一名隨從武官在城市和郊區視察。忽然他看見一具

屍體放在擔架上被拖向墳地，後面竟然沒有一個送葬的人。這種非同尋常的情況引起了他的注意。經過詢問他獲悉，這個可憐的人死於霍亂。因為替他送葬很可能就會感染霍亂，所以親戚們都不敢冒險送他去墓地。法蘭西斯說：『那麼，就讓我們送他去那個地方吧。我的臣民們不能在沒有得到最後的尊敬的情況下就葬入墓地。』他緊隨著屍體到了遙遠的墓地，摘下帽子，畢恭畢敬的站立著，參加了葬禮。」

　　或許這是一個揭示紳士品格的極好的例子，我們可以把它和另一個同樣好的事例連結起來。這件事是幾年前登載在一份晨報上的，講述的是在巴黎的兩個鐵路工人。「一天，一輛靈車載著一副白楊木棺材拖著一具冰涼的屍體開往蒙馬特墓地，後面沒有一個人為之送葬，甚至連一隻狗也沒有，如果這個死者有狗的話。那天下著大雨並且天氣很陰暗。和往常一樣，看到靈車來了，過路者都舉起自己的帽子，事情就是這樣。最後，靈車經過兩個英國鐵路工人面前，他們倆剛從西班牙來到巴黎。這兩個穿著粗布衣服的人心中湧起一種異樣的感情。『可憐的人啊！』其中一個人對另一個人說：『沒有一個人為他送葬，我們兩個人去吧！』於是，兩個人都摘下帽子，光著頭跟在這位陌生的死者的後面，走向蒙馬特公墓。」

　　紳士最重要的品格是真誠，因為真誠是「人類道德的頂峰」，是人類情感中正直的靈魂。查斯特菲爾德勛爵認為，真誠使一個人成為紳士。關於囚犯宣誓釋放的問題，當威靈頓公爵遭到克勒曼（Kellerman）的強烈反對時，這位身在伊比利半島的將軍寫信給克勒曼說，對於一個英國軍官來說，除了勇氣以外，如果還有什麼可值得他引以為驕傲的話，那就是他的真誠。威靈頓寫道：「當一個英國軍官發誓不逃跑的時候，他們肯定不會違背自己的誓言。相信我，也相信他們的話。一個英國軍官的話比哨兵的看守更有保障。」

　　真正的勇敢和豪爽俠義是緊密相連在一起的。勇敢的人往往是慷慨大

方而又寬厚仁慈的，而絕不會是個睚眥必報和冷酷殘忍的人。約翰·富蘭克林爵士的朋友帕里（Parry）在評價他時指出：「他這個人從來不會逃避危險，但在溫柔的時候，他連一隻蚊子也不趕走。」在西班牙艾爾博登發生的騎兵格鬥中，一位法國軍官很好的展現了這種性格特徵——真正的寬厚和無畏無瑕的騎士貝亞德的崇高精神。他舉起劍準備襲擊菲爾頓·哈威勳爵（Sir Felton Harvey），但當他發現自己的敵人只有一隻手時，就立即住手了。他把劍丟在菲爾頓爵士面前，然後像往常一樣帶著深深的敬意拍拍手走了。同樣是在伊比利半島戰爭中，內伊（Ney）高貴和寬厚的品格也可見一斑。在克羅納地區，查爾斯·納皮爾身受重創，不幸被俘。他在國內的朋友們也不知他是死是活。英軍派出一位特使從英國帶著一艘護衛艦去查明他的下落。克羅特男爵（Baron Clouet）獲悉後，告訴了內伊。「讓這位俘虜會會他的朋友們，」內伊說，「告訴他們他很好，在這裡受到了特別的禮遇。」說完見克羅特還在那裡躊躇徘徊，就微笑了一下，問道：「他還需要什麼嗎？」「他有一位年事已高的母親，還有一位雙目失明的妻子。」「是這樣嗎？那麼，讓他自己回去告訴他妻子他還活著。」在當時，兩國之間相互交換俘虜是被禁止的，內伊知道自己放走這位年輕的英國軍官有可能惹怒拿破崙皇帝，但拿破崙卻對內伊的寬厚行為大加讚賞。

　　儘管我們時時聽到人們對騎士風範一去不復返的哀嘆，但在我們這個時代裡，還是經常可以看到勇敢和寬厚仁慈的事情，這其中所表現出來的自我克制的英雄氣概和豪爽俠義的仁慈，在歷史上都是無與倫比的。最近幾年發生的一些事情顯示我們的國民並沒有墮落退化。在荒涼的塞巴斯托波爾高原，在危險的戰壕裡頂住了 12 個月圍攻，各個階層的人都無愧於自己祖先遺傳給他們的高貴品格。不過，在印度承受的這場偉大考驗中，國民的品格放射出了最璀璨的光輝。內爾（Neill）進軍孔坡和哈威洛

克（Havelock）進軍勒克瑙，軍官和士兵都急於營救婦女兒童，這是歷史上的騎士們所不可同日而語的。雖然哈威洛克是奧特拉姆（Outram）的部下，奧特拉姆他還是把領導攻打勒克瑙的榮耀給了哈威洛克，僅這一個行為就足以顯示奧特拉姆是無愧於「印度的貝亞德」這一稱號的。具有勇敢和寬厚品格的亨利·勞倫斯（Henry Lawrence），他臨終前的最後一句話是：「不要讓我留下任何混亂，讓我的精神連同我的肉體一起被埋葬。」科林·坎貝爾爵士急於營救被包圍在勒克瑙的部隊，在晚上帶著大隊的婦女兒童從勒克瑙撤退到孔坡，結果在敵人的猛烈攻擊下完成了任務。一路之上，他帶領他們穿過危險萬分的大橋，片刻不停的告誡他們要注意的事項，直到把他們安全送到去阿拉哈巴德的大路。然後他又帶領小分隊閃電般出現在瓜里爾。這樣的事情都讓我們為我們的國民感到自豪，也使我們確信那種與日月同輝的騎士精神並沒有死去，相反，它充滿生機的活在我們之中。

　　即使普通士兵也可以在血與火的戰爭洗禮中證明自己是紳士。在阿格拉遭遇戰中，許多可憐的戰士被燒傷和打傷，他們被抬回要塞，受到了婦女們的精心護理。在婦女們照看他們的幾週中，這些粗魯、勇敢的人表現得和任何小孩一樣溫馴，從來沒有聽說過哪個戰士說出過讓婦女們震驚的詞句。當這一切結束的時候，即當受了致命之傷的人死去，倖存的傷殘者能夠表達自己的感激之情的時候，他們邀請那些精心護理自己的人和阿格拉的領導者到美麗的泰姬陵公園聚會。在鮮花和音樂聲中，這些粗壯的勇士，現在都已是傷痕累累和肢殘體缺，他們起身感謝那些曾經為他們穿衣、向他們餵飯和在他們極度沮喪時安慰他們的溫柔的女同胞。在斯庫塔里醫院，也有許多傷病員為那些照料他們的善良的英國女性祝福：沒有什麼比這些可憐的受難者的思想更美好的了。由於疼痛難忍，在輾轉反側的夜裡，他們祈禱佛羅倫斯夜鶯的幽靈能夠降臨在他們的枕上。

西元 1852 年 2 月 27 日，遠離非洲海岸的「伯肯希德」號船的失事，再一次展示了 19 世紀普通人所表現出來的騎士精神，這也是任何一個時代的人都可以引以為自豪的壯舉。這艘船載著 472 個男人、166 個女人和兒童，沿著非洲海岸疾速行駛。這些男人是當時在好望角服役的幾個軍團的官兵，主要是服役時間很短的新兵。在凌晨 2 點，當人們都還在酣睡的時候，「伯肯希德」號猛烈的撞上了一塊暗礁，暗礁刺穿了船底，船很快就會沉入海底。隆隆的鼓聲把戰士們召集到上層甲板上，他們拿起武器迅速集合，就像行軍打仗一樣。大家一致決定，要保護婦女和兒童的生命安全。這群無助的人被從下面急急忙忙的帶上來，默默的送進了幾艘備用小木船，大多數人都沒來得及穿衣。當這幾艘小木船都划離了「伯肯希德」號船時，船長有欠考慮的說：「所有會游泳的人跳入水中，游向小木船。」但是，第 91 蘇格蘭高地聯隊萊特（Wright）上尉立即反對，他說：「不行。如果這樣做，那些載著婦女的小木船都會沉沒。」那些勇敢的士兵也都紋絲不動的站立著。再也沒有備用的小木船了，因而也沒有任何化險為夷的希望了，但沒有人感到沮喪和恐慌。面臨生與死的嚴峻考驗，沒有人逃脫畏縮。「他們沒有發一句牢騷和怨言，更沒有人號啕大哭，」倖存者萊特上尉說，「一直到船最終沉入海底。」船沉入了大海，這一群英雄也隨之魂歸大海。就在他們沒入波濤的一瞬間，大海為他們鳴起謳歌生命的禮炮。他們得到了高尚和勇敢的榮耀。他們這樣的榜樣永遠不會消失，他們的英名將流芳百世、永垂青史。

　　一個紳士或許是因為成功的承受了無數考驗而聞名，但他必須能夠承受這樣一種考驗，即他怎樣對那些低於自己的人行使權力？包括他怎樣對待婦女和兒童？作為一個行政長官他怎樣對待下級？作為一個老闆他怎樣對待職員？作為一名教師他怎樣對待學生？在任何職業中他怎樣對待比自己弱小的人？在這些情況下的慎重、寬容和友善，往往被視為對紳士品

格的最嚴峻的考驗。有一天，當拉・莫特（La Motte）穿過一個擁擠的人群時，不小心踩了一個年輕人的腳，這個年輕人立刻不由分說的打了他一個耳光。「哎，先生，」拉莫說，「如果你知道我是一個什麼也看不見的盲人，你確實會為你所做的一切後悔不迭的。」欺侮毫無還手之力者的人或許是一個附庸風雅之徒，但絕不是個紳士。對那些弱者和無依無靠的人橫行霸道的人，或許是一個懦夫，但絕不是一個真正的人。暴虐專橫的人，正如人們所說，只不過是一個外強中乾的奴隸。在一個正直的人身上所表現出來的力量以及這種力量所展現的良知，以高貴賦予他的品格。但是，怎樣運用這種力量他必須特別小心謹慎。因此，「擁有巨獸一般的力量是妙不可言的，但是像巨獸一般運用力量是暴虐的」。

溫文爾雅確實是對紳士風度最好的考驗。在他的全部行為舉止中，一個真正的紳士都會將心比心，考慮別人的感受。他會平等的對待自己的晚輩和被贍養者，尊重他們的尊嚴。他寧願自己遭受一點小小的傷害，也不願意因為自己對別人的不厚道而引起別人犯更大的錯誤。對那些在人生中沒有和自己一樣的優勢的人的缺點、失敗和錯誤，他都採取一種極為寬容的態度。他甚至對禽獸都充滿了仁慈。他不會去炫耀自己的財富、權力和才華。他既不會因成功而躊躇滿志、揚揚得意，也不會因失敗而垂頭喪氣、一蹶不振。他不會把自己的意見強加於人，但在必要的時候他會暢所欲言，做到「知無不言，言無不盡」。他不會以一種居高臨下、屈尊俯就的姿態去幫助人。華特・司各特爵士在談到洛錫安勛爵（Lord Lothian）時說：「他是個樂於助人的人，在這個時代這是極為難能可貴的。」

查塔姆爵士（Lord Chatham）曾經指出，紳士的品格，特徵就在於在日常生活的小事上勇於自我犧牲，在利益面前先人後己。為了說明這種高貴的品格中體貼他人的主導性精神，我們在這裡引用一則關於拉爾夫・阿伯克隆比勛爵（Sir Ralph Abercromby）的逸事。據說，在阿伯克戰爭中，

勇敢的拉爾夫受了致命之傷，被人用擔架抬往急救中心。為了減輕他的痛苦，他們把一個戰士的毛毯枕在他的頭下，這種辦法確實十分有效。拉爾夫問，在他頭下放的是什麼。大家告訴他：「是一塊毛毯。」「這是誰的毛毯？」他問道，身體幾乎坐了起來。「是一個戰士的。」「我想知道這塊毛毯的主人是誰。」「是鄧肯‧羅伊（Duncan Roy）的，第 42 號，拉爾夫先生。」「那好，今天晚上一定要將毯子送還給鄧肯‧羅伊。」即使是為了減輕臨死前的痛苦，這位將軍也不肯讓一個戰士一個晚上沒有毛毯。無獨有偶，和此事同樣感人的是，在瑟芬戰場上，西德尼臨死的時候把他的水壺遞給了一個戰士。

在描繪十分可敬的法蘭西斯‧德瑞克爵士（Sir Francis Drake）的行為舉止時，高雅而又年邁的富勒簡明扼要的概括了一個真正的紳士的品格特徵：「生活樸實，買賣公平，言語真誠，對不如己者仁慈，平生最恨懶惰。在關鍵問題上，不管別人是多麼的可信，不管其技術多麼的嫻熟，他都從不依賴於別人的關心。他藐視一切危險，在關鍵時刻總是第一個挺身而出（無論誰是第二個），希望透過自己的勇氣、技能或勤勞去戰勝一切困難。」

自勵，人自為王：

揭開偉人的翻身祕密，洞悉人生的不朽真諦，19 世紀至今，長盛不衰的自助聖經！

作　　者：[英] 塞謬爾·斯邁爾斯（Samuel Smiles）

翻　　譯：胡彧

發 行 人：黃振庭

出 版 者：崧燁文化事業有限公司

發 行 者：崧燁文化事業有限公司

E-mail：sonbookservice@gmail.com

粉 絲 頁：https://www.facebook.com/sonbookss/

網　　址：https://sonbook.net/

地　　址：台北市中正區重慶南路一段六十一號八樓 815 室

Rm. 815, 8F., No.61, Sec. 1, Chongqing S. Rd., Zhongzheng Dist., Taipei City 100, Taiwan

電　　話：(02)2370-3310

傳　　真：(02)2388-1990

印　　刷：京峯彩色印刷有限公司（京峰數位）

律師顧問：廣華律師事務所 張珮琦律師

定　　價：499 元

發行日期：2023 年 05 月第一版

◎本書以 POD 印製

國家圖書館出版品預行編目資料

自勵，人自為王：揭開偉人的翻身祕密，洞悉人生的不朽真諦，19 世紀至今，長盛不衰的自助聖經！ / [英] 塞謬爾·斯邁爾斯（Samuel Smiles）著，胡彧 譯 . -- 第一版 . -- 臺北市：崧燁文化事業有限公司，2023.05

面；　公分

POD 版

譯自：Self-Help

ISBN 978-626-357-334-5(平裝)

1.CST: 品格 2.CST: 修養 3.CST: 通俗作品

192.3　　112005747

電子書購買

臉書

獨家贈品

親愛的讀者歡迎您選購到您喜愛的書，為了感謝您，我們提供了一份禮品，爽讀 app 的電子書無償使用三個月，近萬本書免費提供您享受閱讀的樂趣。

ios 系統　　　　安卓系統　　　　讀者贈品

請先依照自己的手機型號掃描安裝 APP 註冊，再掃描「讀者贈品」，複製優惠碼至 APP 內兌換

優惠碼(兌換期限2025/12/30)
READERKUTRA86NWK

爽讀 APP

📖 多元書種、萬卷書籍，電子書飽讀服務引領閱讀新浪潮！

🎧 AI 語音助您閱讀，萬本好書任您挑選

🔍 領取限時優惠碼，三個月沉浸在書海中

🔔 固定月費無限暢讀，輕鬆打造專屬閱讀時光

不用留下個人資料，只需行動電話認證，不會有任何騷擾或詐騙電話。